U0946329

内蒙古生产建设兵团
二师十九团七连战士回忆

那年我们十六

贺谦◎编著

中国社会科学出版社

图书在版编目（CIP）数据

那年我们十六/贺谦编著．—北京：中国社会科学出版社，2011.2
ISBN 978－7－5004－8909－2

Ⅰ.①那…　Ⅱ.①贺…　Ⅲ.①上山下乡知识青年—回忆录　Ⅳ.①D652

中国版本图书馆 CIP 数据核字(2010)第 131211 号

责任编辑　黄燕生
特邀编辑　许志绮
责任校对　王应来
封面设计　大鹏设计
技术编辑　戴　宽

出版发行　中国社会科学出版社
社　　址　北京鼓楼西大街甲 158 号　　　邮　编　100720
电　　话　010—84029450(邮购)
网　　址　http://www.csspw.cn
经　　销　新华书店
印　　刷　北京君升印刷有限公司　　　装　订　广增装订厂
版　　次　2011 年 2 月第 1 版　　　印　次　2011 年 2 月第 1 次印刷
开　　本　710×1000　1/16
印　　张　30.5
字　　数　499 千字
定　　价　58.00 元

编著人简介

贺谦：北京人，当年内蒙古生产建设兵团战士，毕业于北京大学中文系。1986年应美国“时代周刊（TIME）”“路斯基金会（Luce Foundation）”邀请，以美国常青藤大学之一宾夕法尼亚大学（University of Pennsylvania）访问教授夫人身份赴美进行学术交流，随后留美工作。曾在美国宾夕法尼亚大学、斯瓦狄摩学院（Swarthmore College）和马里兰大学（University of Maryland）执教，现任教于美国加州大学（University of California，San Diego）。

编著人的话

中国36年、美国23年，回首昔日往事，唯兵团生活刻骨铭心，挥之不去。

今采汇同甘共苦兵团战友回忆于一书，以了却积存于心中20年的心愿。

其实，这不仅仅是八十多个兵团战士对当年兵团旧事的记忆，更是那个“荒诞”年月一代人不寻常经历的缩影，中华民族史的一页，世界人口大迁移的一例。

前　言

荒原上的生命感觉

翻读贺谦的书，也翻开了尘封心底已久的岁月。我们这一代人曾经亲历的时光，仍然如此敏感，只要有人轻轻地点拨一下，就会在多少人的心头迸出电闪雷鸣！比之“蝴蝶效应”有过之而无不及也！

这个历时十年在狂热的喧嚣中过去的日子，其实它没有也无法完全脱离生活的若干本质，比如说青春的梦想与迷惘，献身的冲动和失落，理想与现实的巨大落差，等等。后来人很难想象他们的父亲和母亲曾经走过的路、吃过的苦、流过的汗乃至血，可是我敢断言，谁也无法怀疑这一代人赤子之心的真诚与单纯。

我不想重复贺谦笔下实录的那些使人震惊、感动到几致泪下的真实往事。我只想说，从文本的角度，贺谦从采访到实录的写作，是恰当而且有效的。它摒弃了虚构——谁还能虚构出比书中展现的更多、更生动的情节和细节？它告诉我们——不仅是读者还有写作者——“真实比意义更重要”。也许我们先不必去争论知青下乡的意义是什么，到底有没有意义等等。就本书而言，真实是一种力量，是发生于那个时代的不加修饰的影子；从个人而言，那是生命个体在不可承受之重时承受的艰难困苦，是自己的经历。如是观之，书与人均是那一时代某一方面的实录者，记录着那一时代的宏大与渺小，真实与荒谬，精神与物质，如此等等。

并不是所有经历了“文化大革命”的人，都能够从容面对、真实地讲述自己所经历的。这本书中的讲述者有些可能是当年的“红卫兵”，是“文化大革命”初期最活跃的力量，并且很有可能写过大字报，开过辩论会，获得过毛主席接见的殊荣。当“文化大革命”结束并且在随后被“彻底否定”时，其间发生的多少大事也当然被彻底地否定了，全国数以千万计的艰苦创业、屯垦戍边的知识青年，不知何去何从。及至后来回城、找工作、上学等等，无不经历了今天人们难以想象的磨难。显然，本书的讲述者们有着曾经沧海以后的宽阔、博大以及平和，他们难得地做到了：讲述历史不是仇恨历史；叙述苦难，却把苦难当做是人生中的经历。苦难像一粒种子，倘若存埋心中生根发芽，那青枝绿叶一样楚楚动人，而且别有风姿。

我还从贺谦的这本书里读到了发生于那个年代的幽默，比如十个小子，把朱兰当成了朱三，把一包水果糖给吃了！有多少感觉不可能重来，比如饿肚吃不饱，想吃，哪怕是生的，哪怕是偷吃、捡吃。细想起来，那就是乌梁素海荒原上的生命感觉！此种生命感觉与现代语境下的种种所谓感觉的本质差别在于：前者发生于生命本身因而深刻，后者点缀于生活表层因而肤浅。十六七岁的年轻人，干着重体力活，一天吃六个窝窝头，怎么能不饿？饿的感觉正是一个人的生命直接发出呼救，再不吃就要晕倒乃至呜呼哀哉的信息。乌梁素海是压抑的、躁动的，胃的躁动也许是第一位的，那是命之所系，还有思想、情感、看不到饥饿结束的前景，朦朦胧胧中的爱与不敢爱、不能爱的躁动以及压抑。那些偷吃窝窝头、生鱼、野鸭子的往事，在我看来都是生命的本真，辛酸、凄凉但是美好，在共同的回忆中，则又是一个时代留下来的不可多得的精神财富。是的，在全中国人一起贫穷的岁月，我们饿过；而在今天北京的高楼大厦的建筑工地上，民工们坐在马路牙子上啃馒头的艰辛，至少我们那代人会感同身受。那一代人有的已经离世，更多的人正在老去，我们还能做些什么呢？即便什么也做不了了，但我们绝不缺少对不幸和贫困的怜悯、同情，以及对乌梁素海——祖国大地的爱。

因为写作“三北防护林”和中国风沙线，我曾几次踏访内蒙古，为那里的一山一水、一草一木、马头琴与鄂尔多斯长调所陶醉。这一块游牧的大地，在历史上曾经孕育、演绎了多少惊心动魄的人和事，而后之来者便有贺谦书中的那些知识青年。我想说，有那一段经历的人，心里装着乌梁素海的人，是幸运的。我还曾在伊克昭盟伊金霍洛旗的阿拉善湾海子边上寻寻觅觅，正是在那里人们发现了人类认知最晚、几被遗忘的一种鸥鸟——遗鸥，当地牧民形容其为“黑头巾，白外罩，翅膀尖尖，红嘴红脚的鸟”。我去时是冬天，遗鸥到渤海湾越冬去了，海子中间留有它们以柴草铺地的简单的巢。由这些遗落之鸥想起了遗忘和被遗忘：我们遗忘，我们被遗忘，大千世界莫不如此。然而，在一个人或者一群人的一生中，总有自己刻骨铭心不能遗忘的，那么即便被遗忘又有何妨？贺谦这本书正是向我们展示、证实：在这举世滔滔皆言利的今天，有一群人仍然难得地记住了那些从不言利的岁月，我称之为不忘者。

这本书的作者本已走得很远，到了美国，现任教于美国一所大学，却为这本书奔波跋涉，其实也就是不想遗忘。

贺谦和我是北京大学中文系同学，她比我晚两年入学，在北大时偶有交谈。后来知道她去了美国，前几年又联络上，她告诉我她正在找内蒙古兵团战友，想写这本书，我为之感动。今书成，要我写几句话，此不忘者之重托也，不可不写，是为序。

徐　刚

2009 年 9 月 7 日北京一苇斋

目　录

第一章　去一拃的

第二章　是兵也是农

第三章 傻小子睡凉炕,全凭火力壮

第四章　饥肠响如鼓

第五章　就是小学,也上

第六章　奶头涂上凡士林

第七章 为回家,猪往前拱,鸡往后刨

第八章 四十年了,还烙印

第九章　编著人的记忆

第十章　他人眼里的我们

引 言

(1) 国家遇到了难题

1966年8月5日，毛泽东主席用“炮打司令部——我的第一张大字报”当火绒，擦着了中国“文化大革命”的火。随后，1966年8月18日，8月31日，9月15日，10月1日，10月18日，11月3日，11月10日和11月25日，先后八次在北京接见了来自全国各地共达1100万的红卫兵（据中共党史出版社《“文化大革命”简史》修订版）。接着毛主席又把成千上万的红卫兵当火种，将“文化大革命”之火煽向全国。轰轰烈烈，如火如荼，这火一烧就是两年。

届时人们突然发现：从1966年到1968年，全国有1001.6万的初、高中毕业生，其中城镇初、高中生为396.64万，等待升入高中和大学或者就业（以后1969年全国又有399.4万的初、高中学生毕业生，其中城镇的为556.4万；1970年686.5万，其中城镇为274.6万；1971年935.1万，其中城镇为374.04万）；之后，又有1119.5万的小学生毕业生升入了初中，这还不包括1969年从小学升入初中的1023万。当然还有上千万的适龄儿童等待进入小学（据教育部统计）。但是，两年多中国人民因全力革命，全国的工矿企业、机关、单位基本停工停产；而为批判“十七年修正主义教育路线”，大、中、小学校则完全处于停课停学状态。因此，这上千万的高中和初中学生（包括大学生在内），当年是既无就业工作机会，也无继续升学深造的可能。

国家遇到了难题，毛主席急需安置这些停滞在社会上无学无工的城市中学生。

1949年前，毛泽东主席领导革命，一靠农民，以农村包围城市，最后夺取政权。二靠军队，“枪杆子里面出政权”，这是一条他认为颠覆不破的真理。这次安置城镇中学生，毛主席照单抓药：一想到的是，即使“文化大革命”在全国搞得天翻地覆、地动山摇、开枪动炮，却还是守在田里种地干活的农民；二是于“文化大革命”中屡立奇功的无产阶级专政柱石——中国人民解放军。

毛主席明白，要把当时占城市人口十分之一的城镇中学生动员到农村去，他需要提出一个口号，描绘一幅美景，让年轻人、年轻人的家长以及社会各界都树立一个信念：离开城市到乡下去是正确、光荣、神圣、美好的。

于是，毛主席发表了最新指示：“知识青年到农村去，接受贫下中农的再教育很有必要。要说服城里的干部和其他人，把自己的初中、高中、大学毕业的子女，送到乡下去，来一个动员，各地农村的同志应当欢迎他们去。”1968 年 12 月 22 日，《人民日报》对此进行了转载。

在那毛主席是中国人心中之神的年代，毛主席的话“句句是真理，一句顶一万句，句句要照办”。于是，知识青年上山下乡在全国形成运动，掀起高潮。短短几年即有上千万的 66 届、67 届、68 届初、高中毕业生，以后还有 69 届，甚至 71 届的初中毕业生，注销了城市户口，告别了父母家人，奔向了农村。

与此同时，在 1968 年到 1969 年两年间，（除 1954 年成立的新疆建设兵团外）全国 18 个省、自治区，先后成立了 11 个在各解放军军区领导之下的生产建设兵团、3 个农建师。（《知青备忘录》史为民、何岚）

生产建设兵团当年又被称中国人民解放军序列，除了不发领章、帽徽外，其他一切基本照搬部队：连队编制、现役军人领衔、绿军装、供给制、发津贴。这一切对当年上学不能、工作没有、参军受限；而所有的人又必须无一例外地得到农村或边疆去的城镇中学生来说，加入兵团绝对不失为上策。因此当诸兵团派人到全国各地去“招兵”时，年轻人便趋之若鹜。短短两年，几百万知青便从城市奔赴边疆，由中学生变成了生产建设兵团的兵团战士。

（2）内蒙古生产建设兵团

内蒙古生产建设兵团，是 1968、1969 年两年间建立的 11 个生产建设兵团之一。

1968—1969 年成立的 11 个生产建设兵团和 3 个农建师

兵团名称	所属军区	成立时间	撤销时间	辖师	辖团/场
新　疆	新疆	1954	1975	10	149
黑龙江	沈阳	1968	1976	6	88
内蒙古	北京	1969	1975	6	45
兰　州	兰州	1969	1973	6	57
江　苏	南京	1969	1975	4	40
安　徽	南京	1969	1975	4	43
浙　江	南京	1970	1975	3	15
广　州	广州	1969	1974	10	166
福　建	福建	1969	1974	28	
云　南	昆明	1970	1974	4	32
山　东	济南	1970	1975	3	20
湖　北	武汉	1971	1972		
西藏生产师	西藏	1970	1979		9
广西生产师	广西	1970	1974		12
江西农建师	江西	1969	1975		8

1969 年 1 月 24 日，中共中央、国务院、中央军委批准内蒙古生产建设兵团成立，并将其列入北京军区序列。毛泽东主席在申报文件上批示“照办”。随之，北京军区在所属各部队抽调三万多名现役军人开往内蒙古生产建设兵团担任兵团、师、团、连各级领导；并将五万多名复员军人转业去当班、排长和技术人员。1969 年 5 月 7 日，内蒙古建设兵团在呼和浩特市举行了成立大会。

与此同时，内蒙古兵团派出征兵人员到北京，天津，内蒙古呼和浩特，包头，河北保定，山东青岛，还有上海，浙江等地，展开招收知识青年工作，不出两年，内蒙生产建设兵团招收到知识青年 7.55 万余人。

内蒙古兵团实行供给制，男女清一色黄绿色兵团序列服，以连队为单位集体起伙。战士津贴费第一年每人每月五元，第二年六元，第三年七元，比正规部队战士低一元。

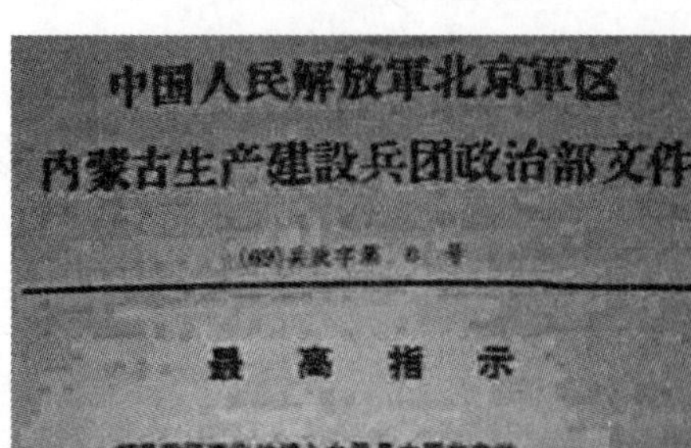

中国人民解放軍北京軍区
内蒙古生产建設兵团政治部文件

(69)兵政字第 5 号

最 高 指 示

领导我們事业的核心力量是中国共产党。
指导我們思想的理論基础是馬克思列宁主义。

关于召开中国人民解放軍北京軍区
内蒙古生产建設兵团成立大会的通知

组建中国人民解放军
北京军区内蒙古生产建设兵团
宣 传 提 纲

中国人民解放军北京軍区内蒙古生产建設兵团政治部翻印

一九六九年三月

毛主席语录

备战、备荒、为人民
抓革命、促生产、促工作、促战备。

敬祝毛主席万寿无疆

内蒙古日報

我区各族革命人民政治生活中的一件大喜事

我們最敬爱的伟大領袖毛主席批准
組建北京軍区内蒙古生产建設兵团

五月七日，生产建設兵团干部战士在呼和浩特隆重集会，庆祝毛主席光輝的《五·七指示》发表三周年和兵团成立。大会在热烈的掌声中通过了給毛主席的致敬电

内蒙生产建设兵团建制六个师，每个师管辖十个团，每个团下设十个连队。

本书的采访人和被采访者均为当年内蒙古生产建设兵团二师（41132

人），师部设在巴盟乌拉特前旗乌拉山；十九团，团部设在乌拉特前旗坝头，下属十一个连队皆驻扎在乌梁素海四周；七连，位于乌梁素海西侧，距乌拉特前旗东北45里的一个小村庄——鸡乌素（《乌梁素海渔场志》）又叫塔布的兵团战士。

(3) 乌梁素海 ——二师十九团

翻开中国地图，有一颗形如月牙的蓝宝石镶嵌在黄河后河套上，这就是被当今人们誉为“塞外明珠”的乌梁素海。

乌梁素海，蒙语“红柳之海或富饶湖泊”的意思，位于内蒙古自治区巴彦卓尔市乌拉特山山脚下的乌拉特前旗。

乌梁素海，古时是黄河故道，因地壳隆起，迫使黄河主流受阻改道南流，冲出一片洼地，为乌梁素海前身。后因泥沙堆积，致使河床抬高，河水溢流到洼地形成河迹湖，便是今日乌梁素海。

乌梁素海是黄河流域最大的湖泊，中国八大淡水湖之一。乌梁素海东西宽5—14公里，南北30—35公里，总面积曾约为300平方公里。大片水域深0.5—1.5米，最深处可达4米。湖水水面温度夏季在30℃左右，冬季则在零下30℃上下。湖水一般12月封冻，翌年3月开始解冻。湖面封冻后，冰层厚达0.32—1米，卡车可在湖面之上纵横奔驰。

乌梁素海是横跨欧亚大陆鸟类的迁徙和繁殖地，湖区内各种鸟类曾达二百余种。另外，蒲苇、芦苇遍湖，久负盛名的黄河大鲤鱼也曾产于此湖。

据史书记载，一千多年以前，现在的乌梁素海中心是唐朝边塞的一个重城——“天德军城”。新中国成立后，关于该城的具体位置，学术界一直语焉不详。1976年9月，内蒙古自治区考古工作者在额尔登布拉格苏木陈二壕村（原额尔登宝拉格赛胡洞）发现一座唐代墓。从墓文中考证，此墓位于现在乌梁素海东畔。墓志铭中所记载的主人叫王逆修，死后“葬于军南五里”，即“天德军城”南五里。墓北五里，这应该就是“天德军城”了。由此，当年的“天德军城”应该在现在乌梁素海湖中（《内蒙古文物考古文集》）。

据现代史料记载，乌梁素海还曾经是抗日战场。

1940年3月21日，国民党第八战区副司令长官傅作义发动“五原战役”。当日凌晨，其部队向占据河套地区军事要塞五原县的日伪军发动进

乌梁素海一隅

攻，并于当日收复了五原县城。22日夜间，驻守在五原县的日军绥西警备司令官水川伊夫中将，在日军官兵护卫下仓皇出逃，企图东过乌加河（有称五加河，蒙语“最后一条河”的意思），再渡乌梁素海，然后逃到大佘太镇。但当时桥梁、道路均已坏掉，他们只能借着从老百姓那儿抢来的骆驼、驴子代步。这股日军，渡过乌加河，逃到乌梁素海西北岸时，被困在一个叫伊垦布隆的地方。当地百姓发现这股日军后，立即报告给了附近的游击队。这支游击队正好是傅作义部游击区的第一支队二团一连，连长叫张汉三。当时张汉三化装成伪警察队队长，把这股日军引到一个芦苇丛生、四面环水的地方，然后指挥部队在那里打了一个伏击战，史称“五加河阻击战”。

据当年那位张汉三连长后来回忆说：“那个地方叫十份子，地处乌梁素海边，芦苇很多。我们包围了敌人后，双方很快就展开了激战。因为我已经认准了敌人的军官，所以我和一个枪法好的叫卜特老的战士，都瞄准那个军官，一齐射击，结果两人的子弹都打中了那个‘短粗个子，长胡子’人的胸膛。”

战后打扫战场，人们在那个“短粗个子，长胡子”的日军军官身上搜出一枚个人图章，图章上刻有“水川伊夫”字样；还有一支手枪和一把战刀。战刀上镶有纯银的日本皇族标志的梅花图案，并刻着日本天皇御赐文字。根据图章、肩章和战刀判断，被击毙的就是“水川伊夫”。据日军俘虏后来交代，水川伊夫其实是日本一位很著名的地质专家，而且有日本皇族血统。他到中国，主要任务是勘察内蒙古的地矿资源。与水川伊夫同时在“五原战役”中被击毙的还有日军二百多人，其中不少扛有“大佐”、“少佐”之类军衔。这些人跟“水川伊夫”一样，大都是日本地质专家、技术人员或钻探工人。他们组成“蒙疆地矿勘探研究所”，但对外宣称“绥西警备队”。这些人对当地不少矿藏都进行过钻探化验，写出过“蒙疆矿物资源调查”送回日本。直到19世纪60年代，日本政府还依据当年的“调查报告”向中国政府提出要高价购买包头钢铁厂的钢锭和废炉渣。(《当代中国史研究》1996年第3期)

“兵团”之前，乌梁素海四周跟其他地方一样，是普普通通的农村人民公社。1963年成立巴彦卓尔盟乌梁素海综合管理局，场部设在西山嘴。管理局下设四个大队：坝头大队、坝湾大队、张毛壕大队和桥湾大队（据《乌梁素海渔场志》)。四个大队均以捕鱼为主业，兼带编织家用炕席、屯粮围席、鱼篓等副业。当时四个大队共有职工六百多人，这些职工部分是原当地农民，部分来自河北、山西。

“兵团”之后，乌梁素海沿岸成了蒙古生产建设兵团二师十九团下属十一个连队驻地，当年的乌梁素海综合管理局党、政、财权统统收为十九团所有，只是团部改设到了坝头。

(4) 鸡乌素——塔布，十九团七连

鸡乌素也叫“塔布”，位于乌梁素海西岸，距巴彦淖尔盟乌拉特前旗北约三十里，新安镇东十五里。

“兵团”前，鸡乌素是乌梁素海综合管理局下属四个大队中最小的一个，有渔船二三十条，渔业工人一百来个。据说这些职工大部分原是河北省白洋淀地区渔民。20世纪60年代初华北大涝，水情险急，政府决定向河北省几个县分洪，以确保京津等大城市安全。水灾之后，政府将被淹的部分百姓移民至乌梁素海，使其重操旧业。(李汀《捕鱼记》)

“兵团”后，鸡乌素变成十九团七连驻地，除了鸡乌素大队原班人马都被收编外，其主要成员就是“知识青年”。兵团从1969年组建到1975年撤离，七连前后共有过兵团战士378名，来自北京、天津、保定、青

原七连营房（摄于 2007 年）

岛、呼和浩特、浙江余姚（及余姚附近的六个镇市），另外还有乌梁素海周边的坝头和坝湾。378 名兵团战士，在两年多的时间里，前后分十七批到达：

1969 年 3 月，第一批，北京男 3 中、北京 110 中等，3 人

1969 年 3 月，第二批，北京师大二附中等，3 人

1969 年 4 月，第三批，北京 80 中、和平里中学、朝阳中学、杨闸中学、白家庄中学，20 人

1969 年 5 月 1 日，第四批，坝头、坝湾，20 人

1969 年 5 月 6 日，第五批，呼和浩特师大附中，10 人

1969 年 5 月 11 日，第六批，天津 6 中，20 人

1969 年 5 月 26 日，第七批，呼和浩特 2 中、师大附中、民办中学，20 人

1969 年 7 月 1 日，第八批，呼和浩特地区，1 人

1969 年 7 月 1 日，第九批，保定，2 人

1969 年 7 月，第十批，保定 3 中，2 人

1969 年 8 月，第十一批，北京 2 中、22 中、25 中、27 中、65 中、

当年五排女战士宿舍（摄于 2007 年）

女 11 中、华嘉寺中学，10 人

1969 年 8 月 13 日，第十二批，北京右安门中学，44 人

1969 年 8 月 28 日，第十三批，北京灯市口中学、北海中学，58 人

1969 年 9 月 6 日，第十四批，北京 27 中，65 人

1970 年 6 月，第十五批，北京通县三中，1 人

1970 年 9 月 8 日，第十六批，青岛 28 中，29 人

1971 年 9 月 23 日，第十七批，浙江余姚、陆埠、丈亭、马诸、梁弄、临山、横河，70 人

1969 年加入内蒙古生产建设兵团的时候，战士中年龄最小的是 69 届初中毕业生，部分人还没过 16 岁生日。最大的是 66 届高中毕业生，21、22 岁。

七连当时设有七个排：一排、二排和三排是男生排；四排、五排和六排是女生排。六个排之外，还有一个后勤排，包括连部、财务、小卖部、炊事班、木工班、马车班等。每个排下边有四个班。1、2、3、4 班属一排；5、6、7、8 班属二排；9、10、11、12 班属三排，13、14、15、16 班属四排；17、18、19、20 班属五排；21、22、23、24 班属六排。每个排设有正排长一名，副排长一名；每个班有班长、副班长各一名。男生排的正、副排长和正、副班长，在兵团组建初期均由复员军人，当时被称为“老兵”（全连共有 19 名）的人担任。女生排的正、副班、排长则由知识青年自己担任。连队领导，连长（一个）、指导员（一个）、还有副连长（一名）、副指导员（一名）和一个医生。这些人都是清一色、正统的“头戴一颗红星、肩挂两面红旗”的中国人民解放军现役军人。

当年一排男战士宿舍（摄于 2007 年）

七连从 1969 年 3 月第一批“兵团战士”，到 1969 年 9 月第十四批到达，战士们一直住在当地职工腾出来的 15 间小平房内。直到半年后，“战士”自己建窑、脱坯、烧砖，盖起了“新屋”，才从低矮陈旧的职工家属宿舍，搬进排列得像军营一样的新“营房”，后勤排仍留守“老屋”。老屋与新屋之间相隔大约 300 米。

新屋共有平房七排，七排房子一律坐北朝南。七排房中最靠北、位中间的是连部。连部东侧三排，前后排列，是三个女生排宿舍；西侧三排，前后排列，是三个男生排宿舍。连部前边与东侧三排女生宿舍和西侧三排男生宿舍中间的一片空地（50 米见方，约 250 平方米），是全连集合开会、操练的场所。

七排房子除了连部，其他六排的规模、大小如出一辙。一排房子四大间，三小间。大间 4 米宽 8 米长，面积约为 32 平方米，是战士们的“宿舍”。小间 4×4 约 16 平方米，位于靠近连部一端的，供排长、副排长住；女生排的则用作储存室。另外两小间夹在两个大间宿舍中间，是灶间。灶间内，左右两侧各有一“灶”，供战士们平时烧水，冬天烧炕取暖用。睡房内，靠北墙整个儿是一条大通炕，差不多占了整个宿舍面积的五分之二。一个班 9—13 个战士同睡一炕，每人在炕上占地面积与褥子同样大小。当年的“宿舍”除了供战士们睡觉外，它还是吃饭、洗澡、开会、洗衣服、夜间小便（女生排是这样）、有时候甚至干活儿的地方。

连部那排房子有九间：连部办公室、卫生室，还有连长、指导员、副连长、副指导员以及文书、通信员、司号员的宿舍。

之后不久，七连又盖起了一个长 50 米，宽 14 米，高 4 米，可容纳三百人的大礼堂。

当年的大礼堂，现已倒塌（摄于 1998 年）

当年，年轻的学生们，每天早上 6：00 起床，6：10 集体出早操（步伐、跑步等训练），6：40 洗漱、整理内务，7：00—8：00 吃早饭，8：00 外出干活，中午 12：00 回驻地或者在野外吃午饭，下午 1：30 再去干活儿，6：00 回来吃晚饭，7：00—8：00 全连排队集合接受连领导晚点名，然后 8：00—9：00 分班学毛选，开班，排务会，谈心得，总结一天的工作表现，进行“批评自我批评”，10：00熄灯睡觉。一切作息，连领导起先是通过连队通讯员吹哨，后来司号员吹军号统一指挥调动。熄灯后，年轻人还需巡逻站岗值班：俩人一班儿，一班儿一个小时，事先排好。一班儿完了，回宿舍，叫醒下一班儿，从晚上十点开始，早上五点结束。另外，连里还经常搞紧急集合，时间常常在夜间或者凌晨。紧急集合号一响，人们就得在黑夜里（不许点灯）起床、穿衣、打背包、排队，然后急行军到天亮，回来后，再以毛泽东思想为武器进行讲评。周末的时候，指导员上政治课，学习《人民日报》《解放军报》社论；传达、讨论中央或上级文件等。外出，须逐级请假；归队后销假。“三大纪律，八项注意”“一切行动听指挥”，所有的管理方式、组织形式等基本照套解放军。

另一方面，这些年轻的学生还像农民一样下地、出海干活儿：挖土、挖沟、挖渠、和泥、脱坯、背坯、背砖、上窑、烧窑、盖房、架电线杆子、下海打苇、捕鱼、捋蒲黄，还有编蒲篓、种菜、种水稻、海上跑运输等等。与农民所不同的是，兵团战士们干活儿的时候，以班、排为操作单位。再就是，他们用的是去兵团前，在家只拿过筷子、端过饭碗，在学校握过笔的手；靠得是他们只背过上中小学书包的肩；凭的是他们尚未发育成熟的筋骨。

就这样，在内蒙古鸡乌素那块盐碱处女地上，在冬天气温下降到零下二三十摄氏度的乌梁素海畔，在夏天蚊虫多如灾年蝗虫的乌梁素海芦苇荡边，378名年轻的七连兵团战士，度过了他们短则几个月、长则十年的“亦军亦农”、“屯垦戍边”的“内蒙古生产建设兵团”生活。

贺　谦

2009年12月30日于美国

第一章

去一拃的

就去这一拃的

吴家翔讲述

吴家翔：北京人，原北京灯市口中学69届初中毕业生。1969年8月28日被分配到内蒙古生产建设兵团，曾当过三排12班班长。1972年调到团部卫生队当文书，后到十九团政治处工作。1977年患乙型肝炎病退回北京。回北京后，先北京供电局司机，后经理，又纪检监察至今。

采谈时间：2008年7月20日

采谈时间：北京亚运村汇园公寓

吴家翔（中）与战友孙培源（左）（摄于1989年）

1969年8月份，我们学校的学生开始"上山下乡"。那时候"上山下乡"基本上是"大拨轰"。当时我没什么想法，反正大家都得走，我也走呗。再说了，北京"文化大革命"那么多年了，串联也串过了，只是东北没去过，内蒙古也没去过，正好去看看。当时特逗，学校革委会主任问我："吴家翔，你们这一批都要走了，你准备去哪儿啊？"我问："都有什么地方？"他说："有东北和内蒙古。"我问："东北在什么地方？内蒙古在什么地方呀？"他说："东北在萝北，内蒙古在包头西。”我又问：“那具体是在哪儿呀?”

他把我带到他的办公室，墙上有张中国地图。“你看，这地图上，这儿是内蒙古，那儿就是东北。”当时我拿手一量，从北京到东北一拃半；到内蒙古呢，一拃。我说：“我去这一拃的就行了。”这事儿，现在一想起来就乐。他说：“行，你就去这一拃的吧，那儿还严呐。那儿是北京军区序列，要求条件还挺牛的。”我说：“无所谓，去不了这一拃的，我就去那一拃半的。”结果还真如愿以偿，就这样，我就去了内蒙古。走之前学校还给每个人发了一个挎包。

到了兵团，有一天，我们班开班务会，正好那天张连长去参加我们班的班务会，他问我们：“你们谁在家里做过饭?”我举手说：“我做过。”其实，我笨蛋一个，我根本不会做什么。可我这一举手，连长问：“呦，这新兵叫什么名字呀？你哪儿的？会做什么饭?”我说：“我北京灯市口中学的，会下挂面、拍黄瓜、摊鸡蛋什么的。”连长当时什么也没说，后来过了两三天，炊事班长来找我，就这么着，我被调到了炊事班。

到了炊事班我和魏师傅一块儿做过一次饭，结果弄得哪儿都是面，给人家臭骂一顿。炒菜我就更不行了，他们说我大笨蛋一个，什么都不会，你上这儿干什么来了？我说：“不瞒您说，我来炊事班是想弄个肚歪。”后来人家说：“你别做饭了，咱们这儿有个汽油桶，拉水用的，你给伙房拉水去吧。”从此，我的正差就是天天赶着马车去拉水，捎带手的，帮着洗洗菜、剥剥蒜什么的。就那么着混了一阵子，后来北京27中的来了，人家就让我回排了。

写了一封血书

陈兰英讲述

陈兰英： 北京人，原北京第27中学68届高中毕业生。1969年9月5日被分配到内蒙古生产建设兵团，曾是五排20班的战士。1976年春天转插到河北固安县，1978年2月转回北京，被分配到北京皮毛三厂当工人。1993年退休后又到建国门外交公寓，在伊朗文化参赞、公使和三秘家做了六七年家务。

采谈时间： 2008年7月20日

采谈地点： 北京亚运村汇园公寓（电话采访）

当年的陈兰英
（摄于1969年）

我从小学到高中，在班里一直当班干部，这就是说，我一直是一个很要求上进的学生。可是由于我家庭出身不是"红五类"，因此，在"文化大革命"的时候我不是红卫兵，而当了"逍遥派"。后来学生们都到全国各地去"大串联"，但是因为家庭出身的关系，加上自己不是红卫兵，所以我也没有机会出去"大串联"过。

1968年毛主席发出"知识青年上山下乡，接受贫下中农再教育"的指示。因为延安是革命圣地，所以那时候我特别想去陕西延安插队。但是我父母觉得陕西那个地方太穷、太落后，那儿的生活一定特别特别艰苦，所以他们就把户口本给藏起来了，因此我就没去成延安插队。

后来，内蒙古生产建设兵团到学校招收兵团战士，我和我高中时一个特别要好的朋友，商量好一起去内蒙古兵团。据说，内蒙古兵团当时要求男生和女生的数量对等，可我们俩都是女生，加上她的家庭出身比我的还糟糕，她父亲是伪军官，结果她没被批准加入内蒙古兵团，只好去了东北兵团。我当时抱定非去内蒙古兵团不可的决心，为了确保自己的愿望能实现，我就把自己手指划破，用鲜血给学校军宣队写了一封血书，向军宣队表示自己希望参加内蒙古兵团的坚定信念。

结果我被批准了。就这样，我高高兴兴地去了内蒙古兵团。

当年看西瓜地的五排八位女战士
从左至右前排：于静、张小俊、陈凤云、陈兰英（讲述人）
后排：赵金梅、江宝奋、陈品琼、李凤义（摄于1969年）

能厕身其中，夫复何求

李汀讲述

李汀： 北京人，原北京第 27 中学 69 届初中毕业生。1969 年 9 月 5 日被分配到内蒙古生产建设兵团，在七连期间曾担任过二排 5 班副班长，连队仓库保管员、文书。1978 年病退回北京，1982 考上北京体育大学函授班。1985 年毕业后到国家体育总局体育科学研究所工作至今。2008 年奥运会被推举为奥运火炬手。

采谈时间： 2007 年 9 月 2 日

采谈地点： 北京亚运村汇园公寓

李汀在奥运会火炬传递中（摄于 2008 年）

当年内蒙古生产建设兵团接受城市知识青年有成文条件："以工人、贫下中农和其他劳动人民的子女为主体，年满 16 周岁，身体健康，作风正派，家庭和本人历史清楚，无限忠于毛泽东思想，无限忠于毛主席无产阶级革命路线的知识青年均可参加生产建设兵团。为了保证生产建设兵团人员在政治上、思想上、组织上的纯洁，凡有下列情况之一者均不接收：一是出身剥削阶级家庭的子女，本人表现不好者；二是叛徒、特务、死不改悔的走资派，现行反革命分子的子女；没有改造好的地、富、反、坏、右的子女；直系亲属被镇压者；有海外关系或社会关系复杂而不清楚者；如本人隐瞒上述问题而被接收者，在三个月内发现有问题时，退回原单位。”

当时我家老头（指父亲）虽被审查，但还没被关进“牛棚”（隔离审查），所以我介乎于能参加不能参加之间。我估计是我们班的班主任老师对我印象不错，她给我使了使劲儿，才把我分到了内蒙古兵团。

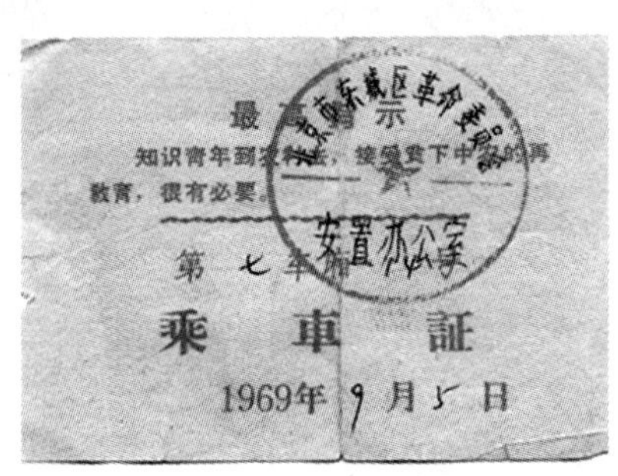

注意事项

1.来車站上車的知识青年必须高举毛泽东思想伟大红旗，突出无产阶级政治。

2.听从指挥，有秩序地凭乘車证上下車廂，开車前十分钟上車完毕。

3.开車前五分钟，不准站在車廂門口，不得再与家长握手。要挥动毛主席語录，高呼革命口号。

4.每证只限一人，不得轉借他人。

内蒙古兵团当时吹得很厉害，说什么兵团是“中国人民解放军序列”，属“北京军区”，实行供给制，又发衣服又管饭；除了“一颗红星头上戴，革命红旗挂两边”没有，其他都和正规军差不多。这比北大荒好，比云南更好。而且内蒙古要的人少，比如一个班五十多人，就四五个人能去，物以稀为贵，所以能去内蒙古兵团觉得很光荣，仅次于参军。正如我在我的一篇文章里曾经写的：“公元 1969 年 9 月初——确切地说，是 9 月 5 日——我随母校北京第 27 中学的六十余位同学，响应伟大领袖的号召，告别了首都和亲人，到内蒙古去‘屯垦戍边’。既然是屯垦戍边，那一定是在组织、有番号的，我们所在组织的番号全称是：中国人民解放军北京军区内蒙古生产建设兵团第二师第十九团第七连。据兵团前来北京招‘兵’的长官讲，兵团虽然不是正规军，但亦属于北京军区序列，最重要的是，我们内蒙古兵团是供给制哟。那时的人认为，供给制比工资制要‘正统’，因为解放军才是供给制。其实，当年少不更事的我，实在分不清供给制和工资制的区别，只是恍惚晓得，部队实行供给制，吃饭穿衣有人管，每人每月还发给几元零花钱。那带队长官说话的语气和神态毋庸置疑地表明，那可是真正的货真价实、童叟无欺的第二正统‘国军’呀。能够厕身其中，夫复何求！”

当年我们是从北京永定门火车站走的，火车快开的时候，车上车下哭声一片，尤其当火车开动的那一刹那，人们真是号啕大哭，直哭得肝胆俱裂，颇有生离死别之感，那哭声"直上云霄"啊！

我当时家里没人送，自我感觉挺好。火车靠站台的这边儿，窗户外全部挤满了人，学生探出头和家长亲友告别，另一边窗口空空如也，没人坐。用现在的话说，我"特酷"，拿出一个梨，用小刀削着吃。当时我觉得那些人真好笑，这有什么了不起的，这不是好事吗？那还哭什么哭呀？哭多没出息呀！

到了兵团后，我心理反差也不太大。因为我从小成长的环境，基本上是属于"斯巴达"式的。从小就集体生活，不住在家里，住机关的少年之家，放假就去夏令营。所以对我来说兵团生活与我原来的生活模式反差不大。我从来没有那种哭鼻子、想家的感觉。所谓干部子弟，从小受的家庭教育就是吃苦，磨炼自己，将来做合格的革命接班人啊，当然是螺丝钉那种，呵呵。从阅历上来讲，尤其20世纪60年代以后，方方面面都要革命化，家里有保姆辞退了，有脏衣服自己洗，从小是自己的事自己干，还要帮着家里做家务。还有一条，我父亲解放以前曾在内蒙古工作过，我这是子承父业，踏着父辈的足迹走，所以我这心里还有一层豪壮之情怀。

到七连后，据说家父所在的单位革委会，将有关我父亲的函文随寄到兵团。函文上说：某某的孩子在你们单位，现在某某已经被定为什么什么了（意思敌我矛盾），望你单位如何如何之类。那时候我年纪小，不主动给家长写信，只是有一种影影绰绰的"不祥"之感。当时我母亲和我父亲分别在两个干校，母亲给我写信，可是父亲没有信。没信就没信吧，我也不怎么在意，觉得无所谓。直到有一次，连里的康副指导员找我谈话，问我："你父亲现在还算是革命干部吗？"我傻乎乎地说："当然是。"估计当时他们就是用这句话来证明我没跟家里划清界限。现在依稀记得，那时有些难友还在我背后说我"冒充"什么子弟之类的。当然，这也是后来多少明白点儿事儿了的回顾。

“北京”俩字，拉近了距离

柏威讲述

柏威：北京人，原北京灯市口中学69届初中毕业生。1969年8月28日被分配到内蒙古生产建设兵团。在兵团期间曾任过四排15班班长、十九团团部话务员、副业连会计。1977年经转插回北京后，在北京市种禽公司担任总会计师至2008年退休。期间曾在北京市党校学习并获得经济管理专科学位。

采谈时间：2007年9月

采谈地点：北京一饭馆

1999年柏威重返当年工作过的团部前留影

我家虽然有六个孩子，但是我妈特别疼爱孩子，特别是我在家是老大，我妈尤其疼我。我记得特别清楚，1968年毛主席发出了“知识青年上山下乡，接受贫下中农再教育”的指示，在那种形势下，不上山下乡肯定是不可能的。我说不可能是因为：第一，当时形势不可能不走；第二，是我自己想走。在这两个不可能的情况下，我妈不可能拦住我。

有一天，我妈把中国地图往桌子上一摊，用尺子量了量，说：“东北，离北京远；内蒙古，离北京近，又属‘北京军区’，有‘北京’这俩字就拉近了距离，行，去吧。”我记得我妈当

当年的柏威（前排右）与战友甄同龄（左）
贲新华（后排左）李键（右）合影（摄于1969年）

时还说："黄河百害，只富河套。你们去的是河套地区，看来还不错。"

还有，那时候在学校里，我算是稍微激进一点儿的，加上在家中又是老大，在弟弟妹妹面前常常是我说了算数，所以我很有自信。说实话，我这个人最大的特点就是：无论是在学校，还是在家里，我都觉得自己没有什么事做不成的。另外，当时我对新的生活，不但没有任何害怕的心理，而且还有一种很强烈的向往，虽然我不知道前面有什么，要去的地方什么样子，也不知道会遇到什么问题，但是我知道，这将是我人生的一次大转折，对这种转折和改变，我充满了激情和向往。真的，我当时的心情与当时的潮流应该说是吻合的。

妈妈伸出手向我挥着，挥着……

摘自乔松都《我的父亲母亲》

乔松都：北京人，原北京灯市口中学69届初中毕业生。1969年8月28日被分配到内蒙古生产建设兵团。在兵团期间曾为六排21班和炊事班战士，同年12月离开兵团参军。1973年进入天津医科大学学习，毕业后为解放军262医院军医。现在在国务院所属某单位工作。

采谈时间：2008年7月15日

采谈地点：北京亚运村汇园公寓（电话采谈）

乔松都（右）与战友何孔华合影（摄于1969年）

1969年夏，我们69届初中毕业生开始被“分配”。说分配，其实就是被全盘端到边疆或农村去，我们学校具体去向是黑龙江和内蒙古建设兵团。我的班主任宋老师对班里的学生挨个儿进行了家访。一番调查了解后，他发现我爸妈的身体状况都不好，尤其是身患高血压的母亲，显得格外衰弱，可他们还担负着重要的外交工作。班主任对我妈妈说，学校应该考虑你们家的实际困难，按照有关规定，他们身边可以留一个孩子照顾家。

两天后，妈妈试着把老师的话婉转地告诉我：我不一定要马上下乡。

我不解地对妈妈说："班里有不下乡的名额，可那是照顾家里有困难的同学的，咱们家有什么困难啊？要是我留在城里，不就成了落后分子了吗?"妈妈轻轻地叹口气缓缓地说："其实，咱们家就是一个困难户，家里正需要人手啊!"爸爸也低头默默不语。

可我没听懂妈妈的话，我觉得我爸妈不是都蛮好的嘛，他们有什么困难呢？过去一提困难户，我总认为和我这样的家庭无关。我心想：爸妈一向希望我争先进，这次是怎么了？

看到一心向往外面精彩世界的小女儿，妈妈欲言又止。作为母亲，她和爸爸多么希望我能够陪伴他们一起度过那些艰难岁月呀！可是，她又不愿意影响孩子的上进心。妈妈不说话了。

过了几天，妈又试着和我继续这个话题。妈妈说："都儿，你不妨等一等，以后有许多工作机会，不一定只有上山下乡才是最进步的，进步有许多方式。"可我还是不明白妈妈此时的心境。尽管爸妈都非常盼望我留在身边，尽管他们的身体已经很不好，但是妈妈最终还是尊重了女儿的选择。至今我还记得妈妈嘴里喃喃地想说什么，却克制住了自己那一刻的表情。几个月后，妈妈以她的重病和过世证明了"我们家是个困难户"。

经过反复思考，爸爸妈妈认为比起黑龙江来，内蒙古河套地区离北京更近，而且内蒙古兵团属于北京军区管辖，这样以后有事好照应。

报名参加内蒙古兵团后不久，学校通知我们去灯市口附近一个临时搭建的办公室销户口。记得我把这件事告诉妈妈时，妈妈说："不要急呀，户口好销，再上就难了!"

第二天，我和同班同学结伴到设在灯市口大街的一个临时办公的窗口，像凑热闹似的就把自己的北京户口注销了。在销户口的那一刹那，我猛地一惊，耳边又响起妈妈的话："再想拿到北京户口就没那么痛快了!"

我迈着沉甸甸的脚步回到家。北京是我从小生长的地方，可是现在……我的心里好像压上了一块石头，再也兴奋不起来了。

8 月 28 日是我们出发到内蒙古兵团的日子。一大早我起了床，也不知妈妈几点起来的，她好像一夜没睡。等我吃好早饭，她已经在等着为我送行了。

灯市口大街从东到西停满了临时改为专车的公共汽车和无轨电车。附近几个中学（25 中、灯市口中学、灯市口女中、女 12 中）的前面挤满了下乡的学生和家长，街上路上被挤得水泄不通。在学校门口，我跟着同去内蒙古的班里的同学很快上了车，可是不知为什么却找不到送行的妈妈。

过了一会儿，只见我家老阿姨从人群中挤了过来，她敲着车窗玻璃大声说："今天走的学生太多，我们好不容易才找到你们学校的车。你妈妈身体不好，直接到北京站去了。"

此时我才猛然醒悟到，今天我是真的要离开家，离开爸爸妈妈了！望着老阿姨，我说不出话来，眼里的泪水在打转，只是使劲地点头。

乔松都近照（摄于2008年）

火车站上更是一片人海，站台上全是东城区要到内蒙古去的学生和他们的家人。当我和同学们坐上火车的时候，我又看到了老阿姨，她在人群中挤过来大声地喊道："松都，快看啊！你妈妈在那里看着你哪，就在站台边上，她挤不过来。你妈妈说，让你放心去内蒙古，到了以后就写信给家里，她会给你写信的。"

突然之间，我觉得过去和父母亲在一起的日子是那么宝贵，家里的一切是那么美好。过去我为什么不明白这些呢？我为什么没有想到爸妈是多么希望我留在他们身边呢？

我的眼泪不知什么时候流了下来，"妈妈！"我大声地喊着，使劲挥着手，但是周围的喧闹声淹没了我的声音。此时，妈妈站在远处微笑地望着我，并且微微向我点头，她的神情是那么泰然。我抹干了泪水，难过的心情似乎舒缓了一点儿。当老阿姨又挤回去照顾妈妈的时候，火车站开车的铃声响起来了。马上要出发了，站台上送行的亲人和孩子们抱作一团，呜呜的哭声压过了火车的轰隆声。火车真的要开了，我的心不由得紧缩起来。此时，老阿姨又通过拥挤的人群挤到我的车厢旁，她大声地说："孩子，你妈妈告诉你，不要惦记家里，你爸爸妈妈都很好，你放心去吧！她很快会给你写信的。一会儿，我们就回家了。你妈妈要你放宽心，日子过得很快，转眼就到年底了，自己多当心，照看好东西。"

我抬起头望着妈妈，她的脸上露着慈爱与欣喜的笑容，隔着喧闹的人群，妈妈向我信任地点点头，好像在对我说："孩子，放心大胆地去吧，妈妈相信你能行!"

这次火车真的启动了，学生们强忍着的眼泪随着车厢的晃动哗哗地流了出来，车窗前挤满了依依不舍的家长。我从车厢探出头，看见妈妈伸出手向我挥着，挥着，直到她穿着天蓝色衬衣消瘦的身影逐渐消失在我视线里……

二话没说

刘正良讲述

刘正良：北京人，原北京灯市口中学67届初中毕业生。1968年先到陕西延安县插队，后又到内蒙古生产建设兵团，曾担任过一排4班班长、塔布村小学老师。1974年被推荐上了首都师范大学，毕业后被分配到北京第四医院（普仁医院）任医院党委书记。后又任过崇文区政府文教办公室主任、北京市卫生局中药管理局办公室主任、国家教委教育部中小学教材编审委员会秘书处处长、国际商会综合处处长等职。2003年退休，目前从事心理咨询和研究生培训工作。曾获得行政管理专业专科、中文专业本科、英文专业本科、法律本科、心理学专业硕士等五个学位。

采谈时间：2007年8月

采谈地点：北京亚运村汇园公寓

“文化大革命”前，1954年的时候我父亲得了高血压，1961年去世，那年我10岁。我母亲是个服务员，每月工资只有27.50元，得养活一家五口人。当时家里吃不上、穿不上、喝不上，生活非常困难。为了帮助母亲，我去扫大街，所以我从小就吃过苦，也能吃苦。上中学的时候，我功课好，生活特别俭朴，被学校树为又红又专的典型。

1968年12月，毛主席发出号召：“知识青年到农村去，接受贫下中农的再教育，很有必要。要说服城里的干部和其他人，把自己初中、高中、大学毕业的子女，送到乡下去，来一个动员，各地农村的同志应该欢迎他们去。”听到毛主席的这个指示，我二话没说，报了名就到陕西省延安县蟠龙公社李家渠大队第三生产小队插队去了。

当年的刘正良（摄于 1969 年）

我小时候得过支气管扩张，1968 年的时候正在犯病吃药，当时我母亲特别不愿意让我下乡。我记得她听说我要下乡，“哇”的一声就哭了，她对我哥我姐说：（当时我哥哥姐姐特别主张我下乡）“小儿子现在正病着呢，一个人到陕北去，病倒了怎么办？”我找个茬儿溜到厨房去打水，眼泪也止不住地流出来。但是我们那一代人，生活成长在雷锋时代，充满激情，思想单纯，一心为（他）人，那会儿根本就没想到下乡后生活怎么苦，以后怎么回来，将来有没有希望什么的。等打完水回到屋里，我对我妈说：“妈，没事儿，您别担心，过去的苦日子我也过过，农村老乡不见得比您照顾我照顾得次，何况我吃过苦，也能吃苦。”至今我也忘不了，走的那天是 1968 年 12 月 28 号，天下着鹅毛大雪，北京城里白雪皑皑一片，就那样我揣着土霉素、四环素等抗菌药，挥动着毛主席的“红宝书”，坐上火车就离开了北京。

到了陕西，当地人安排我们下煤窑干活，大冬天的下煤窑挖煤。我上身光着膀子，下身只穿条小裤衩，头上顶一盏小矿灯。那煤窑说塌就塌，整个情景跟电影《矿灯》里描述的一模一样。当时我和另一个知青住在半山坡上的一个窑洞里，半夜三更经常有狼在我们门前绕来绕去、引颈长嚎，那声音在深夜里听起来特别阴森凄凉，让人觉得悚然害怕。在北京的时候我本来就病着，加上干活累，我的病一下子加重了，咳血咳得厉害。人家一看我那个样子，赶紧报告给公社党委，公社领导特重视，他们说："这是北京来的娃，我们得管。"当晚，人家就派人连夜推着独轮车，走了140多里山路，把我送到延安县县城医院。

县城医院的大夫是个68届的老大学生，那个大夫特有同情心，她给我检查了病情，在我的诊断书上写道："此人患有肺气肿，伴有双侧支气管扩张，需进行支气管造影。当地无此设备，建议转回北京治疗。"县知青办主任一见到那张诊断书就说："你别回公社了，就从县里走吧，回北京好好治病。"他当即从县里拨了一笔款子，连夜给我买了火车票，还派了一个人送我。我和送我的那个人先坐长途汽车到铜川，又坐火车到西安，然后从西安转快车回到了北京。

按当时北京的规定，知青一旦离开北京，一般情况下户口就不能再上（落）回北京了。所以看完病，我理当回延安，可是当时延安县送我回北京的人对我们学校的人说："这娃病得很重，不要回去了。"而且把我的档案材料留给学校就走了。学校没辙，只好开证明，让我把户口在北京重新上（落）上。在这种情况下，其实我完全可以留在北京不走，等待以后分配工作，但是后来我又去了内蒙古。

现在回想起来，我从延安回北京后又去了内蒙古兵团，其原因有二：一是当年我对毛主席无限崇拜，无限热爱，我把毛主席当做神。那时候年轻人都那样，忠于毛主席忠于到了忘我，崇拜毛主席崇拜到了迷信，服从毛主席服从到了盲从的地步。我记得我在日记里这么写道："毛主席挥手我前进，毛主席指示我照办。现在毛主席号召知识青年上山下乡，我当然坚决响应。"二是那时我觉得外地老乡，特别是延安人民对知识青年非常关心照顾。记得我从延安回北京后，我就对我母亲说过："人家延安人对我真不错，换成您的话，您也未必有这么大权力派汽车、派火车、派专人把我送回北京来。"有了延安那次经历，我确实产生了"党组织和群众是我最亲的亲人"的想法，所以我愿意到外边去闯荡。

1969年3月我回北京后，在家休养了半年左右，病情大有好转。但是，当时学校没有任何工作分配名额，我又不愿意就待在家里当一辈子家庭"妇男"，加上青春期的躁动，让我吃不好、睡不好。1969年8月份，毛主席又发表了："我赞成这样的口号，叫做'一不怕苦，二不怕死'。"另外，"珍宝岛事件"（又称"珍宝岛自卫反击战"。1969年3月2日、15

日、17 日，中国边防部队在中苏边境的中国领土珍宝岛反击苏联武装侵略的战斗）前后，全国处于紧张战备状态，在那种情况下，加上第一次下乡的经历，我觉得在外边，贫下中农对我并不见得比家里照顾得次，于是我就背着我母亲，自己偷偷跑到派出所注销了户口，又到东四小街一个街道小医院做了体检。当时医院的医生根本不管你身体有没有问题，人家象征性地给我检查了检查，就给我盖了章，这样体检就算通过了。待老母亲知道这一切，她也只能欲哭无泪了，随我吧。后来我自己找了一个破箱子，把自己的东西一装，扛着箱子就上了内蒙古，参加了兵团，我如愿了。

现在回想起来，无论是第一次上延安，还是第二次去内蒙古，我都是主动的。我当时确实相信毛主席的那句话："人民，只有人民才是创造世界历史的动力。"真的觉得广大群众才是自己的亲人，党组织才是自己的亲人，只有把自己紧紧地融合到群众中去才有前途。

当年七连女战士在航道撑船（摄于 1969 年）

当半个兵也不错

周庆华讲述

周庆华：青岛人，原青岛市第30中学68届初中毕业生。1970年9月8日离开青岛参加内蒙古生产建设兵团。在七连期间，曾担任过新兵班副班长、代课老师、连队出纳员兼文书，1979年4月病退回青岛后，在汽车配件厂当统计。后来该厂与美国固特异公司合资，仍做统计工作，2002年因身体欠佳提前退休。

采谈时间：2007年8月28日

采谈地点：青岛原七连战士柳永华家

当年的周庆华（摄于1970年）

我是68届的初中毕业生，当时正是“文化大革命”时期，学校停课，另外，学生毕了业，学校也没有工作分配。我家兄妹三个都赶上那个时候毕业，哥哥是66届高中生，姐姐是67届初中生，我是68届初中生，三个人都待在家里没事干。我在家待业待了已经两年了。

正在我为毕业后没有工作可找而烦恼的时候，1970年8月，北京军区内蒙古生产建设兵团到青岛来招收兵团战士。当时到青岛招人的人说：“内蒙古建设兵团属于‘北京军区’，供给制，发军装……”在这儿之前，我特想当一名女兵，觉得穿上军装特别神气，只可惜没有参军的机会。这次听说内蒙古兵团属“北京军区”，是供给制，还发军装。我就想，这辈子我当不了完完全全的兵，当半个兵，过上点儿部队性质的生活也不错。再说我走了，还可以让哥哥留在青岛就业，所以我就高高兴兴地到青岛街道办事处填表报了名。没几天街道办事处工宣队、军宣队的人，敲着锣打着鼓把批准我参加内蒙古兵团的喜报送到家里。

经过几天的准备，1970 年 9 月 8 日，我告别了家人，离开了美丽的青岛，踏上了奔赴内蒙古生产建设兵团之路。

当年七连营房远眺（摄于 1969 年）

出发的那天，青岛火车站张灯结彩，锣鼓喧天，红旗飘扬。站台上挤满了送行的人，车上车下热热闹闹、熙熙攘攘。我们当年大多都十六七岁，每个人胸前都佩戴着一朵大红花。上了火车，大家按照车票上的座位、排号找到自己的车厢、座位。突然，火车一声长鸣，紧接着“轰隆”一声巨响，车身晃动，火车开始离站。就在那一瞬间，就好像有人下了个命令一样，车上车下顿时哇哇的哭声一片。人们的哭声压过了火车的轰隆声，回荡在青岛上空。随着车轮的滚动，哭声渐渐远去，泪眼模糊的我，赶快把头探出车厢，最后望了一眼家人：父亲、母亲、哥哥、姐姐和两个妹妹；望了一眼我的朋友们。火车驶出了青岛车站，车厢里的人仍然饱浸在告别亲人、离开家乡的悲伤之中。可是过了不久，人们渐渐地安静下来，也可能是饿了，有人开始在吃东西。天也渐渐地黑下来，困倦了的人们东倒西歪地睡着了。

我的梦想就是……

赵万茂讲述

赵万茂：青岛人，原青岛第28中学69届初中毕业生，1970年9月8日被分配到内蒙古生产建设兵团，曾是一排1班战士。1973年病退回青岛，在青岛港务局当搬运工人，现已退休。

采谈时间：2007年8月29日

采谈地点：青岛市赵万茂家

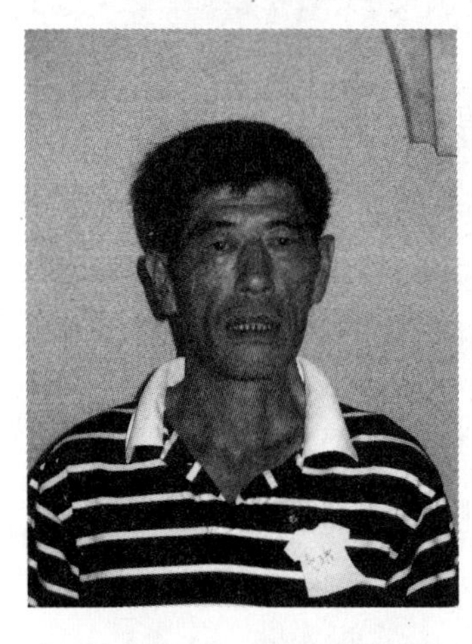

赵万茂近照（摄于2009年）

我是青岛市28中69届的初中毕业生，1970年9月8日去的兵团。我去兵团是街道通知的。在当时那个历史时期，第一，不下乡，政府不让你就业，社会上也没有工作可分配。对青岛人来说，没有工作就没有生活出路。其二是，像我家的情况，我兄弟姐妹八个，年纪大一点儿的都结婚走了，剩下三个小的：我哥哥、妹妹还有我，和老母亲一起过。我母亲每个月挣二十多块钱，四口人怎么活？所以，当时家里的情况是，家里人走一个，就少一个吃饭的。再说，那个年代，大城市的学生都得上山下乡，要不去农村插队，要不去边疆戍边。可我嫌下乡插队太苦，我受不了。当时正好赶上内蒙古兵团的人到青岛招人，十九团的吴麻子（团长）到青岛，他对我们说："内蒙古建设兵团属于中国人民解放军北京军区，是不戴领章帽徽的解放军，管吃管住，每月还有津贴。"那时候我对解放军特别崇拜，我的梦想就是当一名解放军战士。当时咱这些人不成熟，所以听他说"内蒙古

当年的赵万茂在七连操场留影（摄于1970年）

建设兵团属于中国人民解放军北京军区，是不戴领章帽徽的解放军”，就觉得那里肯定不错，于是就下决心参加了内蒙古兵团。

火车开过了八达岭、青龙桥，我开始觉得那些地方简直没法看。大同火车站附近有好多小孩子穿得脏兮兮、破破烂烂的，在火车站伸着手跟火车上的人要吃的，很可怜。我们把从青岛带的苹果、梨，还有饼干什么的，扔下去给他们吃。火车越往西走，四周就越凄凉。到了连队再一看，四周一片荒凉，到处破破烂烂，当时心一下子就凉了，觉得很难受。眼见的现实和当时到青岛招兵的人的宣传太不一样了，我觉得那简直是一个骗局。

穿军装多神气

陈小妹讲述

陈小妹： 浙江余姚人，71 届初中毕业生，1971 年 9 月 23 日到内蒙古生产建设兵团。

采谈时间： 2007 年 9 月 12 日

采谈地点： 余姚市委党校招待所宾馆

陈小妹近照（摄于 2007 年）

当年对我们浙江余姚的中学毕业生来说，有两个出路：支农、支边。支农就是到农村去插队；支边就是去边疆兵团。

当时上边给我们学校分配了两个支边名额。那时候，我在学校里是学生干部，又是团员。老师找我谈话，希望我带头，完成一个支边名额。还有，我以前曾看过一场电影《草原英雄小姐妹》，觉得内蒙古草原怎么那么漂亮啊！当然，还有一个好处哇，就是我要是去支边了，我底下的弟弟和妹妹就不用去插队了。再加上当时内蒙古兵团到余姚招收知青的人告诉我们："到兵团穿军装。"当时我觉得穿军装多神气啊，跟参军差不多，于是就决定去内蒙古兵团了。

在家我是老大

魏雅洁讲述

魏雅洁： 内蒙古呼和浩特市人，原呼和浩特第2中学68届初中毕业生。1969年5月26日被分配到内蒙古生产建设兵团。在七连期间，曾担任过四排副班长、班长，五排副排长、排长和连队副指导员。1975年2月回呼和浩特市，在内蒙古棉纺厂任过党支部书记、厂工会主席。2007年退休，现为内蒙古中山学院办公室主任。

采谈时间： 2007年8月10日

采谈地点： 呼和浩特市巴彦塔拉饭店

魏雅洁近照（摄于2008年）

呼和浩特市当年关于上山下乡有个政策：家里有两个中学毕业生，留一个，走一个。我在家是老大，自然我选择走，留下留城就业机会给妹妹。当年如果不参加兵团就要到农村去插队，我不愿意去插队，所以选择了兵团。可是，“文化大革命”期间，如果家长有问题，像“走资派”、“黑帮”什么的，其子女，兵团一律不接收。我父亲当时被打成“走资派”，按当时兵团规定，“走资派”的女儿是不允许进兵团的。怎么办呢？托人到军区找认识人帮忙，才勉强让我进了内蒙古兵团。

我之所以到了十九团，是因为十九团的王参谋长到我们呼市 2 中接兵的时候，看见我申请表上籍贯填写的是河北省秦皇岛，就对我说：“咱俩是老乡，跟我到十九团去吧，十九团不错，是副业团。”当时年轻，想法天真。心想，人家军队领导都跟我认老乡了，让我去十九团，那我还不去。就这样，我心里美滋滋儿地就去了十九团，本来我应该去十三团造纸厂。

坐上火车到了乌拉特前旗，原本应该去十九团二连的我们，因为那天天公不乐，流泪下雨，加上汽车出毛病，行李又都包着塑料布，无法打开，当时的连长龚德发请示团部要求把我们留下。那时天色已晚，团部就同意了。就这样我们呼市 2 中的同学留在了七连，成了七连的兵团战士。

从左至右前排：姚莉莉、曲兰迪、袁副连长、冯秋荣、戴秀兰；中排：刘援、郭进、赵淑珍、陈立建、柏威；后排：贲新华、白玉玲、刘淑清、陈美珍、魏雅洁（讲述人）、张杰英（摄于 1969 年）

安顿下来以后，因为我们是北京军区序列，连队按军队对我们进行训练，出操、跑步、晚点名，一日三餐前唱毛主席语录歌，被子每天要求叠得像切好的豆腐块儿。当时还宣传，苏联要打过来了，所以我们除白天干活儿“屯垦”以外，夜间还要站岗“戍边”，并且隔三差五进行野营拉练、紧急集合什么的。当时我不到 17 岁，精力充沛，倒不感到累。每天，穿着一身黄序列军装，感觉挺自豪。

命中注定

柳永华讲述

柳永华： 青岛人，原青岛第28中学69届初中毕业生。1970年9月8日被分配到内蒙古生产建设兵团，曾在七连担任过五排18班班长、炊事班班长。1977年7月转插到山东胶州，年底回到青岛，在青岛园林局中山公园工作，被评上过青岛市劳模，2002年退休。

采谈时间： 2007年8月17日

采谈地点： 青岛柳永华家

在当年知识青年上山下乡运动中，我可以回老家胶州插队，但是我不愿意去。我不愿意去，是因为我看《朝阳沟》那个电影的时候，看到电影里的人挑着水桶走路，一会儿前，一会儿后，一扭一扭的，那时我就想：我要回老家肯定也是那个样子。我对自己说，我还是去兵团吧，兵团的人都是一般大的年龄，又是同学，到时候谁也不会笑话谁。

还有，青岛当时有个政策：家里兄弟姐妹几个，走一个（指上山下乡），可以在青岛就业一个。那时候我们家有四个孩子，我哥已经工作了，小妹妹上学年龄还小，我和弟弟都在待业，就是说，我俩之中肯定要走一个。我想我要是走了，弟弟就可以分配到工作了。我和弟弟之间，我觉得还是我走比较合适。我就抱着这个想法报了名去了内蒙古兵团。

去兵团前，内蒙古兵团到青岛招兵的人说："兵团什么都发。"我想：什么都发，还发零花钱，还穿军装，就是不戴领章、帽徽的解放军，所以当时我很想去内蒙古兵团。

那时候，我还差一点儿去了山东兵团，我的邻居都已经给我报了名。当时我想：要是内蒙古兵团先来通知，我就去内蒙古；要是山东兵团先来通知，我就去山东。结果内蒙古兵团9月3号通知的我，山东兵团9月5号来的通知，前后差两天，命中注定，我该去内蒙古生产建设兵团。9月8号，我们离开青岛，10号到的乌拉特前旗。从到兵团的第一天，我就没想过还有回青岛的那一天。

讲述人柳永华（后排中）与战友们（摄于2007年）

我们到达前旗的那天，天冷得把火车门都给冻住了，可是，我们是穿着短袖衣服离开青岛的。我们在乌拉特前旗火车站下车的时候，我看见当地的老乡都穿着翻毛大羊皮袄。心想：哎哟，这地方这么冷！没办法，冷了，加一件衣裳，再冷了，再加一件，直到把所有带的衣服都穿上了，还是觉得冷得不行。因为去内蒙古前，到青岛招兵的人告诉我们："穿的从里到外全发。"所以我就没带那么多保暖的衣服。另外，招兵的人还告诉我们："发被子不发褥子。"所以我只带了一床褥子，没带被子，可是到了连队当天，衣服、被子什么的都没发下来，没办法，只好跟以前先到的战友借被子、衣服，我记得我和我们青岛一块儿去的冯惠君合盖一床被子睡了好几天。

我妈哭得坐在站台上都站不起来了

费琦讲述

费琦： 北京人，原北京灯市口中学69届初中毕业生。1969年8月28日被分配到内蒙古生产建设兵团。在兵团期间曾是六排22班战士、十九团团基建队出纳员。1976年4月困退回北京后，被分配到北京第一机床厂当工人，后任车间会计。1984年调到中华全国总工会日坛宾馆任商品部经理、车队队长等职至今。

采谈时间： 2007年9月3日

采谈地点： 北京一饭馆

我是1969年8月28日早上9点，从永定门火车站上火车走的。我们的专车走的是风沙线，钻过了七十多个山洞，36个小时后，也就是第二天，29号到的乌拉特前旗。

当年到火车站送行的人都哭了，我妈哭得坐在站台上都站不起来了。火车开动的时候，我妹妹追着火车边跑边哭。我看大人哭，也就跟着哭。当时，上山下乡是大势所趋，我们学校去东北兵团的学生全走了，学校里就剩去内蒙古的54个人了，所以，我们无论怎么说，也得走。

那时候，我跟别人有点儿不一样。我家在毛主席1966年8月18日第一次接见红卫兵的头两天，也就是16号被红卫兵给抄了。当时我思想压力特大，所以学校能同意我去内蒙古生产建设兵团，我心里挺高兴。因为像我那种出身的，虽然当时被叫做“可以教育好的子女”，但是，好像怎么着也不能跟人家出身“红五类”家庭的比，怎么也不会被一视同仁。看到学校的大红榜上有我的名字，心里别提多高兴了。能批我去“内蒙古生

讲述人费琦（中）与战友孟庆华（左）胡刚（右）（摄于1989年）

产建设兵团”，那就不错了，并且还能和我几个要好的同学一起去，我觉得很知足！

记得走的那天，我穿了一件灰上衣，蓝裤子，家里新给做的。穿着那身新衣服，觉得自己挺时髦，加上两条长长的辫子，心里美滋滋的。

毛主席一挥手

胡刚讲述

胡刚：北京人，原北京灯市口中学69届初中毕业生。1969年9月28日被分配到内蒙古生产建设兵团，曾是七连三排战士、宣传队队员。1976年困退回北京后，被分配到东城区文化局工作。1985年调到北京海关至今。

采谈时间：2007年9月3日

采谈地点：北京原七连兵团战士费琦家

1969年学校分配的时候，我们有内蒙古兵团、东北兵团两个地方可以选择，但是没有可走可不走的选择。当时我觉得比较实际点儿的做法就是看地图。地图上，东北，用手一量，一大拃，远；内蒙古，三分之一拃，近。家长同意我去内蒙古。

当时国家也没有别的选择，那么多年轻人，一茬儿接一茬儿地毕业，毕了业以后，既不能继续上学，也没有工作干，在社会上晃，时间长了也不是个事儿。当年毛主席指示“知识青年上山下乡”就是解决这些学生的就业问题。就这么着，毛主席一挥手，我们就上了内蒙古生产建设兵团。

记得离开北京的那天，我们这些学生年幼无知，手拿毛主席语录就上了火车。可家长们心里难受呀，哭呀。我妈哭得头直往柱子上撞！我看见我妈哭成那个样子，一点儿也不理解，年纪实在是太小了，看着眼前的一切还觉得挺好玩儿的。

到连里过了好几个月了，有一次跟张和千聊天儿，他说：“咱们不是下乡劳动吗？时间这么长了，怎么还不回家呀？”“文化大革命”以前，每逢夏收、秋收什么的，学校都要组织学生下乡劳动，帮老乡收麦子，收完了麦子就回家了，有时候还当天去，当天就回家。就是有时候在乡下住儿天，最多也不过一个礼拜。所以他还以为兵团跟下乡劳动一样哪。他心里觉得纳闷：怎么还不回家呀？刚到兵团的时候，人们还没有要在那儿干几年或几十年的概念。

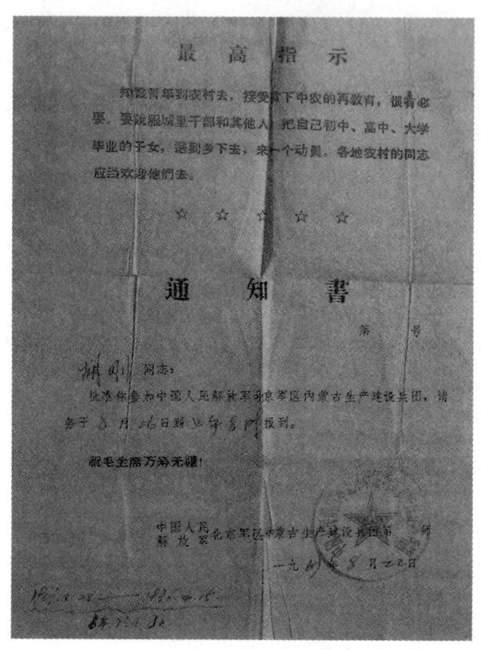

最高指示

知识青年到农村去，接受贫下中农的再教育，很有必要。要说服城里干部和其他人，把自己初中、高中、大学毕业的子女，送到乡下去，来一个动员。各地农村的同志应当欢迎他们去。

☆ ☆ ☆ ☆ ☆

通知書

第　　号

胡刚同志：

批准你参加中国人民解放军北京军区内蒙古生产建设兵团，请务于 [illegible] 月 [illegible] 日 [illegible] 报到。

祝毛主席万寿无疆！

中国人民解放军北京军区内蒙古生产建设兵团 [illegible]

一九 [illegible] 年 [illegible] 月 [illegible] 日

当年讲述人胡刚参加兵团的通知书

还有人刚到那儿的时候不知道怎么写信封。给家里写信，信皮儿上面写连队地址，下面写家里地址，结果信发出去几天以后，又原封寄回来了。

还记得那时到新安镇照相，一到照相馆才发现那儿的“照相馆”跟北京的一点儿也不一样。一间照相的屋子，屋子一半有屋顶，一半没有屋顶。照相的人是借着从那半间没有屋顶的地方射进去的阳光作照明给人们照相，根本就不是用电灯照明，因此到阴天的时候就不营业了。后来我们给它取了个名字叫“太阳能照相”。

从七连到新安镇有 15 里地，那时候好像人们全都到那里去照个相。去的时候，大家穿上兵团发的序列服，约上几个人，一块儿到新安镇留个影，然后给家里寄去。当年，利用星期天到新安镇照张相，可谓一大隆重之事！

“变化”，去兵团以前就有了

朱三讲述

朱三：北京人，原北京第 27 中学 69 届初中毕业生。1969 年 9 月 5 号参加内蒙古生产建设兵团，曾是二排 8 班战士。1976 年 4 月病退回北京，在北京玉器厂当工人。1978 考上北京广播电视大学，毕业后，到北京工艺美术职工大学当教员，后又调到中央广播电视大学做电脑程序制作人。2003 年退休后，经常在胡同里跟街坊下棋、侃山，日子过得优哉悠哉。

采谈时间：2007 年 9 月 2 日

采谈地点：北京亚运村汇园公寓

离开城市，告别家人，上山下乡去兵团，对当年所谓的“工农子弟”来说，可能是生活中最大的一次变化，但对很多所谓“干部家庭”子弟来说，实际上一进入“文化大革命”，类似的“变化”就已经开始了。

朱三（摄于 1989 年）

“文化大革命”刚刚开始，原北京市委就被中央定成全黑全烂了。所以我爸“文化大革命”刚开始就已经被定成“黑帮分子”了，我也彻底已经是“黑帮子弟”了。当年我们家住的红霞公寓被红卫兵昼夜围守，挨家挨户都给抄过了，家长也全被抓走了。去内蒙古兵团以前，我就已经有两年没见我爸了；我从 12 岁开始在家根本就没人管……这些“变化”在我去兵团以前已经开始了。

当时学校分配，有东北兵团、内蒙古兵团和云南兵团三个地方可以去。内蒙古兵团被描绘得最好。我知道我不够资格参加内蒙古兵团，但是不知道为什么，最后学校还是让我参加了。当时听说到了兵团有人给做饭，有地方睡觉，还发衣服，像我这样的、已经是“黑帮子女”，根本就没有家人管的 15 岁的孩子，能参加内蒙古兵团应该算是个不错的着落。走到哪儿算哪儿吧，有饭吃，有地儿住，凑合安全地活着，就行了，我没什么奢望。

记得刚到连队的时候，碰到一个比自己小几岁的当地小孩儿，我问他是哪个村的，没想到他居然说：“爷不告诉你。”我说：“你跟你爸也称爷吗?”他说：“爷跟爷爸也称爷。”这使我感到很没有尊严。我厉声说道：“你再跟我称爷我揍你。”他被吓坏了，说道：“爷以后再也不敢称爷了。”后来我才知道，在当地语言中“爷”是被当做“我”用的，特别是男人。

后来，我把这个词也用到了自己的语言中。

阮宝玲三十年后回到原七连驻地，见到当年收留她的房东，激动不已

卧了三天床板

王友祥讲述

王友祥：北京人，满族，原北京朝阳区第133中学67届初中毕业生。1969年4月1日被分配到内蒙古生产建设兵团，是七连两个全脱产连队卫生员之一。1972年第一批被提为医师助理。1974年调到十九团团卫生队。1979年转插河北省临河卫生院，后回北京铁道部下属的木材防腐厂接替父亲工作，当过厂记工员、车间书记、人事调配、保卫科长、组织部长、人事科长等职，2008年退休。

采谈时间：2007年9月6日

采谈地点：北京亚运村汇园公寓

当年的王友祥（左）与战友柳传明在一起（摄于1969年）

我原是北京朝阳区133中的67届初中毕业生。由于上学上得比较晚，所以我岁数比我同届的学生都大一点儿。1969年4月1日我们离开北京去内蒙古生产建设兵团的那天，天下大雪，北京到处白茫茫一片。我们一行共有120人，是北京朝阳区首批赴内蒙古生产建设兵团的中学生。我们是从北京火车站上的火车。送我的有四十多人，但是我没让家里人去送。

我们走的那天，北京站广场前边正在修建地铁，人家规定不许照相，但是我们不知道，结果没什么可说的，警察上去不分青红皂白，就把大家的照相机，大概有十来架，全都给没收了。真惨，照片一张没留下。当天，我看到北京站整个站台上站满了下乡学生的亲戚朋友，有岁数大的父母，也有岁数小的弟弟妹妹。从车上往下看去，整个站台上黑压压一片，天气阴沉，人头攒动，人心悲伤，气氛十分凄凉。火车开动的那一刹那，人们的那个泪呀，撒到地上，把个地湿得一片一片的（估计是融化的雪——采访人注）。火车刚开动的时候，我看见有好多家长握着孩子的手直哆嗦。

火车开动了，当时我想：前一段时间我作为北京第一批红卫兵，跟着毛主席搞“斗私批修”、“破旧立新”、“批判修正主义教育路线”；现在毛主席指示“知识青年到农村去，接受贫下中农再教育”，我得离开北京去农村“接受再教育”，去内蒙古“屯垦戍边”了，我人生道路上新的一页翻开了。

火车开了一夜到包头的时候，天开始刮起沙尘暴，整个儿天被风刮得昏天黑地的，什么也看不清。风里卷着比核桃还大的绒球，也不知道那些绒球是从哪儿来的，满天都是。兵团战士不爱关车窗，沙子飞进车厢里，连脚底下全是，稍微不留神就能滑倒。人们嘴里、脸上被刮得也都是沙尘，当时大家心情都不好，眼睁睁地看着那大风沙，没人发表议论。

等到了乌拉特前旗，在火车站下了车（二师的几个团、连队都集中在那天到达），我们在火车站等了差不多有四十多分钟的样子，兵团司令何凤山来了，给我们训了十几分钟的话。当时风特大，我们坐在火车站里都能听到外面的风像吹哨儿似的号叫。接我们的有七八辆解放牌儿大卡车。我们上了车，车走在路上，十米之外就是开着车灯也看不清楚前边的路。到了西山嘴，风刮得更邪了，被刮起来的石头子儿比枣子还大。那石头子儿飞起来打到一个人的耳朵上，那个人痛得直龇牙咧嘴，当时他还戴着棉帽子。我坐在卡车后面，用书包把脑袋蒙上，才算免遭飞起来的石头子儿的袭击。我觉得那场沙尘暴足有十级大。没想到，我们到兵团一下火车，内蒙古的老天爷就给了我们一个下马威。

从乌拉特前旗到坝头，一路上，路一棱一棱的，坑洼不平宛如搓板。此景此情，我听到有个女孩子在车上开始呜呜地哭。结果这一个一哭不要紧，好几个跟着一齐哭起来，风声伴着哭声，我听了心里觉得真不是个滋味儿。

汽车好不容易把我们颠到了团部坝头，下了车等了大概有一个多小时，才有人把我们领到团部礼堂。又过了二十多分钟，有人给我们端出来一簸箕小米饭和一小盆还没腌好的酸菜。我盛了一碗饭，刚吃第一口，就吐出来了，饭里全是沙子，根本没法嚼，也没法咽。

后来，我们被安排到一个原是当地存放鱼的鱼库里休息。鱼库自然没有床，我们就在鱼库的地上铺上了些稻草，就那样，我们在稻草上睡了三天。那时候我想：我们有什么罪，让我们到兵团来受这份苦?！我们又没真受过多高的教育，为什么让我们到兵团来接受贫下中农再教育?！到兵团前，到北京去招兵的人告诉我们："兵团是军队性质，各方面都不错。"结果怎么是这个样子呢?！

二十年后的讲述人王永祥（右）与战友王英（左）郭进（中）（摄于1989年）

到了七连再一看，就更不像回事了。什么连部，就是几间又矮又旧的小土坯房！当时有的兵团战士编了一首打油诗，说："内蒙古，一天四两土；白天吃不够，晚上接着补；空旷无人迹，出门大野地；到处是黄沙，遍地是蜥蜴。"真的，七连那儿的蜥蜴，足有半斤多重，我在沙漠里见过，有两个瓶子嘴儿合起来那么粗，七寸长，到处可见。当时我真想不通，我们这些城市的中学生，“文化大革命”初期，大鸣、大放、大字报，破四旧、立四新，我们那是听毛主席的话，跟着毛主席闹革命呀，我们没有错呀，干吗让我们到这种地方来呀？再说，我们到这儿是来接受贫下中农再教育的，可这儿也没有贫下中农呀?！更听说，离我们不远的二顺才（地名），原来还是劳改农场，我们是来接受谁的再教育呀?！

我想不通，我开始反抗，我卧了三天床板，三天三夜没吃饭，表示抗议。当时七连龚连长看见了，就对我说：“你不高兴啊？你不愿意到这地方来啊？我们现役军人都来了，你有什么了不起的？你不就是知识青年吗?”我不理他，我当时谁也不理，躺在床上不说话，默默地反抗。后来连长把我的事儿报告到团里去了。团里为这事儿，还特意派了一个干事到七连找我谈话。我忘了那个干事姓什么了，戴个眼镜，挺年轻，说话文质彬彬的，他给我讲了好多大道理。他说：“上山下乡是毛主席的指示，思想有问题不要紧，人人都可能有。作为你来说，你开始走上新岗位，应该接受新鲜事物。”总之，说了很多开导性的话。最后他说：“这样吧，你写份检查。”我问他，我检查什么？他说：“就把你的思想活动都写出来。”我说：“一天时间我可写不完。”我还跟他要了一沓信纸（其实我有信纸），就把我从“文化大革命”开始一直到兵团，我有什么看不惯的，为什么看不惯等等，一共写了 24 页，划拉了一天多的时间，然后交上去了。那位干事看了以后说：“不错，写得不错。”并跟连里汇报说，我对问题有了新认识，其实我思想上根本就没有什么新认识。

过了几天连里编班，他们居然让我当了副班长。后来又过了大概一周的时间，我突然接到通知，让我到坝头去学习当卫生员。当地的职工用船送我，船是排风船，那天又有三级风，帆借风力，船行驶在海上速度挺快，船两边还激起了不少浪花，看着眼前的这一切，看着宽阔的乌梁素海，我那心情才稍微感到舒畅一点儿。

饭里全是沙子

张兰讲述

张兰： 北京人，原北京朝阳区第129中学68届初中毕业生。1969年4月1日到内蒙古生产建设兵团，曾是五排19班战士，一年后，到炊事班负责喂猪，四年多后，回五排当副排长。1977年调到团部办公室。1979年3月，病退回北京后，被分配到副食品公司当售货员，直到2001年退休。

采谈时间： 2007年8月21日

采谈地点： 北京亚运村汇园公寓

1969年的时候，当年的现役军人、十九团的军医——林医生到我们学校招收兵团战士，他说："内蒙古兵团属北京军区，是解放军序列，供给制……"听他一讲，我就报名参加了兵团。4月1日我跟我们学校的二十来人一块儿离开北京，4月2日到达了十九团。

没想到，当天欢迎我们的是内蒙古大风沙。大风刮得飞沙走石；黄沙飞得遮天蔽日；碗里的米饭全是沙子，吃到嘴里让人上牙挨不着下牙；气温低得必得穿棉衣。很多人离开北京时都穿着单衣，下火车被冻得唧唧缩缩、上牙打下牙。幸好我妈让我带了棉猴儿（带帽子的棉大衣），这下子连身上带头，都被裹得严严实实的。看到眼前的一切，大家开始心灰意冷，都说："这以后可怎么活呀？咱们干脆回北京得了。"还有几个人甚至开始绝食。领导一看，团政委马上派勤务兵给我们送去一盆面条儿。面条儿在当时就跟病号饭一样，劝我们吃。我们其实也不是真的绝食，很多人吃自己从家带的面包、点心什么的。就这么着两天、三天，没人去打饭，也没人去吃饭。北京军区司令员——尤太忠到十九团去讲话，也没人去听。

我们当时被分派住在当地渔场职工家里，人家都劝我们："闺女们干吗不吃饭呐，那不是傻吗，那不是毁自己身子吗？吃吧，早晚也得吃呀。"就那么着，直到我们把从家里带的东西都吃完了，也就开始吃兵团的饭了。

从左至右前排：蔡懿萌、柳永华、陈兰英、张兰（讲述人）
后排：陈平、吴亚军、李凤义、袁美霞（摄于 1969 年）

不能吃，也得学着吃

麦燕燕讲述

麦燕燕： 浙江余姚人，原余姚陆埠中学71届初中毕业生。1971年9月23日被分配到内蒙古生产建设兵团，曾担任过四排14班副班长，四排副排长。1975年被推荐上了浙江杭州大学化学系，1978年大学毕业后，被分配到浙江省水利水电科学研究所从事化学材料、建筑材料性能和应用性研究。1994年12月，到浙江省湖州市水利农机局任局长助理，1996年12月，回杭州浙江省水文局任纪委书记，兼工会主席。2002年6月调到浙江水利水电高等专科学校，任学校纪委书记，兼任工会主席至今。

采谈时间： 2007年9月11日

采谈地点： 在杭州开往余姚的汽车上

当年的麦燕燕在海上撑船（摄于1971年）

1971年，学校分配后，我们从浙江余姚9月19号出发，23号傍晚到了乌拉特前旗。到前旗的当晚，接我们的人让我们所有的人排成一排，然后一、二报数。报一数的站一队，这些人去一个连队；报二数的站另一队，去另一个连队。不过，当天晚上，他们没让我们到所分派的连队去，我们就趴在电影院的椅子上过了一夜。离开余姚的时候，我穿的是短袖衣服，到了乌拉特前旗就改穿毛衣了，到了晚上又把妈妈给做的、从家里带去的棉袄拿出来穿上了。

第二天早上，我们坐了一辆部队运输用的两吨敞篷大卡车，开始往七连走。从前旗到七连的路是马车压过的，坑坑洼洼，凹凸不平。大家站在车上，有几次卡车差点晃翻了，很吓人。后来知道人们把那条路叫做“搓板路”。

当年的麦燕燕干活之余（摄于1971年）

到了连队第一个见到的是现役军人、七连指导员何振岐，他一见我们就学着上海人的腔调说：“阿拉是上海人。”第一顿饭给我们吃的是大米饭，还有鱼。鱼很甜，大概是他们觉得我们浙江人喜欢吃甜的。晚上吃的是馒头，第二天就吃窝头了。我们浙江人长这么大，从来没有吃过窝头，当时许多人咬了一口，可是怎么咽也咽不下去。于是人们开始想家，有哭的还有的，甚至又哭又骂，我们一起去的小娟就是。她把窝头一扔，跑回宿舍趴在炕上号啕大哭。当时我们新兵排的班长很生气，脸马上就拉下来了，用很严厉的口气批评小娟：“你怎么能这样浪费粮食？你不能吃，不爱吃，也得学着吃！”小娟不理她，还是拼命地哭。后来班长把我找去，要我找小娟谈话。我对小娟说：“这窝头扔是千万不能扔的，我们到内蒙古兵团来，就是来吃苦和锻炼的，不爱吃，就慢慢地学着吃，老战友能吃我们也要学着吃……”后来，好不容易把小娟哄得不哭了，我又拿了两块儿自己从家里带来的月饼给她，一场哭剧才算静场。

一看一片盐碱地

张德泉讲述

张德泉：青岛人，原青岛第28中学69届初中毕业生。1970年9月8日被分配到内蒙古生产建设兵团，曾是三排11班、炊事班战士。1979年3月病退回青岛，在青岛钢板弹簧厂当工人，现已退休。

采谈时间：2007年8月17日

采谈地点：青岛原七连兵团战士柳永华家

我和我哥是我们家的双胞胎。当年青岛对中学毕业生安置的政策是：如果家里有两个需要安置的学生，一个可以留城就业，一个必须下乡。我

张德泉（右二）与战友们（摄于2009年）

当时患有肚胀气，我妈就说让我双胞胎的哥哥报名下乡，让我留在青岛等着分配工作。结果学校公布就业名单的时候，没有我，而有我哥哥。理由是我思想觉悟不高，没报名下乡，所以他们把留城名额给了我哥哥。没办法，我只能报名上内蒙古兵团。

不过，听当时内蒙古兵团到青岛招兵团战士的人宣传说："兵团过的是部队生活，吃的用的全供给，每月还发津贴费，什么也不用带。"听他们这么说，觉着上兵团，这不是也挺好嘛。那时候年纪小，是小孩，思想单纯，没考虑那么多。再说你不去也没别的办法，家里生活困难，青岛又没工作机会，只能走。另外，自己也想出去玩玩、闯闯。结果这一去就是十年。十年中，别人办困退的办困退，办病退的办病退，都陆续离开内蒙古兵团了，可我没有那个本事，一直到 1979 年春天，兵团全部拔点后，我才回到青岛。

1999 年七连周边仍是盐碱荒地一片

记得火车刚开到内蒙古，一路看去，举目荒凉，一片盐碱沙漠，我一看那些，心一下就凉了。有一个青岛人干脆不下车，就在火车上坐着。到乌拉特前旗火车站接我们的王团长，叫那个人下车，那个人就是不下，后来那人跟着火车又回青岛去了。

我们下了火车后，拖拉机把我们接到七连，一路上受的那个颠簸，肠子肚子被颠得不停地被调换位置不说，到鸡乌素（塔布）一看，那哪儿是什么部队呀，哪儿有什么部队生活呀？一个百分之百的交通不便、贫穷落后、偏僻、缺人气的小小村子！

第一天，连里给我们吃的馒头，算是给我们青岛的29人接风吧，第二天就没馒头了。以后，一天三顿煮地瓜干儿，地瓜面儿窝头，地瓜面儿面条。据领导说，要留出白面、棒子面儿（玉米面）给在外边挖渠的老战士们吃。

我们在新兵排待了一个月左右，后来我被分到三排11班。开始我们打苇子、打鱼，后来又把我调到伙房，在那儿干了四年半，我干面食。那时候我很能干，为此连里还给我长了一级工资。

出大力气，印象最深就是冬天打芦苇。有一次，我搓（用冰铲铲，俗称搓）苇子的时候，一根苇子差一点把我眼睛给戳瞎了，回宿舍后，班长用蒲棒烧成灰给我抹。

后来又让我看了两年箔旋，看箔旋的主要任务是看着箔旋防人去偷鱼。那个活儿挺有意思的，看箔旋白天吃在船上，晚上睡在船上。晚上要是听见有动静就喊："谁?"要是遇上有老乡偷鱼，我们就划上船去追，那时年轻气盛什么也不知道害怕。

大家都在兵团的时候，七连人多气盛，心情还挺好。后来大家都陆续回城了，慢慢地都走净了，剩下一个半个的就不行了，觉得心情很不好。我和周庆华压后阵，周庆华比我离开得还晚。我把浙江、北京的都送走了，我是最后回城的。

男女之间不能说话

王英讲述

王英： 天津人，原天津68届高中毕业生。1969年5月9日被分配到内蒙古生产建设兵团，曾当过六排排长、七连小卖部售货员、团后勤处保管员。1976年转插到河北临河，后又转回北京，分到汽车运输总公司财务处当会计至今。

采谈时间： 2007年9月12日

采谈地点： 北京亚运村汇园公寓

王英近影（摄于2009年）

我们学校在天津是一个比较不错的学校，在学校我又是一个学习非常好的学生。可是“文化大革命”了，我们不能继续上学了，只能去插队或参加兵团。我们家里人说我不会做饭，到农村去插队，又得干活儿，又得自己做饭，怕我不行。兵团待遇跟军队差不多，集体生活，不用做饭，加上当兵又是我从小的志向，所以我就跟着我侄女一块儿参加了兵团。

下火车的时候已经是半夜，天还下着细雨，出了火车站，外面一片漆黑，以前常听人们说“伸手不见五指”，到了乌拉特前旗的那一刹那，我才真的明白了黑到什么样子，才算是“伸手不见五指”。

五月份的内蒙古，还有几分寒意，我披着兵团发的大棉袄，在火车站一直坐到天亮。说是火车站，其实就是摆了几把椅子的一个大破屋子。那时心里非常非常烦乱，心想我怎么跑到这儿来了？好容易等到天亮，接我们的车来了。出去一看，什么卡车呀，原来是一辆拖拉机！我们就坐在拖拉机后边的翻（拖）斗里。一路上全是大泥路，当时我就想，这么泥泞的路，到了目的地还不知道是什么样子呢？

当年王英与母亲握手告别，奔赴内蒙古生产建设兵团（摄于1969年）

拖拉机终于把我们晃到七连驻地——鸡乌素。车停人下，呈现在我们眼前的是几排又矮又破的小平房，然后就是从屋里跑出八九个人。她们给我的第一印象就是，个个都晒得黑黑的。一问才知道，她们是一个月以前才来的北京知识青年，当时我就想，天哪，怎么这么短时间就把城里的女孩子晒得这么黑了。下了车，一踩一脚泥地进了屋，我被安排到后面一间屋里。大概是路上太累了，也许是头天没睡好觉，反正第二天早晨，我们谁也没有听见起床哨。后来有人敲我们的门，说我们睡过了。我们在路上奔波了好几天了，睡过去了，一屋子的人都起晚了，这本来很正常的，但是，我们挨了批。

早晨起来后，连里让我们去挖沟，在家从来没有干过那种活儿，结果刚挖了一上午，我的手就起泡了。干活儿的时候，在我旁边干的是一个一块儿到七连的男生，当时谁也不知道谁叫什么名字。我一边干活儿一边跟他说话，我问他："你是哪儿的人?"他说："天津的。"我又问："你是天津哪个学校的?"他告诉我："天津六中的。"我又问他："你家住天津哪儿?"这么一聊，发现我们两家住得挺近。谁知道就这么点事儿，中午排长找我谈话，他问我："你跟那个男生说什么了?"我说："没说什么呀，我问他是哪个学校的，家住哪儿。"排长说："不行，兵团的纪律是：男女之间不能说话。"当时，我简直无法接受，觉得不可思议，说几句话都不行？我心里那叫不痛快，看着我带到内蒙古的东西，还没打开的箱子，就开始哭。我心想，这地方可怎么待呀？我怎么会把自己的户口迁到这么个地方来了？今后的日子可怎么受得了呀？本来胃就不好，因为这些事，我胃开始疼，疼了一天。

几天后，接到一封家信，我找了个没人的地方，拿着信痛痛快快地哭了一场。

确实是为了家庭

陈树林讲述

陈树林： 青岛人，69届初中毕业生。1970年9月8日被分配到内蒙古生产建设兵团，曾是三排9班战士。1974年病退回青岛，在青岛航务二公司当工人，2007年退休。

采谈时间： 2007年8月29日

采谈地点： 青岛原七连战士赵万茂家

我是青岛69届的初中毕业生。当时，青岛办事处的领导说："到了内蒙古兵团，那儿羊肉敞开吃，馒头和大米都很少吃。"我记得很清楚，当时那位领导还说："告诉你们，你们去也得去，不去也得去，青岛八年不给你们安排就业。""文化大革命"期间，我们家除了我以外，我还有两个妹妹也等着就业，就这样我到派出所报了名，就走了。当时确实为了家庭走的，不走没有办法。

陈树林近影（摄于2009年）

到了内蒙古兵团以后，我感觉着我们大大地上当了。当时我们脑袋瓜子太单纯，其实，火车一到大同，我感觉就开始不好了。看到沿途越走越荒凉，到了乌拉特前旗以后，心里很不好受，心想：这里的情况怎么和兵团到青岛招兵的人，在青岛时的说法不一样呢？我感觉上当了。

心里那么想，但是没敢说出来

西木讲述

西木：北京人，原北京某中学69届初中毕业生。1969年9月5日被分配到内蒙古生产建设兵团。1976年离开兵团，1978年考上某大学经济系，1982年毕业后，到国家某部机关工作。现任某大型跨国企业高管。

采谈时间：2009年5月12日

采谈地点：某集团公司会议室

我们到内蒙古乌拉特前旗的那天是凌晨两点，有三辆车到火车站去接我们，其中两辆卡车，一辆拖拉机。拖拉机拉行李，卡车上一半儿是人，一半儿是行李。

西木近影（摄于2009年）

火车站离我们要去的七连——鸡乌素有近五十里路。塞外的九月已经像北京初冬了，夜间温度只有十摄氏度左右。我们蜷缩在卡车上，惶惑地注视着周围闪过的景象：荒芜的旷野、长满骆驼刺的沙丘、零零星星散布在荒野上的矮小的土坯房、静静地站在旷野中的牲口。……路边偶尔闪过几个小村庄，村里居然有不少人跟在我们的车后边跑，一边跑一边还兴奋地叫喊。“这儿的人难道都不睡觉吗?”我思忖着，心里增添了几分恐惧。

终于，卡车经过长时间的颠簸把我们拉进了一个由低矮的土房围着的院子里。看来我们到达目的地了。刚下车，院子里响起了一阵急促的哨声，接着一些人排着队，喊着整齐的口号跑进了院子。原来，七连全体兵团战士紧急集合迎接新来的我们。看着院子里那些衣冠不整、高矮不齐的兵团战士，“杂牌军”一个名词跳进了我的脑海。

不一会儿，我被领到一排1班，接我的是一个先到的北京知青。他把我接到班里后对我说：“你先在这儿坐着。”说完就出去了。我四周一环视：房子有两间屋子，里屋有一个大炕，可以睡四五个人；一张小桌子，上边放着一盏小煤油灯。外屋沿墙放着一溜儿箱子，大概那就是我们的行李了。屋里地是土地，窗户是用纸糊的，隔着窗框缝隙，可以清楚地看到外面的月亮。当时我就傻了，确实傻了。在那儿傻呆呆地坐了一会儿，看看四周一点儿动静也没有，心想：先收拾收拾行李吧，于是朝外屋走去。因为屋里黑，我就用手摸着走，从里屋摸到外屋。突然，“哟”，摸着一人脑袋，定睛一看，原来是接我到1班的那个战士，正端着碗在外屋闷头吃鱼呢。后来我才弄明白，连里为了欢迎我们，当晚给我们炖了一锅乌梁素海的大鲤鱼，一人一碗。鱼打回班里，虽说大半夜我们都挺饿，可此情此景没人有心思吃。可是比我们早去的战士看见鱼，眼睛都瞪圆了。就在我们犯傻之时，他们已经三下五除二，替我们把鱼吞进肚子里去了。

天亮了，再看我们住的房子，真受刺激。那是原渔场职工腾出来的二十来间土坯房。这种土坯房当地人叫“干打垒”。芦苇草把子铺顶，上边抹上泥就算房顶了；墙是用三合土夹在两木板中间，夯实而成，很厚；房子的窗户很小，歪七扭八，上面糊着草纸；屋里很暗，但据说冬暖夏凉。

离七连不远的十一团、十二团也有很多类似的土坯房。他们那儿的土坯房，原来是给劳改犯住的。所不同的是十一团那边给劳改犯住的土坯房子炕的上方有小格子。晚上劳改犯睡觉的时候必须得把身上的衣服都脱光了，然后把所有的衣服包括裤衩儿等都放在小格子里。小格子离地面比较高，犯人要拿、放衣服都要踮着脚才够得着。所以，犯人无论把衣服放进小格子里，还是把衣服拿出来，动作起来都非常显眼。据说这样容易相互看管。不同的是，他们那儿的房子墙上写着："只许老老实实改造，不许乱说乱动！"而我们的墙上写着："屯垦戍边、扎根边疆一辈子。"另外，劳改犯农场周围都有树，有绿色，据说是因为劳改犯被逼着每人必须种活一棵树；而我们驻地的四周是一片荒野，一片枯黄色。

此境此情，使人很容易把我们与劳改犯的生活环境混同起来，特别是看到那些墙上还没有来得及清除掉的教育劳改犯的标语口号时，心里更不是滋味儿。那时候，我觉得我们接收的是劳改犯农场，我们可能也是来劳改的，心里那么想，可没敢说出来。

当年的七连宿舍之一（摄于1999年）

第二章

是兵也是农

小 心

燕子讲述

燕子： 北京人，68届初中毕业生。1969年1月到内蒙古生产建设兵团，1970年底离开，兵团期间曾是四排13班战士。

采谈时间： 2007年9月2日

采谈地点： 北京亚运村汇园公寓

我去兵团，是因为我爸我妈全被关起来了，关在什么地方我不知道。几天内，我们家几个孩子就都上山下乡或上兵团了。我姐去了陕西插队，我到了内蒙古兵团。别人到兵团是分配去的，我是自己去的。换句话说，我到兵团是走后门去的。去兵团的时候什么组织关系呀、户口呀，我都不知道，跟几个人一嚷嚷就去了，也没迁户口什么的。后来我妹去当兵，连军装、被子都是从家里拿的。她去当兵的那年，根本就没有当兵的指标，是我爸写了个条子，说你去找某某某，手续呀、体检呀什么的，都不

当年扮成工人模样的燕子（右）和扮成农民模样的朱兰（左）（摄于1969年）

是正式的。

我 1969 年 1 月 20 日到的呼市兵团司令部。我到兵团的时候，兵团才刚刚开始组建。去了以后我就先在呼市待着，等到 1 月 24 日，兵团才正式被批准组建，到 2 月 22 号才决定下到团里。

一个月的时间，我们，有二十多个人吧，就在呼和浩特市待着。开始司令部的人让我们那帮人留在兵团司令部，我们说："我们不愿意，我们愿意下基层。"就这样我们去了二师。到了二师师部，师部的人给我们介绍：十三团是工业团，十九团是副业团，在海边。问我们愿意去哪个团？当时一听十九团有海，我们来了兴趣，要求去有海的地方，就这样，我们去了乌梁素海十九团。和我一块儿去兵团的那些人在十九团团部分开了，当时七连只有我们六个兵团战士：我、宝泰、崔嘉、凤君……

我们在兵团司令部的时候，司令部的人从一开始就跟我们讲："到兵团来的现役军人都有问题。"当时我们问他们："那你们是不是也有问题？"他们说："主要是基层的。"我们到师里，他们还是这样嘱咐我们。不过他们当时光给女生讲："找连里领导谈话什么的，最好找个女同学陪你一块儿去。"等我们到团里就没人跟我们这么讲了。所以，那时候我到连部找龚连长谈话，老是开着门。

我是 1970 年底离开兵团的。在这以前，我爸还没放出来，回去找谁呀，灰锅凉灶的。我爸我妈不是犯政治问题、路线问题错误给弄起来的。我爸妈一出来，我们几个就全参军了。

北京赶上 1971 年招兵，可是后来出了"林彪事件"，当兵的后门卡得特别紧，我就在家又晃了好几个月以后才去当的兵。

十三个人睡一个大土炕

周庆华讲述

我们青岛的知青到了内蒙古后转眼就是国庆节、八月十五，连里安排了四条打鱼的木船，载着我们到乌梁素海观光。看惯了青岛辽阔的大海，再看眼前的乌梁素海，感到乌梁素海实在是太小了。但是不管怎么说，大家仍然很高兴，互相嬉闹着，还有人跳到水里游泳。

一个月的新兵排训练结束后，我们被分到各班。青岛 12 个女生，三个女生排 12 个班，正好一班一个。我被分到六排 24 班。我们班有来自北京、天津、呼市，还有当地的，现在又加上我一个青岛的，一共 13 个人，13 个人都睡在一个大土炕上。

当年的周庆华（摄于 1970 年）

按照连里制定的作息时间，每天早上 6：00 起床，6：10 出早操，6：40 洗漱，7：00 至 7：30 天天读（毛主席著作），然后吃早饭，吃完饭，8：00 去干活儿，中午 12：00 回驻地或者在干活儿的野外吃午饭，下午 1：30 再去干活儿，6：00 回来吃晚饭，7：00 至 8：00 班务会。10：00

熄灯睡觉。每天一起出早操、天天读、吃饭、上工、睡觉。那时还经常有紧急拉练，半夜睡得正香，紧急集合号一响，不准点灯，我们起床、穿衣，并得以极快的速度打起背包，冲出去集合，然后再在黑更半夜，到野地里深一脚浅一脚地排着队，连滚带爬地跑上一两个钟头。拉练回来不管早晚都得开讲评会，每个人都得发言，还要用毛主席“批评与自我批评”的武器进行讲评。

当年兵团战士睡觉的土炕

因为当时的生活条件、环境太恶劣，很多人想家。也有逃跑回家的。遇到这种情况，连里的指导员就说：“今后有逃跑的，等他回来，我就让全连敲锣打鼓地欢迎他。”言外之意，丢他的人。即使如此，逃跑回家的事仍有发生。

一天五出工

麦燕燕讲述

到七连后，第一个考验就是拿铁锹干活。去兵团以前，我从来没拿过铁锹，而且当时大家都是初中毕业的年纪，皮肤特别娇嫩，在家里又不大干农活，加上脚跟手也不知道怎样配合，所以第一天干下活儿来，手就起泡了。我记得我手上的血泡又大又痛，手起了泡，也还得干啊，到连队卫生所，找卫生员用纱布包一包再去干。

讲述人麦燕燕（右）与战友武京春（摄于2009年）

那时候，每逢生病，还有过年过节的时候都会想家。可是，我去内蒙古以前，我妈跟我讲好的："不许后悔啊，后悔药没得吃的。是你自己愿意去的，不好叫苦。”这一点我自己很清楚。

还记得，刚到内蒙古的时候，因为南北方我水土不服，例假不正常，常常该来不来，而且腰酸肚子痛，大概半年的时间一次例假也没来。后来我大嫂给我寄了两瓶当归丸（她是妇产科医生），吃下去以后例假倒是来了，可是这一来又多了。一月两次，要不，俩月三次，而且每次量很多，肚子也痛。本来连队规定女战士来例假，可以休息三天，但是遇到农忙，来例假也不敢休息。

当年的麦燕燕撑船出海干活（摄于1971年）

还有，因为吃的东西和气候不习惯，我还得了慢性肠炎，常年拉肚子。我觉得可能跟那里的水有关系。再有因冬天气候寒冷经常感冒，久而久之又得了慢性鼻炎。早晨起来一出屋门，风一吹，一股钻心的痛，一直痛到脑门上。

有一次，记不得是哪一年了，冬天打芦苇。在海上搓芦苇，因劳动强度太大，冰天雪地、气温零下二十多摄氏度，我衬衣外只穿一件毛背心，就那样，我还浑身上下大汗淋淋，连帽子都摘了。结果在搓芦苇时，一根芦苇扎到我右耳朵里去了，当时真是钻心的痛。后来检查，外耳道膜穿孔，整整痛了一年。记得我每天就靠吃索密痛止痛坚持劳动。因为当时连长说："这是连队的黄金时节，一斤芦苇三分钱，我们一人一天要打 1000 斤，一个苇垛拖子三个人得拉 3000 斤。"所以我没休息过，也没有去看医生。每年 12 月 1 日开始打芦苇，一天往返四十多里路。那时，什么也不知道，就知道傻干活。打完芦苇第二年春天，我才到师部医院去看，大夫说："耳膜穿孔了。"后来又到团部去看，大夫也说："耳膜穿孔，要从大腿上植皮补耳膜。"我一听，就害怕了，心想，随它去吧。结果只打了一段时间的青霉素针，吃了些消炎药，后来慢慢地也就好了，可能因为那时候年轻生命力旺吧。

那时候，我们一天五出工，早上起来，先去背柴火，或者背坯，背二十多分钟、半个小时，再练上 15 分钟的队列，然后吃早饭。吃完早饭，下地干活儿，然后吃午饭。吃完午饭又集合，要么，让我们去背柴火，要么，去大地里弄菜；然后再到大田干活儿。吃完晚饭，常常还要让我们背一趟、两趟砖呀、芦苇呀什么的。两年都是这样，基本上都是一天五出工。连里把我们支使得团团转，连八小时以外的时间都抓得紧紧的。记得那时候，五排种菜，包心菜该收了，连长就说："包心菜就好比蒋介石的脑袋，看谁砍得多。"大家就用铁锹一个一个地铲，砍完了，才让收工回驻地。

当时，我们就盼着下雨，盼着下大雨。记得那时候，早晨起来要是有谁第一个发现下雨了，那个人一定会大声地喊："下雨喽，下大雨啰！"紧接着，另一个班的人也会跟着喊起来："下雨喽，下大雨啰！"最后排里很多人都会跟着喊起来："下雨喽，下大雨啰！"而且，喊声中总是洋溢着抑制不住的激动和兴奋，因为谁都知道，下大雨就意味着今天不出操、不下大田干活儿，人们可以睡个懒觉了！当时不知道为什么，总觉得觉睡不够。

在干中学，学中干

王友祥讲述

大概是到了兵团一个多月的时候，连里决定让我当连队卫生员。在坐船到团部去接受学习训练的路上，远处看去好像站着六七个穿白衣服的人，开始我还以为是团里的护士、医生站在海边欢迎我们呐，走近了点儿了，才发现原来是几只白天鹅立在海边。再看船后边儿，无数条的鱼追着船跑，最大的有十斤左右，当时我突然觉得这乌梁素海还真美。

在团里大概受了有一个月左右的培训。当时参加受训的每个连队两个卫生员，一男一女。一个多月，我们学习了一些医药基本知识，如：人体解剖、战地急救、常规药使用、基本卫生常识以及常见病治疗等等。给我们上课的都是师里的医生，有张医生，外科的大拿，腹部手术做得相当不错；他爱人陈医生是内科权威，她给我们介绍妇产科常识。当时没有教材，都是油印的或手抄的。

一个多月以后，我回到七连，在连队医生裴医生（现役军人）的指导下开始工作。裴医生在各方面给了我们各种指导，比如：怎样包扎；药的使用；打针前怎么用棉球给病人消毒；怎么使用各种仪器等等。有时候还带着我们跟他一起出诊，现场对我们进行一些病理指导。

那时候，连里规定，我和王友莲（女）两个卫生员可以脱产，协助裴医生工作。不过裴医生因为患有高血压，常常回北京休养，而且，一走就是两三个月，甚至半年不回来。因此，七连的卫生所实际上常常靠我跟王友莲两个人在那儿撑着。后来王友莲被调到团里卫生队去做器械护士，七连卫生所最后就变成我一个人顶着了。1973—1974 年，我又被派到二师医院受训了一年。24 本医学书，人家学三年或五年的东西，我们一年全部拿下，速成学完。我们还实习了解剖、五官科、内外科、传染科、产科、病房和小儿科等。

当年的女卫生员孟庆华在
卫生所前留影（摄于 1969 年）

七连开始的时候只有不到十个兵团战士，后来人数从十来个陆续增加到上百个，最后增到近四百人；再加上职工家属，一共差不多近千人。当时人们感冒、发烧是经常的事儿，职工们老有病，关节炎、风湿病以及各种传染病比较多，赶上医生不在，我需要写诊断书的时候，要是有什么不懂，或者不知道的就翻书，看书里怎么写的，书里说怎么治疗，用什么药。就这样慢慢地在干中学、学中干。

几年的连队卫生员工作，有这么几件事我至今还记得很清楚。

四排女战士小徐，长期睡不好觉，神经衰弱得厉害，吃什么安眠药都不管事，打针也不行。我在学中医学书中发现，眼睛上方下边半寸的地方，有个穴位（针灸），这中间要进针 1.5 毫米，不能超过 1.5 毫米，是个非常危险的穴位，一般没有医生敢扎，我敢说包括大医院的医生在内，因为扎不好就会造成眼底出血、视觉神经萎缩。另外，扎的时候，病人眼珠绝对不能转动，动一点儿就会造成眼出血，以致造成终身残疾。我大胆尝试，小心给病人进针，扎了两三次，每次行针 10 到 15 分钟，结果，小徐的神经衰弱就这么着，还真让我给扎好了。

还记得有一个男战士王继明，收工以后玩儿单杠，不小心从单杠上摔下来呕吐不止，当场昏迷不醒，失去了知觉。当时医生不在，连里医疗设备也不行，我就跟连长请示，马上送他上师部医院。经连里同意，我找了六个人，自制了一副担架，没有扁担，我们就砍树枝代替。从他摔下来到这一切就绪，前后一共只用了大概十几分钟。当时天已经快黑了，我们从连里出发，我带上一个药包，一路上，一边儿走我一边儿刺激王的人中，一会儿看看他的瞳孔。大概走一二里地就换一次人。那时我记得抬担架的有吴家翔，其他人就记不清楚了。近五十里地，走了一夜，快天亮的时候我们才走到前旗师部医院。到了师部医院，我们把他送到外科，一查是重度脑震荡。一路上人们非常辛苦，大家走得汗流浃背。最艰难一段路就是从连队到新安镇那一段，下雨以后，路被车轧成沟状，太阳一晒，土变得特别硬，路面又不平。人们走在路上深一脚浅一脚的，好几个兵团战士把脚和腿都磨破了。不管怎么说，我们坚持着把他送到了二师医院，赢得了时间，挽救了他的生命。

最高指示

胸中有"数"。这是说，对情况和问题一定要注意到它們的数量方面，要有基本的数量的分析。任何質量都表现为一定的数量，沒有数量也就沒有質量。

世界上怕就怕"認眞"二字，共产党就最講"認眞"。

部队卫勤月报（1974年8月）

机密

部队发病情况（在编）

疾病	发病人次	疾病	发病人次	疾病	发病人次
1 鼠疫		18 炭疽病		32 维生素缺乏症	
2 霍乱		19 流行性感冒		33 关节炎	2
3 天花		20 流行性腮腺炎	23	34 外伤	5
4 流行性乙型脑炎		21 传染性肝炎		35 烧、烫伤	
5 斑疹伤寒		22 阿米巴痢疾		36 冻伤	
6 回归热		23 其他传染病		37 中暑	2
7 流行性出血热	9	其中：		38 其他伤病	4
8 钩端螺旋体病		布氏杆菌病	1	39 其中：妇科疾病	
9 伤寒				月经失调	31
10 副伤寒		24 传染病合计	33	痛经	2
11 猩红热		25 普通感冒	5		
12 流行性脑脊髓膜炎		26 支气管炎	1	39 总计（所有伤病）	
13 麻疹		27 肺炎		40 细菌性痢疾复发	5
14 血吸虫病		28 肺结核		41 手术人次	
15 钩虫病		29 胃炎	2	42 复诊总人次	316
16 疟疾		30 食物中毒		43 非编人员发病总人次	87
17 丝虫病		31 急性肠炎	15	44 非编人员复诊总人次	120

师医院（团卫生队）收治情况

类别	1 治愈	2 好转	3 无变化	4 后送	5 死亡	6 现有
病员						
伤员						

报告单位：　　　长：　　　统计者　　　19　年　月　日填报

（盖章）

当年七连战士患病统计表

那时候职工和周围的老乡也找我们看病。记得有一次，一个河北老乡到七连鸡乌素串亲戚。那个老乡患有支气管哮喘，据她说使用点儿消炎药就能解决她的问题。当时我们最好的消炎药就是青霉素，所以我答应给她打一针青霉素。当时三排卫生员李仲夷和我值班。小李子把药溶解开，给她做皮试，过了20分钟，她一点反应也没有，我说可以注射了，于是李仲夷开始给她打青霉素。没想到李仲夷的针头刚一扎那个人的皮肤，那个人就开始抓胸挠脸，顿时那个人的脸和胸都被挠破了，胸部皮下还出了血。一管青霉素还没真打，她反应就那么大，我一看，这是药物过敏，赶快让小李子换上一针肾上腺素，五分钟，症状缓解，但是皮下出血没有吸收，还好，有惊无险，那个人属于重度青霉素过敏。

还有一次，在七连北边的虎四村，有一个51岁的女人生孩子。51岁生孩子一般都会难产、大出血什么的。她生产那天，她家人把我叫去了。我进屋一看，产妇躺在炕上，一屋子的人，全是当地老乡。我掀开炕上产妇的被子一看，孩子倒是已经生下来，放在旁边了，但是整个褥子上全是血，不用问，产妇是产后大出血，产妇也正因出血过多而昏迷不醒。我赶紧把带去的输液瓶吊起来，两个吊瓶同时给她输，完全放开式，从早上八点开始一直输到晚上八点。12小时后产妇苏醒了。出血基本止住，大人、孩子都得救了。人家后来特别感谢我们，从那以后，那个地区附近好多村子的老乡都去找我们看病。

另外，我们也遇到过处理不了的病例。有一次，我刚从二师医院学习回来，有个排里的卫生员告诉我，附近村子有两个年轻人打架，一个人用镰刀一下子把另一个人的肋骨全划开了，造成开放性气胸出血。当时人们把受伤的人抬到七连卫生所，他们以为把兵团战士们叫来直接抽血，然后给伤员输进去就行了。但是当时值班的卫生员什么都还没来得及做，那个人就死了。所以遇到这样的情况，我们根本不知道怎么处理，也没有条件进行处理。

在连里当卫生员，除了给大家看病以外，有时候还要处理很多不属于医疗范围的事。比如：有些兵团战士到兵团以后，觉得天天干活太苦，希望休息休息；另外，不想下地干活，长期泡病号的也有。遇到这一类的事情，我一般是先做思想工作，同时也开点儿绿灯，多少照顾照顾。有时连里、排里领导找我来了，包括连长、指导员、副连长都找过我，说，老开假条不行呀，缺少劳动力。在这种情况下，我就把原来三天的病假改成一天。总之，我尽量给大家一些适当的照顾。记得那时候有个女战士在二师医院做了阑尾炎手术，为了不参加体力劳动，她每天把刀口用手扒开，然后到卫生所去，让我看，说："你看，我刀口还没长闭合。"其实我心里明白她在做什么，在那种情况下，我就说："好好休息吧，你每天到这儿来，我给你换药。”就因为那一刀，她大概连续三个月没干活儿。

当然，有时候还得给大家一些方便。比如小实，到卫生所看病希望我给她开病假，她好回北京看病。其实，小实到卫生所找我看病之前头一天，就有人，记不清谁了，告诉我：“小实这次要是回北京就不回来了。”结果，第二天她去找我看病，其实她没什么大毛病，好像是感冒或身体有点儿不舒服什么的，我还是给她开了三个星期的假。当时医生不在，本来我最多能开三天假，可是当时我就想：谁说我不能开三周？医生不在，我就可以做主了。于是我就给她开了三周。从那儿以后，我们在七连就再也没看见过她。两三个月以后，有人回北京探亲，看见她在北京开公共汽车呢。

像这样的例子还不少，比如：“王亚卓事件”（王文尧、恩亚立、邢卓，三人各取自己名字中一个字，拼成“王亚卓”给《一个小学生的来信和日记摘抄》的作者写信，批驳了“四人帮”破坏教育革命，打击革命教师的罪行，受到“四人帮”及其爪牙的残酷迫害）之后，事件三个人当中的“恩”，当时在三连被监督劳动，政治上高压，劳动强度过大，时时被监督，他感到实在挺不住了。当时我正在二师医院神经科门诊实习，我跟王佐良医生一个诊室，但是我没有处方权。有一天，我突然看见窗外有一个人带着草帽，帽檐儿压得低低的，人在窗户外晃来晃去。我觉得有点儿奇怪，就出去了。我出去一转，发现是“恩”。“恩”一看见我，一把抓住我说：“友祥，实在太累了，我顶不下去了。”我问他：“你现在在哪儿呢?”他说：“我在三连劳动改造。”我问他：“你有什么事就说吧。”他说：“你给我开几天假，让我休息休息，恢复恢复体力吧。”我说：“行。你需要开几天?”他说：“多开几天吧。”我转身把他带回到诊室，我问他：“你说你哪儿不舒服?”他想了想说：“开肝炎吧。”当时，我跟王大夫说：“王大夫，这位是‘王亚卓’事件中的‘恩’，他想让我给他开几天病假。”王医生还真不错，同意我给“恩”开病假条，并签了字。最后开了三周还是三个月我就忘了，“恩”拿了假条就走了。在当时那种政治形势下，是不允许同情“王亚卓”的，给他开那么多假是要被追究责任的，一旦追究起来，会惹大祸的。因为这事，我好几天没睡着觉，不管怎么说吧，我在“恩”最背（倒霉）的时候，帮了他一把。

要不然她死了，我也进监狱了

康永希讲述

康永希： 北京人，原北京第27中学69届初中毕业生，1969年9月5日被分配到内蒙古生产建设兵团。1974年被推荐上了北京医学院，1978年毕业后，被分配到北京肿瘤医院，担任过该院副院长，现为党委书记。

采谈时间： 2008年9月15日

采谈地点： 亚运村麦当劳

当年，我被选作一排的卫生员。虽说我们这些卫生员按现在的标准衡量，医疗知识实在有限，但是不管怎么说，当时确实需要这么一批人，没有这些人还真不行。另外，这些人总还是受了点儿培训，这总比什么都不懂的强点儿吧，但是呢，有些事情现在想起来，还真后怕。

康永希（左）与战友唐宪国（摄于2008年）

记得我们七连有个战士叫蔡玉彭，当时她出现过敏现象。我翻书一查认为是荨麻疹的症状。针对这种病状，书上写着需注射氯化钾，还写了应注射多少毫克。我当时已经准备好，打算给她推一支氯化钾。但是，不知道为什么，我当时含糊了一下。心想，是不是先用别的办法给她治治，所以就没有推那一针。我幸亏没有推那一针，我当时要是给她推了那一针，她当时死定了，而且出不了一刻钟。

等我回北京上了医学院，我才学到，氯化钾要求必须稀释后放在点滴里面使用。至今，我都庆幸自己当时没给她打那一针，要不然她死了，我也就进监狱了！

这件事反映出，当时“卫生员们”的医药知识水平很不够，当然我还算是比较谨慎的。我回忆了一下，幸亏当时上级发放到连队的药物治疗量和致命量都不大，真正治疗量和致死量大的药就那么两三种，而这两三种药，又都被当时的裴医生锁在柜子里，不让卫生员们用。

七连卫生员向军医学习针灸（摄于 1969 年）
从左自右：孟庆华、王淑梅、康永希（讲述人）、林医生、赵淑珍

乌梁素海畔的第一个春节

刘小惠讲述

刘小惠：北京人，原北京灯市口中学69届初中毕业生。1969年8月28日被分配到内蒙古生产建设兵团，曾是六排21班战士。1977年困退回北京待业，后到北京市地质机械厂工作。后自学考上大学，1985年毕业后被分配到北京市总工会职工大学教书至今。

采谈时间：2008年9月19日

采谈地点：北京“茶瀚茶缘”茶馆

1969年的春节，我们是在内蒙古乌梁素海畔鸡乌素过的，那是我们在内蒙古兵团过的第一个春节。

从左至右前排：杨金婷、贺谦、刘小惠（讲述人）
中排：岑静莲、赵建芬、李玉荣、廖淑萍
后排：陈秀芬、袁荷仙、王月坤（摄于1969年）

快过春节的时候，班里坝头、坝湾的战友们都回家过年去了，剩下我们这些城市的孩子，自己包饺子过年。当时，我们还住在老区（当年老职工宿舍区的旧土坯房）的小平房子里头，四个人睡一屋。我们从食堂领了饺子馅儿，还有面，又跑到职工家借了砧板和盖帘儿，大伙儿齐动手，很快一百多个饺子就包好了。按照中国人的传统习惯，大年三十晚上把饺子包好，大年初一，一大早起来再煮着吃。因为当时我们没有电，屋里黑咕隆咚的，所以我们包完饺子，把饺子放在盖帘儿上就睡了。

讲述人刘小惠（左）与战友杨金婷（中）、于晨光（右）（摄于2009年）

第二天早上，起床一看，饺子全没了。后来发现是耗子把我们的饺子全偷走了，它们过年去了，一个也没给我们剩。一看这样，全班都哭了。少小离家，又是离家后的第一个春节，大家想家的心情可想而知。现在过年的标志——“初一”一大早吃饺子也被老鼠给抢走了。这下子，人们把想家和平时心里闷在肚子里的郁闷全勾出来了，全班的哭声代替了“初一”的鞭炮声。没办法，我们又跑到食堂，去跟人家炊事班要包饺子的东西，可是，人家只给了我们一些面，没给馅儿。没法子，我们只好拿小花家给她寄的点心渣儿（当年她爸在春明点心店工作）当馅儿包在饺子里，大概有那么几十个吧，每个都扁扁的。

那就是我们在内蒙古乌梁素海畔的鸡乌素过的第一个春节，吃的第一顿年饭——点心渣儿饺子。

兵团的第一个元旦

王振荣/百合/何英/张金花/李秀芝讲述

采谈时间：2008年9月7日

采谈地点：北京秀水文园李秀芝家

王振荣：北京人，原北京右安门第1中学69届初中毕业生。1969年8月13日分配到内蒙古生产建设兵团。曾是五排18班战士。1977年底，病退回北京后，分配到北京缝纫机三厂当工人，后又并到北京客车总厂，1998年退休。

王振荣近影（左）（摄于2000年）

1970年1月1号那一天，早上四点钟，天还没亮，突然一声哨子响，我们五排紧急集合。排长要求我们背上背包，带上铁锹、脸盆、面粉等，到团部坝头去拉练。那天特别冷，足有零下三十多摄氏度。

百合：北京人，原北京第27中学69届初中毕业生。

百合近影（摄于2008年）

离开七连，当时，天还是黑的。我们走了一段路，排长让全排匍匐前进。我们都趴在冰上，爬着往前行。

因为天黑，谁也看不见谁，排长想了解一下人们匍匐前进的情况，当时我正好在排长旁边。打开手电一照，发现全排战士都趴在冰上，除了背在背上的背包外，人们背上还背着脸盆、面、铁锹什么的，一个个像乌龟似的在冰上缓缓爬行。

到坝头的时候，天已经快亮了，大家开始准备做早饭。我们在土坡上挖灶、点火，用带去的平时用来洗脸洗脚的搪瓷脸盆和面。

何英近影（摄于2008年）

何英：北京人，原北京灯市口中学69届初中毕业生。1969年8月28日被分配到内蒙古生产建设兵团。曾是五排18班、炊事班战士。1978年病退回北京后，在北京玻璃器皿厂当工人。1992年又到北京住总北宇物业公司当房管员，2001年退休。

那天，我们带了冰镩，人们先用冰镩在湖面上把冰镩个窟窿，然后从冰窟窿里打出水来喝、和面。可是当时气温太低，面还没等和好就冻成冰了。就那样，我们把冻成冰的面放在铁锹上烙，烙出的“饼”又冻又生，根本就没法吃，可是我们还是吃了。

李秀芝近影（摄于2008年）

李秀芝：北京人，原北京右安门第1中学69届初中毕业生。1969年8月13日被分配到内蒙古生产建设兵团，曾是五排19班战士。1977年4月病退回北京后，被分配到北京橡胶四厂当工人。1981年调到爱人单位——北京电缆厂当库房保管员。1992 年单位倒闭，下岗回家后，跟爱人一起承包电信工程，直至 2003 年爱人去世。现退休在家。

在冰上点着火，用铁锹当饼铛。实话说，那些铁锹好多都是以前我们用来掏过厕所的。我记得饼还没烙完团长去了。团长对我们排长说："你这哪里是人民的军队呀，啊?！这么大冷的天，你们要干什么？你们要烧苇场呀?"就这样，我们才收兵回连。

张金花：北京人，原北京灯市口中学 69 届初中毕业生。1969 年 8 月 28 日被分配到内蒙古生产建设兵团，1975 年转到内蒙古"180 电厂"当工人，1979 年回北京后，被分配到北京化工总厂当工人，2003 年退休。

张金花近影（摄于 2008 年）

在从团部回七连的路上，我们遇到了浆河。排长一声令下，"冲过去"！全排队伍马上分散，大家像一窝蜂似的从浆河的这边冲向另一边，我也跟大家一样，急着冲过去。不料"扑通"一声，我掉进了冰水里，水没过我大腿根儿。我赶紧往上爬，好不容易爬上来了，棉裤、鞋、袜子全湿了。很快鞋和袜子就冻在一起了，成了冰坨子。裤子也冻得像两个大铁桶，走起路来咔咔直响。

何英：那就是我们在内蒙古兵团过的第一个元旦。

内蒙古过的第一个中秋节

何英/王振荣讲述

何英：1969年的阴历八月十五，是我们在内蒙古兵团过的第一个中秋节。

那天，连里派我们班去巡海。巡海通常是男生的活儿，但是不知道为什么，那天派我们女生班去了。当时我们有七个人：副排长铁英，班长小米，副班长哈斯，还有淑文、珍荣、小金和我。

吃完早饭，我们每个人带了两个馒头和一些腌韭菜花儿就出发了。不久，我们在海边的芦苇荡里发现了一条船，我们以为一定是什么人在附近的什么地方偷了我们七连的船，暂时停搁在这里，所以我们决定把那条船划回七连。

王振荣：于是，我们七个人都跳上了那条船。记得好像是副班长站在船尾用竹篙撑船，撑了一段，不料海上突然起风。不知道是因为撑船的竹篙插得过深，还是风一吹船走得快了，总之，副班长把竹篙插下去以后，还没来得及把撑篙拔出来，船就被风刮走了。没了撑篙，我们就开始用桨划着船继续走，可是，不一会儿，桨又掉进水里去了。竹篙插进泥里去了，桨也掉水里去了，怎么办？没篙没棹，我们又试着用手抓着蒲叶，一点儿一点儿地往前走。我们琢磨着，天黑之前，怎么着我们也能找到航道口了，找到了航道口，我们就可以回连队了。可是万万没想到，我们怎么找，也找不着我们想找的航道口。那时天已经黑下来了，四周什么也看不清楚了，但是还能听到狗叫的声音，可就是不知道，怎么能找到通向连队的航道口，没办法，我们只好待在船上等待天亮。

何英：因为怕下雨，我们出来巡海以前，每个人都带了雨衣，这下雨衣可派上用场了。大家把雨衣拿出来披在身上，一是遮寒，二是阻挡海上的飞虫、小咬什么的。

王振荣：从连里带的两馒头都吃完了，只剩下腌韭菜花儿了，我们就吃点儿腌韭菜花儿，喝点儿海水，就那么着，七个人挤在一条船上，在海上过了一夜。

何英：现在想起来挺害怕的，可当时我们不知道害怕。

王振荣：天亮之后，为了弄清我们到底在什么地方，我们两个人站在船舱里，另一个人站在这两个人的肩膀上，这样就能高出蒲叶，看清方位了。

何英：结果发现，我们就在离七连特近的地方，大概是“老头儿圪旦”（地名）。确定了方位，我们知道怎么回连队了，于是我们七个人一起用手扒着蒲叶把船弄得靠了岸。然后留下一个人看船，其他六个人步行先回连。

王振荣：等回到连里，我们看见张连长正站在全连人面前讲这件事呐，走近一听，只听他说，一个班的人，失踪了……而且连长还说，他已把此事上报到团里、师里去了。我们饿得什么似的，什么也顾不上了，大家直奔食堂，进了食堂，人们抓起馒头就吃，一个人吃了好几个。后来才知道，那条船原来是人家十连的。人家划着那条船出来办事，结果让我们给划走了，影响得人家该办的事没办成。

第一次守岁

许志绮供稿

许志绮： 北京人，原北京第27中学69届初中毕业生。1969年9月5日被分配到内蒙古生产建设兵团，曾是三排9班战士。1972年，转插山西，两年后，被推荐到上海复旦大学，学习国际政治专业。毕业后，分配到出版社做编辑，至今已有三十余年，出书十余部，发表文章60余篇。

采谈时间： 2007年8月20日

采谈地点： 被誉为海淀“藏书状元”的许志绮家

当年的许志绮（摄于1969年）

小时候，最盼望过年，最喜欢过年。“一夜连双岁，五更分二年”。这是小时候除夕守岁时，老人常说的两句话。

小时候过年，全社会放假，一家老小，围坐在火炉旁，诉说着陈年往事。守岁、包饺子、蒸豆包、点红点儿、烙糖饼、往饺子里包硬币、放鞭炮、放花弹，给老人磕头，分压岁（祟）钱，兴奋得我上下眼皮打架，但仍通宵不眠，硬撑着等待天明的情景，至今不忘。

但是，几十年中最让我难忘的，还是在兵团时的第一次守岁。

当年我16岁，离开父母到内蒙古生产建设兵团“屯垦成边”，接受“再教育”。一个十几岁的孩子，不到法定成年人年龄，远离父母、家人，割断一切社会关系，第一次孤单单在外过年，孤单得连人影都是飘摇、模糊的。

1969年，我们9月初离家，干了五六个月的活儿，便到了过春节的时候。除夕那天晚上，大家在食堂领了饺子馅和和好的面回宿舍包饺子。大概是有人喝了点酒醉得东倒西歪，有的絮叨大喊，有的躬腰呕吐……大家起着哄地闹啊，疯啊，像一群没头脑的智障儿，尽情发泄着摆脱父母“羁绊”，真正“独立”后的第一次“自己解放自己”，把走进社会带给人们胸中的苦闷和压抑，一起倾倒在守岁的大年夜，把烦恼和无助抛向荒芜冷寂的大漠上空。我不会喝酒，没法体味喝酒的氛围，只知道一年到头了，能有短暂的休息再吃一顿有滋有味的饱饭，算是了却了那段时日的心愿，几个月没白干，没白盼。我曾给家里写信，戏谑地说：“我们在内蒙古兵团‘常（长）吃韭菜，老吃菠菜，一年到头吃饺子’。”其含义是韭菜长到塞牙才能吃上，菠菜长到能编筐才能上桌，饺子是一年到了头才能见到。

冬天的内蒙古大戈壁冷得出奇，我们外出干活，揣在怀里的干粮，到中午吃饭时拿出来，用牙啃都啃不下一层渣儿；两只脚上冻裂的几个口子要用手术针缝上几十针，休息一个月都长不上；干活儿回来，脚上出的血连袜子都粘在一起，必须用热水泡，才能化开血把袜子脱下来。一宿一宿地被疼痛搅醒，辗转反侧，睡不踏实。呼出的热气变成两屡白霜挂在棉帽子两边的帽耳朵上，让我们这群孩子真正体会到什么叫寒风刺骨。漆黑的夜空上挂着一弯冷月，阴森冷漠，发着白光。星星多得不可胜数，被带哨的白毛风刮得眨着眼睛。

内蒙古兵团的大年夜是寒冷的，我们宿舍区或者说连队没有一点光亮，用“伸手不见五指”形容不但一点不夸张，而是恰如其分。因为没有电，四周死寂一般地静，今天的年轻人长出俩脑袋也想不出来内蒙古的夜有多黑、有多静。大家在宿舍里，因为没电，煤油又紧缺，每个人都用墨水瓶自制一个小油灯，火苗如豆，在冷屋冻炕四处漏风的宿舍中瑟瑟发抖，似乎自己都温暖不了自己，哪有光和热为我们照亮。我拿出日记本，记下这一天的劳动情况，检查自己一天的劳动表现，生怕有什么疏忽，在班务会上受到班长及战友们的批评。那时，一群半大不谙世事的孩子哪有什么是非标准和真正的觉悟，今天看起来，实在是幼稚可笑又可悲，包括我自己。

除夕之夜，一人一灯，孤独、寂寞，思念家人让人想起来就害怕。远处传来醉酒和劝酒的嘈杂声，近处窗外冬夜寒风呼啸，刮过窗户上的塑料布发出“哗哗”巨响。时间已近凌晨，喧闹后疲惫的战友们陆续回到各自的宿舍，因为初一放假，有的人沉沉睡去；有的点上自制的小油灯，铺开信纸向家人诉说离京后的感受；有的上床靠墙拥被而坐；有的干脆围坐在总也生不旺的炉灶周围，侃山发呆；有的躺在土炕上，睁着眼在黑暗中想心事……

大年夜没有鞭炮，没有街灯，没有彼此串门拜年的热闹和礼数，大家都在黑暗中沉默着，时间一分一秒地过去。

“今岁今宵尽，明年明日催。寒随一夜去，春逐五更来。”其实，我更盼天光大亮，更喜欢白天。在艳阳高照下，生龙活虎般干活儿，有时还有女生排为伍，大家会在劳动的辛苦中，把生活里的艰难稍稍忘掉一点儿。

当年的七连女战士：从左至右：赵淑珍（曾为讲述人脚上的冻裂伤做缝合手术）孟庆华、郭进、王淑梅（摄于 1969 年）

披着被子跑出来了

邹玉华讲述

邹玉华： 青岛人，原青岛第13中学69届初中毕业生。1970年9月8日被批准参加内蒙古生产建设兵团，曾是五排17班战士。1974年年底病退回青岛，在青岛建筑公司先当工人，后做管理人员，现已退休。

采谈时间： 2007年8月28日

采谈地点： 青岛原七连兵团战士柳永华家

当年老四届的学生都待在家里，没有学上，也没有工作。我不愿意老在家待着，干了一阵临时工，正好内蒙古兵团到青岛招收兵团战士，我愿意参加，就自己偷偷地报了名，没告诉父母。我母亲从知道我报名参加了

讲述人邹玉华（前排右一）与战友们合影（摄于2009年）

兵团那一天起，一直到我离开青岛去兵团，一直哭。我在家里是老大，家里什么家务都是我干，他们不愿意我离开家。

那时候，我舅舅在铁路上工作。我母亲不放心我，就让我舅舅跟着车，把我送到内蒙古，想让他看看那里是个什么样子。我舅舅把我送到内蒙古，下了火车一看，哎呀，这个地方怎么那么荒凉，小破土坯房，我当时心里也凉了半截。

1970 年 9 月我们到了七连以后，连里安排我们先在新兵排受训。一个月的新兵排训练，搞了五六次夜间紧急集合。有一次夜间紧急集合，天特别黑，根本就看不清路。过独木桥的时候，我掉到水沟里去了。我当时穿着一双塑料凉鞋，脚陷到泥里怎么也拔不出来。那时候，谁也不能等你，别人都走了，剩下我一个人。因为我穿的是塑料凉鞋，脚滑得怎么爬也爬不上来。再一看四周，黑咕隆咚的一片，天哪，我往哪儿走哇，哪儿是路呀？我觉得特别害怕。加上当时我肩上还背着背包，我是一边往上爬，一边流眼泪，心想这不是找罪受吗？最后把鞋脱下来，才好不容易爬上沟。

塔布七连一隅（摄于 2008 年）

那次紧急集合给我留下的印象太深了，至今忘不了。

后来，还有一次搞紧急集合，有的人披着被子就跑出来了，什么狼狈相的都有。

冷汗“刷”就出来了

刘正良讲述

1970年七八月份的时候，我回北京探亲，探亲假是十天。离开连队前班长对我说：“你要遵守纪律，按时归队。”十天过去，我按计划坐火车上午十点回到乌拉特前旗。正常情况下，下车以后，当天搭车，下午或者晚上就能回到连队。但是那次特别不凑巧，只差几分钟，没搭上车。一天就那一趟，如果第二天再搭车回连队，就误假了。当时的信念是绝对不能误假。于是我去找我们班杨永申住在乌拉特前旗，在前旗转运站工作的哥哥。他哥哥借给我一辆自行车。好嘛，那辆自行车，除了有两轱辘外，没闸、没铃、气不足、车座儿还特硌屁股。那时候我组织纪律性特强，再有什么问题，我也得按时赶回连队。

当年的讲述人刘正良（右三）与战友合影（摄于1969年）

大概中午 11 点我开始骑，从前旗到新安镇 40 里地，加上从新安镇到七连还有 15 里。我从北京带了一床薄被子，加上给大家带的东西，全副武装骑在除了铃不响，哪儿都响的自行车上，可怎么也蹬不快。还没到新安镇就已经晚上七八点钟了。骑车骑渴了，我就把我家老太太（指母亲）、我姐给我带的桃都当水吃了；还不行，又蹲在路边儿喝河沟里的水，我看见水里的鱼虫，也顾不了了，尽量躲着鱼虫喝吧。离连队就有十五六里地了，慢慢骑吧，心想：第二天早晨八点以前能赶到连队就不算误假。

到夜里十来点的时候，路上就我一个人。前不着村，后不着店，除了路两边高高的白杨树，四周黑压压、静悄悄一片。地上的沙土有好几寸厚，车怎么蹬，也蹬不快。走着走着，我突然觉着两条裤腿好像让什么东西给咬住了，我回头一看，天哪，是两条大黑狗！一边一条咬着我的裤腿！当时我头发“噌”就立起来了，后背的冷汗“刷”就冒出来了。那两条狗你说也真怪，它们不咬我，就咬着我的裤腿紧紧跟着我跑，就那样咬着，跟着我，跑了大概有半个多小时。当时可真给我吓着了，能挺着没从车上跌下来，全靠的是那时候年轻气盛。

第二天早上，天刚蒙蒙亮，连里的司号员吹起床号我正好赶到连队。那会儿还真挺正规的，排长直为我竖大拇指。当时的想法没别的，就是觉得：战士要服从命令、听指挥、遵守纪律。

当年的司号员（摄于 1969 年）

奖状不知哪儿去了

塞西·亚拉图讲述

塞西·亚拉图：蒙古族，内蒙古赤峰人。呼和浩特师范学院附中68届高中毕业生。1969年5月6日被分配到内蒙古生产建设兵团，曾任七连炊事班长。1974年调到团部供应股，1975年回呼和浩特发电厂，任车间主任十年，又做煤办主任八年，2008年退休。

采谈时间：2007年8月7日

采谈地点：呼和浩特巴彦塔拉饭店

塞西·亚拉图近影（摄于2007年）

1969年5月26号，我们到了乌拉特前旗。本来我们被分到了二连，但是，当时拉我们的车陷到泥里去了，于是七连就把我们留下了。刚到七连的头几天，不到半个月吧，连里派我到海里去看箔旋。

箔旋，是当地渔民一种捕鱼的办法（也叫迷魂阵）。他们把头年的干芦苇，挑选出好的用细绳子编织成苇箔。到了初夏，他们选择湖里鱼群出没多的地方，把苇箔扎成长长的苇箔围墙。苇箔围墙开始的时候走直向，逐渐地走曲线，最后绕成一个回字形状的“箔旋”。这就是说，鱼群只要靠近了苇箔，它们只能顺着苇箔围墙游，而游来游去，就进了“箔旋”。利用这种方式捕鱼，渔民只要定时到“箔旋”里去捞鱼就行，然后再把捞上来的鱼送上岸。但是为了防止非渔场的人也到“箔旋”去“捞鱼”，所以每到捕鱼旺季，渔场领导总会派人住在海上看着“箔旋”。

看“箔旋”这活儿，最大的好处就是吃鱼方便，随吃随捞，鱼百分之百新鲜，绝对管够。每天早上，我们把鱼从“箔旋”里捞出来，划船送上岸。就在这送鱼上岸的一路，我们就捡两条最大最好的鱼，在船上做着吃。职工的船上都有做饭的锅灶，两个人两条鱼就够吃了。待我们把火生上，水烧上，鱼做好，盛出来；再捡一盒鸟蛋，把鸟蛋一炒，然后贴上饼子，待一切就绪，我们两个人便可以坐在船上对海畅吃了。晚上我们就睡在船上，月当灯、浪作琴，那真是仙境。很可惜，那神仙的日子我只过了半个月，连里就让我去干别的活儿了。

后来把我分到一排 2 班，我们干的活儿是脱坯、挖航道。当时连里要求一个人一天脱 1000 块坯。很多人那时只有十五六岁，早上要去羊坊（地名）把沙子拉回来，另外，还要把头天脱好的坯子垛起来，再把泥和起来，然后才去吃早饭，吃完早饭回来后再脱坯。我们前后脱了一个多月。女生四排、五排住的房子的砖、坯都是我们脱的，盖房子雇的是河北人。记得搬过新房去的时候，屋里炕上，还湿得都能踩出水来，就那样，人就搬过去睡上了。

1970 年的 1 月份，我被调到食堂去当炊事班长了，在那儿一当就是五年。在我之前，半年的时间换过四任班长，我应该算是第五任。我走马上任的时候，连长、指导员都找我谈话，他们说：“你必须把七连的食堂搞好，你这个工作做好了，就帮我们解决了大问题。伙食的好坏，对稳定全连军心，树立扎根边疆思想，还有战士们的生产积极性都有很大的作用。”

为了办好炊事班，首先，我改变了炊事班组成人员的成分，我从各班挑选“五好战士”进食堂；另外，伙食方面，我们尽量变着花样儿，调节着让大家吃好。五年的炊事班工作，一天三顿饭，一年 365 天，五年就是 5475 顿饭。再加上病号饭、夜班饭……七连的人都知道，我们没误过饭，没断过顿。实话说，5 个春，5 个夏，5 个秋，加上 5 个冬，三百五十多人的伙食，不容易！

在炊事班期间，我干的另一件事就是节煤改灶。当时煤供应紧张，上级要求我们节煤改灶。但是，当时我们连有 27 个班，共三百多人吃饭。炊事班的人每天早上五点多就得起来开始工作，早饭、午饭、晚饭，还有病号饭、夜班饭，哪顿饭也不能耽误。所以要改灶，只能用晚上的时间。没有现成的经验，就是自己琢磨。改灶，一是要改进灶口的形状。改的时候，常常是一次不行，砸了重做，点着火再试。经常晚上做四五次，扒了，砌上，再扒了，再砌上。灶口先是大方形的，后是马蹄形的，由马蹄形的，再改成半马蹄形的，这就是“马蹄回风灶”。另外，就是要调整锅与火的距离。进行这两项改造，我们至少试了七八百次，甚至近上千次的试验。终于，我们连达到了每个人每顿饭平均耗煤七钱二的水平（改灶前每人每顿饭耗煤将近二斤），当时中国人民解放军全军最好水平是七钱。如果当时我们烧的不是乌达（内蒙古乌达煤矿）的面儿煤，而是质量比较好的煤，我们耗煤指数还可以降低。最后团里到我们七连开节煤现场会，这下子我们的炊事班在整个兵团出了名。

1973 年的时候，团里、师里到我们连开现场会，全师各团都派人到我们连去了。七连三百多人加上外来人，足有五百来人。我们炊事班的人上午 10：30 进伙房开始做饭，做主食的做主食，做副食的做副食。平时我们是一菜一汤，那天是四菜一汤。副班长柴希勤烧火，不到二十分钟一大锅水烧开（改灶前用 40 分钟），一个半小时，馒头蒸好，菜炒出来，汤做好，四菜一汤，12：00 准时开饭，到场人，人人满意。

为此，兵团给炊事班集体和我个人都记了三等功。我们炊事班的人还多次被请出去介绍经验。《兵团战友报》也登了我们的事迹，我也因此被评上优秀团员，只是我的奖状不知道哪儿去了。

从此我被封为“张军长”

张兰讲述

到兵团后，大概一年多点儿，连里把我从五排抽出来去喂猪。其实，我从小怕猪，尤其是杀猪时传出的声嘶力竭的猪叫声，我总是吓得捂着耳朵，不知藏到哪儿去好。

讲述人张兰（前排左二）与战友合影（摄于2008年）

那时连里没兽医，平常猪病了就去找连里的医生打针。有一次，有一头大猪病了，医生不在，看着躺在地上直哼哼的猪，我只好去请卫生员给打针。但是卫生员说：“我不去，我是给人治病的，不给猪看病。”我怎么求，他也不去。求不动人家我没办法，急得自个儿坐在炊事班里哭。心想，我这工作怎么做呀，猪死了怎么办呀？炊事班的人觉得特奇怪，围着我转圈看，想弄个明白。“张兰这是怎么了？怎么哭得这么伤心啊？”实话说，离开父母到兵团，在火车站，同学们都哭了，我都没掉一滴眼泪，可这次我就控制不了了。想不出好办法，只好去找指导员、连长。我问他们："怎么办呀?"见我急得那个样子，指导员、连长跟我一块儿去找卫生员。没有办法，卫生员只好捏着鼻子去给猪打针。后来连长派迟光武（已故）到团里学习兽医，他学习回来，就可以给连里和家属家的小猪治病、打防疫针了。

当年的饲养员迟光武（已故）（摄于1969年）

当时喂猪，就用泔水再捞点儿乌梁素海的海草，掺点麸子、野菜什么的，没有粮食。猪光吃海草、麸子不顶时候，一会儿就饿了。那时，人们学习叶洪海（"文化大革命"期间，军队中发明用发酵饲料喂猪的模范人物），把麸子、海草放上曲菌发酵。麸子、海草发酵后，酒糟味特浓，说猪吃了就会醉倒睡觉，这样可以长膘。结果根本不是这么一回事，猪光吃发酵饲料，不吃粮食就是不长膘。当时那些猪，个个饿得比猴子还瘦、还灵，它们能从猪圈里"噌"地一下儿就蹦出来。一头猪从猪圈里蹦出来了，其他的也效仿着一一蹦出，然后跑到地里去拱庄稼，啃胡萝卜什么的。没法子，我只好将喂猪改成放猪，每天把猪赶到连队附近的野地里，看着它们别祸害庄稼。等到战士们吃完饭，我再挑些泔水喂它们。在地里的那些猪，我就吹哨子叫它们。小猪听到我的哨音，哼哼着都跑回来吃食。当时连长还派人给我做了两个猪槽子，刚一开始用槽子喂猪时，猪食一倒进槽子，猪就乱抢。后来我找了一根长杆儿，不听话的猪，我就用杆子把它打到后面去。我训练它们，非得等我倒好了猪食，等我一声令下，猪们才能上槽一起吃食。

当年的猪圈（摄于2008年）

有一次，连里看电影《南征北战》，影片敌军中有一个张军长，正好我也姓张，而且每次喂猪我都吹哨儿。我哨子一吹，小猪们就奔向我，好像千军万马。从此我被大家封为“张军长”。

每年快到“十一”、“五一”的时候，连里就挑出来几头猪，喂点儿棒子面，等喂肥了，到“五一”、“八一”、“十一”、“春节”什么的，就宰了改善伙食。后来连里的猪从四五头发展到三十头，又从三十头发展到一百三十多头，饲养员也从我一个人发展成一个班。连队开始没有自己的兽医，猪病了，都靠请地方上的兽医。那些地方兽医不要钱，要小猪崽，连长只好答应人家的要求。好的小猪崽都让人家挑走了，看着特心痛，后来有了自己的兽医就好了。

那时候生活艰苦，有一年一头老母猪下了小猪崽儿后死了。按理说，死老母猪肉是不能吃的，可那时候，谁还管老母猪不老母猪、死猪不死猪呀，有肉吃就行了。炊事班扒了猪皮，扔了肠肚，炖炖就给大家吃了，就那么着，全连仍然欢喜如过年。

东西买了,回了趟北京

胡刚讲述

1971 年，七连成立了宣传队。宣传队成立后，连里派我回北京给宣传队买大鼓和手风琴。连长跟我说："胡刚，给你点钱（多少钱忘记了），你回北京去买个大鼓，宣传队敲锣打鼓用的，再买个手风琴，另外买几口大锅。"手风琴，连长要求我去委托商店买，价钱不能超过几十块钱。公差任务，又能回北京，心里挺美。

回到北京，我就去了委托商店，记得还真买到了一个手风琴，花了 48 块钱。手风琴有几个音键起不来，又花了几块钱送去修了修，就能用了，还买了一个大鼓和三口大锅。大锅和大鼓都是托运回连队的，手风琴是我自己背回去的。

当时，我借了一辆三轮车，蹬着车把锅和鼓送到广安门车站托运。在家待了七八天就回连队了，东西买了，回了趟北京，心里挺高兴。

回连队后宣传队就成立了，小张负责，在老房子那边。宣传队的人全集中在一块儿住。后来又来了一个内蒙古歌舞团下放到七连会吹笛子的老孙，他指导宣传队的孙培源吹笛子。白天，有时我们排练节目，有时下地干活。记得有一次排练的时候，我们饿极了，用开水沏了一碗油炒面，大伙儿围着你一勺我一口地喝开了。（柳）传明先喝了一大口，炒面刚沏好，多烫呀！就那样，他"咕嘟"就咽下去了，从此落下一个"不怕烫"的"美名"。

当时节目的内容有歌颂连队围海造田的，那时连里种稻田 80 亩，男生女生都干，光着脚耙地，没有牲口，全靠人拉犁耙地。大家排成一排在前面拉着走，踩在犁上面的活儿是好活儿，因为踩在犁上不用动，就当秤砣压着犁走，所以我们轮着踩上去，压着犁耙地。那时候下稻田，全是光着脚，没有雨靴。

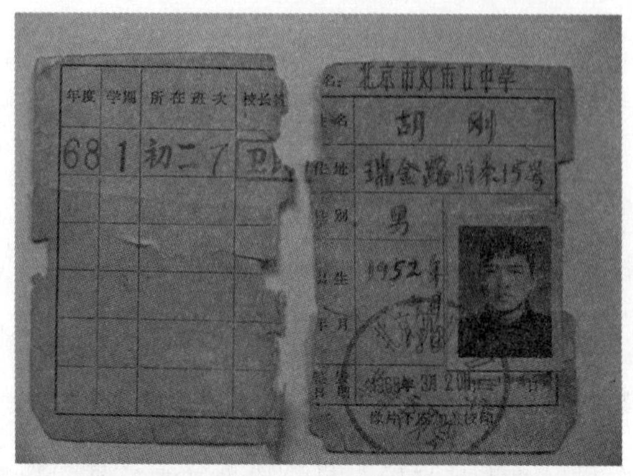

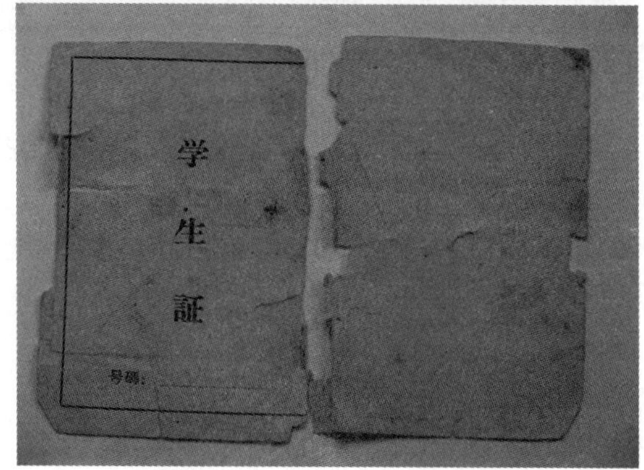

1969年胡刚去内蒙古生产建设兵团前的学生证

宣传队的节目还有歌颂炊事班的，演的是炊事班节煤改灶的事。当时改造的那个灶叫“马蹄形单眼平板回风灶”。我们编排这个节目夸的是炊事班既节煤，饭菜又做得香。

还有歌颂毛主席最新指示、不忘阶级苦等节目的。后来十九团文艺汇演，七连节目被选上了，我们还到全团各连巡回演出过。那时是冬天，刮大风，风大得把连里篮球架子都刮倒了，实在不可思议！篮球架子下边压着大石头，你说那风有多大吧。老兵说，那是白毛风。那次演出可把我给冻坏了，我拉手风琴，天冷呀，气温有零下二十多摄氏度吧，手一伸出来手指头就被冻硬了，打不了弯儿的手指摁不了琴键，可拉琴的时候，又不能戴手套，怎么办？临上台之前，我得先把手放在衣服里焐着，到该演出的时候伸出来就拉，就那样，还真把该伴奏的都给拉下来了。

六十七个跟头

冯小芳讲述

有一回，七连全连排队步行到坝头团部去开全团大会。全连六个排，一排走在最前边，六排走在最后边。一排是男生，排在一排前边的几个男生身高都在一米七到一米八。我身高不到一米四，排在六排的最后，除了副班长小杨以外，我等于是全连三百多人的尾巴。

当时是冬天，虽然结了冰的湖面上挂上了一层薄土，队伍开始走的时候路还有点儿涩，走起来还不算太滑，但是，等六个排、全连三百多个人都走过去了，冰上的浮土也就都被蹭干净了，冰面也变得又滑又难走了。加上我当时不但个儿矮，而且脚也小。连里那时候发的最小的 36 码鞋我穿着都大一块儿，所以，当时连里发的棉鞋、胶鞋我都穿不了。没办法，我只好让家里给我做棉鞋寄去。谁知道家里做的棉鞋鞋底比较硬，走在冰上更容易摔跤。结果，二十几里的急行军，我摔了 67 个跟头。有意思的是，当时摔了那么多跟头，倒没觉得怎么疼，大概是因为当时我们背后都背着背包，摔倒的时候有背包给垫着呢。后来，两个人架着我走。连长说："把你自个儿的鞋脱了，换上球鞋，你这鞋太滑，穿球鞋就不滑了。"果然，等开完会，从团里回连里的路上就摔了五六个跟头。

第一次去新安镇

许志绮供稿

新安镇是个小镇，离我们七连驻地约十五里地。那一段路，在今天有自行车、公交车的大城市，实在是太稀松平常了。可在没有任何交通工具的当年，特别是对一个初来乍到、没出过远门儿的十几岁的孩子，抬眼四望，全是黄沙土路，没有任何标志性建筑，全凭记忆，可想而知，困难有多大。而面对完全陌生的乡村，15 里路，脚蹚黄沙，头顶烈日，独自一人，完全靠双腿一步一步丈量着走，所以去新安镇对我来说是一件极需要下决心的事。

讲述人许志绮行走在内蒙古大戈壁滩上（摄于 1999 年）

去新安镇，一去一回，得从早上太阳出来走到太阳落山，赶在连队晚上开饭前回来。那时，大家干活儿极其劳累，几乎找不到同伴儿一起去，我只好一人孤单前往。我觉得去一趟新安镇比干一天活儿还累，那是一段畏途，是对一个人精神和肉体的折磨。

我记得有一次我要买钢笔得去新安镇。回来的路上为躲避烈日，就跑到农民的田埂上去走。那样一来有地边杨柳树遮阴，二来可以看到农民的瓜田。走着走着，我看见一个瓜棚，就一个人仗着胆儿走到农民的瓜棚，探头一看，瓜农正在闭目休息。瓜棚阴凉处放着一小箩筐的甜瓜和华莱士。农民听到动静睁开眼，问“干什么?”我说：“这瓜怎么卖?”农民说：“五毛钱一筐。”我一看够吃，遂买了一筐，坐在田埂上顾不上与农民多说就吃了起来。老农收了钱，戴上破草帽，又往瓜地里去，摘了些熟的回来。我知道，新摘的瓜只要不过夜，一般不会污染，人吃了不拉肚子，所以，我只在瓜地边的水渠里洗了洗瓜上的土，不一会儿那几个瓜便下了肚。那瓜真甜，糖分极高，是内蒙古特有土质里长成的。吃得我嘴角火辣辣的，瓜下肚后我那浑身顿时也感觉有了力气。

1999年曲兰迪（左）耿丽敏（中）王淑梅（右）在新安镇留影

那是我第一次在农民的瓜地里吃瓜，特有的野味让我有了与当地人打交道的第一次体验。我还把这次“经历”写信告诉了远在千里之外的父母，希望给他们一些安慰。回京后的几十年里，每年夏天，我只买西瓜吃，所谓哈密瓜、甜瓜、华莱士等一概不买，因为我知道，不管商贩怎么宣传怎么吹，也比不上我在内蒙古瓜地吃到的瓜甜。

是扁桃腺炎换了我一条命

和平讲述

和平：北京人，原北京第 80 中学 68 届初中毕业生。1969 年 4 月 1 日被分配到内蒙古生产建设兵团，曾是二排 5 班战士。1972 年被调到十九团司令部当通讯员。1975 年 9 月被推荐上了清华大学工程物理系，毕业后，被分配到北京纺织科学研究所科研办公室。现在是一家泰国公司驻京首席代表助理。

采谈时间：2008 年 6 月 28 日

采谈地点：北京亚运村汇园公寓

1970 年七八月的时候，我们二排一部分人被派到小明沙（地名）去架电线杆子。有一天，我突然发高烧，大概有 39 度左右，只觉得浑身冷得厉害。我们排的卫生员检查后断定我得了大脑炎，这下可吓坏了周围的人。加上我后来被烧得昏昏迷迷，人事不清，这就更给大家增添了恐惧感。

当年的讲述人和平（前排左一）与战友合影（摄于 1969 年）

怎么办？卫生员建议马上把我送团部医院进行抢救。可是当时没有任何交通工具，怎么把我送到团部医院去？唯一的法子，就是截一辆过路的卡车。救战友如救火，大家争先恐后跑到公路边去截车。来了一辆，二排的人招手喊停，人家连车速都没减；又来了一辆，大家摆手跳跃，人家也没停。现在想起来，其实很容易理解，十几个大小伙子，个个瘦骨伶仃，衫履不洁，一看就知道是一帮饱受饥渴劳累煎熬的家伙。就这么一帮人，站在前不着村、后不着店的大路边，一块儿冲着司机晃胳膊，人家司机知道你们是要抢劫呀，还是要杀人呀？谁敢停呀！怎么办？人得抢救，坝头团部医院得去。不知是谁，当时急中生智，想出一招：干脆把我放在一辆小推车上，然后把小推车横放在公路中间，这样，路过的汽车看见公路上横放着小推车，必定会减速，减了速，就会看见小推车上躺着人，看见车上躺着人，一定有司机会停下车来。听此招，大家齐声称妙，于是七手八脚连车带我放到了公路中间。果不出所料，一辆卡车停下来了，人们告诉司机："该人生命垂危，急需送医院抢救。"司机二话没说，拉上我和陪我的卫生员，快速把我们送到了团部医院。当时给我看病的是林医生，经检查他断定：我得的是急性扁桃腺炎。于是我被留在团部医院进行治疗，几天后高烧退去，病情见轻，林医生开假条让我回连队继续休息。

二排的人被派出去盖房的盖房、架线的架线，我出来进去一个人整天干待着，觉得乏味无聊，于是向连里请假要求回北京割扁桃腺。我的请求当即还真的得到了批准，领导同意我第二天早上离队回北京治病。听此讯，我激动得哪里还等得到第二天早上。马上行动，四处打听，看有没有当天去乌拉特前旗的车。真是无巧不成书，还真有一辆老乡拉草的马车，当晚要回乌拉特前旗。天爱我也！我草草收拾东西，兴冲冲爬上高高的草垛，当天下午就随马车离开了七连。一路上虽然饱受颠簸摇晃之苦，但能回北京早已使我幸福不已。我死抓住车上捆草的绳子，觉得犹如趴在神鸟背上随其在天空翱翔，大有飘飘欲仙之感。

回到北京，割去扁桃腺，人身平安无恙，只待修身养性数日，便赶回连队与搭救我的难兄难弟，同甘共苦，重受煎熬，此是后话。

几天后，我收到好友戴晓林的一封来信，他信中告诉我："你离开七连的当天晚上，鸡乌素地区电闪雷鸣、风雨交加，二排住房倒塌，情况尤以5班为惨。不幸房柁掉下，所击之点正好是你睡觉之处。你的被褥被泥土所污不说，你的蚊帐均已被砸烂。"看完他的信，我心中不由得庆幸万分，阿弥陀佛，幸亏被准假后，我是当天离开的连队，而不是第二天，否则，那房柁击中的则将不是我的蚊帐，而是睡在蚊帐里的我！

真是大难之后必有大福，谢谢我的扁桃腺炎，是我的扁桃腺炎换了我一条生命！只可惜我的扁桃腺现已不复存在矣。

金虎子

西木讲述

金虎子，蒙族人，原鸡乌素渔场的车把式，身强体壮，干活儿不偷懒、不惜力，七连战士没有不知道他的。

金虎子赶一手好车，甩一手好鞭子，乌拉特前旗一带的车把式没人不敬佩他的。金虎子身高一米八，古铜色脸，有棱有角，全身上下透着草原蒙古族男人特有的粗犷、豪爽。据说方圆十几里的大姑娘、小寡妇提到他没有不脸红心跳的。

冬天，金虎子身上一件翻毛长白羊皮袄，里边一件皮坎肩，脚上一双白毡靴，头上一顶披风帽，阳光下，寒风中威武、英俊、潇洒，静止中宛如一尊雄伟的草原英雄雕像！

我在后勤当上士（给养员）的时候，有一回去乌拉特前旗拉粮食，正好赶上金虎子赶车。从七连出来，金虎子坐在大车前边左侧赶车，我坐在右侧跟车。春天刚到，盐碱沙漠的内蒙古虽不见花开，但略微变暖的空气仍然让人和大地万物有一种蠢蠢欲动的感觉。成群结队的麻雀唧唧喳喳、不知疲倦地在沿路的灌木丛梢上飞上跳下。

“嘚儿，驾！”金虎子吆喝着，挥舞着手中的鞭子。四套车：三匹梢马、一匹辕马拉着我和金虎子轻快地朝乌拉特前旗奔去。

“我这一鞭子下去，能把麻雀打成两半了。”金虎子对我说。

“你真能行？”我早就听说金虎子鞭子功夫厉害，但从来没亲眼看过。话音未落，只见金虎子扬起鞭子在空中划了一个不大不小的圆圈，“啪”的一声，将鞭梢甩向路边的灌木梢，一只麻雀刚刚飞起，被金虎子的鞭梢在空中一分为二。“好功夫！”我大声为金虎子喝彩。

到了前旗，我和金虎子住了一夜，第二天一早把粮食装上，接着往回赶。大概是因为春暖大地翻浆，刚出前旗，发现有十几辆大车停在路旁，走近看，原来，有车陷进翻浆泥里去了。翻浆的路段有200米长，陷进去的车，轮子几乎都看不见了，只剩下车板横在路面上。站在路边的车把式们面面相觑，一脸无奈。我一看那情况，心想：惨了，我们也过不去了，空车都陷，何况我们还拉着3000斤粮食。我转过脸去看金虎子，只见他手持车鞭，大步流星地朝陷车翻浆的地方走去。这时我注意到，随着金虎子的出现，车把式群中一阵骚动，所有人的目光"刷"都转向金虎子。"金虎子，金虎子！"人们客气地跟他打招呼，自觉地给他让出一条道。金虎子从翻浆处返回大车，对我说："没［mé］事了，能过去。"我睁大了眼睛问他："能行？"他说："能行。"至今我还记得，金虎子说话的声音不大，但刚劲并充满力量。

雨后的塔布七连（摄于2008年）

"西木，你坐到车上，拿着木棍，我赶车的时候，你用木棍使劲儿戳打辕马屁股。"金虎子说完，走到大车左前边车把式位置上，左手拉住三匹套马缰绳，右手持鞭，回过头来，看看我问道："棍子拿好了？"我说："拿好了。"我话刚落，只见金虎子抬起胳膊，挥起鞭子，在空中绕了两个大圈，然后将鞭梢直指大车前三匹套马中主套马。“啪”的一声，鞭梢不偏不倚，正好打在主套马右耳朵上。只见那主套马的耳尖“刷”裂成两半儿，“噌”又一股鲜血从撕裂处滋了出来。这下可了不得了，主套马像被施了魔法似的，挺着胸，嘶叫着，把缰绳拽得紧紧地，玩儿了命地朝前奔去。另外两匹套马在它的感染带动下也撒了欢儿似的冲向前方。“驾，嘚，驾，驾!”金虎子站在大车左前方，吆喝着，鞭子在空中、在三匹马头上盘旋飞舞。我按照金虎子嘱咐，卖力地用木棍敲打着辕马屁股。就那么着，半个车轮子陷在泥浆里，大车底盘擦着泥地，我、我们的大车，还有车上的3000斤粮食，“呼”地一下子，愣是从翻浆的泥潭里冲过去了!

“金虎子，只有金虎子!”四周看热闹的车把式们点头、咂嘴、鼓掌，发出一片惊叹欢呼。这时金虎子跳上大车，我俩各就各位，就像当年拿破仑通过巴黎凯旋门一样，脸带微笑，穿过马车人群，踏上回七连的路。

当年七连的游泳池，如今的芦苇塘（摄于2008年）

给我滚出去，关你屁事

郑松成讲述

郑松成： 浙江余姚人，原71届初中毕业生。1976年病退回余姚。

采谈时间： 2007年9月10日

采谈地点： 余姚市委党校招待所宾馆

根据当时我们余姚下乡的规定，我可以不下乡，因为我姐姐、哥哥都已经去农村支农了。但是，当时我是学校红队会主任，又是团员，组织上找我谈话，让我带个头，这样我就报名参加了内蒙古生产建设兵团。我们9月18号离开浙江，火车一开，全车厢的人都哭了，我没哭。因为我想，我要哭的话，我父母心里就更难受。

早上我们到的乌拉特前旗，有人告诉我们："接你们的卡车上有砖，你们得先把砖卸下来，才能坐车去你们连队。"所以，我们一到前旗火车站就先卸砖，卸完了砖后，才坐到了拉砖的卡车上。卡车拉着我们走了好远好远的路，才到了七连。

在新兵排我们先受了一个星期的集训，集训后被分到排里。从家里带的吃的都吃光了，连里给的窝窝头一口咬下去，怎么也咽不下去，我就给扔了。结果我被连里点名，当时思想有些波动。

另外，我个子小，干活儿干不过人家，班长批评我，副班长也找我谈话，当时心里很不高兴。幸好1972年下半年，司号员小翟当兵走了，连里把我调去当司号员。我用小翟留下的谱子，自己练着吹，冬天冷，小号把嘴上的皮都粘下来了。

1973年，因为七连种水稻有成绩，团长到七连蹲了一个月的点儿。一个月后，路（传弟）指导员跟我说："团长要调你到团里去，可是如果你现在走，你的组织问题就解决不了了，如果年底走，你的组织问题就解决了。”听路指导员这么一讲，我就没走，我希望入了党，再到团里去工作。没想到，年底团部开党委扩大会，会上团长点名批评了张（明胜）连长和路指导员。团长在党委扩大会上说：“我调一个通信员都调不动，你张明胜信不信，我把你也调到别的连去！开完会，你马上叫那个通信员到团里来。”路指导员回到七连就对我说：“团长发火了，在会上点了我们的名。团长下口头命令，要你马上到团里去。”不久，团里派了一辆吉普车开到七连把我接走了，从此我就当上了团长的警卫员。

按当年兵团规定：兵团战士三年有一次探亲假，一次 12 天。但是，从 1971 年到内蒙古，一直到 1975 年，我还没回家探过亲，于是我跑到管理股去请假。股长问我：“你跟团长讲了没有？”我说：“讲了。”说完我就回余姚了。第二天，团长早上去上班，找不到我人了，别人告诉他，我回家探亲去了。团长去问股长怎么回事，股长说：“小郑说您同意了。”团长说：“我同意了个屁，发电报让他回来！”结果，电报比我人还快，我还没到家，电报已经到了，一看电报我傻眼了，可是没办法，在家没待几天，就乖乖地回了兵团。

还记得有一次，军分区司令员到十九团要鱼，他要多少斤我听明白了，但是把鱼送到哪里，我没听清楚。我把鱼从鱼库拿回来后，就在自己的办公室里坐着等着。结果到司令员离开十九团的时候，鱼还没拿到。团长只好自己掏钱到鱼库买了一些鱼送给司令员。（我去鱼库拿鱼不用付钱）团长送走司令员回来，一脚把门踢开就骂开了。我解释说，我没听明白把鱼送到哪里去。他说：“放你个屁，你年纪轻轻的，怎么连这个都没听明白?!”警卫班长杨某进来帮我说情，团长说：“你给我滚出去，关你屁事!”团长还说：“要是在战争年代，我非把你给枪毙了不可!”听着他骂，我也不敢吭声。后来，我把党委常委开会后剩下的香烟都给团长送去，又给他沏上茶，他的火才算消下去。

1975 年，兵团的现役军人要撤了。团长问我想到哪里去，我说我想学开车。他就给机务连连长打电话，让机务连长派人教我开车。三天后，团长知道机务连还没派师傅教我开车，他又火了，拍着桌子骂，当即就打电话给机务连长，对机务连长说：“你给我跑步过来！你怎么就连个师傅也找不到?”

1976 年底，部队都撤了，我也靠边站了。办公室主任刘凤高一手操办，给我办病退回了浙江。

英俊连长

西木讲述

见过七连第一任连长龚德发的人都记得，当年的他喜欢骑上一匹白马，戴着一双白手套，脚蹬一双高筒靴，身披一件骑兵“披风搭子”，时不时地在操场上，特别是在全连列队操练的时候，骑马疾驰而来。而后，手一勒马嚼子，“嘎”一声，让连里那匹44号退役战马双前蹄儿高高抬起，大有腾空欲飞之势。就在那一瞬间，远远看去，嘿，那叫个帅，那叫个潇洒，那叫个英俊，整个儿一白马王子，整个儿一雕像，一个永远留在七连战士们记忆里的雕像！当年龚连长的光彩不仅迷倒了七连的女孩子，就连男生也被迷倒了一大片！

当年的七连操场、大礼堂、伙房和篮球架（摄于1999年）

“英雄”连长，“武功”高强，各项功能也都“英雄”。不到半年工夫就被他整上床了14个女孩子！据说这14个并不都是非自愿的，有的还真跟他有点儿“恋情”。更有甚者，据说该女孩是14个女孩子里长得最漂亮的一个，居然夜里送货上门，趁别人不在悄悄溜进连部，直接钻进“英雄”被窝。据外人总结，龚连长“猎女”原则有“三不”：不主动，不拒绝，不负责任，他靠的是自己的英俊形象。

现在回头想想，当时那些当连队领导的现役军人，对全连近200个女孩子具有生杀大权。最简单的，像从劳动排调换到后勤炊事班、卫生室什么的，这在当时就是从体力劳动变成非体力劳动，即现在的从“蓝领”变成“白领”。亲近连长，则是改变自己生存状况一个非常重要的捷径。再说，当年那些现役军人大部分其实才都是刚刚30岁出头的“年轻人”，家属不在身边，在部队的时候天天接触秃小子也就罢了，到了兵团，身边有那么多如花似玉十七八岁的城市姑娘，搁谁也扛不住。

记得连长调离七连时，很多人送君送到航道旁，有的女孩子竟然伤心落泪湿襟裳。

据说连长调离七连到了团里被整得够呛，全团现役军人开大会批判他。直到1975年兵团撤离转交地方，兵团党委决定：凡是在兵团期间犯的错误一律一笔勾销。龚德发高兴之余与几位近友畅饮，结果不幸一命呜呼，实属可怜、可恨、可悲。

当年七连的宿舍之一（摄于2008年）

十六岁小孩儿

翟红岩讲述

翟红岩： 北京人，原北京右安门中学69届初中毕业生。在兵团期间曾是连队司号员。1973年参军离开兵团，复员回北京后，在北京仪表机床厂（生产数控机床）当工人，后管后勤，现在任车间主任。

采谈时间： 2007年8月28日

采谈地点： 北京华业·玫瑰东方小区

1969年中学毕业的时候，我们上山下乡的地方有内蒙古、东北、嫩江和云南四个地方能选。去内蒙古的人是老师挑的，严着哪。那时候，学校告诉我们："内蒙古兵团属北京军区、穿军装、供给制。"我听了心里美

当年的讲述人翟红岩（摄于1969年）

着呢。当时我想出去，不想在家待着，那时候学校又不上课，觉得出去好。我从小就想当兵，去兵团跟当兵一样，心里挺美。上了火车，这个哭、那个哭，我就不哭，我高兴。

晚上到了连里，第二天把我分到一排2班。在2班待了不到一个月。有一天，排长跟我说："连里要找一个通讯员，跟咱们一排要人，说名字带'红'字。"排长以为是洪松涛，就叫他去连部了。连长见了洪松涛，说："不是你，回去叫翟红岩来。"就这样，我当上了七连的通讯员。

我不知道当时龚连长为什么选我当通讯员，后来听别人告诉我，那时候，盖房脱坯，有一天下雨，大伙儿拿着塑料布和床单子什么的去苫坯。其实我也记不清了，听有人说，连长好像胃不好，不能着凉。当时我好像有塑料布，或者是雨衣什么的，就给连长送去了。所以，连长对我有个印象：个儿不高，小胖子。这么着，连长可能就看上我了。其实，当时连里通讯员是张春生，北京的。我到连部以后不久，就让他到木工房打铁去了。调到连部以后，刚开始的工作是吹哨、取信、取包裹什么的，到后来才让我到团里去学吹号。

当时，何指导员想让孙福生去学吹号，龚连长想让我去学。小孙是在我调到连部以后才调到连部去的。那时，龚连长对我说："你没事的时候，慢慢学着吹吹，看看吹得响吹不响。"就那么着，一回生，两回熟，到后来，我还真吹响了。

有一天，何指导员、连长都在，他们把我和孙福生都叫去了。何指导员说："你俩谁能把号吹响了，我们就把谁送去培养当司号员。"指导员说这话，是因为他以为孙福生一定能吹响。等小号拿来了，孙福生噗噗噗吹了半天，愣没吹响；我一吹，响了！就这样，连里派我去团里学了一个月的吹号，回来后我就成了七连的司号员。

那时候，早上6：00起床；起了床，6：00—6：30出早操；出完操，6：30—7：00洗漱、整内务；洗漱完，7：00—8：00吃早饭；吃过早饭，8：00出工；上午干完活儿，12：00中午回来吃饭；下午2：00再出工；下午6：30收工回来，吃晚饭；吃完晚饭，8：00晚点名；最后10：00熄灯睡觉。这是七连的作息时间表，我每天就是按照连里这个规定的时间吹号，全连人按照我的号声统一行动。

除了吹号，有时候，我还赶毛驴车去新安镇取信。我要是回来晚了，孙福生就吹哨。去新安镇取信，有时候骑马，有时候骑自行车，有时候赶毛驴车。如果包裹多，两大麻袋，就得赶驴车去。有时还帮别人从新安镇买东西。毛巾呀、邮票呀、笔记本呀，都帮着买。要是谁探家，只要我有空闲，我也会骑着自行车，连人带提包一块儿给送到前旗火车站去。

我当司号员的时候，跟龚连长睡一屋，我睡一张床，连长睡另一张床。我起床靠闹钟，铃响了，我起床，我要是没起来，连长就叫我。

龚连长出事儿后，团部来人找我调查，我说，我什么都不知道，什么也没看出来，什么也没有发觉。不是我知道不说，而是我真的不知道。那时，我年纪小，脑子里是空的，躺下就着。就算有时候连部开会，我得顶到开完会收拾，等我收拾完了，给连长打完洗脚水，等他洗完脚、刷完牙，我们俩同一个时间睡下，我也一躺下就着了，睡着了就什么都不知道了。我那时才 16 岁，小孩儿，什么也不懂。后来团里来了一辆小吉普车把龚连长带走了，我才知道他出事了。

翟红岩（左）与战友高兴茂（中）在连长（右）指导下进行射击训练（摄于 1969 年）

赵紫阳也去看过

杨仁宇讲述

杨仁宇：北京人，原北京灯市口中学69届初中毕业生。1969年8月28日被分配到内蒙古生产建设兵团。在七连期间曾担任过三排11班副班长、班长。1974年被推荐上了西安交通大学，毕业后分配到林业部工作至今。

采谈时间：2007年8月25日

采谈地点：北京华业·玫瑰东方小区

1970年大概八九月份，十九团组织人去“大寨”（山西省，当年毛主

当年的讲述人杨仁宇（右）与战友许志绮（左）杨宝华（中）在砖窑前合影（摄于1970年）

席树立的农业方面的典型）参观，连长叫我跟他去了。

回来以后我就去了11班，当时呼格是班长。1970年的时候，呼格在七连水池那块地搞了块水稻试验田，第一年水稻长了，但是没灌浆，主要原因是播种得晚，因为内蒙古无霜期短，稍晚就会影响水稻灌浆。那时我和呼格同在一个班里，有时我也帮着弄弄。第二年扩种到80亩，那时候，我已经跟连长去参观过“大寨”了，连里就决定让我负责种水稻了。

记得1970年年底的时候，航道那儿有个小屋，我跟七连两个看苇场的职工聊天儿，那两人知识面很广，古今中外知道得很多。他们告诉我：1958年，他们在河北用大棚试种过蔬菜。后来我跟连长念叨过这事儿，特别是从参观“大寨”回来以后，连长挺看重我。连长听了以后说：“连里有塑料薄膜，咱们也弄一个塑料薄膜棚试试。”我建议砌火墙。连长说：“干脆弄一大棚，再砌上火墙。”当时是三四月份，就这样温室就搞起来了，我和一位姓刘的职工也就开始了温室育苗试验。

后来，连长又在砖窑后面开出80亩水田，种大田。大田就是把温室育的苗的秧根儿涮干净，然后再移插到地里。温室的就是不破坏根系，不涮秧根儿，直接把秧苗换个地方。实验结果：温室的办法，稻苗长得比较壮。我记得温室育出来的秧苗，长成水稻，当时亩产达到了800斤，那让连长特别高兴。

1971年的七八月份，赵紫阳还去看过，他不是特意去的。当时赵紫阳在内蒙古当地委书记，他到五原（内蒙古五原县，现为五原市）路过我们那儿。当时，窑边儿有一条去五原的小路，他路过看见我们的稻田了。当时是下午两三点钟。他说：“这稻子长得很不错。”

过了几天，兵团司令员何凤山就去了，而且直接奔七连，就是因为赵紫阳回去说的。后来十九团团长也去了，二师师长也去了，还让我们总结经验。二师生产科科长姓赵，后来到十九团当了副团长，他在七连蹲了一个多月的点儿。

1971年底或1972年初，此事在《解放军报》、《人民日报》，还有《内蒙古日报》都刊登了，中央广播电台也广播了。后来，我在西安上大学，有个同学借了一本小册子，叫“广阔天地大有作为”的杂志，那里边还有那篇文章。当时那个同学还问我：“这是不是你呀？”上边写着我的名字和内蒙古生产建设兵团。

1972 年，种水稻的事儿登报以后，我因此入了党，同年三月份还给我记了一个三等功。

当年连长（后右四）与女战士在水稻田（摄于 1970 年）

1972 年开始大面积播种，那时候工作非常辛苦。每天晚上烧火，24 小时不能断。开始，我一人烧，后来，让四排帮着烧。那时候，我基本上都顶到凌晨三四点钟才能回去睡觉，早上还要按时起床，一天睡不了几个小时。如果白天有太阳就不用烧了。说实话，前期吃了不少苦，后期我就没什么苦吃了，主要是大家吃苦了。有一次与大家聚会，有人说："杨仁宇，你这小子可把我们害苦了!"其实我也吃了很多苦，我这条腿，耙地的时候，那钉耙整个扎进腿里去了，这腿让耙子给扎了一个窟窿。虽然我吃了很多苦，但是我不觉得那么苦。我现在也是这样，干活儿受苦受累什么的，我并不觉得苦。

（下面是《广阔天地大有作为》杂志上刊载的有关介绍杨仁宇试种水稻的文章全文）

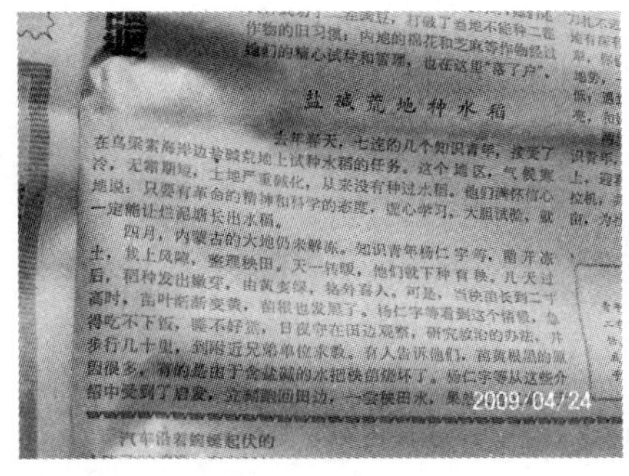

盐碱荒地种水稻

去年春天，七连的几个知识青年，接受了在乌梁素海岸边盐碱荒地上试种水稻的任务。这个地区，气候寒冷，无霜期短，土地严重碱化，从来没有种过水稻。他们满怀信心地说：只要有革命的精神和科学的态度，虚心学习，大胆试验，就一定能让烂泥塘长出水稻。

四月，内蒙古的大地仍未解冻。知识青年杨仁宇等，凿开冻土，栽上风障，整理秧田。天一转暖，他们就下种育秧。几天过后，稻种发出嫩芽，由黄变绿，格外喜人。可是，当秧苗长到二寸高时，苗叶渐渐变黄，苗根也发黑了。杨仁宇等看到这个情景，急得吃不下饭，睡不好觉，日夜守在田边观察，研究救治的办法，并步行几十里，到附近兄弟单位求救。有人告诉他们，苗黄根黑的原因很多，有的是由于与含碱的水把秧苗烧坏了有关。杨仁宇等从这些介绍中受到启发，立刻跑回田边，一尝秧田水，果然又苦又咸。于是，他们就采取勤换水勤晒田的办法，终于使秧苗很快返青，适时插到大田里。

同时，杨仁宇等还学习外地经验，采用薄膜育秧法，提早为大田培育秧苗。没有育秧房，他们自己动手用旧木料搭起一个育秧棚，用一口铁锅、一只破油桶做加温用的蒸汽锅，再在一节烟囱上凿开小孔代替输气管，用几个破土筐代替育秧盘。育秧时，需要经常调节温度，杨仁宇等就日夜守在秧棚内，烧火加温，观察秧苗生长情况。就这样，他们一直坚持了十二天，直到长出绿油油的秧苗，才离开秧棚。

经过一年的艰苦锻炼，这些知识青年的思想面貌发生了很大变化。他们在烂泥塘里栽种的水稻，平均亩产达到七百五十斤，有的地块平均亩产达到一千多斤。

乌梁素海大鲤鱼

西木讲述

乌梁素海原来东西宽五十余里，南北长近百里，因是黄河决口形成，所以只有进口没有出口，就是说黄河水只能进不能出，出水得靠机器抽。从黄河流进乌梁素海里的鲤鱼，进了乌梁素海就无退路了。加之，海中饵料丰富，因此，鱼长得又大又肥，味道鲜美，久而久之，乌梁素海的鲤鱼就成了远近闻名的优质水产品，也成了乌梁素海的标志和骄傲。乌梁素海的鲤鱼很有意思，分两种颜色：刚从黄河入海的鱼是黄的，等到进了乌梁素海以后就变成黑背金腹了，打鱼的人都知道。

兵团前，七连的地盘属内蒙古水产局，职工主要以打鱼为业；兵团后，七连被定为渔业连队。因此我们刚到兵团时，连里时不时会打些鱼来，做上一顿给大家吃，作为改善伙食。当时做鱼并没有什么佐料，就那么抓把盐扔到锅里，然后用清水煮巴煮巴，但是因为鱼极为新鲜，所以味道至今仍然让人垂涎想念。

记得我们刚到兵团那两年，战士们回家探亲的时候，连里还会让原渔场职工给战士们打上几条鱼带回城里给父母亲人们尝尝，让他们也分享我们七连的标志和骄傲!

听说，某位兵团首长到七连视察，那天刚下过雨，地上全是泥。七连战士全体集合，到操场上甩正步。连领导一声令下，“卧倒”，七连战士齐刷刷就地都趴到泥里，一动不动。视察的领导说：“七连战士真可爱，像咱乌梁素海大鲤鱼!”

到乌梁素海上打鱼是一件很浪漫、很美好的事。蓝天之下，碧水之中，早晨扬帆而去，黄昏收网而归。当时我最兴奋的事儿就是跟着二排和职工出海打鱼。鱼从海里打上来，就着乌梁素海的水，在船上点上火支上锅，搁点盐炖炖，吃下，那叫个新鲜、味美，觉得幸福啊!

后来，乌梁素海大鲤鱼发展到让我们都给弄死了。记得有一年下大雪，人家地方干部说，赶快组织人扫冰上的雪，因为水底氧气是靠光合作用产生，可没人理睬。结果那年湖里的鱼全漂上来死了，越大的死得越惨。后来七连的人去捞，四周的老乡也都去捞。

当然到了再后来，情况就变得更糟糕。水被污染了，鱼变少了，且变小了，以致到最后黄河水不再流进，乌梁素海变成死水一潭，鱼也不能吃了，实在遗憾。

当年七连战士劳动间歇读报（摄于1969年）

七连的耗子

耿丽敏/冯小芳/何英/李键/仲小兰讲述

(1) 饺子呢

耿丽敏：北京人，原北京第27中学69届初中毕业生。1969年9月5日被分配到内蒙古生产建设兵团，曾是四排13班战士。1971年，病退回北京，先到北京皮革公司工作，后到技术检验办公室，后调全国日用产品质量检测中心办公室，1990年又调到北京中轻工机械公司，做财会工作至今。中间自学上大专，通过国家承认的大专文凭考试。

1970年过春节的时候，我们四排13班里家住在坝头、坝湾的知青都

1999年，讲述人耿丽敏（右）回到当年的宿舍前留影

回家过春节去了，剩下北京的，大概还有八九个人吧，一起过年。那是我们离开家在内蒙古过的第一个春节，大家兴高采烈地到炊事班领了羊肉馅，回来高高兴兴地包饺子。

按中国的传统，大年三十晚上要把饺子包好，第二天初一起大早，煮饺子吃饺子。于是，包完饺子，我们把装衣服的箱子上的东西都挪开，箱子盖儿上铺上报纸，把包好的饺子整整齐齐地摆在铺好的报纸上，整整码了差不多两大箱子盖儿（面积 90cm×70cm）。一切收拾停当，大家甜滋滋地进入梦乡。

第二天一大早，大概是因为过年兴奋，没等到吹起床号，我醒了，可又不想起床，探头看看别人，大家都还在睡。当时觉得挺无聊，就在被窝里“翻饼烙饼”。后来我翻过身来趴在被窝里朝放饺子的箱子上边一看，哟，箱子盖儿上的饺子全没了！当时我特惊讶，大声喊：“嗨，咱们的饺子没了。”可谁也没理我，我又喊：“咱们的饺子没了。”我话音未落，班里的小刘睡意犹酣，对我说：“你有毛病呀，今天好容易让咱多睡会儿，你还生事儿。这么早你就醒了，在那儿说梦话!”我说：“真的，你们看呀!”这时，其他人也被我吵醒了，朝箱子上一看，饺子果真全没了。这下子，人们“骨碌骨碌”地全起来了，满屋子找饺子。后来才发现，从箱子上到地上，有一条白色的面铺成的路，那条“白面路”从箱子顶上，一直铺到屋子墙根的老鼠洞口。拿水来往洞里灌吧，灌了半天也没见一个饺子浮上来。没法子，只好又跑到炊事班，去要馅和面，重新包饺子。

到了第二年的春天，有一次，连里派我们四排去挖渠。吃完早饭，全排的人在房子前边集合准备出工。干活儿的工具是铁锹，先到的人等着还没到的人。曹为民站在靠墙根儿的地方，把一只脚蹬在铁锹背儿上，悠闲悠闲地蹬着玩儿。忽然，她的铁锹“忽”的一下子陷到地底下去了，低头一看，脚下一个大洞，再一挖，洞里有饺子，还有平时家里人给寄来的水果糖、柿饼、点心、装东西用的帆布手提包什么的，真是琳琅满目、应有尽有。

（2）别闹，别闹

冯小芳： 星期天，很多人喜欢睡懒觉。那天班里别人都起来了，周素华还在睡。她一边睡一边说：“别闹，别闹!”大家回头看，心想，她这是在跟谁说话呢，旁边没人呀，大概在说梦话吧。“别闹，别闹!”她还在说。记不清谁多事儿，走过去把周素华给推醒了。等周醒了，自己掀起被子一看，妈呀，有一只一尺多长的大耗子，“噌”的一下子，从她被窝里跑出去了。原来，那只耗子一直在她被窝里趴在她后背上，她还认为是班上的什么人抓她后背，跟她开玩笑呢。

真的，那时候，我们挎包在墙上挂成一排，里面的饼干什么的，都让耗子给吃了。晚上睡觉，有时候耗子就从我们脸上爬过去。

(3) 啃笼屉上的馒头嘎巴儿呐

何英： 我在炊事班的时候，蒸完了馒头的笼屉，不是天天刷洗，有时候，笼屉上沾着一小块儿一小块儿的馒头皮，就搁在那儿不管了。

有一天，人们做完饭都走了，我因为有事，又回了一趟炊事班。我从后门进去，看见一层笼屉上趴着足有十几只耗子，那些耗子正在那儿啃笼屉上的馒头嘎巴儿呐！五六个大屉，想想吧，得有多少只耗子！

(4) 这身上怎么老有东西爬呀

李键： 有一回，我们打稻子，下午刚收工，刚回到宿舍，张思宁就跑到我们班找我，说：“李键，费琦想跟你借条绒裤。”我问：“怎么回事?”张思宁说：“费琦说，今天收工回来，她衣服里蹦出来好几只‘耗子’，她把衣服全扔到锅里煮去了，没衣服穿了。”

李键（右）与战友曲兰迪（左）冯惠莲（中）（摄于1989年）

费琦： 那天打完稻子收工回到宿舍，洗了手就等着吃饭了。我坐在那儿，觉得我这身上怎么老有东西爬啊。当时我就把衣服、裤子给脱了，用手一抖，没想到就那么一抖，衣服里抖出来全是小耗子。我赶紧把衣服全脱了，毛衣、棉衣、棉裤、棉毛裤全搁在灶间的大锅里给煮了。

（5）照嗑不误

仲小兰： 有一天夜里，睡着睡着觉，我突然听见嗑瓜子儿的声音。当时我觉得特奇怪：这是谁呀，三更半夜不睡觉，在那儿嗑瓜子儿？我顺手摸出手电，冲着那声音照去，天哪！原来是一只大耗子，只见那只耗子坐在挂在墙上的挎包上，两只爪子捧着瓜子儿，放到嘴里嗑。嗑一个，它把子儿吃了，把皮扔到地上；再磕一个，再把子儿吃了，把皮扔到地上。每嗑完一个，它就用爪子掀开挎包盖儿，到挎包里去再抓一个，接着嗑。当时那耗子嗑瓜子儿的声音跟人的一模一样。我再往地上一照，一地全是被它嗑过的瓜子儿皮。更让我吃惊的是，我当时用手电就那么照它，那只耗子视我无睹，毫无惧色，依然一个接一个，照嗑不误！

今天通往塔布的路（摄于 2008 年）

在七连宣传队扮演过三个角色

许志绮供稿

当年七连，逢年过节都会组织各个班排排演一些小节目活跃连队生活，如唱歌、跳舞、朗诵，还有大合唱什么的。有一次，我们三排与女生五排为过“十一”，一起排演大合唱《我们在太行山上》等革命歌曲，我是男生领唱。后来，连里决定从各个班排抽调些能歌善舞的战士成立文艺宣传队，就这么着，班排长都说我嗓子好，也就指派我参加了七连宣传队。

当年七连宣传队全体队员在团部演出后合影

第二排右一为讲述人许志绮（摄于1970年）

宣传队开始的时候不完全脱产，只是逢年过节前临时抽出一段时间排练排练，节目演完各回各班。后来，宣传队负责人认为，临时抽调不利于节目的排演和队员平时的形体训练。所以经请示连里，最终决定把大家从各班排抽调出来，组成一个独立班，集中住在一起。这样，大家每天早上吊嗓子的吊嗓子、压腿下腰的压腿下腰、编排舞蹈动作的编排舞蹈动作、作词作曲的作词作曲、练乐器的练乐器。

我记得，在宣传队那个集体中大家都非常努力。劳动班排平时晚上10点熄灯休息，而宣传队队员为了一场节目中的动作和台词，早起晚睡是经常的。特别是同队同宿舍的队员在那儿练习，虽然已经很晚了，而且你即使没事也不能去休息，跟着别人耗时耗神。还有作词作曲的队友，作词的还好，有几个人可以在一起推敲斟酌。作曲就苦了，就林晓民一个人负责，不知他哪儿来的这个天赋，几台大型节目中的乐曲都是由他谱写的。每次，他要根据歌词的内容配上恰当的音符，等词曲全谱调了，就要给大家试唱，不行重来，反反复复不能有怨言，直到大家都满意。

在鸡乌素的几年里，我有幸成为连宣传队中的一员，这让我多了一份生活体验，多了一份生活经历。有人认为到宣传队可以不下大田干活儿，是一种对劳动的解脱。其实不然，排练节目比在地里干活儿时间拉得长，人也被掩得更疲乏。排练节目不用日晒雨淋，可下雨天，战士们不用出工，我们照样得在屋里练，有时地里活儿紧，连长也会把我们派去帮忙，所以整个排演节目的过程并不轻松。特别是对我这种没有舞蹈天赋的人来说简直是一种折磨。外行人不知这活儿的难处，当你真正接触这一行当后才知道，硬胳膊硬腿儿就像一根棒槌，加上手脚协调能力差，要表演得稍微像样一点儿谈何容易。我今天的家，就住在北京舞蹈学院斜对门儿，出来进去都能见到那些年轻人，所以，我才知道，我们当初那个年龄根本不是跳舞的年龄，加上一点儿基本功都没有，何谈舞蹈。笨拙和不自信是骨子里的，后天怎么努力也只能是形似而已。

第一个角色——胡传魁

让我至今回味的是演出革命现代京剧《沙家浜》。我在剧中扮演草包、光头司令胡传魁。为了演胡传魁，我也只好将头发剃掉。40年了，早没了当年的模样了，许多战友也早忘了我姓甚名谁，可一提起当年七连的胡传魁，人们都会想起我。那时，全连没有一个人有胡传魁那么大肚子的。

为了出效果，我腰里揣个枕头，加上唱腔，还真有点儿像。林晓民瘦高挑，演刁德一，唱腔圆润阴沉，加上做派，颇有参谋长派头。阿庆嫂由毕兰菊扮演，她嗓音高亢亮丽，动作眼神一招一式着实老到娴熟，第一次在连里出场就让大家刮目相看，“真没想到小毕还有这么两下子”。我们三人一场“智斗”，绝对“锵锵三人行”。

刁德一的扮演者林晓民（左）、阿庆嫂的扮演者毕兰菊（中）与胡传魁的扮演者许志绮（右）（摄于2000年）

通过演戏，让我们加深了感情，相互之间有了更深的了解。记得，有一次晓民从广东回京，我们“智斗”三人组，还有其他几位战友在一起吃饭，小毕当着大家的面，突然说了一句：“要不是某某某，我就追林晓民了。”语惊四座。当年留在心中的那份感情，几十年后竟是当着这么多的人，这样直白地表达出来，让在场的我们心里忽然多了一份温馨和对小毕心地坦荡的尊敬。太纯洁了。虽然双方都有了家庭，小毕眼里仍然闪着兴奋的目光，晓民也极绅士地说了声：“谢谢。”后来，晓民只要来北京，还是会当着我们几位的面，通知小毕一声，道一声“平安”。

我每当看到晓民或毕兰菊，都会把思路拉回到那个生活单调，感情压抑的连队生活。多好的年轻人，多好的朋友，多纯真的友谊，如果不是后来大家劳燕分飞，七连鸡乌素—塔布该会谱写出多少美丽动人的爱情故事啊。不管怎么说，晓民从连队出来后，去了南国广东，后去香港，现又回到广东，见面有限。我和小毕在京城，凡有战友聚会总能碰上，她一定会邀我与她共唱一出没有刁德一的“智斗”，每逢此时，鸡乌素—塔布的那段艰难岁月都会久久萦绕在脑际，感伤许久。

第二个角色——逗哏

1971年9月13日，随着“林彪反革命集团”的覆亡，七连形势与全国一样，从连队管理到战士思想教育都有了松动。年轻人突然感觉自己有了想法儿，对过去的种种说辞有了另外一种解释，对自身生存状况和今后前途有了隐隐的盼望。

那时沉寂在知青脑子里的几年前从城市带来的各种思想意识，特别是“文化大革命”前十七年的文化传统开始萌生。有些战士从家里带回一些所谓“毒草”读物，相互传看。连宣传队排演节目从内容到形式也有了变化。首先是形式多样化了，如节目中开始有快板、相声、琴书、小品、小合唱、小歌舞等等，一改过去“样板戏”当家的局面。

在这个政治环境松动间隙，我在宣传队换演了第二个角色，用相声表现的——逗哏。内容是反映连队食堂节煤改灶成果的，捧哏的是陈京生。捧哏和逗哏的段落文字都是按照《侯宝林相声选》中一段相声的大意改编的。因为我操一口标准的京腔，鼻音加嗓音加儿化。尤其“文化大革命”前，我能

当年捧哏的扮演者陈京生（右三）与战友合影（摄于1969年）

背说李润杰的快板书《劫刑车》。有这些基础，领导决定让我担任逗哏角色，后来大家又给我们设计了舞台动作。结果，我俩上台一开口就引来众人掌声。“文化大革命”当中，相声被当成“封资修”，在人们的生活中几乎绝演，“样板戏”取代了所有的表演艺术形式。在那样一个思想禁锢和封闭的环境里，突然听到京腔京味儿的相声，在年轻人中引起了不小的反响。

当时连里的大礼堂刚刚盖好，大家为此付出了难以承受的体力透支后，终于看到并享受到汗水浇灌出的成果。那天，头一次坐在能遮风避雨的高大雄伟，在全团也是头一份的礼堂里看节目听相声，仿佛此前的流血流汗都化为乌有而感到幸福。演出节目的战士当时都相当紧张，我更是如此。这是在众目睽睽之下，在耀眼的灯光照射下，我第一次独立上台演节目。以前我的角色都是集体出面，唱也好，跳也好，自己不是主角，动作只要做到位就行。可相声中的逗哏是我，一句台词一个动作说错了或做不到位，下边的战士一耳朵就能听出来，一眼就能看出来。那个感觉在一个十几岁孩子心里是非同小可的。

相声的结尾是：我双脚交叉，身体左右摆动，做了一个为了节煤，不坐火车（当年的火车都是燃煤机车）却手扬驴鞭骑驴回家探亲的夸张动作。结果，引来台下人们的哄堂大笑。大幕徐徐拉上，掌声四起，后台人们为我和京生投来满意的微笑。总结会上，大家你一言我一语，重复着我在台上的动作，都说“绝了”。这是我在七连文艺宣传队独立扮演的第二个角色。

第三个角色——落后分子

我独立扮演的第三个角色是一个不便明说的坏分子。在当年“阶级斗争一抓就灵”的特殊年代，有落后思想和对新生事物说风凉话都被认为大逆不道，或被扣上“坏分子、反革命”的帽子，被实行“无产阶级专政”是随时随地可能发生的。稍不小心，就会把你“打翻在地，再踏上一万只脚”，叫你“永世不得翻身”。

编这个节目是因为连里搞了“水稻育秧试验大棚”，这在当年算是七连“农业学大寨”的一个典型事例。当时，在荒漠的盐碱地里种水稻，的确加大了战士们的劳动强度，所以大家对此发了不少牢骚。而节目只能写战士们如何搞科研，如何辛苦，不能把说牢骚话编到节目里，但这样编出来的节目又太单调了。于是，宣传队的编导们想出一个以反面人物衬托正面事物的手法，特别设计了一个说怪话的反面人物穿插其中。不知是表演

当年的讲述人许志绮（摄于1971年）

相声的滑稽让编导选中了我，还是我本身就像坏人，反正这个角色又让我露了一次脸，“现”了一回眼。

“林彪事件”爆发后，政治环境大大宽松，连里对战士们的着装也少了些要求，平时不再强调必须穿兵团发的“军装”（兵团被服厂自制自染的一种草黄绿色服装，从颜色到质地都与野战军服装有天壤之别），所以大家的服装多样化了许多。探家的时候，我从家里带回一件对襟浅灰色中式罩衣，心想演节目说不定能派上用场，还有就是一顶咖啡色呢子鸭舌帽。没想到，我扮演坏分子的时候，把这两件行头一穿，逗得大伙开怀是其一，目瞪口呆没想到“胡司令”还有这么一身行头是其二。编导当场拍板，就这套装束了。我知道，在当时大家思想都比较正统的时候，我也经过一两年的生活磨炼，对社会、对人生多了许多主动，也有了独立思考的意识。所以，我之所以敢带这两件衣物回连队是有想法的。果不其然，当我穿着这两件行头一上场，台下一片笑声，随后是一片安静，只听我一句阴阳怪气的念白：“在这兔子不拉屎的地方种水稻，真是异想天开。年轻人呐，初生牛犊不怕虎呀……”我背着手，半猫着腰，鸭舌帽帽檐遮住眼睛，从鼻腔挤出了这几句话，于是笑声打破寂静。事后，大家都说，就你这身行头、这几句话就把大家的注意力全抓走了，这个节目中就你演得最好。还有人好奇地问：“你们演坏人的衣服和帽子从哪儿弄的，怎么会有这种服装？”这两件行头昙花一现后，我再也没穿没戴过，压在箱子底，随我一起离开了七连，离开了鸡乌素—塔布。

据我所知，连宣传队自我走的1972年以后也解散了，再也没有演过节目。不是因为我，而是因为大的社会形势。一别40年过去了，当年的这两件行头不知所终，而我记忆中扮演的三个角色以及这张照片却留驻我心中一隅，永不消逝。

呜呼！我年轻时的乌梁素海

李汀供稿

单位里经常有一些同事问我为什么不喜欢钓鱼，而我则一概答曰：与鱼的缘分已尽。望着那些朋友眼中流露出的不解神情，常常令我不禁莞尔。至于我为何与鱼缘分已尽，则“说来话～长呀”。

乌梁素海的最初印象

七连驻地就坐落在内蒙古自治区巴彦淖尔盟（市）乌拉特前旗新安镇东北约十五里的一个叫鸡乌素—塔布的小村庄里。这个小村庄地处黄河在内蒙古的河套地区（黄河有两个河套，为当地先民开凿的引黄灌溉系统，故有“黄河百害，唯富一套”之说。在宁夏段的灌溉网称作前套，内蒙古

乌梁素海一隅

段的称作后套）最东部名叫乌梁素海的湖畔。湖泊在内蒙古常常被称作海子，内蒙古著名的海子有乌兰察布盟的黄旗海、岱海和后套的乌梁素海等（这几个海子在地图上都可找到）。

乌梁素海以盛产芦苇和鱼而闻名遐迩。当年乌梁素海多产黄河鲤及鲫、白条儿、马棍（后两种鱼的学名不详）等鱼，但草鱼、胖头不多。据当地老职工讲，“文化大革命”以前，乌梁素海的黄河鲤鱼曾远销到北京呢。记得当年每逢上冻之时，方圆几百里地以内的一些包括呼和浩特、包头等地的单位，纷纷到此地购鱼，最远者竟有来自集宁、海勃湾等地的。特别是新年春节前夕，购鱼的车辆络绎不绝。按眼下流行的词语说，绝对是卖方市场，但那年月，还不兴漫天要价、坐地还钱和红包、回扣、打点等，不管买方是亲是疏，一旦“成交”（此成交非彼成交，不是指价格成交，而是指同意将鱼卖给你），鱼的价格一律平等，是国家定的，任何人都无权更改：对外鲤鱼每斤三毛五分，鲫鱼等小鱼每斤一毛四！内部职工则是鲤鱼每斤两毛八，鲫鱼每斤九分！只是供销人员的烟酒消费比平常百姓高了几个档次，和现今最一般的权钱交易的规模相比，恐怕还不及九牛一毛。其实在旺销季节，最重要的是跟在屁股后面的一大群买鱼人不停地啰唣，使负责卖鱼的人的“虚荣心”得到了极大的满足，以致在卖鱼旺季走起路来都好像是属螃蟹的——横着蹦！乌梁素海除了有鱼外，还有甲鱼，大的有小盆般大小。记得 1970 年，陈伯达那贼厮鸟到内蒙古来视察，自治区还派

当年夏天战士出海打鱼前先念毛主席语录（摄于 1969 年）

专人来乌梁素海捕王八，孝敬那厮……此乃题外话，且按下不表。

乌梁素海南北长约百里，东西最宽处约四五十里，略呈三角形，北宽南窄，水底地势平缓，湖中最深处也不过三四米。据当地老人云，在上个世纪30年代末时，水面并不大。只是在抗日战争中，傅作义将军为了消灭西进五原深入后套包头的日军，在叫三圣公的地方炸开黄河，放水阻敌归路，上演了一出新的“水淹七军”后（同时也使若干村庄成了一片泽国，据说此战全歼入侵之敌一师之众，使日军再未越雷池一步），才形成了现今乌梁素海的水面规模。至今，乌梁素海当中的一些地方，还是当年村庄的名字，如瓦窑圪梁、死人圪旦等。当我们到此时，由于水位自然消退和围湖造田等天、人因素，水面规模已不如从前了，我们的新营区就建在原来干涸的湖中。当时湖的边界，已后退了约三里地了。

楚龙兴（左）与战友颜小真在航道边（摄于1969年）

在“我军”接管之前，鸡乌素属地方水产局乌梁素海渔场的一个生产队——塔布队。塔布是蒙古语中“五”的意思。全队共有近百名渔副业工人和二三十条渔船，确切数字已不可考。据说渔工都是来自河北的白洋淀地区，因上个世纪60年代初华北大涝，水情危急。政府决定向河北数县分洪，以保京津等大城市。水灾过后，政府将被淹的部分百姓移民到了此地，重操旧业。因此，乌梁素海的捕鱼技术，和白洋淀如出一辙。我的鱼（渔）缘即从这里开始。

夏天的乌梁素海

当年刚刚下乡时，由于在数月中居民数量陡增，住房十分紧张。因此，在上冻前我们日常最主要的劳作就是建造新房，以解决不断“增兵”的需要。我一开始并不了解捕鱼的全过程。记得那时每天傍晚收工时分，正是连里的渔船归航之时。观看渔船归港对我们这些初来乍到的人来说，仿佛是每天单调、劳累生活中最亮丽的风景。特别是每逢渔船顺风时，岸边的人站在高处向东极目远眺，先看不见船身，只能望见一片片白帆（在老渔工嘴里，忌说帆字，只能说篷，因为帆与翻同音，不吉利）在夕阳的映照下，在海面上摇荡。渐渐地，能够看清船身了。只见一条条渔船悠悠荡荡地沿着航道（航道是由于乌梁素海水位降低，为了使渔船能直驶回驻地特意挖掘而成的渠道）飘然而至，船里的渔工们个个面如重枣，帽檐低低地压在眉毛上，在夕下秋阳和岸上围观知青的众目睽睽下眯着眼睛，如果今天“收成”不错，那眼角的鱼尾纹中都能透出几分笑意和得意来。当船快要靠近码头时，使舵驾船的觑得亲切，适时撒开篷索，船儿失去了力道，随即便以一种近乎优雅的速度，轻巧地靠上码头。此情此景，简直就是一幅优美和谐的图画。而每逢此时，顿使我这 16 岁的少年心生无限钦羡，恨不得也能立即加入其中。但此时我并不了解打鱼的全过程及艰辛，只是以一种年轻人常有的好奇心，把打鱼这件事情想象得非常浪漫和好玩儿。等我真的能弄一叶扁舟出海捕鱼时，已经是来年春天的事了。在此之前，我首先得到的打鱼体验，是冰上打冬网。

夏天战士在海上撑船

冬天的乌梁素海

和兄弟农业连队的冬闲相比，我们渔副业连则进入了冬忙季节。在我们乌梁素海，上冻后第一件重大活计是抢收芦苇和蒲草。上好的芦苇和蒲草都是编织的好材料，一等二等的芦苇用来织席，再次些的可以编苇箔，等外品则统统卖给造纸厂当造纸原料，蒲草可以编鱼篓。11 月中旬左右，当苇地和蒲地的冰刚刚可站上人去时，抢收工作立即开始。刚开始的几天，炊事班丑时便埋锅造饭，四点钟全伙儿出发，一路衔枚疾走，直奔苇地。等干到阳婆升起三竿子高时，冰面就承不住人了。这时便收工回营，明日再战了。到了 12 月中旬，随着天气一天冷过一天（冰面已经可以承得起马车了），此时抢收蒲苇的工作已进入扫尾阶段，"战略"重心就移到冰上捕鱼的活计上来了。

以现代人的眼光看，打冬网这活计就生产方式而言，甚为原始。其最突出的特点就是所有的工种——从凿冰窟窿到拉网——就连人力冰钻和人工绞盘这样最简单的机械化的设备都没有，纯粹是靠拼人的体力，端的是"与天奋斗，与地奋斗"，至于是不是其乐无穷，就只有天知道了。因此，七八十个参加者都是清一水儿的老少爷们儿，平均分为两队——正梢和左梢。每梢又分几个不同的工种，各工种一环扣一环，众人各司其职，不得有误。如有打镩的——专司凿冰窟窿及捞鱼；跑马的——负责"穿针引线"，把网绳在冰底下穿过去；看大疙瘩的——负责换挂钩的；拉大钩的，自不待言就是拉网的，拉网的人数最多，每梢大约二十余人。拉网的众人当中，又有一两个号头，既要拉网，又要唱号子。两队人马，全都得听一个人——网头儿的调遣。网头儿是专门负责选择网地的。打冬网是一天打一网，打一枪换一个地方，满海壕（海壕为乌梁素海中央水最深、无水草处）"流窜"，哪儿有鱼去哪儿。因此，选择每天的网地是门儿学问，网地选择的正确与否，和每天的收成直接相关，因此网头儿的职责极其重大，在整个冬网队里具有至尊的地位。我们连的网头儿叫孙恩华，当年四十来岁，性情沉稳，说起话来慢声细语，不苟言笑，一举一动显得极有尊严，对乌梁素海的地形和鱼情烂熟于胸，为乌梁素海选择网地的第一人，在全乌梁素海的几个渔业队里口碑极好，塔布冬网队也因此闻名全乌梁素海。

当年七连战士楚龙兴（左）与纪小平收工后在渔船上合影（摄于1969年）

那时我等知青们的冬装没有皮帽、皮袄、大头鞋等物，只有按供给制配发的一身棉衣裤、一副棉手套、一双棉胶鞋和一顶北京话称为栽绒的棉帽。这种冬装在口里（张家口以内地方）过冬也差强人意了，可是在这苦寒之地，尤其是在冰上劳作，则显得太过单薄了。实际上，河套地区冬季的绝对低温比北大荒要略逊一筹，只是内蒙古风大，且无风的日子甚少，显得十分寒冷。而在平坦的冰滩上无遮无挡，寒风更加肆虐，比在陆地上又平添了几分淫威，故不仅有冷风如刀面如割的文雅之说，还有一句广泛流行于男生班排形容挨冻的糙话：就连最温暖的卡巴裆处都冻透了。最难耐是打完冬网后的回程路上。此时已是下午四点来钟了，甭说在寒风中干了一天活儿，就是躺着不动，早饭的那点儿热量也顶不到这会儿，更何况还要顶着西北风再走二十多里地呢。好在当年我们都是些十六七岁（最大者也不过20岁出头）的青年，正值生命力最旺盛的时期，正所谓，傻小子儿睡凉炕——全凭火力壮！不管日间劳作多么苦重，又经常吃不饱饭，但只要晚上头一沾枕，便“昏”将过去，第二天醒转来，又是一条好汉，端的是：劲儿是奴才，走了又来！

拉冬网的家什

现在说说和打冬网有关的装备和工具。至于渔网、冰镩、皮袄、大头

鞋等物就不必详细说了，只说说洪腿儿、凌鞋、腰板儿、马杆、冰拖床、蹬竿儿等物。

洪腿儿是用汽车内胎粘制而成的水鞋，外观粗犷，尺寸肥大，可以套在棉鞋外面，穿之前还可在鞋里垫上一些干蒲草或芦苇叶，以隔潮、寒二气，穿上后给人一种威风凛凛的感觉，是冬季在冰上干活儿的好东西。

凌鞋和腰板儿是拉大网的必备工具。凌鞋是一块长约十五六厘米、宽约十二厘米、约一块砖厚的木块儿，木块儿底部装上三枚手指般粗细、六七公分长的铁齿，前脚掌处两枚，上窄下宽略向外侧“龇”，呈猪獠牙状，颇有几分狰狞；脚跟处的那枚铁齿较短，三齿鼎立呈前高后低状（以利于倒退拖着重物行走），在木块上有穿好的细麻绳，用以缚紧固定在脚上。腰板儿是一块尺来长、五厘米宽、两厘米厚的木板，木板的两端穿有分别为指头和鞋带粗细的两种麻绳，细绳有腰带长短，用来将腰板儿固定在腰骶部，粗绳长约十几米，可以挂在一个与缰绳相连的大铁钩上。

至于说到马杆——此马杆不是彼马竿（套马竿）——乃是有大碗口粗，四五米长的大毛竹，毛竹的前端镶嵌上一个圆锥形的木头，尾端有孔，可穿指头粗细的绳子（术语称为马绳），细绳的另一端，缚住大鸡蛋粗细的缰绳。在毛竹的每一节上都凿有 1.5 厘米见方的气孔，这样可使马杆中灌进一定数量的水，减少马杆的浮力，使它在水中呈半沉半浮态像潜水艇一样，与冰层保持一定的距离，防止马杆在水里运行时和冰层发生摩擦、碰撞而减速或偏离方向。从整体功效上讲，马杆就像是被放大了不知多少倍的针。每梢都有头马、二马两根马杆，“两马”交替把拉网的两根缰绳从下网处的冰底下引到定好距离的另一个冰窟窿处，以便挂上大钩拉网。操纵马杆的称作跑马手，跑马的活儿在冬网队里也属于技术性较强的活儿。除了下网的冰窟窿较大外，跑马手要在其他直径仅有四五十厘米的冰窟窿中，调整冰层下面的那个四五米的庞然大物，使其对准远处的另一个冰窟窿绝非易事。对准方向后，跑马手发力向前猛拽马绳，马杆便悠悠地向前方驶去。以致十几天过后，当看到一个姓袁，绰号叫“土匪”的北京战友，竟然可以在师傅的指点下，将偌大的家什潇洒准确地发送到目的地时，我竟羡慕得禁不住直往肚子里咽清口水！

冰拖床和蹬竿儿则属于运载工具。冰拖床就像一架两米半长的木梯子，在两条支腿上各镶嵌有一条半厘米厚的铁制冰刀，从侧面看，外形有点儿像坦克或拖拉机的履带，两头小而高，有一定的坡度。在拖床上放上块单人床大小的网排（用竹片和木头制成），载货拉人两便，是我们每天拉着大网转场须臾不可或缺的工具。蹬竿儿顾名思义就是蹬冰之竿儿，是根两米来长的木杆或竹竿，在竿子的前端装上铁制的形状极像钩镰枪的枪头。人站在冰拖床上用蹬竿儿向后撑冰，冰拖床就向前滑行。在用冰拖床拉运重物时，也可手执蹬竿儿助力前行。除此之外，在夜间巡海护海时，蹬竿儿还可当做防身武器，既能慑人，又可驱狗。一竿儿在手，平添了几分威武和胆气。

冬天乌梁素海上的冰坝

冬天的乌梁素海，还有一奇观（这是否是北方湖泊所共有的现象，不得而知），即冰层在特定的温度条件下会膨胀、变形、开裂、挤压，像地壳造山运动那样向上隆起，在冰面上形成一条走向不规则、逶迤绵延数公里、有的地方达一人多高的“冰山山脉”（学名叫冰坝），在冰山的皱褶处，清冽的湖水在冬日下闪烁着寒光。当地人呼之为浆河。记得有一次我和一位中学同班同学暨同排战友，在冰上共骑一辆单车，由庙圪堵往连里赶路，正好有幸亲眼目睹了一次“造山”运动。尽管事情已过去了40年，现在回想起来，其情景仍历历在目：时值一个天气阴霾的下午，广阔的冰滩上了无生气，四周静悄悄的，只能听见自行车链条和飞轮单调的转动声。突然，从远方的冰层下面传来了由远而近、持续不断巨大的隆隆声，继而音频升高，我们循声望去，只见东南方数公里外的海壕处的冰面上，伴随着清脆的令人恐惧的咔咔声，陡然隆起了一道白色的冰坝！只见冰坝的长度向西飞速增长，转瞬之间，已到了身后离我们只有几百米的地方。紧接着，只听见我们刚刚骑行过的脚下的冰面一声响，迸裂开一道宽约二十厘米的裂缝！这一切发生得如此猛烈和迅速，给我们的心灵以极大的震撼，一时间竟使我们面面相觑，呆若木鸡！等我们的头脑恢复过来后，一种对大自然伟力深深的敬畏之心油然而生。浆河是冰面最薄弱处，一旦形成浆河，其后的“造山”运动往往使原来的浆河产生新的运动，故此处的冰冻不结实，经常处于开化状态。之所以称之为浆，大概就是取翻浆之意。当你手边有冰拖床和蹬竿儿时，过浆河就相对容易得多了，你可以用蹬竿儿把隆起的冰块捣塌，开辟出一条通路来，遇到开裂较宽处，还可将冰拖床横架其上而渡之，甚至载重物的冰拖床也有渡“河”的办法。一次我们往连里运芦苇，途遇浆河阻路。领头的当地老职工在浆河上选择了一处较平坦结实的地方，先用蹬竿儿把凸起不平的冰块凿平，开出一条三米来宽的通路，我们将载有上千斤重芦苇的冰拖床倒退数丈，对准通道，然后四五个人发一声喊，在拖床的两边发足力狂奔，推动拖床向通道冲将过去。在离浆河两三米的地方，人紧急止步，让冰拖床依自身的惯性冲将过去。浆河虽然给人们的出行带来不便，但对鱼类的氧气需求来说，却是件功德无量的好事，这可能就是常说的大自然的造化之功吧。

冰上撑拖床

冰拖床作为载人交通工具，并不是整个冬季都可以使用。内蒙古的冬季风高沙大，在上冻后不久，冰面上就落上一层厚厚的黄土，摩擦力大增，这时冰拖床就无法滑行了。因此在打冬网的早期，当地的老渔工都骑自行车，而我们每天往返都要走三十余里路程。但到了暮冬时节，冰白天会不同程度地融化些，冰层表面的土就会在化冰时沉下去，晚上温度低，又冻起来时冰面就变得相对干净了，使“滑度”大增，这时便到了冰拖床大显身手的时候了。一个冰拖床最多可乘六七个人，其中一人站在拖床尾部，负责“掌舵”，其余的在网排上一边两或三人，一声令下，5—7 根蹬竿儿同时动作，撑冰前行。若逢顺风好天时，冰拖床的一般时速和中速行驶的自行车相仿。那时我们的玩儿心甚重，又年少气盛不惜力，随着撑床之技的融会贯通，每天上工路上各拖床之间便要相互叫板，比一比技巧和速度，全然不顾本来就不多的卡路里的过度消耗。那时我们上工时一到达开阔的冰面上，各拖床就争先恐后，踊跃向前。只见每个拖床数根蹬竿儿以整齐的节奏上下翻飞，把冰面戳得咔咔作响，冰碴儿飞溅，拖床便在这美妙的声音中一蹿一蹿地向前滑行，场面煞是好看。更有甚者，一路未见输赢，比得性起，临近浆河非但不减速，反而选一处缓上坡的浆河，发一声喊，加速向前冲去！了解浆河的都知道，由于冰块的相互挤压，一面是上坡的浆河，另一面多是“峭壁”。尽管这些“敢死队员”在冲上浆河时及时地伏在网排和前面人的背上，但从一米来高的“峭壁”上连人带床腾空而下，其后果是可想而知的：转瞬之间，随着一声轰响，一股无法抗拒的力量便使这几条莽汉像树叶儿一样飞了出去，被摔得一佛出世，二佛涅槃。狼狈至极，引得周围战友哄笑不止。

冬天在冰上撑冰拖

拉冬网的苦与乐

在拉着大网转场时，打镩手便先行到了新网地，最先开始工作。正、左两梢的打镩手按网头儿指定的方向，要在冰面上相隔一段距离打若干个冰窟窿，如果将每个冰窟窿的轨迹相连，可画成一个近似的大圆形，圆形的直径相当大，以致一梢拉网的人看对面的人，就像一团蠕动的昆虫。如果说跑马手的工作更多显示的是技巧美的话，那么打镩——特别是开洪口——则充分显示了力的美。洪口是长方形的，面积大约有网排大小，需几条汉子协同作战。先将长方形的一个长边和两个短边凿通相连，然后三个镩手在未开凿的长边上一字排开，发一声喊，同时奋力猛镩，让冰在一条线上同时受力，这样几镩过后，冰便在强力振动下沿直线豁然裂开，成为一块大冰砖，飘浮在水中了（冰层相对较薄时，就将冰砖推压到冰层下面去，反之就把冰砖拉到冰面上来）。为了将网下得快些，除了主洪口外，各梢还需要各开一个洪口接力下网，在接力的洪口处，把两段网缝起来，

当年冬天出海拉冬网打鱼的七连战士（摄于1969年）
纪小平（左）、颜小真（中）、楚龙兴（右）

使下网的速度提高一倍。在两梢的打镩手会师的地方，再开一个出网的洪口。

随着打镩、跑马、下网等作业的流水进行，剩下的人就穿好凌鞋，系上腰板，准备拉网了。我等知青（名为知青，实为傻青）初入此道，穿上凌鞋后个个步履踉跄，几乎无法走道儿。更有甚者，由于脚底拌蒜，一不留神棉裤腿儿就被凌鞋内侧的“猪獠牙”刮开个口子，好不狼狈。那些日子，我的发小儿徐君的裤腿被“改造”得最为“壮观”，破口竟开到膝盖打弯儿处，走起路来“大袖飘风”，颇有几分仙风道骨，真真有趣得紧。偏偏此君又不谙女红，未能及时缝补，在营区走动时遭异性同胞的“耻”笑多了，急中生智，遂以细麻绳将开口处缚住，聊以应付一下，更是令人忍俊不禁。此情景给人的印象很深，以致在二十多年过后，战友（何战之有？实为难友!）重聚时，仍有很多人津津有味地提起此君当年卓尔不群的名士风采。

如前所述，拉网的二十多条汉子，将各自腰板上的拉绳挂在大网纲绳的大钩上，一字排开，身体向后倾斜作拔河状，让体重绷紧拉绳，倒退着迈开脚步，在寒风中开始了一天漫长的拉网路程。初起时，纲绳并未充分绷紧，拉网者的脚步也不齐整。渐渐地，每个人便可感觉到大网的分量了。这时，在一排人中间的号头便开始唱起拉网号子，众人也跟着号头一唱一和，同时使自己的步伐和大家同步起来。领唱的那句有词，合唱的那句极简单，就是几个如“哎～嘿～呀～儿拉～啊哈啊～嘿”、“嘿～呦～嗽”的字眼。拉网号子的“曲牌”不多，总共约有4—5套，旋律简单，极其上口，节奏大都与慢四步的交谊舞相仿。号子的词语也极朴实，由于“文化大革命”的影响，唱词中也出现了如革命战友、同志等现代词汇。号子的词有一部分是有套路的，如开始时大都是叫一声“哎……”什么的，后面就由自己发挥了。号头大都具有些机智，能够触景生情，临场发挥，现编现唱，在众人合唱的时间内，马上想好下一句词儿。如拿一个有特点的拉网汉子“开涮”，让众人粲然，轻松一下。

号头的风格大致可分为粗犷苍凉一派和高亢抒情一派。前者多为年长者，后者较年轻。两派的风格各擅胜场，能从不同的侧面触动你心灵的某一根“筋”（或是心弦？也未可知），产生愉悦。粗犷一派的号声深沉质朴，好像发自胸腔深处，极富雄浑之美。高亢一派的号头表现欲较强，能够恰到好处地把相同的曲牌“篡改”变化一下，如在曲调不该升高的地方升高、在一句当中随心所欲地增加点儿修饰性的颤音等。高亢派的号头的代表人物一个叫贾满宝，一个叫王世魁，二人均是唱二人台（广泛流传于华北、西北的地方戏种）和爬山调儿的民间高手，嗓子的本钱极好，吼唱起来极富“咏叹”的色彩，在广阔平坦的冰滩上抖一嗓子，高亢嘹远的号声响遏行云，几乎可以和现今唱陕北民歌的王向荣比肩。伴随着号子的节奏，二十多条汉子同时挪动着脚步，凌鞋齿戳进冰面发出清脆的咔咔声，与一唱一和的号子交相“辉映”，煞是好听。正是由于这种悦音在耳，使十分艰苦的劳动变得相当有趣，沉浸其中竟能暂时忘却了饥饿和寒冷。

随着一绠绳一绠绳地交替拉网，两梢之间的距离又由远而近了。渐渐地，可以依稀看清楚对面梢子里面拉网的弟兄了。在那边的群汉中要属朱君最为抢眼：此公那时节年龄未及二八，但是却生就一副高挑身材——身高在我们的连队里面坐了第一把交椅——再脚蹬凌鞋，足足有两米以上！

按照古人的说法便是身高丈五了吧！但是那时此公绝对不像现在这样腰阔十围，恐怕最多只有四五围，“苗条”得紧，哪里有现在这般榔槺！只见那厮穿着一身对他说来肥得可怕、短得可怜的棉衣裤，佝偻着背，恨不得将脖子缩到胸腔子里，露着半圪节孤拐，全凭借着青春健旺的火力在寒风中“苦熬”。

大约到下午三四点钟时，两梢拉网的队伍交叉“合龙”了。合龙后，两梢并成一梢，合力出网。此时所有工种的人都集中在一起了，人声鼎沸，给沉寂的冰滩平添了几分生机，是一天中人气最旺的时刻。在冬网的所有工作流程中，合梢的场面最为壮观。两梢的战友小别重逢，一天的辛劳即将结束，这些都使人产生了新的兴奋点。这时两梢中风格不同的号头各自抖擞精神，卖弄“神通”，好像对山歌般地交替领一段号子，高亢的越发高亢，粗犷的更加粗犷！其他汉子也放声唱和，不同频率、七高八低的吼喊声从四五十个老少爷们儿的喉咙里喷薄而出，同时凌鞋把冰面踩得震天价响！只见呈扇面儿一字排开拉网的汉子们，以齐整的节奏共同由一侧向另一侧晃动着上身，轻摆猿臂，款扭狼腰，口中咏之，足下“蹈”之，“载歌载舞”，“载欣载奔”，形成一道左右摆动的人墙向后退去。此时此刻，众人好像进入了一种状态——类似现今流行的气功的所谓功能态，颇有几分沉醉其中的意味。此时若有旁观者——而且是异性的观者，一些表现欲较强的汉子的动作幅度便陡然加大了许多，炫耀卖弄起来。这时，艰辛的劳动似乎变成了游戏和表演。如果说打镩、跑马等活儿更多展示的是个人“魅力”的话，那么拉网则充分地显示了戮力同心和整齐划一的美，就像队列式和团体操给人的感觉一样。这种齐心协力，其实正是打冬网活计内在的神髓。

记得那年冬季内蒙古自治区被军管后，自治区歌舞团被下放到我团“体验生活”。我连分来一个姓孙的艺术家，众人便叫他老孙。老孙第一次看到拉冬网的场面时，脸上先是充满好奇和兴奋的神情，到后来竟看得有些痴了。几年后，内蒙古歌舞团在北京的汇演中，真的上演了一个以乌梁素海打冬网为题材的歌舞节目（节目的名字已记不清了），大受观众的欢迎和好评。这里也应有老孙一份苦劳吧。当然，文艺节目多少有些浪漫与夸张。相比之下，我更喜欢真实生活中的那种充满原始、雄性、蛮荒意味的东西。

乌梁素海的最后印象

至于说到产量，我们第一年打冬网时，一网能打几千斤就算上好的收成了。因为那时乌梁素海的水位与“文化大革命”结束之后相比，还相对较高，鱼群游弋的空间也比较大；再加上使用的网具较落后，是用线绳编结而成的，下水后较重，容易挂上湖底的淤泥，因此对一些淤泥较深而有鱼的地方深有“投鼠忌器”之虞。打冬网挂泥是件极其麻烦的事，弄得不好鱼“财”两空。随着全国上下“农业学大寨”运动的畸形发展，捕鱼的行当和“以粮为纲”的方针相悖，我们塔布队的冬网也从1970年便停止了，一停就是七八年。谁知数年以后，各种机缘偶合，竟使我们创下了乌梁素海冬网单网产量近十万斤的历史最高纪录。

乌梁素海一隅（摄于2008年）

1977年冬季，我分场（此时兵团早已交归地方，我们的番号全称改为内蒙古巴彦淖尔盟乌梁素海渔场三分场）又恢复了冬网生产。当时的政治口号已由前几年的“抓革命促生产”演变为“学好文件抓住纲，深揭狠批四人帮”，“大干快上，把‘四人帮’造成的损失夺回来”等等。此时我分场和其他单位一样，随着老渔工的流散和知青的陆续返城，已明显有劳动力不足之虞，但在大干快上精神的“鼓舞”驱动下，“没有条件创造条件也要上”，我这个忝列“白领阶层”的文书也“粉墨登场”，并毛遂自荐，当上了号头。好在那年我分场使用了新式武器——从盟水利局借来了一套尼龙网——轻且不挂泥，不但弥补了劳力不足，更重要的是倚仗新式武器，别的冬网队不敢下网和下不了网的地场儿我们照去不误。

1977年，乌梁素海的水位和我们刚去时相比，已不可同日而语，下降了近一米，且水质也大不如前，藻类丛生，冬季能够“藏”鱼的海壕处也比从前缩小了不知凡几。在这几种因素的共同作用下，便产生了类似回光返照的效应：有一天我们一网打到了一个巨大的鱼窝子。那天合梢后的感觉就有些异样，没出几条网就觉得网沉重不堪，好像拉上了泥一样地拉不动了。一些打镩的人加入到拉网队伍里来，再勉力出了一两条网后，就看出端倪了。按常规，一般前大半段的网里基本上没有鱼，百分之九十以上的鱼都集中在最后的网袋处。而那天头几条网就逐渐开始上鱼了。渐渐地，鱼多了起来，洪口处像一锅开了的“鱼粥”。由于水位较低，冰层和湖底之间的空间较小，网里成堆的鱼便卡在洪口处拉不动了。只好组织人不停地往外捞鱼，一边捞，一边往上拉网。谁知越捞越多，仿佛全海的鱼都被一网打尽了。不到一个时辰，冰面上便铺了一大片尺来厚的鱼层，捞鱼的人也换了几茬儿。巴掌大的鲫鱼出水后几分钟之内便冻僵了，只有那些半米以上长短，七八斤、十来斤重的金色大鲤鱼在鱼层中奋力上下打挺。一时间，人们兴奋的粗声大嗓的吆喝声、鱼群在洪口处水面哗啦啦的扑腾声和大鱼在冰滩上噼里啪啦的打挺声响成了一片。就这样捞捞停停，停停捞捞，干了近四个钟头，一直到金乌西坠，玉兔东升才出尽了鱼，收回了网。等回到驻地，已是晚上近十点钟了，拉网的人个个都累脱了形。漫说我们没见过这么多鱼，据老渔工讲，就连他们一辈子也从未见到过一网能打恁多鱼。

1978年春节前，我也在返城的大潮中回到了北京。转眼之间，时光过去了三十余年，但那天给我留下的印象，至今仍历历在目。但现在回想起来，全无当年的喜悦之情。因为当年我们的行为纯粹是野蛮式的捕捞，就是竭泽而渔啊！而且，在那个蒙昧的年代，国人上至国家领导下至普通百姓，大都没有环保意识，生产工具越先进，对大自然的掠夺和破坏就越厉害！

据后来返城的战友说，自1977年以后，我们分场的打冬网就寿终正寝了。近年来，又有一些战友陆续回到乌梁素海访旧，回来后说那海子还在，只是全海子长满了厚厚的水藻，已基本上不能打鱼了。

呜呼！我年轻时的乌梁素海！

第三章

傻小子睡凉炕，全凭火力壮

生命，是顽强的

陈小光供稿

陈小光：北京人，原北京第27中学69届初中毕业生。1969年9月5日被分配到内蒙古生产建设兵团，曾是三排12班战士。1977年4月病退回北京，回京后被分到北京手表元件二厂先当工人，后当厂长秘书。1994年到《北京广播电视报》当记者，曾两次获“好新闻”一等奖，先后在报纸杂志上发表过200余篇文章。

采谈时间：2007年7月26日

采谈地点：北京亚运村汇园公寓

我喜欢舞文弄墨，但因眼疾，现已被迫搁笔及读文，这里只好将旧文拿来充数。内蒙古待了八年，“死里逃生”竟有三次。

我先天不足，落地即瘦如一把骨头，谁撞见都咂嘴，全凭辗转弄来的洋药剂硬撑着。广阔天地那么一折腾，病是跑了，灾却总围追着难挣脱。

那年刚入冬，即下海子去打苇。体弱，被远远甩后，还是埋头搓割。不觉天色已暗，慌忙择路而返。却早不辨地北天南。仿佛走了很远很远，却不过在原地打转。慌乱间又一脚坠入冰窟窿，先惊出身冷汗，待总算拖着条结满冰碴子的腿挣将出来，看看天，看看地，竟黑得天衣无缝。狼是没有的，风却吼得瘆人，整座苇林子跟着倒海翻江，五脏六腑被掏得空空荡荡，倘再落入冰窟窿，怕必死无疑。这样想着，倒坦然起来，先觉得古人那“月黑风高夜”写的绝妙，再觉得这茫茫的芦苇荡，正是抗日救国的好沙场，阿庆嫂要来这儿，那样板戏就更热闹了。于是不再抬头寻路，只管随意疾走。真是鬼使神差地走岔了道，又歪打正着地摸到了家。死神和我摆摆手，擦肩而过。

转过年暮春，我从旗上买醉而归，搭了辆兄弟连的拖车，司机是个满脸胡茬子的红脸汉，眯眼打量了我这身架，挥挥手让我爬上满载着山样高蒲草垛的拖车。于是我很惬意地铺张开手脚躺下。太阳离我很近，泛着白光烘得周身酥软，胃内的酒精在古怪地发酵，中和了青蒲散发的馨香，搅得我昏昏欲睡。

陈小光（中）近影（摄于2009年）

大雨初霁，路面吸饱了水，鼓胀胀地泛起黄沫子。拖车忐忑不安地迂回着前行，我却浑然不知。陡地觉得心被什么狠命地一揪，急睁开眼时，我已经站定在地。原来拖车被滑出路面，落进两米深沟，好一会儿，我才悟到：由于草垛很高，拖车侧身栽到沟里时，我也就从躺着的姿势顺理成章地调整为站着的姿势，事实就这样将懦夫造成了英雄，倘若车上装的是石头、煤块，怕早被砸得灵魂出窍。即便是辆空车，我也会被拖车倒扣在沟里，像入了那黑洞洞的魔罐，难见天日。再瞅那司机捂着腰跑来，红脸惊得煞白，一迭声问我摔坏了没有。我抖了抖筋骨，还不碍事。更可人的是方才揣在怀里的小半瓶烧酒竟安然无恙，于是很有些得意起来。遗憾的是这一次有惊无险，并总掺杂些滑稽感，阎王爷他老人家玩黑色幽默玩得有一定水平！

死神第三次造访，是在那年溽热的伏天里，雷雨云总是擦着地平线蠢蠢欲动，午后去打蒲草，苍蝇撞头，蚊子糊脸，小咬更肆意地往耳朵眼儿里钻。我素来有些神经质，耐不住虫咬，先焦躁起来，抄起镰刀朝蒲秆一阵乱砍，恰恰砍到自家的右脚踝上，只觉得一劲儿地泛热、发麻。定定地看了一会儿，血正欢欢地从刀口处涌流，很富诗意地滋润了碧草地。以后的一切就恍若梦中，眼前总有团血泊在燃烧。仿佛是众人吵吵着轮流背着我，奔跑了五六里地才到医务所。后听说那位白白胖胖从朝鲜战场过来的军医却背着双手、摇摇摆摆晃来，断喝道："慌什么！"很有些大将风度地洗手，套大褂，戴口罩，恨得大伙儿把一张张愤怒的脸贴满了手术室的玻璃窗上，他才慢吞吞地为我缝合了伤口。当年连队一无电话，二无卡车，距师医院尚有六七十里路，且暴雨就要从天而泄。倘没有那军医，我也就鲜血淌尽，无疼痛而去矣。但此是后话，那时却只觉得极渴。原来割断了神经，也就丧失了疼痛感。当听到连长压低嗓门吼道："面条里搁香油，卧两个鸡蛋。"我这鼻子才好一阵子酸酸的。如今每逢阴雨天伤口隐隐作痛，眼前就凸显出那位胖胖白白、荡去晃来的仁兄来，是他给我缝连上那根曾经断了的神经。

也许经历了生死场，对身外之物也就淡多了。生命本不必看得太重，若整日价谈癌色变、吃药成瘾，照营养学烧菜烧得索然无味，跟张天师练气功又练得走火入魔，活得反而太累了。有几年自己娇自己，病又气汹汹地打上门来。愈后逢生日，妻子为我敬酒："大难不死，必有后福。"福，我从来不敢奢求；难，却总能够逢凶化吉。说破了，不过是活得囫囵罢了。

望着窗外一抹血样的夕阳，我想：有时候，生命其实是很顽强的。

不能躺在炕上

刘正良讲述

在兵团的那段时间里，我印象最深、对我后来生活最有影响的有这么几件事。

当年身穿兵团棉大衣的讲述人刘正良在大礼堂门口留影（摄于1970年）

一个就是我入党。我在兵团入党挺早。七连养猪的小张，还有后来当了副指导员的徐某某等是第一批入的党。第二批就是我、胡刚还有司号员翟红岩。1972年6月七连党支部大会上我们三个人都被讨论通过了。可是，过了一两个月，胡刚和小翟都批下来了，我却没被批下来。当时我觉得特奇怪，心想怎么他俩都批了，就没批我呢？我记得当时正好我老母从五七干校到七连去看我，何凤岐指导员跟我母亲谈话的时候说："你家刘正良表现得相当不错，只是有点儿社会关系不清楚。"同时把我姑父的事儿透露给了我母亲。我姑父，我从来没见过，解放前去了台湾，之后我们与他没有任何联系。到1972年时他已经一百多岁了，说不定早已经死了。可是在当时，有那种社会关系就不行呀。那时候我一方面想：这个党我一定要入！尤其是经历过延安插队那段经历，我对党极其崇拜，觉得入党是我人生新的起点，我人生的大目标。另一方面又想：这个党我要没入了，怎么办？在那种情况下，我有两种选择：或者继续努力或者放弃，我毫没犹豫，我选择了前者。从1972年6月到1973年11月，差不多一年半，我是怎么度过的？我真的是玩儿命了！

我自己特清楚我肺不好。1972年冬天打苇，将近半个月我天天都发高烧，起码38度以上，晚上躺在炕上，内蒙古冬天那么冷，我发烧烧得盖不住被子，大汗直流，整个肺疼得跟针扎的似的，每天早上起来，两条腿软得跟踩在棉花上一样。当时我的信念是：宁肯死在苇场上，也不能躺在炕上！我要用我的实际行动证明自己坚决要求入党的决心。

出海打苇子那会儿，我是有名的带病坚持工作的好班长。当时医务室的几个卫生员，王友祥、康永希等都对我说："你别上工去了。"可是我想：组织上要求入党，行动上就要有所表现。我真玩儿了命了！每天早上我从土炕上爬起来，背着大冰铲走在冰上，我的腿软得根本就走不动路。但是我想："一不怕苦，二不怕死"。我就死在打苇的战场上，也要表现出我对党的一颗红心！后来连吃药带打针，病情总算有所好转，但是病根却埋下来了。1972年我两次被嘉奖，还被评为学习毛主席著作积极分子。

刚入冬，湖水冻得还不结实，人一走到冰上，冰就嘎嘎作响，结果班上好几个人都掉进冰窟窿里去了，我也是其中一个。上来后棉裤棉袄都湿了，赶回连里烤烤，棉衣棉裤根本就没干，没干就没干，穿上就再回冰上去接着干活儿。

我记得特清楚，我的过敏性鼻炎也是那时候落下的病根。为了铲得快，多打苇子，打苇子的时候，什么都不顾，什么都不看，就知道拼了命地推着冰铲往前冲。结果有大拇指那么粗的一根儿苇子插进我鼻孔里去了，当时满脸都是血。但是想入党的意愿驱使着我，"一不怕苦，二不怕死"接着干，绝不停息！

后来我带病脱坯、烧砖、出窑。当时烧砖，连长从河北省找去了个老头做技术指导，他提出要出青砖得连续七天七夜不能断火。我们班两班倒，12个小时一班，当时我们都是十几岁的年纪，哪有不困的呀，烧窑的时候，真是闭着眼睛往窑里续柴火，尤其夜里那班，12小时干完了活儿，回到宿舍倒头就睡。可就那样，我带的那个小组，火从来没断过，烧出的砖倍儿青。出窑的时候给我印象特深，砖在窑里码得那么高，出窑时得一层一层地往下撤。那砖的粉末儿，红砖红末儿、青砖青末儿，我们吐出的痰、流的鼻涕不是红色的就是青色的。砖沫儿对肺特不好，但是我得带头，当时我们那种精神和做法，现在的人绝对没有，也绝对不会那么做。但是，当时我对毛主席、对党绝对真诚，没二心，我确实付出了自己的全部血和汗，包括自己的身体。记得那时出窑温度不下四十多摄氏度，我们就是那么玩儿命。记得我们班睡在我身边的人说：听见我夜里睡觉时直憋气，给他吓得够呛，以为我气上不来，就要完了呢。就这么着，整整一年半的考验，我用行动证明了自己入党的信念和对党的忠诚。1973 年 9 月 20 日，我被七连党支部批准入党了！

现在想起来艰苦的生活的确磨炼了我。到现在我觉得再也没有比那时更苦的事了，这当然也包括在陕西插队时下煤窑背煤那段艰苦的生活经历。

冬天在冰上打蒲苇的七连女战士（摄于 1969 年）

那两个男生是我们的救命恩人

周庆华讲述

当年，我们六排被派到庙圪堵去捋蒲黄。庙圪堵离我们连住的鸡乌素有十来里地远，那儿实际上是一个小小的小孤岛，四面环水，只有一条由人工堆起来，只能走一个人，像土埂一样的羊肠小道连接着陆地。庙圪堵不大，面积大约跟一个篮球场那么大。上面有一排两间的草房，一大间一小间。大间有十几平方米，用来住人；小间七八平方米，用来做饭。两间草房基本上占了庙圪堵陆地面积的二分之一。庙圪堵周围，除了因水面宽，是下箔旋捕鱼的好湖域外，还因蒲苇生长茂密，也是收割蒲棒的好地方。

讲述人周庆华（右二）与战友合影（摄于2008年）

每年七八月份，当蒲棒刚刚长出来的时候，在蒲棒的上方大约两寸的地方会长出来一些蒲黄。据说蒲黄那东西可以配制中药，于是有人以一毛七分钱一斤的价格（在当时是个了不起的高价）收购，于是连里派我们六排去捋蒲黄。

蒲黄生长期非常短，从早期蒲黄滋生到脱落，也就是十几二十天的时间，所以一旦蒲黄长出来，就得抓紧时间去捋。现在回想起来，不知道是因为花粉那个东西本身太轻，所以我们不能划着船到蒲苇丛里去，怕把蒲黄碰落到水里，还是因为连里没有足够的船只，供我们使用，总之，我们排三十来个人，每天只能分乘两条船，划到蒲苇生长密集的地方，然后下水，站到齐胸深的水里，脚下踩着软软的、淤积了上百年，没准儿上千年的淤泥，然后一步一步缓缓地挪向蒲草。每挪一步，身后都会从水底泛上来一团乌黑的、带腥臭味的污泥。当然，在水里蹚走的时候，我们还得随时与水中身边的海草、枯芦苇等周旋。因为蒲黄非常轻，又长在高出水面一米到两米的蒲草顶端，所以捋的时候，除了需要特别小心外，我们还得向上抬着胳膊、仰着头。捋的时候，我们得先用两只手把蒲草抓住，然后用左手抓住蒲草顶端刚刚长出的蒲棒，再用右手把“蒲黄”从蒲棒的顶尖上捋下来，然后放进挂在我们每个人胸前脖子上的小席篓里。就这样，我们从一个地方挪到另一个地方，直到席篓被装满了，这时也差不多该收工了。

收工的时候，大家拖着疲惫不堪的身体，缓缓地从四面八方的蒲苇荡里游走出来，再缓慢地挪向船停的地方。这时候每个人的头上、脸上，还有露在水上边的小上半身上，都落满了蒲黄。待我们爬上船，人到齐了，再把船撑到水面宽且干净的地方，大家再把身上的衣服全脱掉，一丝不挂地跳到水里，清洗自己、清洗衣服。宽阔的乌梁素海，只有我们三十几个女子兵，那一刻真是到了女儿国。衣服洗完了放在船帮上，然后裸体爬上船，很多人常常累得根本就爬不上船，只好求助他人帮着拉上去。上船后，穿上湿衣服，划船回驻地，一天的工作就算结束了。

我记得，我们每天吃完早饭，大约十点钟左右下水，一直干到下午三四点左右上来。中间不休息，也不吃东西。十几天的时间，天天如此。就是来了例假，也只能有三天时间不下水，三天后例假没完也得下，所以不少人因此落下了妇科病。当时我对干那活儿特别反感，我觉得那种活儿让我们女孩子干太不合适了。长时间地泡在水里，干活儿的时候还得抬着头，胳膊举得高高的，水齐胸深，行走在百年的淤泥中，那实在是一种苦难。到最后，很多人累得不行了，腰疼得受不了了。我们班为了提高情绪，鼓大家的干劲儿，就边捋边唱歌儿。那时候也不管哪些歌许唱还是不许唱，我们是想起什么就唱什么。我记得当时有一条老乡的船路过我们干活儿的地方，那老乡看见我们在水里的都是女娃娃，就说："你们不能这样干，到老了要坐下病的。"

乌梁素海一隅

还有，当年我们睡觉根本就没有床，就是把苇子铺在地上当床。那些苇子上面爬的尽是小动物，什么蜘蛛呀，硬壳虫呀，什么都有。蚊子更是多得吓人，一巴掌下去能打死十几个。可是，当时就是那样，我们不愿意，我们受不了，可是我们无奈。我们知道那是对我们的一种摧残，可是我们不能说，也不敢说。再说，当时我们年纪那么小，思想、行为又被控制得那么严，谁有那么大的勇气说呀！

记得有一天，有两个男战士，好像是一排的，划着船到庙圪堵去找我们，说是要找六排长传达连长指示。当他们看见我们三十多人从蒲苇荡里各个方向缓缓钻挪出来，站在齐胸的水里，每个人除了两只眼睛外，身上、头上、脸上都落满了蒲黄，根本就认不出我们谁是谁，他们惊呆了。当我们排长挪到他们的船边，告诉他们"我就是贺谦"的时候，他们告诉她："连长指示你们六排明天启程回连。"我记得别提多清楚了，我们几个人包括排长在内，扒在人家传令人的船帮上，听人家传答完连长的命令，每个人的眼泪都像泉水一样涌了出来。我们知道，我们被释放了，当时我们真觉得那两个传令的男生，简直就是我们六排的救命恩人！

活像一帮强盗

朱三讲述

我们二排被派到“小明沙”栽电线杆子那会儿，排里分派我挑水，并给大家做饭。水井离我们的驻地六里远。每天挑水，我都得先走上六里地，挑上一担水，再走六里地回驻地，来回 12 里。一天我得挑七八趟，就是说，一天光挑水，我起码得走七八十里地的路。刚开始挑，从水井回到驻地后，最多剩半桶，后来我找了个水漂放在水桶里，回到驻地就能剩大半桶了。就那活儿，还叫大家羡慕死了，谁都说：“你好歹还有水喝呀，渴不着哇。”别的人天天在大沙漠里扛电线杆子、栽电线杆子、拉线，大夏天的没有水喝，人往死里渴！

有一次，人们拉杆子走到水井那儿，正赶上我到井边打水，那帮人“哗啦”一下子冲到井边，活像一帮强盗，跪在地上，趴到水桶上抢着喝，一桶水一小会儿就被抢了个精光。当时吃水成问题，洗的问题也不小，住就更惨了。

小明沙那地方本来是人家老乡的羊圈。羊圈里当然根本没有炕，我们就在地上铺上一层柴火，就算是睡觉的地方了。下雨的时候羊圈漏雨，漏得厉害的时候，所有的碗、盆儿、茶缸子都用上接水了。后来实在接不过来了，人们就往羊圈顶上扔了几捆柴火，然后再往柴火上扔一些土，土一着雨水就和成泥了，就那样也就糊在房顶上了。

当时吃的也极差。没有菜，全是白薯面儿，吃棒子面都算是打牙祭了。每天我给他们弄两个白薯面儿窝头，人们就带着那么两个白薯面儿小窝窝头去扛洋灰浇注的电线杆子，一扛还就是一天！

有一次烧火，有几个刺猬爬着爬着爬到火里去了，结果被火给烤熟了，这下，大伙儿可开心了，扒开皮就把那几个刺猬给吃了。

真是其乐无穷(日记摘抄)

崔嘉供稿

崔嘉：北京人，原北京男 3 中 68 届高中毕业生。1969 年 3 月参加内蒙古生产建设兵团，是第一批到达七连的四个人之一，曾任七连第一任文书，后要求下排，曾担任过二排 6 班班长。1970 年 10 月离开兵团参军，复员后回北京，在铁道科学院当电工。1978 年自己考上北方交通大学，毕业后，回到铁道科学院为软件工程师，后下海经商至今。

采谈时间：2008 年 7 月 21 日

采谈地点：北京亚运村汇园公寓

架线日记

1970. 7. 5.（日）

船驶过了“小明沙”，这是我们执行架线任务的第一个居住点，海滩上孤零零立着几间小土屋子，先头部队——8 班的几个同志只身（穿）着一条短裤站在岸边迎接我们，这里原来是个“自由世界”。据他们说只有一个放羊的住在这里，我们的住屋都是羊圈和驴棚，刚刚清理出来。

崔嘉近影（摄于 2009 年）

周围是一望无际的沙丘，上面点缀着绿色的、低矮的灌木丛和枯枝，南、东、北三面的远处，依旧是青翠的乌拉山——它永远是这个样子，西面是乌梁素海，各种水鸟在岸边的水面上游来游去，苇林发出一种深绿色。唯一使我们看出此处不是荒野的是，从坝头到坝湾的一排电线杆，牧羊人和牧驴人在天傍黑时从远处经过。

坝头在西南二十余里处，入夜可以望见坝头的灯光，在南方十五里处，离我们最近的十连口口脑包点儿，也有八里。

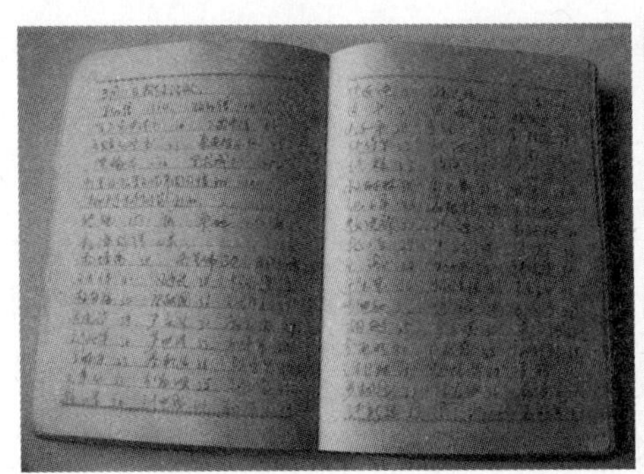

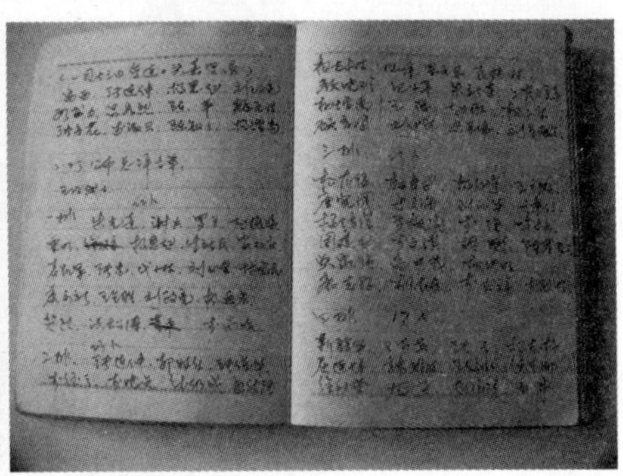

1970年讲述人崔嘉记录七连战士投掷手榴弹的名单及成绩和“五好战士”名单

海水黄绿，又咸又碱，无法饮用。最近的一口井有一里多远，是牧羊人饮羊用的，水又浑又臭。我生饮了一口，几乎呕吐了出来，一股浓烈的硫化氢味，可是烧开了之后居然没什么味道了。头一顿饭蒸的馒头，没蒸熟又在锅里贴，结果来了个外焦里生，却也别有风味。

我们班住的是一栋小土房，五个人在炕上，三个人在地上。三面墙开了三个洞，没有门窗，头顶还有一个天窗。天阴的厉害，马上动手抹房子，封住了天窗，用塑料布盖住了南面的大洞，于是入睡了。

日读指当年的“天天读”，即天天学习毛主席著作——又一次学习了“关于重庆谈判”，身临其境愈感亲切。同志们抱定决心：以苦为乐，多快好省完成任务。

夜里也不平静，一群驴在门口转来转去，又拉又撒，几次想闯进来。幸亏我们听从了8班同志的劝告，三把铁锹成米字形架在门口，才阻止了驴的进犯。北风呼呼地吹着，土渣哗哗地从北门飞进来，盖到我和C的头上。先往被子里缩了缩，哪知不行，其势愈凶，二人一齐爬起，奋勇用两条裤子堵住了进犯者之路，抖了抖土，又欣然入睡了。

真是其乐无穷啊！

1970. 7. 6.（一）阴有小雨转晴

这里蚊子极少，真是一大幸福！

团里的拖车没来，上午结合刘忠勇事迹和我们的现实情况学习了“为人民服务”，又读了决心，战胜困难，完成任务。但工作今天还不能开始，齐动手把门口的荒草清除一番，堆成两大堆，真不少，天晴后又把柴火拾了拾。

去了一趟（口口）脑包，见了老孙、老胡，为我们烙了三张大饼，在他们这里可以清楚地看见不远处的坝头。

沙丘上有石榴子儿一般的“酸溜溜”，再过几天就该全红了，好吃得很。四角蛇爬来爬去，据说还有刺猬，可一只没见着。

小船在晚上六点钟来到了，小明沙的居民们像困在荒岛上的人一样，群集在海边守着小船的到来。因为它的到来意味着我们能吃到鱼，而结束我们每顿饭一小碗盐水泡韭菜的“盛餐”。

副排长没来，让我暂负职责。第一，要坚持学习。第二，要认清困难，端正态度，向困难作斗争。第三，要加强团结，全力以赴，多快好省地完成上级交给的任务，为七连争光。第四，要防止稀拉作风，要唱革命歌曲，要有雷厉风行的战斗、生活作风。

三台半导体陪伴着我们，解决了我们断绝交通、看不到报纸的困难。

最好的一个现象是没有发现有灰心丧气的。

今晚我到坝头找马参谋联系工作问题。

1970. 7. 8.（三）晴

架线工作从今天正式开始，但还未按部就班进行工作，12 人挖坑，其他人上午散杆、立杆，下午立杆。坑挖到 55 个，杆立到 25 根。第一天，大家的干劲都很足，时间长，强度大，吃得差，天气热，没有什么人叫苦叫累的。职工里有表现不好的，挖坑写的六个半，少的只一个，很不像话。质量也都不错，一定要坚持下去。

晚上学习“愚公移山”，今后就要以这种精神进行架线工作，调动全排同志的积极性，以老愚公每天挖山不止的干劲来进行工作，有什么困难克服不了呢？架线任务一定能够胜利提前完成！

1970. 7. 9. （四）

又一个困难摆在了面前：吃不饱饭，这可真没办法，一天一斤半。今天中午的贴饼子越吃越饿，下午又要干，可是大家的干劲却丝毫不减。立杆上午 24 根，下午 20 根，外加走了四十多里路。昨天立杆才 25 根，明天则力争 50 根，后天 60 根。越困难越要干，越困难越要干得多。中国人死都不怕还怕困难吗？我们的过硬作风就要在这渴、饿、累的磨炼中培养出来，只有不怕苦才能不怕死。

天天读学习革命英雄主义，树立必胜的信心，迎接明天的战斗。

1970. 7. 11. （六）

拖车今天坏了，立杆、散杆，休息一天。天天读学习“七一”社论，楚龙兴帮助挑水。

七连战士刚到鸡乌素时驻地周围一片荒草（摄于 1969 年）

苦中作乐

李汀讲述

当年我们二排净干那种有罪无苦的活儿，所谓有罪无苦是相对于大田活儿而言。大田活儿体力消耗大，枯燥，但是有钟点儿，该上工时上工，该收工时收工，吃饭也比较准点，这活儿有苦无罪。二排老赶上那种流动性比较大，相对独立的事儿，如：架线啊、盖房啊、扎箔旋啊、冬网打鱼啊、巡海什么的，这类活儿大都在外边干，没正钟点儿，很受罪。

1970 年夏天，我们二排 5 班、6 班和 8 班被派到团里出公差，配合团部通讯班架设团部连通坝湾一连的电话线。当然，技术活是人家团部通讯班的干，我们是力气活辈儿。当时有一段线路要穿过一片沙窝子，沿途散杆的拖拉机开不进沙窝子，又没有马匹，所以只能靠人力，把电线杆子一根一根地扛到需要栽的地方去。电线杆子是水泥筑成的，五米来长，粗的那头有大碗粗细，一根儿有几百斤重吧。四个人一齐扛，像我身高一米八四的大个儿，得要扛粗头，个小的扛细头，这等于重量全都集中在高个儿这边儿。走的是沙丘地，所以脚下没根，走起来着实费劲。老话说："十七八力不全，二十七八正当年。"那会儿我们十六七岁，正属于那种"力不全"的年纪。所以，虽个头儿在那儿啦，可是力气还不行，更何况还常年吃不饱饭呢。

但是，干这些活儿自由多一点儿，有乐儿。比如中午的时候，野外一点儿阴凉也没有，我们就插上两把铁锹，把衬衣脱下来，搭一个小阴凉儿。太阳直晒的时候，我们就坐在两个铁锹中间那片小阴凉儿底下歇一会儿。小阴凉儿只能遮住头，虽然只能把头挡住，但是坐一会儿，也觉得是个巨大的乐子。后来又发现，还有一个好地方，就是架电线杆儿之前，不是先挖一个坑嘛，我们就蹲在坑里，把坑口盖上，这样太阳就晒不着了，算是苦中作乐吧。

穿一裤衩，每天紧跑

西木讲述

知青一批一批地到达，原来的小土坯房已经容纳不下不断壮大的七连队伍了，何况小土坯房看上去不像军队，因此，连领导决定盖新宿舍。

要盖房就得先烧砖，要烧砖又得先建窑。于是，张连长从河北雇来一个老乡，让他指导七连战士建窑烧砖。建砖窑是七连几件大事之一，后来，砖窑也成了七连一个标志性的建筑物。

七连战士在脱坯（摄于1969年）

40年的风吹雨打、日晒雨冲，当年高耸雄伟的砖窑，如今早已变得矮小平秃，四周野草丛生，远远看去犹如乡下农人的一座小坟头儿。但是，七连战士返城若干年后，每每风尘仆仆赶回乌梁素海鸡乌素省亲，都一定会跑到窑边，登上窑顶，细细察看砌在窑里边一圈儿圈儿至今仍然清晰可见的青砖，说上一堆当年建窑的艰辛，然后与窑合影留念。

当年在建正式砖窑前，在离现在窑址旁边不远的地方，实际上先砌了一个“假窑”，用那个“假窑”烧出的砖，才砌起了后来的所谓 3 万的窑和最后 5 万的窑。

建窑的时候，全连上下总动员，抬土的抬土，砸夯的砸夯。我们一排负责脱砖坯。当时连里给我们规定了定额：一人一天 1000 块。为了完成这 1000 块坯，我们头天晚上先得把第二天脱坯用的土挖出来，然后把土里的杂草等乱七八糟的东西择出去，和上水，再用铁锹倒。把泥从这堆倒到那堆，再从那堆倒回这堆来，倒完了用塑料薄膜罩上，这才能下班。

第二天，早上五点多钟起来仍然先倒泥。“啪、啪、啪”，把头天晚上洇上的泥从一堆儿倒到另一堆儿，就这样倒来倒去，倒上五六遍，然后回去吃早饭。等吃完早饭还得再倒，一直到把泥倒熟了，这才能开始脱坯。一般情况下，1000 块坯脱到中午还脱不完，一直要脱到下午才能脱完。脱完后，再把脱好的坯翻起来晒，并进行修整。下午五六点钟的时候，开始上架。上完架又开始挖土、浇水、洇土……就这些活儿……一天怎么也得干上十来个小时。第二天接着来，同样的程序，同样的数量，同样的活计。

日复一日，周复一周，直到我们把连部的那排房、300 人大礼堂、男生三排房、女生三排房，外加一个男厕所和一个女厕所所需要的坯全脱够了，我们一排才被调去干别的活儿。

当年的砖窑是七连战士们心中抹不去的记忆（摄于 1970 年）

刚到兵团那年，我 15 岁，还没过 16 岁生日，身高 1.75 米，体重 114 斤，其实整个一根麻秆。但因为我头大、脸方，特别是加上兵团发的那套肥大宽松的序列服，将我麻秆与衣服之间的空间一遮无揽。真的，就是在序列服与我麻秆儿之间塞上两三只鸡，中间地带仍然富富有余。不管怎么说，因为长麻秆上插着一个大脑袋，加上序列服的掩饰，看上去我身强体壮。大家都拿我当重劳力使唤，我自己也就顺杆往上爬，自觉不该辜负众望。

记得当年脱坯的时候，我光着膀子，穿一裤衩，每天紧跑，因为只有那么干才能完成一天 1000 块的任务。等脱完了坯，人根本就走不动了。我记得，当时我们在脱坯场附近挖了一个存放和泥水的水池子。说是水池子，其实里边根本就没多少水，全是泥浆。每每干下来，累得真有点扛不住，看着水池子，心想：这一天的活儿可算干完了。心里这么想着，嘴里喊着"啊……""扑通"一声，一头就扎进水池子里去了。当时感觉，那就是一天最大的享受。由于汗和泥浆突然碰和，身上会产生汗斑，在我们身上就留下了永生无法消除的痕迹。我现在背上的汗斑还清晰可见。

还有一回我闹肠炎。脱坯的时候一弯腰，"噗"就挤出点儿稀来；一弯腰，"噗"就挤出点儿稀来。旁边的人直问我："你裤裆那儿怎么湿一块?"其实那就是干活儿使劲儿的时候，控制不住挤出来的稀。到后来，干脆脑袋金星一冒，"呱唧"一下子晕倒在坯架子旁边，休克了。哥儿几个见此状慌忙把我抬回宿舍。

于晨光（右）与战友合影（摄于 2009 年）

等坯脱好了，就该往窑里背了。背坯的时候，每个人背后放一块板子，顺着板子往上码，然后用行李绳儿勒在背后。男生一般背二十、三十多块儿，二十多块儿相当于一百多斤，三十多块儿就接近二百斤了（一块儿湿坯五斤多）。很多女生也背二十多块儿，听说也有背三十多块儿的。

我记得上窑的时候，从窑下到窑上是一个大斜坡。坡越往上越陡，走起来越费劲。当时，人们背上背着那么多坯，向前弓着腰，使劲向前伸着脖子，捯着小碎步，顺着坡从窑底下往窑顶上走，那艰难的姿态很容易让人联想到乌龟爬行和农夫拉纤的样子。

当时我的任务是在窑口接人们背上来的坯，接坯的时候因为老得用下颏儿压着坯，时间一长，下颏儿底下那块皮都给磨掉了。

我记得特别清楚：六排的石小敏（化名）她人瘦、个儿高、脖子长，戴一副高度近视眼镜。本来，背坯的时候应该把坯跟人身体连为一体，这样才比较省力和安全；另外，往坡上走的时候，两只脚要全脚掌同时着地并踏实。可她呢，身体和坯是分离的，只见她使劲往前弓着腰，伸着长脖子就上来了。再看她那两条腿，嘚嘚嘚直打晃。我当时真想跑出去接应她一下，可是不行，因为我和背坯者中间隔着一个放坯的木板架子，有那个板子挡着，我出不去。再说就是我出去了也没法儿弄，因为她走在斜坡上，坯在低的那边儿，她必须得转过身来我才能帮她。眼看着她马上就要走到窑门口了，就要接近放坯的横板儿了，可她腿一软，"咕咚"一下子，连人带坯都滚到坡底下去了。真他妈的惨！当时我想，人家爹妈要在这儿，还不跟连领导急了啊，你们就这么毁人家闺女，简直没有人性！

砖烧好了该出窑了。出窑时，窑口附近的温度有50摄氏度，那真不是人干的活儿！在窑里干一会儿活儿，出来一擤鼻子能擤出一个柱儿来，全是灰砖粉末儿。

还有，烧窑24小时不能断火，得连续烧。每个班事先排好班儿，一班儿一班儿地排着去烧火。七连烧窑比其他的地方都费劲，因为人家别的地方是用煤烧，烧窑的人添两铲子煤就歇了，再添两铲子又歇了。可我们是用苇子烧，那干芦苇进了窑，干柴遇烈火，"轰"的一下子就烧没了，所以人们得不停地往窑里续芦苇，值夜班的人整夜根本就没法合眼。

记得当时首战告捷，第一窑砖烧成功了，后来又一窑烧成了。两窑红砖之后，又开始烧青砖，据说青砖不怕碱。可是烧青砖就得不断地从窑顶上往窑里浇水，于是除了往窑里背坯，人们又得爬着大斜坡一桶一桶地往窑上挑水。

还真别说，七连烧出来的砖奇结实。我记得砖烧好后，连里派我们一排去盖房。那时候，我特怕切我们烧的砖。一般的砖，你瓦刀一切，"啪"就断了；可我们自己烧出来的砖，敲上去当当响，跟水缸似的，极难切！

真真一个女儿国

吐古儒供稿

吐古儒：蒙古族，呼和浩特人，原内蒙古师范大学附属中学68届初中毕业生。1969年5月26日被分配到内蒙古生产建设兵团二师十九团七连。曾担任过六排22班副班长，五排17班班长，五排副排长、排长。1974年被推荐到内蒙古工业大学动力专业上大学。毕业后，分配到呼和浩特市齿轮厂技术科。1984年调到呼和浩特市技术监督情报所，任所长。现任内蒙古自治区质量技术监督信息中心，组织机构代码室主任。

采谈时间：2008年8月22日

采谈地点：呼和浩特巴彦塔拉饭店

乌梁素海位于巴彦淖尔盟乌拉特前旗，总面积约为四十五万亩，是内蒙古西部最大的淡水湖，也是我国八大淡水湖之一，久有“塞上明珠”之誉。我们连队位于乌梁素海西岸，是副业连队，生产劳动内容都和这海子有密切关系。

1970年7月26日，我们六排接受了一项新的劳动任务——到海子里去割海草。在海子里割草与在陆地上不同。在陆地割草，人站在陆地上；在海子里割草，人是站在船上或者站在水里。

当年去割草，我们住在海子里的一个小岛上。那个小岛四面环水，四周除了水和沼泽里生长的芦苇外，只有一条很窄的小路通往陆地。小岛很小，仅有篮球场那么大，一栋有两间的小平房占了小岛近一半的面积。因为我们是女生排，岛上自然就成了女儿国。

七月的乌梁素海是最美的季节，一眼望去，湖面银光闪烁，波光浩渺，万顷空明，水天一色。芦苇荡里绿荫绰绰，湖水和蒲草相得益彰，蓝天与碧波交相辉映，犹如一幅美不胜收的国画！我们本来可以充分享受大自然赐予我们的这美丽风光，但是当时连里分派给我们的活儿，不但让我们根本无暇顾及这如诗似画的美景，而且还让我们这些当年十六七岁的女孩子饱尝了常人难以想象的磨难。

当年，夏天在海上干活儿的七连六排女战士（摄于 1969 年）
前排左一为供稿人吐古儒

每天早上九点多钟，我们划着渔船出海，下午四五点钟回来。每天我们干的活儿就是割草（割青芦苇，晒干后，冬天当牲畜的饲料）、割草、割草。夏日，海子里是蚊虫最猖獗的季节，我们每天不仅要饱受天上和水中两个太阳的暴晒，而且要与蚊虫、小咬为伴为伍，同时双腿还得站在过膝深、腥臭的淤泥里。有时遇到水深的地方，整个下半身都得浸泡在水里，挥舞镰刀从早晨到下午差不多八九个小时，不停地割呀割，割呀割，割那些怎么割也割不完的芦草。中午不吃饭，中间也不休息。因为每次我们选择了一个割草的地点后，就把去干活儿时划到海子里的船停在海面上，然后人分散到四处去割草。割下来的草就放在草茬子上，这样越往芦苇丛里走，离船越远，人行走起来就越困难，也就越无法回到船上休息。更何况，割完芦草后留下的芦根的斜茬儿，一根一根地露在水面上，犹如一根根削得尖尖的竹签子，稍不留意，人们就会被扎得遍体鳞伤。所以干活儿干得实在累得不行了的时候，也只能站在沼泽淤泥中或水里伸伸腰、抬抬头。

记得有一次，我实在太累了，一没注意，脚踩在刚割完的苇茬子上了，结果把脚给扎破了，而且鞋也被扎了一个洞。当时只觉得疼痛钻心，等回到船上一看，脚还在流血，可是我还是忍着剧痛，又下水了。还好，大概是那时候人年轻、结实，增生力强吧，就那样也没感染。

打草过程中，还有一项更艰难的活儿，就是运草。割下来的草都要先放在芦苇茬子上晒，等晒干了以后，捆起来，然后背到船上，再用船运到陆地上去。现在回想起来，我们那些年纪那么小的女孩子，要扛上需要两个人帮助才能扛到肩上的大草捆子，还要蹚着水，行走在苇茬子尖如林的沼泽地里，一天往返无数次，其艰难完全超出人们的想象，真不知道当时是什么力量支撑着我们?!

在那样恶劣的环境里干那么艰苦的活儿，我们也有我们高兴的时候。每天收工以后，大家撑着渔船，行走在碧波荡漾的湖面上，听着芦苇叶子在微风的吹拂下，发出“沙沙”的响声，闻着空气中弥漫着的沁人肺腑的芦苇清香，我们的心随之荡漾，随之陶醉。偌大的湖面一望无际，四周十几里空无一人，只有我们这群兵团女儿兵，脱去满是臭汗、淤泥，被苇茬子剐得千疮百孔的衣服，一丝不挂地跳进水里，蓝天白云之下，碧水清波之中，二三十个妙龄少女，戏水、漫游，语声缭绕，真真一个女儿国！在那一瞬间，也只有在那一瞬间，我们才真正无拘无束，无牵无挂，无邪无念，依偎在大自然的怀抱里，溶化在天水合一，天人合一，人水合一，天、水、人合一之中，尽情享受大自然的抚慰，什么白天的疲劳艰辛、痛苦烦恼统统被抛之九霄云外！

那次执行任务，我清楚地记得，最后一次下水的时间是阴历八月十五。内蒙古的阴历八月十五，水已经冰凉刺骨了。但是，因为还有一些苇草没运出来，连里领导要求我们一定要把所有晒干的苇草全部运回连队，所以不管气温低不低，天气寒不寒，过节不过节，我们都还得下海干活儿。因为那天是中秋节，正如常人道：每逢佳节倍思亲。大家少小在外，大过节的不能与家人团聚，情绪本来就已经很不好了，现在又让我们下到冰冷的水里去背草，心情就更坏了，那天是大家牢骚最多的一天。

那次打草历时五十多天，到9月16号才结束，共打草十多万公斤。回到连队后，我看着同我一起去打海草的同排的女战友，一个个晒得黢黑黢黑地犹如非洲人，更让我奇怪的是：大家鬓角的头发都白了。当时我还想，难道我们年纪轻轻这么快就都变老了吗？事后好久才琢磨过来，大概是由于天气太热，每天出汗太多，汗水里的汗碱把大家的头发都给碱白了。

男女搭配，干活儿不累

西木讲述

建窑、脱坯、背坯、上窑、烧窑、出窑、盖房，过五关斩六将，全连二百多人，一身身的汗，一层层的皮，一滴滴的泪，一处处的伤……终于，七排营房耸立在乌梁素海畔的鸡乌素—塔布原本空旷的盐碱地上。远远望去，蓝天白云之下，齐刷刷七排崭新的青砖地基房，跟年轻的兵团战士一样，从天而降，生气勃勃，羡慕煞人。

虽然搬进去的时候炕上还湿得渗着水，而且每人只分得褥子大小一块领地，但是比起矮小、陈旧、昏暗，与劳改犯住所难辨异同的小土坯房，真可谓鸟枪换炮。更何况，连部一排房坐落在中间，东西两侧各三排，前后排列，中间一片场地，俨如军营，名副其实的“北京军区序列”！虽然一个班9至13个战士同住32平方米一间屋子，但是，跟对待当时任何事情的心理一样，思想单纯、年轻少虑、体内燃烧着一团火的我们，从老屋搬进新房时还着实兴奋、激动、高兴了好一阵子。好像一个人，新衣服有了，需要配上顶像样的帽子。连里决定到乌拉特前旗去运瓦，给新营房顶上铺上红瓦。

从七连鸡乌素—塔布到乌拉特前旗，走水路单程三十里有余。如果用乌梁素海冬季特殊的运输工具——“冰拖子”运瓦，每个冰拖子可拉千斤以上，但要当天赶个来回可着实是个艰苦的力气活。为哄着我们这帮年轻人卖块儿干活儿，连长突发奇想：每个“冰拖子”一男二女“搭配”，名曰“男女搭配，干活儿不累”。你还别说，那招儿还真灵，年轻男女往一起一凑，人人都有点无名的兴奋，哪个还顾得上累啊！

初入冬，乌梁素海刚刚冻实的冰上，西北风还没来得及把内蒙古沙漠的黄土撒上去，放眼望去，整个湖面光滑明亮如镜；低头看脚下，冰下海草间时不时的成群结队的鲤鱼逍遥游动，清晰可见。见景生情，那是一段容易让人产生幻觉的片刻。

当年七连战士们的劳动场面（摄于1969年）

往远看，天冰相连；冰面上，一望无际，粼光闪烁；几十个冰拖子前后排开，浩浩荡荡，滑向前方。此情此景使人联想到电影《林海雪原》脚蹬雪橇飞奔在林海雪原中的解放军侦察小分队。

大概是因为第一次全连这么多男孩儿女孩儿聚在一起，同时朝着同一个目标，而且在海上滑着冰拖子，人们似乎有一种抑制不住的新鲜、激动；加上男女搭配同滑一拖，更使人们隐隐地增加了莫名其妙的亢奋。

一拖，一男二女，男的站在冰拖后边的中间，两脚分开，双手紧握撑竿，眼看前方，撑杆时左、时右、时中，猛力插到冰上，起着“马力”和“方向盘”的作用。两个女战士站在拖子前边，左右各一，侧身成马步状。站在左前边的，右脚在前，左脚在后，撑竿插向左边冰面；站在右前边的，左脚在前，右脚在后，撑竿插向右边冰面，起着“助马力”和“助方向盘”作用。三人如果动作协调，技术也佳，不是吹牛，那速度绝对能达到时速20公里。当然，如果三人用力不均，冰拖跑偏，或者失去平衡，人从拖子上摔到冰上自不可免。但是青春萌动期的我们，虽然男女生之间除了滑拖子，并不说话，但能聚在一起，而且离得那么近，双方的荷尔蒙都在不受人控制地起作用，兴奋取代了疲劳，刺激减轻了摔痛。一路上只闻撑竿铁尖儿插在冰上“嚓嚓”响，只听人们从冰拖子上摔到冰上后发出的朗朗笑声。

快到中午时分，人们先后赶到乌拉特前旗，瓦已码齐在岸。装瓦上拖，午饭吃过，稍加休息，转头往回返。

去前旗的时候空拖子，三人齐撑；回来瓦满拖重，只能拉着步行。这一下子问题出来了，遥遥三十多里，中午吃下的饭，喝进的水很快进了膀胱，人们需要厕所。可那冰上三十多里平川，一览无遗，不用说厕所，连遮掩的地方也没有。女孩儿害羞不敢尿，男生拉不下脸没法撒，没法子憋着吧。我记得从走了不到十里地的时候，尿意就开始往上顶了，咬牙坚持，走到二十多里的时候，已经憋得浑身鸡皮疙瘩阵阵，到后来甚至开始产生幻觉了，浑身上下一阵阵地直冒凉气，膀胱也觉得就要爆炸了。

好不容易憋到快到七连的航道了，冰面上开始出现片片芦苇，不约而同，女的奔向那边儿芦苇丛，男的跑到芦苇这边儿。我同各位一样，迅速选择有利地形，隐蔽好后，以生平最快速度解开裤扣，准备掏出有关部件儿以解憋尿之苦。坏了，就在那一刹那，我发现一路上走来因为大汗淋淋，兵团发给我们带一截儿裤腿的裤衩儿，慢慢地由下往上卷，卷到最后简直就变成紧身丁字裤了，而且是潮的。那变潮了的“丁字裤”紧紧地贴在身上，牢牢地包住屁股沟子，连半点儿弹性都没有，所以想要用平时的动作操作有关部件儿是根本不可能的。但是我大脑中枢神经已经接到我的有关部件儿需要尿尿的请示，而有关部件儿尿尿的申请又神速得到大脑中枢神经的批准，就是说有关部件儿已经百分之一千地处于尿尿状态了。所以即使有关部件儿被潮湿的裤衩儿死死勒住，尿还是一发不可收拾地从体内排出来了。尿出一部分后，中途我试图憋住，但一切努力都无济于事，实在憋得太久、太苦了。结果积存了四五个钟头的尿把裤子、袜子、鞋浇了个湿湿透。当时我那个尴尬、沮丧就别提了，这怎么转过身去面对同拖子两位女生呢？在女生面前一整天叱咤冰拖的男儿豪情被这一泡尿冲得一干二净。可也没别的法子，只能就那么着，硬着头皮，湿着个裤子，咕嗤嗤、咕嗤嗤地踩着被尿泡着的鞋袜，走向冰拖子。

好在当时天公已经悄悄拉下夜幕，人们都已经个个饿得两眼只顾搜索哪缕灯光是从食堂窗户射出来的，累得脑子里也只盘算着怎么快快地吃完饭，赶紧上炕睡觉了。

当时就想自杀

古风讲述

古风：浙江人，原余姚方桥中学71届初中毕业生。1970被分配到内蒙古生产建设兵团，1978年转插回浙江，在工厂当钳工。1979年正式招工，进国营水泥厂，在车队开车至今。

采谈时间：2007年9月10日

采谈地点：余姚市委党校招待所宾馆

有一年我们到八堂（地名）去打苇子，经过一天的拼命，活儿干得进入尾声。那时我看见远处有两个女生，打完苇子，装好拖子，但是却怎么拉也拉不动那拖子。女子有难，男儿理当相助，两位女战士的艰难，被离得起码有三里路远的朱三看见了。毫不迟疑，只见“三儿”大步流星走过去。一米九二高的“三儿”，帽耳朵上翻，左右各一，潇洒张开。待“三儿”走起路来，俩帽耳朵上下一扇一扇地，远远望去，皑皑白雪之上，犹如雄鹰展翅飞翔，实在壮观好看！我们见他如此行动，都以为他去帮人家那两个女生拉拖子去了，谁知道，他到了那儿，一弯腰把拖子掀起来，把拖子上的苇子全掀到冰上，然后对人家女生说：“你们坐到拖子上去，我拉你们回连。”说完他还真的拉上那两个女生就走。当他靠近了我们，对我们说：“你们也都坐上去，我都给你们拉回去。”

真是遗憾，当时没注意那两个女生是谁。说心里话，我们自己都累成那个德行了，哪里还有心思去注意女生是谁呢!？想想看，我们早上六点出发，走上20里路，到了干活儿的地方，推倒一千多公斤苇子，然后把苇子捆起来，再装到拖子上。打苇子的时候，走来走去的还要走上五六里地，再走20里地回驻地，中午干吃两个冻成冰的小窝头，当时累得、饿得什么话都不想说，就想自杀，谁还注意女生是谁啊！

差点儿死在娘们儿手里

西木讲述

我当上士（给养员）的时候，有一次租了辆卡车到乌拉特后旗去给连里拉过冬吃的羊肉。到了那儿，牧民现给我们宰。内蒙古的牧民杀羊，就像变魔术，五分钟不到，开肠破肚，剥皮去头，一只羊就杀完了。五六个牧民一起动手，一会儿一只，一会儿一只。几小时的功夫，一群羊就杀完了。内蒙古的冬天寒风刺骨，气温冷到零下二十几摄氏度，牧民宰完一只羊就往旁边一扔，很快扔在一边儿的羊就冻成冰的了。傍晚时分，冻羊已经满满地给我们装了一卡车。

我跟司机头天开了一天车，晚上就在当地住下。第二天再等一天，隔天就可以满载而归了。那次从连里出发到等待宰羊、装车一切顺利，但回来的路上出事儿了。

车开到半道，遇上一个女的截车，那女的手里举着一盒香烟。当时当地流传着一句话，说什么“听诊器、方向盘、劳资干部、知青办”，那就是说，当时握方向盘的司机是很厉害的，很吃香。司机一看那女的挺年轻，就把车停下，热情地招呼她坐在身边。这也就罢了，司机扭头对我说：“你坐旁边太挤，你上货厢去坐！”天呀！外面的气温零下二十多摄氏度，我人能挺得住吗？我很犹豫，但转念一想，这家伙要是发起骚来，我看着更别扭，再说，他要是出点难题，给你搞点儿麻烦，拉肉的任务就有可能完不成了。嗨，忍了吧！不管怎么说，我身上还穿了棉衣棉裤，皮衣皮裤（带毛的），靴子，戴着皮帽子。没法子，我爬到了卡车上边。

我把冻羊扒开，给自己弄成个窝，便半躺半坐与冻羊为伍。一路上大约走了八个多小时，大概是晚上八九点钟了，终于回到连队。当卡车停下我该下车了，我下不来了，我觉得整个下半身没知觉了。我成了市场上卖的玩具——“县太爷”了，除了脑袋能晃悠，身子不听我指挥了。车底下的人一个劲儿地喊：“你怎么不下来呀?”我说：“我动不了了，成了冻羊了。”后来不知怎么的一滚，才“咕咚”一声从车上摔到了地上。就那么着，我全身仍然一点儿感觉没有。后来人们把我抬到一个没烧火的土炕上，把我的皮衣、皮裤、棉衣、棉裤全脱了，只剩下秋衣、秋裤，让我躺在凉炕上，给我盖上被子。不知过了有多久，这身上才慢慢地有针扎的感觉，然后是肿胀，疼痛，大约半夜的时候才慢慢地缓过来。最后两条腿整个儿脱了一层皮。“妈的，差点儿死在娘儿们手里!”

说到冻伤使我想起两个人：一个是北京的王云鹏，一个是青岛战士王海滨。那年我回北京探完亲，回到内蒙古，王云鹏到新安镇去接我。王历来比较讲究自己的衣着仪表，大冬天他没戴皮帽子而戴了顶栽绒帽，赶着一辆小驴车就去了新安镇。当时我一见他，就发现他的耳朵不对劲，怎么看着他那耳朵像蜡像人的蜡色呀?我用手拨啷了拨啷，问他：“有感觉吗?”他说：“没有。”我说：“坏了，你赶快把耳朵捂上吧。”这他才把帽耳朵放下来，等路走到一半，再掀开帽耳朵一看，整个耳朵肿得跟猪耳朵那么大，而且是黑的。我一看，完了，心想他这两只耳朵算完了。后来据说过了一段时间还好了。不过两只耳朵，当时一只脱下来一个大硬壳。

青岛兵王海滨，家里给他寄了个包裹。本来连里有通讯员一个星期一次或一个星期两次到15里地以外的新安镇去取战士们的包裹、信件，回来分给大家。大概是因为他等不及了，也可能是怕别人偷吃他的，总之，他自己跑到新安镇去取了。问题是什么呢，青岛人包括后来的浙江兵，他们不知道内蒙古冬天天气寒冷的残酷性，大冬天的没戴手套就去了。到了新安镇取了包裹提着就往回走。离连里还有四五里路时，他觉得手好像没知觉了，然后跑到附近的十二团的一个连，跟人家说：“我手冷得受不了了，想在你们这儿暖和暖和。”人家那儿的兵团战士说：“那你就烤烤火吧。”他凑到火炉子边儿就烤，他这一烤坏了，整个手变黑了，后来四个手指全被截掉了。

每个月感冒一次

魏雅洁讲述

1971 年冬天 11 月份，七连一个姓师的职工，胃部大出血，急需做手术。但是二师医院没有他需要的 B 型血，所以，急需找人输血。于是二师医院连夜派人开着救护车赶到七连求助。救护车开到七连的时候，已经是夜间十二点多钟了。大概是根据平时的记录，连队女军医王艳芬，叫醒了我和郭静。军医向我们讲明情况，希望我俩献血救人。当年的教育“毫不利己，专门利人”，我俩二话没说，从炕上爬起来匆匆穿上衣服，披上棉大衣，就跳上了救护车。遵王医生嘱，临行前，我俩各喝了一大碗红糖水。

当年五排战士在新安镇照相馆合影，
第三排左二为讲述人魏雅洁（摄于 1969 年）

赶到二师医院大概已经凌晨两三点了。医院的医护人员给我们抽血化验，我们被鉴定为：身体健壮、血型符合后，便被带到病房去抽血，每人400CC。待我俩的鲜血流进两个大玻璃瓶后，医务人员以及装着我俩两瓶400CC血的玻璃瓶便同时消失得无影无踪、无声无息了。三更半夜，我俩只好在人家二师医院病房外头的长板凳上，蜷曲双腿，一直待到天亮。

天亮后，不巧，那天又下起了大雪，路上人稀车少，连公共汽车也休息。没办法，只好边走边望，盼着能截上一辆卡车，把我们捎回七连。下大雪是人们不干活儿的好借口，就像我们在连里，遇上有人声嘶力竭地喊："下大雪了！"意思就是说今天不用出工下地干活儿了，大概卡车司机也不例外，一路上，我们没碰上一辆车。没办法，怎么着也得回连队，回连后才有饭吃有炕睡，走吧。

一路上大雪纷飞，白茫茫天地一片，我俩互相搀扶着冒着雪踽踽而行。走到离七连不远的二顺才（地名）时，我们着实体乏力虚，只剩频频喘气了。看着附近老乡家已经点灯，可我俩还在冰天雪地里挣扎，不由得仰天长叹：需要我们献血，数九寒天，把我们从被窝儿里叫起来，三更半夜救护车拉我们去医院，我们怨言虽没有，但是血被抽走，人却搁之门外，无人问津，实属太无情。内蒙古冬天，零下二十多摄氏度，大雪纷飞，除了早上自己掏钱买的几根油条外，我俩一天滴水未进，将近五十里的路程，全靠步行。此时此刻心中实在觉得苦涩、凄凉。回到连队，倒是张连长派人给我俩做了顿胡麻油的热汤面，算是对我们的犒赏。

当年大家十七八岁，虽然说年轻，但是被抽去400CC血，没吃没喝没休息，天气又寒冷，到最后还是顶不住、吃不消了。第二天早晨起来，我觉得浑身都不舒服，终于病倒。就那样也仅仅休息了一天，体力尚未恢复，便又下地干活儿去了。虽说去干活儿，但总觉得力不从心、周身发软。打苇子时，又赶上与两个有名的体弱者与我同盟，我只能玩命干才能完成连里规定的三个人定额。从此，我免疫功能降低了。从那以后，我每个月都要感冒一次，月月如此，从不间歇，直到现在。

郭静的情况比我更糟，她当时正值例假期间，本不该献血。但是年轻的她，火热的心，崇高的魂，一心想救人，却偏偏忘了自己。献血后没补上，以后例假来了就不停，落下一个终身功能性子宫出血，最后只好打道回京养病。

一条秋裤完蛋了，崭新的

吴家翔讲述

1971年的那时候，我们七连去挖“二黄河”。连里派我带着一个班先去打前站，为全连搭帐篷、挖地窨，安营扎寨。我印象里我们住在一个挺大的礼堂里，地上铺上点儿草什么的，大伙儿就睡在大礼堂地上铺的干草上。

挖“二黄河”把大伙儿累得够呛，早晨司号员小翟吹起床号，可是愣没人起床。连长让他上我们睡觉的屋里去吹，可是还没等他吹呢，大头鞋就扔过去了，给小翟打出去了！人们实在累得不行了，这事给我的印象特别深。

还有一件事，我记得也特别清楚。

我们家老太太知道我在前旗挖渠呢，就给我寄了条秋裤到连队，然后由别人给我又捎到乌拉特前旗。一条蓝色的纯棉崭新秋裤，我穿上后13天没下过身。当时连里要求，一天一人得挖三立方土。每天干完活儿回来，累得实在不成，吃两口饭就睡觉了。后来秋裤变得太硬了，没办法，怎么也得洗洗了，结果放到水里我拿手一揉，秋裤碎了！因为秋裤里全是汗碱，13天，汗水活生生地把一条崭新秋裤给沤烂了！

我的印象太深刻了，一条秋裤就这样完蛋了，崭新的！那是挖“二黄河”的时候，确实太累了，那哪儿是人干的活儿呀?!

腰椎骨第三节滑脱了

仲小兰讲述

仲小兰：原北京第65中学67届高中毕业生。1968年8月下乡先到河北省张北县东方红牧场三分场，1969年8月转到内蒙古生产建设兵团。曾当过四排16班班长。1972年底调到团部卫生队当出纳，1973年被推荐上北京大学力学系，毕业后被分配到水电部规划设计院，当工程师至2003年退休。

采谈时间：2008年7月18日

采谈地点：北京亚运村汇园公寓

1969年连里建烧砖窑的时候，我们四排16班的人跟全连人一块儿参加了建窑工作。建砖窑是从地面开始，大家一筐一筐地把土抬上去，再把土一层一层地砸实，直到窑建成为止。

建窑得抬土，两个人抬一个大筐。可是，有一天我们班的人数是单数，这就是说班里得有一个人自己挑两个筐。班里其他人的年龄都比我小，再说我是班长，一人挑俩筐的活儿自然得我去干。一担又一担，一担又一担，刚开始挑还可以。但是，当年年轻气盛的我们，为了多装快走，筐里装的土不断地在加多，行走的速度也在不断地加快。记得有那么一次，我的两个大筐被装得都冒尖了，我把扁担放到肩上，弯下腰刚往起一挑，突然觉得腰那儿好像"咯吱"地响了一声，等我再挑担子的时候，就觉得格外吃力了。当时，我认为可能是土装得太多了，所以也没去理会，还是咬着牙把担子挑起来了。但是，往上坡走了几步，就不行了，腰好像怎么也直不了了，以后再怎么使劲儿，担子就是挑不起来。

收工后，我到卫生室去看，卫生员给我扎了扎针灸。不能挑土就铲土吧，就这样，我从挑土就改成了铲土，每天收工后都到卫生所去扎针灸，白天照样去干活儿。

大概是因为当时年轻气壮，腰痛是痛，走路也觉得费劲，但是，并没有那种受不了的感觉。就那样坚持扎了一段时间针灸，也就觉得稍稍好了一些，所以也没再去管它。其实，腰的毛病就此潜伏下了。

听老人讲，结婚生小孩儿时，坐好月子就什么都好了。但是我婚也结了，小孩儿也生了，月子也坐得不错，只是腰疼的毛病没有好转，而且随着年岁的增长，腰腿疼得越来越厉害，后来，以致走路的速度也大受影响。周围的人告诉我：我走路时身子是歪的、腰是扭着的。

之后一天，我终于下决心到医院拍片子检查，结果医生说我的腰脊椎第三节滑脱过，而且滑脱后，因为没有及时治疗，脊椎又将错就错地长死了。现在回想起来，我腰的第三骨节就是那次建窑挑土，用力过猛、过大给滑脱的。

当年的仲小兰（左）与战友杨志梅（中）、李德淑（右）雪后留影（摄于1969年）

缝了一个小棉垫子,放在后背

张素明讲述

刚到兵团，我们在新兵排先受了一个月的新兵训练。在新兵排受训的时候，有一天，排长半夜搞紧急集合，不准点灯，结果我把鞋穿倒了，跑出去以后，又掉到沟里去了，然后又把脚脖子给崴了，肿得很厉害。当时不懂怎么办，紧急集合回来用热水敷，后来落下病根儿了，到现在，里边还痛。

种水稻的时候，水冰凉，有时候站不稳一屁股坐进水里去了，下半身都湿了，一回、两回以后，月经也不正常了。回青岛探家时找大夫看，大夫问我干的什么活儿，我说在内蒙古兵团，站在冰水里种水稻，泡在水里

讲述人张素明（左）与战友（2007 年摄于青岛）

捋蒲黄，水齐胸深。大夫说：“女人哪能下水泡着身体呀，那样还能不得病?!”

还记得，那时候烧窑背砖，我那时很瘦，后背没有肉，背砖让砖磨得后背的皮都破了，直出血。没有办法，可又不能不干。我就想了个办法，自己缝了个小棉垫子，放在后背。那时不干还不行，别人都在干，我没有办法就磨蹭，现在我还腰椎间盘突出，都是背砖累的。几年后，我肩部有个鸡蛋大的东西，说是什么瘤，也没在乎，后来到医院做手术，就因为这个，我被退回青岛了。

当年七连的宿舍，如今只剩断壁残垣（摄于 2008 年）

口渴了，在冰上砸个洞

周庆华讲述

我记得，当年打苇子我被分配跟一排的小连一个拖子，两个人都低头干活儿谁也不跟谁说话。但是干活儿有定量，一人1000斤，两个人一个拖子，一天得给连里拉回2000斤的苇子。

出海打苇子，路上来回走要三四十里地，铲苇子还要走来走去，等把上千斤的苇子装上拖子再往回拉，人已经累得不行了。回来的时候顺风还好，遇上逆风，真是累得吐血！

那时一天两顿饭，早上出工前一顿，回来收工后一顿，中午就吃带上的俩馒头或者窝头和一点儿咸菜。其实，冰天雪地的，带的饭都冻成冰的了，吃也没法吃，啃也啃不动，一口咬下去，窝头上一个白印。另外也没水喝，口渴了只能在冰上砸个洞，对着冰洞喝几口，或者捡砸下来的小碎冰块儿吃。当时零下三十来摄氏度，冰冻一米多厚，卡车都能在上面奔跑，可我们在冰面上打苇子，干活儿干得满脸大汗，浑身热气腾腾，只穿件毛衣。

还记得，当年种水稻插秧我们站在水里，腿让风吹得满腿都是小口子，收工回来都上不去炕。虽然当时口号喊得好：一不怕苦，二不怕死，扎根边疆一辈子，但是腿痛得晚上还是睡不着觉；而且一想到这一辈子就干这个，那我这一辈子不就完了，心里觉得特别晦气。可是，那个年代口号不喊也不行，其实人们还真是一不怕苦、二不怕死，大部分人都做到了。那时候背砖，你背22块儿，我背24块儿，那个人背26块儿，这个人就背28块儿，没有甘心落后的。因为要烧青砖，所以烧完窑还要往窑顶上浇水。我当时后面长智牙，脸肿得连嘴都张不开，吃不了饭，还发高烧，每天靠打青霉素消炎止痛，就那样，还照样去挑水。

有一年冬天，大约是1976年12月，连里接到任务要到离连队几十里外的一个什么地方去挖大渠（好像是乌拉特后旗）。那天，我们打好背包坐着一辆带拖斗的拖拉机就走了。经过几个小时的颠簸，傍晚终于到达目的地。几十个人的住宿，由于事先没安排好，我们只能临时找了一间不知以前是什么人盖的洗澡堂子，看样子盖好后从来没启用过，大家分里外屋，暂时住下，女生睡里屋，男生住外屋。内蒙古的冬天寒风刺骨，我们每个人抱了一些喂牛的苇草铺在水泥地上，行李放在苇草上，就那么睡下了。那个澡堂门窗不严，四面透风。夜里气温降到零下二十多摄氏度，寒风呼呼地直往屋里灌，我们谁都没脱衣服，就那么和衣躺下。我穿着毛衣、大棉袄哆哆嗦嗦地钻进被子里躺下，又盖上棉被和棉大衣，但是，零下二十多摄氏度，在屋里跟在外面内蒙古荒野根本就没有什么区别。大家冻得上牙打下牙，无法入睡，好不容易哆嗦着熬到天亮，起来凑合着洗漱，吃了早饭，然后，扛着铁锹到工地去挖那冻得跟石头一样的土地。

当年贺谦（第三排左五）被调团部前与战友合影告别

（第二排左二为讲述人周庆华）（摄于 1971 年）

打完针，才止住血

辛华讲述

辛华：北京人，原北京灯市口中学69届初中毕业生。1969年8月28日被分配到内蒙古生产建设兵团。1974年病退回北京，分配到新华书店总店工作至今。

采谈时间：2007年9月3日

采谈地点：北京一饭馆

当年的讲述人辛华（左）与战友李键在一起（摄于1969年）

我爸爸妈妈有四个孩子，我在家排行老三。上有哥哥，下有弟弟。从小我在家就不特别受父母宠爱。另外，当年的政策是，中学生都得上山下乡。在这种情况下，我听到学校宣传内蒙古兵团属“北京军区”，觉得离北京比较近，所以，思想上没有任何负担，心理上也没什么挂念就去了内蒙古。

1969年，刚到兵团第一年冬天打苇子，我不愿意落在别人后边，干活儿的时候拼命干，大概是太卖块儿了，结果三个月没来例假。当时年纪小没来例假也没往心里去。到了第二年一开春儿，大概是4月份，天气刚温和，例假来了，量多不说，而且连续两个多月的时间没停，吃药也不管用。流血流到后来已经流得完全是鲜血了，而且量多得根本没法侧躺着或者仰躺着睡觉，只能趴着睡，而且趴一会儿，就得赶快去厕所，血实在太多了。

后来去看医生，医生诊断我是"宫内大出血"，原因纯粹是在兵团累的。到第三个月的时候，我流血流得连路都走不动了。连里领导一看不行了，派了一个人把我送回了北京。因为回家的路上得走一天一夜，一路上，我不能就那样老流呀，连里卫生员就给我打了一针止血针（大概是丙酮睾丸素），打完针，止住血，才回到北京。

在北京妇产医院看了三个月的病，养得差不多了，我想回内蒙古，但是我妈不让我回去，连里也同意我留在北京继续看病，可是我觉得自己差不多了，结果还是回七连了。

当年女生四排在排演节目（摄于1969年）

血像小喷泉一样滋出来

周庆华讲述

有一段时间，连里派我们到连队驻地后面的地里去割草。因为我手指患有腱鞘炎，所以我常常需要把我的镰刀磨得特别快，以弥补我手指无力的缺陷。

要到长草的地方去割草，先要过一条小渠沟。一天，在过那个小渠沟的时候，我大意了，我疏忽了自己手里还握着一把镰刀。当我从小渠沟的一边跳起，两脚刚要在沟的另一边着地的时候，一个踉跄，背在后面的手不由自主地往前一伸去扶地，结果手被锋利的镰刀割破了。我下意识地把手死死地握紧，当时血只是慢慢地往外流，而且刚被割伤的时候，并不觉得疼。过了一会儿，我慢慢地把手松开，想看看伤口怎么样，等我把手一伸开，血像小喷泉一样，从伤口往外滋出来。我一看不好，就对我旁边的战友说："我割着手了，帮我拿着镰刀，跟班长说一声，我去一下卫生所。"说完，我紧握着伤手，飞快地跑回连队，直奔连卫生所。

到了卫生所，当时值班的卫生员叫李仲夷。他眼睛近视，大概当卫生员的时间也不长，在处理伤口的时候，光是纱布敷料就用了七八块不说，血不停地流，流到地上一大摊。好容易李卫生员给我扎上了止血带，这时手开始痛了。后来，卫生员又给我打了麻药，但是，因伤口已经伤得露着骨头了，血管也被划断开了，加上伤口处的皮，又有点儿硬，所以缝的时候很不好缝。卫生员的技术无法把血管接通缝合，他只好把血管两头扎住，然后缝合，缝了好长时间才总算给缝上了。当时我躺在卫生室的床上，眼泪跟我手上的血一样不住地往外流，心里觉得特别委屈，特别冤，特别无奈无助。我当时伤了三个手指，小拇指最重，直到现在小拇指还有麻木的感觉。后来路指导员去了，看了以后说："别哭了，别哭了。"但是，我看到地上的血，我的心在疼，我想，我一个人跑到这么远的地方，没有亲人在身边，吃这么大的苦，受到这么大的伤害，这是为什么呀，我想不通。借着这个因由，那天，我好生哭了一场。

从那儿以后，我的小手指怎么也伸不直了。当时我想：我这手肯定残废了。后来我去问卫生员："我这手是不是就这样残废了？"卫生员说："你没事儿的时候，天天掰一掰，不要掰大了，掰大了会把肉撕开，那就麻烦了。"为了不让手残废了，我咬牙每天坚持把手指往直里掰一掰，效果还不错，现在看来还好，就是还觉得有点麻，看来当时是伤着神经了。

这件事当时也没跟家里人说，直到我办回青岛后，才跟家里人说，那时再跟他们说也就无所谓了。那件事让我好伤心，那种伤心、疼痛真是从心底深处发出的，不光是手疼，真的是心疼。记得当时，我每天都唉声叹气的，经常对天长叹，一天也不知道唉声叹气多少次，因为看不到自己的出路在哪里。更可怕的是，心里就那么痛苦，也不敢说。那时候，你不能多说，心里反感的事也不能说，不能倾诉，表示、表达也不行。说了、表述了就会惹祸上身。在兵团的时候，很多事情我们都特别无奈。

七连的青岛战友。后排左一为讲述人周庆华（摄于 2008 年）

手绢上都是血

张珊讲述

张珊： 北京人，原北京女11中67届初中毕业生。1968年8月分配到河北省张北县东方红牧场三分场，1969年8月到内蒙古生产建设兵团。曾任七连五排副排长。1970年10月调团卫生队，1976年病退回北京。在雪莲羊绒有限公司当工人3年，后到医务室，上学后取得主治医生资格。2004年退休，现在，是北京一社区医院任医师。

采谈时间： 2007年8月

采谈地点： 北京亚运村汇园公寓

张珊近影（摄于2009年）

回想起内蒙古兵团生活，在我们干过的活儿里，像种菜、种水稻、建窑、烧砖、盖房、下海打苇、水中割草、到前旗拉瓦、编鱼篓等等，在我的印象里，最艰难的应该是上乌拉特前旗挖“180电厂”工程大渠。那活儿可真苦。挖渠的时候，我一只手上打了九个水泡。自己拿手绢包上，接着干活儿，手绢上都是血。土从两米深的沟底下挖起来，我们先把土扔到高一点儿的一个台儿上，再从那个高一点儿的台儿上挖起来，扔到另一个更高一点儿的台儿上，然后从那个台儿上再扔，一直扔到最上边。那时候还有定额，真是把我们累死了。

那时候天气也冷，馒头都被冻成冰的了，一口咬下去，馒头上只留下一个白牙印。吃的时候，就点儿咸菜，那就是当时的饭了。当时气温在零下二十多摄氏度，别人都穿着大羊皮袄、大棉袄，还戴着口罩保暖。可我们兵团战士却都穿着单褂儿干活儿。一天活儿干下来，有时累得连路都走不动了，可是我们得走回驻地呀。怎么办呢？我是排长，干完活儿以后，我就站在路中间，看见卡车过来就拦，等卡车停下来，我就对人家司机说："求求你了，司机同志，我们干了一天活儿，太累了，实在走不动了，您行行好，让我们搭一下您的车，您把我们送到我们的驻地去吧！"当全排的人都坐在卡车上，我这当排长的心里，别提多高兴了。

当年在团部做卫生员的张珊
（摄于1970年）

当时我们住的地方，其实就是在人家乌拉特前旗一家砖厂围墙的外头，用玉米秸秆斜搭在人家砖厂围墙上，那就算是我们睡觉的"屋子"了；地上再铺上些玉米秸，就算是我们的"床"了。我们睡在用玉米秸秆斜搭在人家砖厂围墙外的"屋子里"，其实，跟睡在街上或者野外没什么两样。我们"屋里"、"床上"冷如冰窖不说，蛇和老鼠等小动物常常光顾做客。记得我们排的乔宁和其他几个人，晚上睡觉的时候都被耗子把脸和手咬破了过。

姜糖水，每人一大碗

胡刚讲述

有一天晚上，就寝的熄灯号已吹过，不久人们便都进入梦乡。突然排长把我们宣传队的人叫起来，说："航道那边的水渠决口子了，赶快去堵！"我们爬起来就朝排长说的那个方向跑去。跑到那儿一看，确实水渠被冲开了一个大口子，水流很急。怎么办？跳下去堵吧！我们脱了鞋，跃身就跳进水里去了。

当年七连宣传队合影，第二排右一为讲述人胡刚
（摄于1969年）

跳下去才发觉，水里全是冰，顿时全身被冰扎得钻心地痛，可谁也不敢说不行呀！宣传队的男生排成一排，当时大家喊着口号"下定决心，不怕牺牲，排除万难，去争取胜利！"喊完了，又接着唱："下定决心，不怕牺牲，排除万难，去争取胜利！"歌声和喊声虽能给我们壮了胆儿，为我们鼓了劲儿，却不能帮我们堵住口子。从岸上填进水里的土从我们两个人中间顺着水全流走了。直到后来慢慢上游的水流量小了，口子才算堵上，不管怎么说任务总算完成了。

回到连里，连部给我们颁发了奖励：姜糖水，每人一大碗！

三个战役，都拿到口头嘉奖

于静讲述

于静： 内蒙古呼和浩特人，原呼和浩特第2中学68届初中毕业生。1969年5月26日，被分配到内蒙古生产建设兵团。在七连曾担任过五排20班副班长、班长，做过宣传队队员。1975年病退回呼和浩特，同年被招工到内蒙古商业局从事管理工作，直至2005年退休。

采谈时间： 2007年8月

采谈地点： 呼和浩特巴彦塔拉饭店

1969年，听说学校有去兵团的机会，我觉得全身热血沸腾。当时我的班主任对我说："于静，你可以不走，你要是不走的话，以后可以留在城里。"我现在回头想，估计当时老师可能有学生以后可以分到工厂去的，或者可能有其他什么的信息。可是，当时我觉得去兵团特别光荣，我想去。可当时

从左至右：段威力、陈兰英、李瑞平、于静（讲述人）赵金梅（摄于1969年）

我父亲已经被他们单位说成是走资派了，审查后还没“下楼”（最后下结论或被解放）。我妈妈知道我特别想去兵团，她就带着我到学校去找军管解放军，她对人家说：“我们家爱人的问题还没定性，还在单位受审查，我家闺女想参加兵团，我是老党员，你们就批准她去吧。”人家学校军管解放军看我母亲说的也在理，就同意了。

5月23日，我跟我们学校的一些人一起去了兵团，并到了七连。我在家最小，自由任性随意惯了，刚到兵团连队管理很严，对组织纪律要求很高，我不适应。记得有一天晚上，我和栗萍聊天儿，第一遍熄灯哨吹过，小栗要走，我对她说：“你别走了，就睡我这儿吧。”她说：“那可不敢，怕挨说呢！”我说：“管他呢，他们还管那么宽。”那时候，我们住平房，我说这话的时候，正赶上老兵班长走过，让他给听到了。他立刻吹哨把班里的人集中到一起，他先念了“加强纪律性，革命无不胜”等毛主席语录，然后点名批评我目中无人，无组织无纪律，随随便便等。当时我觉得自己一点儿没错，心里很委屈，就哭了。点完名，班长还让我作检讨，回到班里后，大家又发言批评我，从那以后我心情就不好了。

七连宣传队成立后，因为我会跳舞，就被选进了宣传队。为了庆祝“八一建军节”，我们宣传队脱产编排节目，本来因为前一段时间受到大家的批判后我就和别人有些隔阂，现在又每天白天跳舞，晚上才回班里，隔阂就更大了。所以，班务会上别人发言，我却一句话也不说，心情极度不好。后来，大概到了10月份，我因心情不好，就老给家里写信，说自己“对不起毛主席”。当时兵团发生了一些现役军人与女战士之间的生活作风问题。我母亲大概是听到过一些这类的事情，又见我在信里总是写“对不起毛主席”，心想：这孩子心情这么不好，老这么悲伤，调子又这么低落，一定是出了这方面的问题，一定是上了那些坏现役军人的当了，所以决定到连队去看看我。

那时因为心情不好，没事的时候，我总是一个人坐在乌梁素海海边，向着太阳出来的那个方向，偷偷地掉眼泪想家。有一天，到团部去拉东西的船从海上回来，有人告诉我：“于静，你妈妈来看你了！”突然我看见我母亲从团部那个方向走下船来，身上披着晚霞，显得格外高大健美。我没命地跑向母亲，一下子扑到妈妈怀里，号啕大哭起来。母亲见我那个样子，心想：完了，这个孩子完了，一定是让坏现役军人给害了（母亲后来告诉我的）。哭了一会儿，我又笑了。待我安静下来，母亲问：“老丫头，你到底怎么了？”我说：“没怎么，就是想你们。”母亲又问我：“那你为什么每次写信都说你对不起毛主席呢？”我说：“从小，你和爸爸就教育我要上进，要做什么什么样的人，可是我没干好，所以我觉得我对不起毛主席，辜负了你们对我的期望。”我妈一听笑了。后来，母亲去找连长，跟连长说：“我儿子在附近插队，我人生地不熟，想让我老丫头陪我去看看儿子。”连长同意后，我母亲带着我就回了呼市。回到家，我与爸妈、哥嫂聊了一大通，心情好多了。我感觉，那次回家是我的一个转折点，再回到连队我变得懂事了。

回连队后，有一次我和排长威力一起打苇子，聊起天儿来，她鼓励我努力上进。我跟她提出：我不参加宣传队了，我要回班里参加劳动，我一定好好干。她说：“你这个决心很好。”并鼓励了我一番。后来她把我放到连里唯一的四好班——20 班。我从一个落后战士开始干，后来当上了战斗小组长；我继续努力，使劲儿地干活儿，没命地像疯子一样地干活儿，不久又当上了副班长；再努力，又当上了班长；1970 年底，被评上“五好战士”。当我把“五好战士”奖状寄回家，爸妈见了特别高兴。

1972 年的春天，那时，我已经是 20 班班长了。连里开始大面积的播种水稻。当时规定：女孩子例假期间可以休息三天。但是，我们班有一个潜规定，来例假三天不下水，可以在岸上干活儿。但是我不行，我要以身作则，要带头，我来例假还照样下水干活儿。当时下水穿的靴子不够，我就让给别人穿。早晨下水，水刺骨的凉，那时年纪小，不觉得苦，现在想起来真是太可怕了。

当时，水面还冻着一层薄薄的冰，水底下的泥土也还没化冻，下到水里的那一下，真是难受极了，我一辈子都忘不了那个难受的感觉。但是我是班长，我得第一个下去，当时，我来例假一天也没休息。我只是想：打好这个战役，完成好连里交给我们插秧的任务，20 班是连里第一个四好班，我要保持住这个荣誉。那时我还想入党，要入党就要拼命干。就这样一个战役下来，我得了个口头嘉奖。十天一个战役。我就这样坚持干了三个战役，三个战役都拿到了口头嘉奖（三个口头嘉奖写在三张纸条上，都夹在我的档案里，这是后来一个偶然的机会，我在我档案里看到的）。就是为了那几张口头嘉奖的纸条子，结果，我第一次例假来了，走了，第二次来了，就不走了。血一直流了好几个月，我身体被流得虚得不得了，头发也干得跟玉米须子似的。就那样，我也没耽误一天劳动，一直带领大家玩命地干。但是到后来，身体虚弱得实在不行了，八月二十几号我回了呼市。第二天，妈妈就带我到内蒙古附属医院去看病。医生一看就说："得马上住院，她得了功能性子宫出血，很严重。"就那样，我就住院了，而且一住就住了一个多月。

10月份，七连党支部吐故纳新，我的入党介绍人，到医院去看我，那时候，她对我说："你太可惜了，你应该是10月份的纳新对象，可是……"那时候，我哭了，我当时甚至还想：要不我先回七连，等入了党再回来治病。可是，当时我的身体实在不行，根本就没法回去。在那种情况下，我只好放弃了，那是我一生中最痛苦的时候。

当年七连战士劳动间歇进行读报学习（摄于1969年）

数了数，足有二十多只桶

杨宝华讲述

杨宝华：北京人，原北京第 27 中学 68 届初中毕业生。1969 年 9 月 5 日被分配到内蒙古生产建设兵团二师十九团七连，曾是三排 11 班战士。1976 年病退回北京后，干了半年多的临时工，卖过菜、当过装卸工、画过广告。1977 年考上“7·21”大学民建系，后又就读北京干部管理学校。到北京住总集团后，负责过亚运村工程项目，以及在北京第一个经济适用房德宝小区任工程指挥长，现任某民营企业董事长。

采谈时间：2009 年 4 月 1 日

采谈方式：美国国际长途

1970 年秋天的时候，好几个团的人，有十九团的，十一团的，还有十二团的一些连队集中到乌拉特前旗石嘴山挖“180 电厂”电缆大渠。我记得，那时候我们住在一个半山坡上，搭的帐篷，人们就睡在地上。大概是因为离山近，人们的被窝里经常有蛇、鼠出入。

我还记得大概在半山腰不远的地方，有一口水井，住在附近几个连队的人都到那个井去打水。那时候打水，没有现代人用的自来水水龙头，也没有接近现代化的压水机。当年靠的就是用水桶到井里打水。就是说，人们用挑水的扁担上的钩子钩住水桶，用手抓住扁担的另一头，把水桶送到井下，然后用手左右摆动扁担，扁担左右那么一晃，被钩在钩子上的水桶也跟着左右一晃一晃的。本来桶口朝上的水桶，几晃之后，水桶就歪了，水桶一歪，整个桶也变得像一个舀水的大瓢一样，将井水舀进桶里，待水进满，人们再左右手交替，使劲儿将盛满水的水桶拔上井来。从送桶下井，到摆动水桶把水灌满，再将水提上来，有经验者十几、几十秒即可完成，没经验者，拖上几分钟，甚至十几分钟都有可能。这是一个看上去极简单，但做起来倍儿需要技巧的“活儿”。

当年的杨宝华（左）与刘兆华（中）周建功（右）在老区伙房前合影（摄于1969年）

兵团战士在城里谁都没挑过水，更不会用扁担摆水，所以人们去打水的时候，十有八九会在拎着扁担摆水桶的那一瞬间，让水桶脱了钩，而使水桶沉入井底。很快一只桶，两只桶，到最后几乎所有的桶全掉到井底水里去了。

怎么办？当时没有捞桶的工具。记得有一天晚上收工回来，指导员召开全连大会。指导员说：“我们的水桶都掉到水井里去了，现在我们需要一个水性好的，下到井底水里把桶捞上来。你们谁能完成这个任务？”我上小学的时候，是什刹海业余体校游泳队的，我马上站出来说：“我行。”记得当时好像还有另外一人，也站出来说，他也能下井捞桶。

我沿着井壁一点儿一点儿下到井下，然后潜水到井底。哎哟，不下不知道，这一进水里我才知道，内蒙古深秋的井水那个凉呦，凉得扎骨头。可是君子一言出口，驷马难追。我已当众夸下海口，现在就是冰窟窿、雪窟窿我也得钻呀，事到如今，咬着牙、绷着劲儿捞吧。一次潜到水底捞上来俩桶，一片惊叹声；再潜下去一次，再捞上来俩桶，又是一片赞扬声；再下到水底一次，捞上来俩桶，又换得一阵掌声。直到把摸得着的水桶都捞上来了，我才让人们把我拉上地面，数了数，足足有二十多只桶。那时候，我已经冻得嘴唇发紫，两腿抽筋了。但是众目睽睽之下，我独占鳌头，再听着周围的一片惊叹和赞美声，我被自以为是英雄好汉的情绪激励着，早已经把寒冷、抽筋都不顾了。赶紧，连里食堂给我煮了一碗热汤面，面里还卧了两个鸡蛋；第二天，连里还批准我休息了半天。

当英雄、热汤面加鸡蛋、休息半天，嘿，我还真自我陶醉，幸福了好一阵子。

当年七连女战士挖“180电厂”电缆工程大渠时留影

从左至右前排：陈兰英、陈凤云、于静、赵爱华

后排：李文双、陈平、杨秀琴、李瑞平（摄于1970年）

我爸一见我，哭了

贺春玲讲述

贺春玲： 天津人，原天津汉阳道中学69届初中毕业生。1969年5月11日到内蒙古生产建设兵团，曾担任过六排22班和24班班长。在兵团整整10年，1979年交朋友后，顶替“他”妈妈工作，到“天津蓄电池厂”当了工人，后又调到化工商店当售货员，2002年退休。

采谈时间： 2007年8月20日

采谈地点： 天津富记缘酒楼

当年打苇子，连里给每个人规定了定额。为了完成定额，我常常找人

讲述人贺春玲（右三）与战友合影（摄于2009年）

少的地方去打。没想到人少的地方危险，结果有一次我搓着搓着苇子，“扑通”一声掉进了冰窟窿。水有齐腰那么深，赶紧往上爬吧。一条腿刚往冰面上一抬，冰塌下去了，又一抬，又塌下去了。那时心里害怕极了。那也得爬呀，好不容易爬上来了，连长叫我回宿舍去。那时一心要上进，一心要“一不怕苦，二不怕死”呀，就说：“我不回去，我要接着打苇子。”连长说：“不行，你必须回去。”就那样，我才回了连队。

那时六排住的房子，一排房子一共三个进出门。靠连部一边是个小屋，供大伙儿存放东西，另外两个门供我们四个班战士出入。每个门进去一明两暗，中间一进去是灶间，左右两边是睡觉的屋子。睡觉的屋子里的炉子是用土坯砌的，有时烧煤，有时点牛粪。因为大伙都出海打苇去了，炉子的火全是灭的。进了屋子我才发现，自己的棉裤已经冻得硬得跟铁桶似的，根本脱不下来了，我一下子哭了，这可怎么办呀？用剪子剪吧，好好的一条棉裤就那么着让我全给豁开了。

在我印象中，不知道为什么，当年连里常常把最脏最累最苦的活儿都分派给我们六排，所以六排曾三进庙圪堵，两次是去割马草，一次是去捋蒲黄。

记得割马草的时候，每天我们都站在黑乎乎的淤泥里，一人一把镰刀，从早晨九点左右一直割到下午三四点钟。中午不吃饭，也不休息。累了，就站在水里伸伸腰，望望天。割完芦草，身边留下一片一片、一根一根削得尖尖的芦根茬子，那芦根茬子就像竹签子，我们常常被扎得浑身是伤。另外，夏天是内蒙古蚊虫最猖獗的时候，特别是在芦苇荡中。干活儿的时候，我们得把裤子口都扎起来，以防水中小动物进裤侵犯。还有，下水前，身上凡是暴露的地方都得抹上风油精（驱蚊剂），一瓶风油精用不了几天，就用完了。涂了风油精的皮肤都觉得被烧得疼。

打完苇草，我们还得把草捆起来背回到岸上去。蹲下背苇草要站起来的那一下子，根本就站不起来，非得有人在后边帮着搁一下才行。就在你等着别人帮你搁那一下的一瞬间，人们的脸上、胳膊上已经全爬满了蚊子，这时你还得让别人帮你驱赶蚊子。后来，久而久之，我们的皮肤也都被咬麻木了，涂不涂风油精也不怕蚊子群咬了。

进庙圪堵捋蒲黄，我们每个人脖子上挂个袋子，站在齐胸深的乌梁素海湖水中，一手抓住蒲草，一手去捋长在蒲草头梢儿上的“蒲黄”，然后把捋下的蒲黄粉塞进挂在胸前的袋子里。一天下来，我们脸上、上半身全是掉落下来的蒲黄粉，那时候，根本就谁也认不出谁是谁。我们每天早上九点下水干活儿，在水里泡着一直干到下午三四点。一天两顿饭，早上吃了，下水，收工回来，再吃，中午不休息，也没饭吃。那时候真是苦，可是不知道为什么，那时候越苦人们越拼命干。

头一年到兵团打苇子，我的脸冻肿了。当时连里要买电动机，连长宣布："谁能买到发动机，谁就可以回家。"我马上给家里写信，我爸托人还真买到了。于是连里批准我回天津。到家一上楼，爸爸一见到我，哭了，他说："你怎么了？走的时候挺水灵的个孩子，一年多，怎么变成这个样子了?!"当时，大概因为是我身穿一身菜色黄兵团序列服，头戴一顶大棉帽子，皮黑脸肿的缘故。

当年在海上打蒲苇的七连女战士（摄于1969年）

“老朋友”来了还不知道

陈小妹讲述

到农村插队也好，到边疆支边也好，都是去吃苦，这个，我去兵团前就有思想准备，不过苦到什么程度，并没有概念，幸亏我的家庭教育起了点作用。我爸爸年轻的时候打过游击，我们姊妹几个小时候，每到暑假，我爸就把我们送到他打过游击的农村去锻炼一个月，跟农村的孩子一起干活儿。所以，虽然在兵团的时候，各方面都非常苦，但是由于有心理准备，小时候又吃过一些苦，所以很快就适应了。在兵团，背坯、打芦苇、背砖、堵渠、排干、种水稻、挖渠这些活儿我都干过。

那时候，我觉得秋天到水里边，打秋蒲最艰难了。人们站在水里，刚开始，胶皮靴子不够一人一双。当时我好像是个班长什么的，觉得自己是骨干，就把皮靴让给其他人穿，有那么几天我没穿，结果“老朋友”（指例假）来了也不知道，可是，我已经在水里泡了很长时间了。这样就落下了妇女病。从此每次“老朋友”一来，“血”不从下边走，而从鼻子往外流，而且肚子特别痛。但是，那时候年纪小不懂。

有一次，团里一位蒙古族的副团长，当时已经叫副场长了，到七连召开会议。我被叫到连部去开会，那时，我好像是排长什么的。结果正好赶上流鼻血，我拿着一包棉花就到连部去开会，可是，血流得怎么堵也堵不住。那位副场长当时问我：“你有什么毛病？”我说：“不知道是不是跟妇女方面的病有关系？”后来，那位副场长给我请了一位他认识的蒙古族医生，看完医生才知道，我的问题叫“倒经”。“倒经”跟平常流鼻血不一样，所有的“经”都会一会儿一股、一会儿一股地从鼻子里流出来。那就是兵团生活留给我的记忆。

把副班长的鼻子铲得直流血

冯小芳讲述

当年在兵团，我们年纪小，劳动强度大，因此我常常觉得觉不够睡。

记得有一次黄河来水，堤决口子了，夜里全连紧急集合，我们全排的人也跟全连其他战士一起去堵口子。在路上走着走着我睡着了，可能是因为睡得迷迷糊糊的，攥着扛在肩上铁锹把儿的手松了，结果把走在我后边

从左至右前排：张素明、董桂兰、贺谦、刘秀荣（已故）、周淑华

后排：阮宝玲、杨世昇、常秀媛、赵金华、冯小芳（讲述人）（摄于 1969 年）

的副班长杨世异的鼻子给铲得直流血。她在后边疼得直叫，这我才醒。当时那个路是怎么走的，我一点儿也不清楚，只记得在兵团的时候，我一边走路，一边睡觉的时候特多。

还有一次，团里有人要到我们七连来开会，当时好像是1970年的四五月份。内蒙古的四五月份正是“早穿棉，午穿纱，晚上围着火炉吃西瓜”的时候。早上不穿棉袄觉得特别的冷，中午恨不得只穿一件汗衫。团里要来人，连里规定五点起床，先干两个小时的活儿，八点回来吃早饭，然后收拾内务。五点起床后，我穿着大棉袄，扛着铁锹，跟在别人后边，闭着两眼、打着盹儿往前走。走了没一会儿，我们班长陈秀良把我叫住，让我回宿舍去整理班里的内务，我一听特高兴，转身就回去了。

回到宿舍，天还黑着呢，我心想，我先眯一小会儿，就一小会儿，然后我起来收拾屋子；再管伙房要点儿面打糨子糊墙围子。

没想到那一躺下，我睡着了。后来突然听到有人喊：“一二一，一二一，立定，解散。”一听那喊声，我的心“哐当”一下，腾就坐起来了。天哪，上工的人已经回来了！我觉得真难为情，因为那时候，天天晚上都开班务会、排务会、连务会什么的，开会的时候点名表扬好人好事，批评坏人坏事。我当时心里七上八下，像吊了十五个吊桶，我特怕挨批评，那天，我真的不是故意的，我实在是困得不行了。

还有一件事我也记得特清楚，那时候，我跟大家一样，每天学习《毛选》，而且写日记。有一天学习的时候，不知怎么的，我睡着了。第一遍熄灯号响了，大家开始做熄灯睡觉前的准备，这包括睡觉前上一趟厕所。我睡得懵懵瞪瞪地听见人们说：“走了走了，上厕所去了。”我当时睡得迷迷糊糊，我就问大伙儿：“都吹紧急集合号了，你们还上哪儿?”我一边叠被子，一边找背包带儿，还一边自言自语地说：“今天我的背包带儿还没放好。”全班人看我那个样子都哈哈大笑。我说：“刚才吹的是紧急集合号，你们怎么还不打背包，还在那儿笑?”大家说我在撒癔症，刚才吹的是预备熄灯号，不是紧急集合号。当时我真的是迷迷瞪瞪的，听见号响，就认为是紧急集合，大概是因为我害怕紧急集合。

这要让家长看见得多心疼

冯小芳讲述

1971年，我们被派到乌拉特前旗去挖“180电厂”管道大渠，当时是9月份，天气还不算太冷，就是水有点儿凉，但还能洗脸。那时候，没正经房子住，我们就在人家乌拉特前旗砖厂的围墙外头斜搭上干玉米秸，地上再铺些玉米秸，那就算是我们住的地方了。哎哟，那住的地方，小老鼠满地、满被窝里乱钻。

开始去的时候吃的还可以，后来就一天到晚的都吃“亮晶晶”（白薯面儿的小窝头）了，把大家的肚子吃得挺清苦。“十一”国庆节的时候，团里为了给大家改善生活，做了好些猪肉给我们会餐，第二天，十个有八个半人停食闹肚子。以前净吃白薯面儿了，把肚子吃得都挂不住油水儿了，这乍一吃肉，吃完肉再没有热水，人们喝的都是凉水，那不拉肚子还等什么呢?!

“十一”过了没几天，早上就冷得不能洗脸了，牙刷和牙缸子也整个冻在一块儿了，只能等到中午冰水化了，才能刷刷牙、洗洗脸。

我们当年挖“180电厂”管道大渠，不管个儿大、个儿小，男生女生，一律都得挖三点三米宽，三米长和三点三米深的土方，每个人都是这个尺寸。一排那么高的男生是这个定额，我们六排女生，就是小个儿的像我，也是这个指标。如果你挖不完，完不成任务，全排的人都跟着你倒霉，每个人脸上都跟着你不好看。所以那时也顾不得想家了，就是使劲儿玩命干。挖到后来，天就特别冷了，手冷得都伸不出来了，但是，还得把土挖下来，扔到三点三米高的上边去呀。因为沟太深，挖下的土只能分成两节往上扔。有人先在底下把土挖下来，扔到高一点儿的一个台阶上；然后第二个人再从这个台阶挖起来，扔到上边更高一层的一个台阶上去。当时好多人的手都磨得流血，我们排的刘小宇手上流的血把铁锹把儿都染红了。

有一次，有一个是当地人的副连长在我前头，他说：“这要让你们家长看见你们干这么重的活儿，那得多心疼啊！”

永久的纪念

辛华讲述

那是1971年的冬天，内蒙古1月份的气温降到了零下30摄氏度，空气冷得让人不敢大口吸气。

当时，我们班派的活儿是泡蒲叶。泡蒲叶就是把夏天割下来、晒干了的蒲叶浸泡到航道的水里，让蒲叶变湿变软，然后再用石碾子轧扁轧平，轧扁轧平后的蒲叶就可以用来编织鱼篓了，这种活儿，往往安排在冬闲的时候干。

一天，我自己拉了一辆小车到航道去，把干蒲叶泡进航道的水里，把已经泡好的捞出来，放到小车上，然后拉着小车往回走。往回走的时候，正好是下坡，小车的惯性催着我往坡下一溜儿小跑，没想到航道边上有一个小破棚子，当我看见那个小棚子的时候，想躲闪已经来不及了。失了控的小车带着我和蒲叶一起向小破棚子全速冲去，结果连车带人一下子全摔到了门上。顿时我觉得自己的手就没知觉了。坐在地上低头一看，血滴答滴答地流下来，再看看手，小拇指不听使唤了。到了晚上等手暖和过来了，才感觉到钻心的疼痛，疼得我一天一夜没睡着。

直到现在我这个小拇指还伸不直，那是兵团留给我的永久纪念。

午饭已经吐得差不多了

李玉荣讲述

李玉荣：呼和浩特人，曾是呼和浩特第2中学68届初中毕业生。1969年5月26日分配到内蒙古生产建设兵团，曾是六排22班战士。1976年12月调回呼和浩特，分配在内蒙古苏毛纺织厂当工人。1996年工厂倒闭，退休至今。

采谈时间：2007年9月

采谈地点：呼和浩特巴彦塔拉饭店

1971年修建“180电厂”，我们被派去挖铺电缆的大渠。当时没有住房，全连就在离乌拉特前旗几里外的一个砖厂墙外安营扎寨，搭起窝棚，打起地铺，用从井里打出来的冷水。

那时候，要挖的大渠三米宽，三米深。连里规定：每人限量三米长，三天完成。那等于，每人每天，不但要挖三立方的土，而且，要把挖下来的土扔到大渠上边去。这样一来，我们个子小的干起来就明显地吃力了。特别是挖到深处，加上扔到地面上去的土越来越多，土越堆越高，到后来，光是从地下挖出来的土，堆到地面上就像座小山似的，再加上渠深，足有五米高，所以，往往是扔一锹土，能滑下来半锹，甚至更多。就这样扔上去一锹，滑下来半锹；再扔上去一锹，再滑下来半锹。反反复复，等到把连里规定的任务完成了，我们也都累得认不出东南西北了。

我性子好强，生怕落在别人后面，每天都玩命地挖，手上打满了血泡，血泡又被磨破，铁锹把儿上粘的全是血。十指连心，每天真是鲜血流、汗水冒、泪水淌呀，就那样硬是咬着牙，用手帕把手包上继续干。这还不算，当时吃的饭，全是红薯面儿窝头，那窝头黑黑的、筋筋的像黑皮筋，还带点儿怪怪的甜味儿，很难让人下咽。菜多半儿是熬南瓜，连油都没有。所谓熬南瓜就是把大块的南瓜倒在一锅凉水里，烧大火煮，煮烂了，撒上一大把盐，这就是菜。那真是难让人下咽啊，可是，难咽也得咽呐，下午还得干活儿呢！

时间不长，我得了慢性阑尾炎，每天肚子隐隐作痛。但是，为了完成任务，中午不敢休息，吃完午饭，还得赶快往工地返。我常常是一边走，一边往外吐，等走到工地，把刚吃的那点午饭，已经吐得差不多了，就那样，也不请假，每天咬牙坚持。

从左至右前排：霍铁英、秦福英、王北生、刘小惠（刘宇）、李玉荣（前右一）
后排：甄同玲、董桂兰、袁荷仙、大改（俗称）（摄于 1970 年）

那时候，我们被教育得脑子里的想法很简单，就是要用劳动的汗水冲刷自己灵魂深处的污泥浊水，改造世界观，为人类作贡献。

后悔已经来不及了

周庆华讲述

大约是1972年“五一节”的前后，有一天，黄河决口子了，大水把我们连旁边的渠给冲开了个口子，水很快就蔓延到七连驻地。不知道是谁发现了口子，马上报告连里，连里立刻组织全连兵团战士，拿着铁锹、大筐，扛着扁担、蒲叶、苇子等迅速赶往现场。决开的口子被越冲越大，靠零星扔进水里的土，根本就堵不住。土堵不住，就人堵吧。不知道谁领头先跳进水里，随后人们一个个都跟着跳到冰凉刺骨的水里。我跟大家一样，什么也没想就纵身跳进水中。在进水的那一刹那，我第一感觉就是头皮连同右脸发麻，我觉得我右边的半个头的头皮就像过电一样地麻滋滋地难受，但是，没办法，人已经跳到水里了，只能跟大家一块儿站在水里了。

讲述人周庆华（后排左一）与战友在一起（摄于2007年）

就这样，全连上下，有在岸上装筐、挑土的；有在水里用蒲叶、苇子堵的。一场紧张激烈的堵口子大战，直到夜幕降临才告结束。疲劳、饥饿、冻得半死的战士们拖着沉重的身躯各自回到宿舍，连长让炊事班给大家熬了姜糖水去寒。我赶紧洗洗，换上干衣服，钻进被窝。就在躺进被窝那一瞬间，我突然想起自己正在例假期间，怪不得我头皮连同右脸又痛又麻呐！惊恐、后悔、痛苦，但一切都已经来不及了，从那儿以后落下毛病，我的头皮直到现在仍有发麻的感觉。

解放军司机呢

曲兰迪讲述

曲兰迪： 北京人，原北京第27中学69届初中毕业生。1969年9月5日参加内蒙古生产建设兵团。曾是五排15班战士。1979年困退回北京。

采谈时间： 2008年8月3日

采谈地点： 曲兰迪家

有一年冬天，已经记不清具体是哪一年了。我们刚要出发出海去打苇子，一辆附近部队的军用卡车开到我们七连去买鱼。两个年轻战士，一个是司机，另一个好像是个什么小领导。

与七连交涉后，七连让他们开着车到冰上自己去拉。于是我们要求搭他们的车出海打苇子，解放军同志满口答应，拉上我们十多个兵团战士和

当年的讲述人曲兰迪（摄于1969年）

几位出海打鱼的职工。卡车跑出航道，开上冰面，快速直奔捕鱼点儿。

站在卡车上，一想到今天不用腿儿着走远路去干活儿了，大家心里不禁欢喜万分；又放眼望去，只见乌梁素海到处银装素裹，白茫茫一片，更增添了几分兴奋。

忽然，一条“浆河”横在眼前，我们都以为小解放军同志会停下车来，问问职工怎么把车开过去。谁知小解放军司机脚下油门一踩，只见军用卡车拉着一车人猛地快速向前冲去。我们也只觉得耳边一阵风响，脚下好像被什么东西绊了一下，然后就觉得一个踉跄，由原来的站姿瞬间变成了坐姿。定睛看时，原来站在车上的我们，包括几个职工，一下子都跑到了冰面上，只是有人坐着，有人趴着。再回头看拉我们的卡车，车头进了“浆河”的冰窟窿，只有车尾还翘在冰外边。怎么回事？好一会儿，大家才突然明白过来：原来解放军司机想闯“浆河”未遂，车头不幸开进了冰层下，而我们站在卡车上的人，借着卡车的惯性，全部被送上了冰面。

1999年曲兰迪（前排左三）与战友重返七连

“解放军司机呢？”有人问。“在驾驶室！”不知谁答了一声。“快救人吧，两位解放军同志还坐在冰窟窿里的驾驶室呐。”一位职工这么说。于是，几个职工凿开冰层，打碎驾驶室玻璃，捞出了两位全身已经湿得透透了的解放军同志。两位军人一出冰窟窿，衣服马上被冻成了冰甲。职工们脱下自己的老羊皮大衣给亲人解放军披上，又点起火，为他们烤衣服。好在我们离开连队没多远，有人跑回去给团部打电话，团里派来救援车，拉出车头落入冰窟窿的卡车，一场笑剧画上句号。

第四章

饥肠响如鼓

“三”上边怎么多了俩“点儿”

朱三讲述

当年，正处在长身体年纪的我们，常年处在一种饥饿状态，为解决饥饿，人们想出了一系列办法：让家人给寄包裹是办法之一。当年收到的包裹80%以上寄的是食品。每次通信员刚把包裹从新安镇取回来，半连的人都会跑去看有没有自己的。

朱三（中）与战友（摄于2009年）

有一天，我也收到一个包裹，我的包裹是我们班的小殿林取回来的。他在通信员取回来的包裹堆里，发现了一个写着“朱三”的包裹，就替我取回来了。取回来打开了一看，嗬，里边全是糖果之类。全班十个人饥肠齐响鼓，于是一不做二不休，立刻吃将起来。当时我不在，还是汪成想得周到，说：“咱们得给三儿留点呀。”就这样，他们给我留了一把糖。等我回来，接过糖，第一个反应就是吃，吃了几块儿以后我才琢磨：我们家居然还会有人给我寄包裹？谁会给我寄呢？我爸“文化大革命”刚开始就被关“牛棚”了；我妈受我爸牵连，根本就泥菩萨过河；我哥下乡插队，已经走了。想到这儿，我问班里的人：“包裹是谁寄给我的？”他们都说：“你就甭管了，反正是你们家寄的。”我又问：“包裹皮儿呢？”到最后我在炕角儿把包裹皮儿给找着了，仔细一看，包裹皮儿写的“朱三”的“三”字上边似乎还有两个“点”。我说的呢，这包裹不是寄给我“朱三”的，而是寄给人家“朱兰”的。可是汪成执意说：“当时我们看见包裹皮儿上确实写的是‘朱三’，嗨，怎么现在变成‘朱兰’了?!”我一想不对，赔人家“朱兰”包裹吧。当时我们每个月五块钱的津贴费，汪成还挺仗义，说：“你别拿了，我拿吧。”后来我俩拿着包裹皮儿和钱一块儿去找连长，连长从来对我们都绷着脸，可是那回，他听完我们讲的事儿，也憋不住笑了，说：“你们回头去问问人家‘朱兰’吧。”

当年的朱兰（摄于1969年）

快过节了，我们把钱和包裹皮儿全放连长那儿了。据说后来连长把“朱兰”叫到连部讲明情况，可是“朱兰”的反应是，先是哭，后是骂：“谁要他的臭钱!”“啪”，把五块钱扔了。这朱兰可真够大方的，五块钱可是当时我们一个月的津贴呐！第二天在全连大会上，连长点了我的名：“‘朱三’把人家‘朱兰’的包裹给吃了!”

二十二个窝窝头

西木讲述

当年，我们吃饭是二——三——二，就是说早饭两个窝头，午饭三个窝头，晚饭两个，窝头二两一个，一天一人一斤半口粮。我们一排1班共11个人，所以早上打回来是22个窝头。

看着盆里的22个窝头，张宗杰坐在那儿发牢骚："到了兵团就没吃饱过，我他妈的老是饿，这盆窝头我一个人吃差不多了。"大伙儿一听，说："你吃，你能都吃了？你要能都吃了，我们就都不吃早饭了，还花钱给你买一听红烧肉罐头。"他当即接受赌条，说："吃就吃。"说着，坐在那儿，大嘴一抿一抿地吃将起来，每个窝头进到他嘴里，我们没见他怎么嚼就咽下去了。

22个窝头，四斤四两，不一会儿工夫，全进肚子了，最后还饶了一碗棒子面儿粥！吃完了22个窝头，喝下一碗棒子面儿粥，他抹了抹嘴儿说："今儿算吃饱了。"一看这阵势，大伙儿全傻了。给人家买红烧猪肉罐头不说，本来总是处于饥饿状态的我们，那天肚子就更空了。可还得下地干活儿，还得扛上冰铲在冰上走上三四十里地，到了海上还得铲苇子，铲下苇子还得拉回来呀！

我记得好像是戴小林在此之前自己省下一个窝头，我们就带着那一个窝头出海了。到了冰上，天冷，窝头也冻成冰的了。哥儿几个拿冰铲在冰上剁，把那个窝头剁成一小块儿一小块儿的，再从冰上捡起来分着吃，虽说渴时滴水如甘露，但就那么几小块儿手指头肚大的冰窝头渣甘露，根本就安抚不了我们饥肠如鼓的肚子，没法支撑我们大半天，那天可把我们给饿惨了。

那会儿吃窝头，有时候从定量里省下来一个舍不得吃，搁在炉子上烤，烤来烤去等烤焦了，要是有谁家里给寄点儿猪油、辣椒酱或者白糖什么的，抹上点儿，真跟吃点心似的。

我要请她吃二十顿饭

苏红忠讲述

苏红忠： 青岛人，原青岛69届初中毕业生，1970年9月8日离开青岛到内蒙古生产建设兵团，曾是七连一排1班战士。1971年病退回青岛，回青岛后，为个体经营者，多次受到青岛市政府表扬，并受到青岛电视台、报纸等媒体的关注。

采谈时间： 2007年8月28日

采谈地点： 青岛原七连战士柳永华家

我是1954年3月出生的，小学刚上了五年，就"文化大革命"了。当时学校停课，找工作又没有。可是我家七口人，只有一个人工作。我在街道挖干道、拉地排车（平板车）。在没有办法的情况下，街道动员我们去内蒙古。当时我年龄小，虚荣心强，思想单纯，那时候，我们学语录，学英雄人物，人家一动员，我就去了内蒙古。

1970年9月8日，我去内蒙古兵团的时候16岁，后来想起来，觉得那时候确实不该去，到了兵团后我发现：内蒙古兵团的人向我们宣传的与现实相差得太远了！

首先是吃不饱，我每天都饿得受不了。当时我正是长身体的时候，到内蒙古后不久，就出海打苇子。一天两顿饭，早晨两个小窝窝头或者馒头，什么菜也没有；中间没有饭，每个人发两个小窝头带着出海去干活儿，晚上回来才吃饭，我常常饿得发昏，有时候饿得连苇子都拉不回来。饿得没办法，就得想办法，每次我去炊事班打饭的时候，我们班十个人，我就说12个人。我和北京的一个战友一起去打饭，从伙房到我们一排住的地方，就那么一点儿路，大概有二十米远吧，我俩就赶快把多领的两个人的饭给分着吃了，一边吃，一边心里想：可别让别人看见。

讲述人苏红忠（后排右二）与战友合影（摄于 2008 年）

六排是女生排，六排的 24 班与我们班是一帮一，一对红。24 班经常给我们送窝头、馒头什么的。有一次，正好赶上我去接她们的“赠饭”。我记得是一位北京的女生，往我饭盆儿里倒了一盆的窝头，足有十几个！我在回班的 20 米的路上一顿猛吃，足足吃了八个半，那回，可让我真真正正地吃了一顿饱饭！当时别提我多高兴了，回班后，我也没汇报。

事情过去这么多年了，有一天，我给我们青岛的周庆华打电话，问她能不能帮我找到当年她们班上那位给我窝头的北京女战士，我说：“现在我要请她吃 20 顿饭！”

凡是能吃的都寻来吃

李汀/朱三讲述

(1) 锅里已经全是馒头了

朱三：当年不知道为什么，我们就是饿，常年处在一种饥饿状态。为了填饱肚子、解决饥饿，我们是到外边满处寻找可吃的东西：天上飞的，地上跑的，水里游的，凡是能吃的都寻着来吃。有时候捡，有时候抓，有时候偷。

我印象非常深的是我们连食堂，有一次居然把还没榨干净的一大包油渣儿给扔了。我看见了以后，就给捡回来了，放在锅里继续炼油，结果还真又炼出来小半锅油。本来我打算开饭的时候，领回来馒头自己炸馒头吃。结果一个排的人都来了，还没等我把我的馒头扔进去呐，油锅里已经全是馒头了。

还有一回，我们刚到兵团的时候，那时候连里雇民工脱坯盖新连部，我们学生顶多给打打下手儿。让我们去脱坯，那是后来的事了。到了年底，天冷不能干活儿了，连里就准备让民工们走了。记得连里在刚盖好的连部给他们炖了一大锅肉。那肉块儿巨大，那时我饿得够戗，看见锅里的肉块儿，伸手到锅里，抓了一块就吃，那肉倍儿热，直烫手。

(2) 第一顿小锅饭

李汀：第一次吃小锅饭的时候，乌梁素海还没上冻呢。那时候职工打鱼从航道回来卸船，这帮知青被派去帮着往库房里运鱼。“扑通”一声，从运鱼的车上掉下来一条一斤多的鱼，罗良军手疾眼快，一脚就把那条鱼踢到旁边柴火垛里去了，干完活儿，趁没人的时候再把鱼偷偷拿回宿舍。当时，人们什么作料，像葱、姜什么的全都没有，就是把鱼洗干净了放点儿盐，放在饭盒里，再把饭盒放到大锅里“清蒸”一下。一个班十几个人，一人一口就吃没了。那是我们 1969 年到兵团后的第一顿小锅饭。

(3) 俺家的鸡咋就跟上他们走了呢

朱三：为了安抚饥肠响如鼓的肚子，我们还想了一个办法：把大头针做成形似钓鱼钩状，然后在钩上扎上几粒米粒儿，穿成一串儿，再把大头针的另一头拴在线上，然后到老乡住的村子里去溜达。进了村儿以后，我们就把拴着钩、扎着米粒儿的那头儿的线扔到地上，把线的另一头儿系在自己手指头上，然后把手揣在裤兜里拉着线儿在村子里走。

那时候，老乡的鸡都在村子的路上来回溜达找食儿吃。你在前边那么一走，因为你那线的那头拴着米粒儿，所以鸡看见米粒儿就去吃，鸡一吃那线上的米粒儿就等于咬到大头针的钩儿上了，这么一来，那钩儿正好钩住鸡的嗓子，所以你拽着线往前走，鸡就得跟着你往前走。因为鸡嗓子被钩住了，所以它想叫也没法叫。到了老乡看不见的地方，再抓住鸡把脖子一拧，鸡就算是你的了。

当时，老乡看见他们的鸡跟着我们走，心里直纳闷：俺家的鸡，咋就跟上他们走了呢？

(4) 野鸭子是猎物之一

李汀：解决饥饿还有一个办法，就是打野物吃，野鸭子是我们的猎物之一。

我记得我们当时用一种叫“3911”的农药和上硼砂，再拌上麦粒儿或高粱米什么的，然后去药野鸭子。“3911”的味儿那叫一个呛，我记得那会儿，我们班的袁振林拌麦种时把毛巾叠成好几折儿，包着鼻子和嘴，饶是那样，有一次他还给熏得头晕恶心躺了小半天儿呐！

我们把用“3911”拌过的麦子，头天夜里撒在海子的浅水里头，第二天五明头起大早去捡野鸭子，去晚了，就怕被别人捡走了。“3911＋硼砂”那东西是剧毒，整个儿一个“见血封喉”。野鸭子吃了“3911＋硼砂”在食管儿里还没等下到嗉子里面就死了。等我们把鸭子弄回来，连毛带皮一起扒了，开肠破肚，从脖子那儿剪断，所有的内脏一概不要，在清水里再泡几个小时，就吃鸭胸脯和鸭腿儿。当时有没有毒也不管了，反正就那么吃了，那时候饿，胆儿也大。

（5）不追究你狗的强奸罪了

朱三：为了安慰肚子，我们又想了一招。

1971年的时候，我们自己养了一只母狗，母狗发情的时候，身上散发一种特殊的气味。我们把发情的母狗拴在门外，半夜时分准能引来公狗。老乡的狗吃粮食少，一般吃屎，所以扔给那狗一个窝头，就能把老乡的狗引过来，狗过来，它就让我们上手去摸它。摸的过程中，我们就可以给它套上脖套子。给狗上套子后，一个人再到房子墙头的另一边去拉，这样一下子就把那狗吊起来了。在狗挣扎的过程中，另一个人舀一勺凉水往狗的鼻子眼儿里一灌，狗就被呛死了。然后我们就扒皮吃肉。

本来我们对狗皮并不感兴趣，但那次，那张狗皮不知怎么了被哪位看上了，吃完狗肉又把狗皮绷在墙上晾上，打算留待日后做成狗皮褥子防寒用。恰巧丢狗的老乡那次到我们那儿去了，看见他的狗的皮绷在墙上，就在窗外骂将起来："这不是我那狗娃吗！你们这帮灰（坏）小子，你们杀了我的狗，你们也把我杀了吧！"

我们班赵振海出去解释，他对老乡说："泥妈泥自盗泥（你妈的你知道你）的狗干嘛了吗？泥妈泥的狗犯了强奸罪，叫我们给枪毙啦！"（天津口音）弄得老乡无言以对。唱红脸儿的先跟老乡无理搅三分，后边儿唱白脸儿的和稀泥，对老乡说："行了，行了，狗皮你拿走算了，我们就不追究你狗的强奸罪了。"

（6）把狗吃了

李汀：我们不光吃老乡的狗，后来把炊事班长的狗都给打死吃了。那次做狗肉，我和朱三亲自下厨。那狗特肥，卢世（清）打死的。当时我们都怕炊事班长塞西·雅拉图，心想要让塞西知道可就惨了，非得出人命不可。必须严密封锁消息，"悄悄地进村，打枪的不要"！

那狗太大了，我们住的屋里没有那么大的锅，根本没法带骨头炖，只好把腿上、脖子上大块的、最厚的肉剔下来炖了，剩下的肉和骨头架子只好忍痛割爱，顺水人情，让其他人拿走了。当时汪成刚从北京探家回来，带回来一大包红糖。我们说："我们炖狗肉，你得把红糖贡献出来。"一斤多红糖，他全拿出来了。我们又上小卖部买了一小桶酱油，一瓶龙眼葡萄酒。晚上十点钟以后开炖，我俩往汤里放了齐刷刷一辫子蒜，一斤多红糖、一桶酱油。下半夜轮流起来添柴，整整炖了一宿。早上起床后，汤汁儿已浓，这时又倒进去大半瓶葡萄酒，再烧一把火翻炒，把汤全收干，那顿狗肉真美！

(7) “沙鸡”也是我们的猎物之一

朱三：“沙鸡”也是我们的猎物之一，回北京后，我在北京菜市场曾见过，全是瘦肉。那时候，我们有时晚上巡海走夜路，偶然在地上发现过一只沙鸡，捡起来提回来就吃了。

后来发现“沙鸡”这东西很容易受惊吓，一受惊吓，它就飞，前100米，它只能飞直线，如果前边有电线杆子什么的，它一头准撞到电线杆子上，撞到电线杆子上，就会被撞死。可庆啊，我们饥饿的肠胃里偶尔也会有一两口“沙鸡”肉通过。

(8) 到树丛中找沙棘果吃

李汀：在“小明沙”架设电话线杆子的时候，我们吃不饱，还会到附近沙漠里的树丛中，去找沙棘果吃。那会儿，不知道那野果子的学名叫沙棘，现在才知道那个东西高VC，是VC之王，是现代一种很时髦的饮料。当时我们只知道叫“酸溜溜”，大把大把地把酸溜溜往嘴里塞。当时生活条件那么差，可是我们没生病，八成与吃那个东西有关系，那个东西是又解渴、又解饿、又有营养。但是，酸溜溜吃太多了也会不消化，放出的屁极臭。

那时候，我们干完活儿，坐着拖拉机往回走，拖斗前面的人放屁，坐在下风头的人可就惨喽！当时，我们学着本地人的口音，编了一个顺口溜，说什么：“酸溜溜屁，浓度6，旋转度12，现在马上到达！”这个顺口溜还有个典故，河套地区靠黄河水灌溉，每年春天解冻后，黄河水到来之前，一定要把主要渠道的水闸都修补好，以备河水流失。当时，职工排长老赵通知大家伙儿黄河水要下来了，水下来的时间是什么什么的时候，他的原话是：“黄河水，3个流量，3点钟，准时到达！”我们学着老赵的河北口音编出了这个顺口溜：“酸溜溜屁，浓度6，旋转度12，现在马上到达！”

当年生活艰苦，我们如此这般，无非是苦中找乐子而已。

再也没有偷吃生鱼的念头了

王苏林供稿

王苏林：原北京灯市口中学69届初中毕业生，1969年8月28日被分配到内蒙古生产建设兵团。1977年病退回北京。分配到王府井新华书店工作。

内蒙古北风呼啸、冰天雪地、零下三十几摄氏度的隆冬，好容易过去了，摧残筋骨的出海打苇劳动，总算画上了句号，春天终于光临。连队似乎也有条件改善一点点生活了，可几顿鸟蛋、野山葱馅的菜团子下去，又吃得我直蹿稀。说也奇怪，在内蒙古兵团八年，我年年闹肚子，跑厕所，有几次还险些没把小命儿搭上。即使如此，我和大家一样，还是盼着改善伙食，每每伙食改善，我和大家一样，脸上往往都会泛着喜悦的光芒。

相当长的一段时间里，我们的饭菜顿顿是熬土豆和煮白薯干儿。那白薯干儿不是现在大家喜欢吃的那种煮熟了、再晾干的，而是把生白薯切成

王苏林（右）与战友连明（左）、刘兆华（中）（摄于2008年）

片儿后，晒干的那种。本来应该是白颜色的白薯干儿，可不知道为什么白颜色的白薯干儿上却偏偏布满了清晰可见的黑霉斑。大家不得不小心翼翼地将霉斑部分掰掉，结果，掰来掰去，一饭盆儿的煮白薯干儿到最后也就剩下半盆儿了。不行，“贪污和浪费是极大的犯罪”，也许是上级领导为了制止兵团战士继续犯罪，他们很快就将白薯干儿磨成了白薯面儿。从此，大家再也不用吃清水煮白薯干儿，也再也不用耗费体力去掰白薯干儿上的霉斑了，取而代之的是亮晶晶、黑乎乎的白薯面儿窝头。

据说，那白薯面儿小窝头极有弹性。一向喜欢闹剧，身高一米九二的朱三曾把窝头摔到地上，那窝头居然敢从地上反跳起来跟他比个儿！白薯面儿窝头刚吃到嘴里，还有一股甜甜的味儿，但几口下去，那甜味儿就让人难以下咽了。这大概一方面是因为窝头里沙子成群，使人们无法细嚼；另一方面是，这东西肚子里装多了会让人胃口泛酸。加上当时配菜是从野地里拔回来的野山葱，哈哈，全连近四百男女战士，干了一天活儿回来，400个饥肠战鼓齐鸣，可是，一见到那拳头大的、黑亮黑亮、且黑里透红的小东西，还有那稀不稀、稠不稠、绿不绿、黄不黄的水熬野山葱，顿时饥鼓戛停、胃满肚饱。

怎么办，各人想各人的高招。

有一次，我偶然听说，生鱼片可以吃，我立即将此信息悄悄告诉了我们班的李大山。大山能吃、能干，且胆儿大。我俩商量好，决心寻找机会检验这一传闻。

一天，连里派我们用小车往回拉鱼，我俩心领神会，认定此乃“得鱼”之好机会。待我们把职工打回来的鱼装到车上，我们捡了一条最大的，起码有三斤多重的鲤鱼放到蒲篓的最上边，李大山在前面拉车，我在后面推。我们一边走一边踅摸机会。当车子推到一个堆了一堆毛苇子（矮小的、只能做烧柴用的小苇子）的地方，我们知道机会来了，我顺手将那条大鱼扔到苇子堆里，然后若无其事地一步未停，大山前边拉我后边推，将车上别的鱼拉回连里。

晚上收工后，我俩拿上盐、辣椒面、酱油膏等，一切我们能找到的调料，带上电工刀回到那堆毛苇子旁，翻出大鱼。刮鳞、开膛、片鱼片。鱼身做菜盘，手指为筷箸，我俩就像野人一般，将那条足足三斤多重的大鲤鱼吃了个精光净。大概是吃速太快，当时，我们只觉得鱼肉发脆，有点儿像海蜇，其实并没有品尝到人们所说的任何佳肴美味；也或许是那一次吃得太多，也就是人们常说的吃顶了，反正从那儿以后，我们再也没有偷吃生鱼的念头了。

内蒙古急需“饲料粮”

西木讲述

公元20世纪60年代末至70年代初，伟大领袖挥巨笔，内蒙古生产建设兵团成立得到批准。兵团各级领导来自解放军部队，兵团战士全部都是来自城市里的知识青年。

兵团建制出奇大，下辖六个师，每师十多个团，每团十多个连，每连300到400人；整个兵团洋洋二十多万，人数相当几个正规军。兵团下属六个师按照“建设钢铁边疆”六字排序，一师为“建字×××”，二师为“设字×××”……六师为“疆字×××”。六个师从二连浩特起到巴盟五原，沿内蒙古北部边疆一线排开。当时成立兵团的目的很神秘，内部消息也没有个正式说法，几年之后，才有“屯垦戍边，寓兵于农”的解释。然而，安排城里无法安置的知青，在边境构筑一条“抵御‘苏修’入侵的备战防线”，大概是当年上边的真实目的。

当年，内蒙古地区的粮食一直都是紧紧巴巴的，全自治区努着劲儿也生产不出自给自足的粮食，每年都需要国家向其调入。兵团一建立，天上一下儿掉下来二十多万张嘴，城里的学生又不会种地，加上内蒙古的盐碱荒滩也确实难以种出粮食，于是二十多万人的人吃马喂就成了大问题。

刚开始，国家考虑内蒙古粮食供给困难，决定兵团战士吃商品粮（国家计划调拨粮），定量每人每天1.5斤，以玉米面等粗粮为主，兵团战士全天每日三餐窝窝头，日子虽然艰苦，但在当时的条件下，有粮食吃就不错了。到后来，全国“农业学大寨”，各省争着向中南海“报喜”，抢着报告自己地区的粮食获得“大丰收”。在这种形势下，内蒙古也急了，反正“人有多大胆，地有多大产”，愣是向中央报告说全自治区“农业学大寨”成效显著，粮食产量大增，已经达到自给自足了。中央闻讯大喜，大力表彰之余，相应地停止了向内蒙古粮食的调入。这下惨了，二十多万人吃什么？紧急关头，不知哪位高人给自治区领导出主意：报告中央，我们内蒙古的口粮是自给自足了，但是畜牧业要大发展，饲料不够了，需要中央支持。于是，中央又紧急从东北调来高粱，从山东调去地瓜干儿，以支持内蒙古的畜牧业生产，如此一来，这些“饲料粮”最终便“喂”了我们兵团战士。

七连的人都记得那段日子，在长达两年的时间里，我们的口粮由玉米面变成了高粱米和地瓜干儿。每人每月45斤定量，除了有三斤是粗面粉（每百斤小麦磨出90斤面粉）外，其余全部是地瓜干儿和高粱米。一开始，我们没有经验，把地瓜干儿直接蒸着吃，但地瓜干儿很多是发了霉的，再加上上边沾了沙子和土，根本难以下咽，肚子填不饱，大家饿得嗷嗷叫。

后来，炊事班想办法把地瓜干儿磨成面，用地瓜面儿蒸窝头和熬粥喝，美其名曰：粗粮细做。粗粮细做后，“细粮”总算可以下咽了。但那地瓜面儿蒸出的窝头，漆漆黑黑，吃起来有股怪味儿，趁热吃还行，如果放凉了，就变成了用牙咬不动、但拿起来往地上一摔能蹦起一尺多高的“黑橡胶疙瘩”。再说那地瓜面儿粥，熬出来黑漆漆的不说，粥放凉了就变成一大块，只能用刀切成小块儿，用手拿着吃。

光吃“饲料粮”也就罢了，更难为大家的是没菜吃。那年月，刚到兵团，人们还不会种菜，寒冬一来，菜又买不到，在那种情况下只能吃咸菜，有时上山挖点野菜（野山葱），回来用水煮煮，也就打发了。

有一段时间，甚至连咸菜也没的吃了，每天开饭，大家只能从食堂打回一盆黑乎乎、亮晶晶的窝窝头，抓把盐，沏点儿盐水就着窝头吃。高强度的体力劳动，加上天天地瓜干儿、地瓜面儿、又没菜吃，很多人患上了营养不良症：有的夜盲，有的指甲上翘……再看看大家的脸色：一水儿的地瓜色。更有意思的是，人们吃什么拉什么，厕所里愣是一水儿的黑色，黑漆漆一大片。那情景，人黑、饭黑、屎黑，全连上下同一色，蔚为壮观。

百雀宴

杨乃宏供稿

杨乃宏：北京人，原北京第27中学68届初中毕业生。1969年9月5日参加内蒙古生产建设兵团，曾是三排战士、班长。1974年被推荐上了武汉钢铁学院钢铁冶金系，1977年毕业后，被分配到冶金部第二十冶金建设公司。1992年调回北京，在国营企业工作，1994年下海至今。

大概是1972年深秋的一个晚上，康六儿，这个无闻不晓、无事不通的精灵鬼，喘着粗气跑进宿舍，兴冲冲地对大家说："告诉你们一个好消息，我刚从食堂边上的粮库经过，看见那儿有好多麻雀飞进去了，咱们去逮吧。"这可真是个好消息，全班人齐声喊"妙"。说干就干，我们抓上手电筒，一窝蜂似的冲向粮库。

几分钟光景，我们赶到粮库。大伙儿一看，明白了，粮库墙上有个窗户，窗户上破了个洞，不用问，麻雀是从那个洞钻进粮库的。麻雀能进我

杨乃宏（左）与战友（摄于2009年）

们就能进！大家按先后，爬上窗户鱼贯钻进了粮库。打开手电筒一照，好家伙，数不清的麻雀满屋狂飞，地上到处都是被这帮家伙祸害了的粮食。我们天天都吃不饱，岂容得你麻雀们从我兵团战士口中夺粮？是可忍，孰不可忍也，打呀，决不留情！我们用麻袋把窗户堵上，先断了这帮家伙的逃路。然后，扫把拍，麻袋扑，还有的人干脆脱下上衣抡，也就是十几分钟的工夫，一场麻雀歼灭战宣告结束，粮库里所有的麻雀全部被击毙，无一逃窜！兴奋之中大家把死麻雀，昏迷的麻雀统统装进麻袋，数了数，足有一百多只！哈，数风流人物，还看今朝。年华正茂的兵团战士大获全胜！大家高兴地说："我们吃不上百鸡宴，但今儿晚上我们可以吃百雀宴了！"

回到宿舍，人们七手八脚，先烧了一大锅热水，煺去雀毛，开膛破肚，洗净入锅，不多时，满满一大锅新鲜美味的雀肉呈现在大家面前。当时没啥调料，但是在那食不果腹，难得见荤的兵团日子里，即使是清炖白煮的雀肉也可谓上等美味佳肴。饥肠如鼓的我们，哪里还在乎有没有油盐葱姜，亲爱的战友们，往上冲吧。说时迟那时快，风扫残云，锅见底儿了，一大锅的雀肉转眼被我们吞进了肚子。当其他班的战友闻味儿赶来时，也只剩下打扫残羹的福分了。

当年七连三排部分战友（摄于1969年）

是汇报，还是同流合污

朱三讲述

1970年那会儿，我得到一个美差，不知道连里为什么发慈悲把我和另外两个人派到庙圪堵去巡海、看苇子。巡海、看苇子可以不干活儿，天天在那儿纯住着。后来老乡还巴结我们，居然送给我们一条狗，他们的意思是想让我们放他们进乌梁素海去打苇子。其实，那条狗也不是真送给我们，就是让我们玩玩儿。有了那条狗，每天我们吃什么，就给那条狗吃什么，久而久之，那条狗见了兵团战士就觉得亲。

2008年朱三（左）与老顾（中）刘春阳（右）忆当年

有一天，颜小真去团部，那条狗跟着他来回跑了一路。小真当时饿得不行了，突然想吃肉。不知道他当时突然产生了什么邪念，恶性大变生，觉得那狗对他有所不恭，于是下手就把狗给弄死了。弄死后，他没敢把狗拿回到连里，先把狗埋在雪堆里，回来告诉我们他今天把狗打死了，半夜让李大山悄声没气地把狗拖回5班后，大卸八块，然后给炖了。大家吃的时候，有人建议："咱给班长留一碗吧。"当时我们还真给班长留了一碗。

那时，我们5班长是复员军人老顾（育斌）。按老顾的革命觉悟，他是一定要到连里去汇报的，但是，那次他没去。可是，他还是有革命性的那一面，所以我们吃肉的时候他没吃，他躲开了，等我们吃完了，他才回来。现在回头想，估计他是出去思想斗争了：是吃，还是不吃？是汇报，还是同流合污？斗争的结果是：我不汇报，但是，也不同流合污。所以，吃肉的时候，他走了，但是这次他也没向连里汇报。大概老顾也饿得不行了，出去转了一圈儿，又回来了，最后，竟然还把这帮人给他留的那碗肉给吃了！

当年的七连女战士（摄于1969年）

做了十几个闸

吴家翔讲述

在乌拉特前旗挖大渠的时候，人们除了累，还有就是饿，而且是真饿！当时我是10班的班长。我饿，我们班的每个战士都饿。饿了怎么办呀？那时候，我们班有个人叫李建军。有一次，我们俩人聊天儿，我跟他说：“我饿。”他也说他饿。我说：“你们都嚷嚷饿，饿就得想辙呀！伙房有吃的啊，黄豆、大油、窝头、白薯干儿什么的，去弄呀。”他说：“那怎么弄呀？没法弄。”我说：“你饿不饿？你还是不饿。”我的意思是说，“你要真饿，你就到那儿想办法去。”他问我：“那怎么去弄呀？”我说：“你看哪个地方能进去？进呐。”他又问我：“咱俩谁去呀？”我说：“当然你去，我是班长，我怎么去？你又饿，又不想弄，那怎么办呐？”

李建军（右）与战友（摄于2009年）

后来我做了十几个阄，其中一个是进伙房偷吃的的。我对大家说："谁抓到那个阄谁去。"大家一致同意，我让大伙儿先抓，抓剩下最后一个是我的。别人都抓完了，剩下一个，打开一看，嗨，给我剩的那个，竟是进食堂偷吃的的！我说："真倒霉！我是班长，我怎么能……"可是没法子，君子一言出口，千军万马难追，我说的话不能不算数，去就去吧，晚上我就去了。弄了根绳子拴在食堂的窗户框上，抓着绳子，顺着绳子我就下去了。食堂里有什么就弄什么呗，黄豆、大油什么的，回来大家饱餐了一顿。

还有一回，我们班有个叫小郑的，还有一个叫小明的，当时大家都是小孩儿。人家小郑从早饭里省出一个窝头，烤在火炉子上，想等打完芦苇回来再吃。结果让小明给吃了。本来，你承认你吃了，就算了，大伙儿天天睡在一个炕上，一个窝头，没什么大不了的。可小明瞪着眼不认账。他吃的时候，大伙儿都看见了不说，等他一说话一龇牙，牙缝上还带着窝头渣呢！

过了会儿，人家小郑在自己睡的炕上整理相片，别人都等着，再待会儿就该吃晚饭了。说来也巧，这小郑、小明俩人睡觉挨着，这下可好，小明觉得刚才为窝头的事儿，丢了他的面子了。他呼啦一下子，把人家小郑的床单给掀了。当时宿舍那地有多脏啊，又是泥又是水，那些照片根本没法要了。这下小郑急了，在那儿哇哇地直哭。我在屋子另一边一听就急了，我问："你们那儿干吗哪？"我过去问清了情况，决定教训教训小明。你不教训他还好点儿，你这一教训他，他还来劲了。他说："你凭什么管我？"我说："凭什么？就凭你欺负小同志！"我说："别废话，把裤腰带解下来！"你别说，他还真给我解下来了。我拿起裤腰带来就抽了他一顿。

事后，张连长在全连晚点名的时候，点了我的名，说："10 班班长吴家翔，看着他挺不错啊，平时说话挺什么的，打起人来还真狠，真敢下手。"在全连人面前狠狠地撸了我一顿。

捞稠的

西木讲述

当年每天出海打苇子回来，晚饭除了两个窝头外，每人还能分上一碗白菜疙瘩汤。那汤里除了白菜、辣椒面儿、表面上浇的煎花椒油，同时还煮进去一些面疙瘩。

经过一段时间的观察，我们发现：干完活儿先回到驻地，先到食堂打饭的人，把疙瘩汤上面比较稀的先打走了，等后回来的人再去打汤的时候，汤就比较稠，就是说汤里带的面疙瘩比较多。要是能喝上一碗这种面疙瘩比较多、稠一些的白菜疙瘩汤，再加上两个窝头就会感觉比较饱，觉得比较享受。于是，我们哥儿几个故意晚回连队，专门等着去打那疙瘩汤的“底儿”。当然，这还必须掌握好时间，因为如果回来得太晚，很可能汤就没了，那就意味着我们只能干干地吃两个小窝头了。

1999年当年的炊事班战士王秀桥（左）魏大邦（中）赵虎林（右）在坝头村相聚

当年为了安抚那天天喊冤叫屈、日日抱怨受虐待的肚子，人们还积累、总结了不少盛饭的小经验。比如说：我们班的崔子祥被大家誉为“捞稠者”。他的秘诀是：（勺子）快下慢抬，意思是说：用勺子到盆里盛汤时，下勺子的时候要快。但是当勺子舀到汤后，往上抬的时候一定要慢，这样才能舀到比较稠的，而且把稠的盛上来。

崔子祥还总结出另一条经验：喝粥或喝汤的时候，先盛半碗，然后玩儿命快喝；等喝完那半碗，赶紧再盛第二碗，然后再慢慢喝。这样别人只喝到一碗，他却可以喝到一碗半。因为他觉得如果先盛一碗，等他喝完了那一碗，再去盛第二碗的时候，粥或汤很可能就没了。

说到捞稠的，我们1班有一回还真捞出一件事儿来。

有一天收工回来，天色已晚，黑灯瞎火地去厨房打饭。干了一天活儿，个个又累又饿，不用说，人人当然都盼着能打回一盆稠的。你还别说，那天我们打回去的粥还真稠，稠得粥底下竟成了个大坨子。当时哥儿几个别提多高兴了，心说今儿我们1班可捞着了！赶快回班去分吧，结果一分才发现那个大坨子原来是一只死老鼠。那老鼠倍儿肥，有斤把重，浑身黑毛。早盛已喝上汤的弟兄们一见此景，“哇”一声，翻肠倒胃地吐了起来。

后来我当了上士，常有机会到炊事班，那时我才发现炊事班里的老鼠个儿都挺大，常常是等炊事班的人做完饭，它们就在灶台上或者锅沿上蹿来蹿去找食儿吃。因为锅沿太滑，稍有不慎老鼠就会因站不住脚而掉进锅里。如果此事当即被炊事班的人看见了，目击者就会将其捞出，那战士们打饭时也就只见粥汤不见鼠；如果没人看见老鼠落锅遇难，其结果自然就如同我1班，将其遗体当成“稠的”打回班里。

全连美美地吃了一顿美美的炸酱面

李秀芝讲述

我在七连炊事班干过一段时间。开始，我还不愿意去，后来，我才发现，在炊事班干活儿，其实比在排里轻松。首先，在炊事班干活儿的时候，不用风吹日晒；第二，大冬天不用到海上去打苇子，这在当时可算得上是两大福事。

在炊事班的时候，有这么几件事儿，我至今都还记得挺清楚。

一件事，有一天，炊事班里不知从哪儿跑进去一只黑猫，猫身子足有

当年的李秀芝（前排右）与战友陈德瑜（左）毕兰菊（后排左）李键（右）（摄于1969年）

两尺长，是只野猫。说来也怪，一见到那野猫，炊事班的人同时产生了同一个想法，打死它吃肉！就在食堂做饭的那个大屋子里，人们开始追击。猫吓得满食堂乱窜，大伙儿四面阻截，八方捕捉，没有什么比饥饿的兵团战士们的战斗力更强的了，更何况是关起门来打猫，不一会儿，猫就变成了阶下囚。很快，有人就把猫皮扒了，然后炖巴炖巴，人们就把猫肉吃了。有意思的是，当时这一切都进行得那么有条不紊，顺理成章，默契无争。搁现在，谁吃啊，可那时候，人们肚子里缺油水啊！

还有一件事，炊事班有一位臧师傅，他用剩的馒头给兵团战士们自制了很多面酱。有一天，连里要给大家吃炸酱面，臧师傅于是打开酱坛子，准备用自制的面酱做炸酱，谁知打开酱坛子一看，面酱里有一只挺大的死癞蛤蟆。我当时在旁边看见了，就问臧师傅："这还能吃吗？您还不给倒了呀？"臧师傅说："不用，没事，这怕什么的？"就这样，酱，照炸不误，炸酱面，照给大家吃不改，那天全连美美地吃了一顿美美的炸酱面！

我还记得那时候蒸馒头，一揭锅，哈气一下子冲上屋顶，等哈气散了，再看下边的粥锅里，粥上浮了一层死苍蝇。每每如此，我们就用笊篱把死苍蝇捞巴捞巴，等各班打粥来了，依旧按人头儿分配。怎么办呢，那会儿的条件就那样。

七连战士在菜地（摄于 1969 年）

潜意识中，她们已经感觉到男女之间……

西木讲述

不知道是因为大家正长身体所以吃得多，或者是因为干活儿太累、太辛苦，还是因为伙食不济，加上斤两不足，总之，当年的大家就是吃不饱，而且长年吃不饱，特别是男生。后来不知女性半边天是谁发起，饭后给男生送“她们吃不了的窝头、馒头”，而且是一班对一班。

大概女生排有的班的人吃得少，也有的吃得多，因为女生班给男生班送的窝头多少不等。但是不管是多还是少，男生还是真盼着女生能给送些窝头。我们1班属于收到女生送的窝头比较少的一个班。大概是跟我们“一帮一、一对红”的六排21班女生也吃不饱。我们看见人家别的男生班老收到女生的“滋补”，且数量比我们多，整天被饥饿折磨着的我们心里莫名其妙地特搓火。

一天，我们班长说：“以后咱们上工就从21班门口过。”“一二一，一二一”，“哐、哐、哐”。从此以后，我们扛着铁锹、踏着重步、喊着口号专意从21班门前过。就这么着，21班开始有一段时间愣没反应。不过你还别说，走了那么几天，大概是21班醒悟了。有那么一天早晨，我们又从21班门前经过，同样，重步走，口号喊，“一二一，一二一”。突然，我们看见21班的一位女生从她们宿舍里跑出来，边跑边冲着我们大声喊：“1班的，给你们窝头!”大概是因为当年大家正处在害羞的年纪，那女生只顾冲刺，没看见房子前边的晒衣服铁丝。结果话音没落，她脖子正好卡在那根铁丝上。只听“扑通”一声，女生摔了一个大仰巴颏儿。饭盆儿飞出去老远，盆儿里窝头撒了一地。1班男生都被眼前情况惊呆了。说时迟那时快，只见21班飞快地又冲出来一个女生，“嗖、嗖、嗖”，把滚在地上的窝头捡回到盆儿里，端起盆儿追上我们，把一盆儿窝头递到我们手里。

拿着21班送到我们手里的窝头，我当时心里十分触动，说不清是感谢、是心酸，还是什么。现在想想，那年代人都不懂感情，要搁现在，这份情意咋报答都不过分！

还记得刚到兵团第一年过年吃饺子，每个人三斤馅儿一斤面，馅儿是拌好了的胡萝卜羊肉馅儿，面是和好了的黑面“90粉”。领回来大家齐动手，拿酒瓶子当擀面杖擀皮儿包饺子。可问题是：三斤馅儿一斤面听着挺多，可一包出饺子来怎么就那么一点儿？是不是那分量是按湿的算的？因为等我们包完饺子吃到肚子里，才发现我们顶多吃了个半饱。见此景不知谁说了一句：“21班说不定会给咱们送饺子来。”当时我灵机一动，提议：“为了确保21班给咱们送饺子，咱应该把咱的饺子留一碗，先给她们送去。礼尚往来，中国人传统，有去就一定有来了。她们不可能吃了咱们的饺子没反应。”听此招，大家齐喊：“高，就照此办理。”大家推举赵振海去给21班送饺子。赵振海哒哒哒，撇着“天津步”（意为“八字步”），手举着一碗饺子就奔了21班。

第一年过新年，人们还都住在职工的小土坯房子里。赵赶到21班的时候，看见人家21班的女生还正在包饺子呢。赵个子高，老房子矮，他手托着碗饺子没进21班屋里，直接从窗户就把手伸进去了。“21班的，给你们饺子。”人家十来个姑娘有说有笑正聚精会神地包饺子呐，忽然听见有个男生说话，还一口天津味儿，吓得“嗷嗷”直叫。赵一紧张，手一哆嗦把一碗饺子全扣在人家砧板上了。见此景，赵振海扭头拔腿就跑，碗也没顾得拿就回班了。你还别说，不多时21班送饺子来了，而且是一大盆儿！虽然好些饺子皮都破了，可不管怎么说，是一盆儿呀！那盆儿饺子一下肚，还真把这帮哥们儿的肚子填饱了。

现在想想，其实那时候女生也吃不饱，但是在那种条件下，大家心里都有一种感觉，你说那是荣誉感也好，什么感也好，实际上男女之间的那种情分已经大于“吃饱吃不饱了”。

女生宁肯自己少吃，甚至吃不饱，也要剩点儿给男生送去。那种男女之间的情谊，并不一定是女孩子喜欢男生的那种男女之情，但潜意识中，她们已经感觉到男女之间的互相帮助、关心是很必要、很重要的了。

吃油条

朱三讲述

到内蒙古兵团几个月后，肚子里已是饥肠如鼓，油水全无。忽听说，15 里地以外新安镇有不用粮票可买的油条，顿时垂涎欲滴。摸着口袋里刚发的几块钱津贴费，我决心闯新安镇，以安抚我的饥肠。

朱三（左）与上官三彪（中）张宝华（右）（摄于 2008 年）

星期天的早上，我和上官三彪天不亮就爬起来，一炮黄尘，赶到新安镇。还好，看样子刚开炸，油锅旁只排了三四个人。加快步伐站到队尾，回头看时，后面已是又排上了五六个人。少许，前边几人或已吃完或已带走，很快就轮到了我和三彪。“要几根?”卖油条的问。“你炸哇，吃完给钱。”我学着当地人口音跟他说。“行哇，你们吃哇。”卖油条的说。

就这样，我和三彪叉开两腿，油锅旁一边站一个，便吃将起来。接下来，是炸油条的炸一根，我吃一根，再炸一根，三彪吃一根。就这样，我一根，三彪一根；我一根，三彪一根，不知我俩吃了多少根，回头一看，排在我们后边的人早已怏怏地全离去。顾不了那么多了，兵团战士的肚子实在太需要那油条了。正当我们吃得津津有味、意犹未尽，忽听卖油条的说：“没了，算账。”“多少钱？”我问。“你吃油条，你咋不记数了？算了，按我那块面说，算你们一人吃了 20 根，一共四块钱啦。”我和三彪一听，互相看了一眼，说：“就这样吧。”我们交了钱，转身离去，心说，“我们占大便宜了，实数肯定不只这个”。回连路上，我俩一路走，一路琢磨：20 根油条差不多二斤粮食呢，照这么算，一个月我们一个人怎么着，也得一百多斤粮食，才能吃得饱哇！

新安镇一角

第五章

就是小学，也上

奉献和创造是人生的价值

兀良哈讲述

兀良哈：蒙古族，内蒙古赤峰人，原内蒙古呼和浩特市师范大学附属中学68届高中毕业生。1969年5月26日参加内蒙古生产建设兵团，在兵团期间曾担任过七连班长和上士。1973年调到十九团后勤处机运股，1974年被推荐上了“蒙专”，1978年考上内蒙古大学研究生院。现任内蒙古大学副校长（自1995年始）、博士生导师。

采谈时间：2007年9月

采谈地点：内蒙古大学校长办公室

1969年5月26日，我从呼市到了七连。刚到那天，我们吃的是“骨顶”（一种水鸟，学名叫白骨顶或骨顶鸡）蛋汤，还有馒头，感觉很不错，觉得能吃上蛋汤之类东西的地方，应该就不错。晚上点个油灯就把我们分了。我被分到1班，小小矮矮的土坯房，几个人睡在里屋，我和另外四五个人睡一个炕，在外屋。

第二天就开始劳动，干的是起猪圈的活儿。过了一个星期了，我还没给家里写信，白天劳动没时间写，晚上开会、学习也没时间写，加上让点油灯的时间有限制，点一会儿灯还没干什么事，就吹熄灯哨了，没有自己的自由时间。一天中午，我跟班长请假写家信，班长说：“行，但是你不能影响别人。”就这样，那天，我中午没睡午觉，趴在炕上写了第一封家信。

从1969年在七连，到1973年调到团后勤处机运股工作，三四年的时间里，我在连里做过这么几件事，觉得还是挺有意义的。

当大学副校长的兀良哈在办公室（摄于 2007 年）

一件事是试种水稻。1970 年四排战士姚莉莉的父亲到内蒙古兵团去看她的时候，从在宁夏的国务院“五七干校”带了一口袋稻种。姚的父亲说宁夏那个地方也是黄河灌溉，也是盐碱地，温度和我们那儿也差不多，希望我们试一试。连长把试种水稻的任务交给了我。我不知道连长当时为什么找我，他只是说：“你负责把这包稻种给我种出水稻来。”那时候，兵团战士只知道服从命令听指挥，所以，我啥也没说，就接受了。可我心里想：像我这样出生、成长在内蒙古的蒙族人，吃过大米，可从来没见过水稻，更不用说种水稻了。怎么办？后来，我找了个机会到乌拉特前旗书店买了本薄薄的《怎样种水稻》的科普读物。回来以后就看啊看，里面讲的还挺全，什么条播、撒播、插秧、何时灌水、灌到什么程度、什么时候分蘖、锄草、施什么肥、什么时候去水等等应有尽有。之后，我在七连航道的西头用木头搭了个架子，架子上吊上个水桶用来汲水。又在航道西头南边大概 20 米的地方开了一片“水稻田”，按试种的种类把“稻田”分成几块，有用来条播的、有用来撒播的。从那儿以后，我每天和大家一样下地干活儿，收工回来后，吃过晚饭就到“水稻田”去浇水，每天 200 桶。水不用人挑，而是挖条小沟渠，把从航道里汲取上来的水倒进小沟渠里，水就顺着小渠流到“水稻田”里去了。当时，这些事就是我一个人干，没有任何帮手。每天，我观察水稻的高度、分蘖情况。5月播的种，到秋天的时候水稻就长到一米多高了。我想有一米五吧，穗有一尺多长，长得非常好。连长一看，说："这下可好了，我们能吃上大米了。"非常可惜，最后割稻的时候，我不在，被派到"180电厂"挖地下管道大渠去了。后来听人们说，大概因为播种得太晚，所以，虽然那年的水稻长势很好，但是并没有灌浆结稻粒。

当年的兀良哈（右）与战友在农田（摄于1969年）

后来，连长决定第二年在航道南边种80亩水稻。我记得那时是5月份，上面黄河来水的时候，底下还是冰，有一次决堤了，我带着我们班的人去堵堤。水太大，我们就先用苇草把子堵在决口上，然后用头顶着草把子，后面的人就往草把子上垫土。最后，我们自己都被压在土底下了，鞋、钥匙都掉到泥里找不到了。后来，80亩水稻长得不错，亩产1000斤，一下子亩产过了"长江"（黄河 亩产400斤、长江 亩产800斤）。团里、师里还在我们连开了庆功会。这下子连长可高兴得不得了啦，于是决定第三年扩种到500多亩。整个连部南边都是水稻田。不过，那时候连里派人负责这件事的就不是我，而是杨仁宇了，杨仁宇也因此变成了我们七连"英雄式"的人物。

5月的内蒙古依然寒气逼人，当时要十几个男生拉一个大铁耙在刺骨寒的水里平整土地，女生也得在尚未解冻的泥土地里一站就是一天，现在回想起来，当时大家真是吃尽了苦头。那时，人们在泥水里踩来踩去互相溅得浑身上下都是泥，当时我们就两身衣服，上工时穿湿的那套，下工回来把干的那套换上。每天下工回来把衣服上的泥巴洗一下，第二天衣服根本就干不了，就那么湿着，冰凉冰凉地就又穿上了。当时，大汀领着大伙喊号子："革命加拼命，拼命干革命，干出一身病，回家去看病。"当年那些活儿，不应该都是人工干的呀，于是我就琢磨着制作拖泥船。

当时一块儿琢磨着制拖泥船的有几个人，张仲还有小点儿等我们 4 个人。因为我在包钢有点儿关系，我就到包钢去找人加工齿轮、涡轮、船体，还跟人家借柴油发动机，希望能减轻大家的劳动强度。后来我又到北京郊区大兴县去看过一个工厂，是制插秧机的。我找他们的技术员借人家的图纸看，在那儿拿薄纸描了一天人家的图纸。那时候，人们还挺有共产主义精神的。我也到十九团找了一个姓欧阳的技术员，他也挺热情，但是插秧机却始终没制作出来。

第二件事是让七连用上了电。试作拖泥船的时候，我认识了包头第一电厂的领导和军代表，后来关系还挺密切。我跟他们聊天的时候，提到我们连里没有电，很想改变这个状况。他们告诉我，包头第二电厂有个小汽油发电机，可以借回去，自己发电。我又通过包头第一电厂的军管会主任给包头第二电厂的军管会主任写了一封信，我拿着信去找包头第二电厂。他们听到这个情况，人家挺痛快，说："行，我们支持你们，放着也是放着，借给你们，用去吧。"我现在还记得，汽油发电机是天津产的。我又找了辆大卡车，卡车本来是从包头到宁夏送货的，牌子我还记得，是意大利产的太托拉，6—8 吨的大卡车。司机我并不认识，但是当我向他讲明情况，司机二话没说，把发电机放在货运车上，绕了来回 40 多里的搓板路，给我们送到了七连。到了连里，人家把汽油发电机放下，连碗水也没喝，就走了。发电机声音大，汽油容易着火，于是就把它放在离营房远一点儿的一个独立小房子里，让小点儿（殿林）负责看着。从此七连就算有了电灯。

有了发电机以后，我就又琢磨着要是能让大家看上电影就好了，这也就是我为七连干的第三件事。

我听说在包头有一个 8.75 毫米的放映机，人家用了一年后想处理掉，知道了这个消息后，我很动心。我忘了这个消息是咋知道的了，好像是到包头出差，跟人聊天儿聊出来的。当时 8.75 毫米的放映机刚出来不久，很难买到。于是，我用自己的钱买了三条烟，两条准备送给卖放映机的人，一条留给自己。虽然我不会抽烟，但是那时也得假装会抽，给人家烟的时候，我自己也得抽哇，这样好跟人家说话，那会儿兴那个。递过去一支烟就可以说话了，没这支烟就开不了口，跟现在请人吃饭办事一样。到了包头，跟他们讨价还价后，就买下来了，具体多少钱，我已经忘了。当时，出差规定，每人每天四毛钱伙食费，再补助一毛钱，四毛钱加上补助的一毛钱，一天就是五毛钱，这点儿钱在外出差根本不够，结果因几次出差我欠了七连一百多块钱。一百多块钱在当时是很大的一笔款，相当好几个人一个月的工资。但我又不能平白无故跟家里要钱，就这样欠着，后来我调到团部后勤处，欠条也随我转到了团部。1974 年我上大学离开兵团的时候，机运股朱股长对我说："你先走吧，这笔账先记到我头上。"后来我上了"蒙专"以后，攒了点儿钱，才还给了朱股长。

当年的姚莉莉（前）与战友曲兰迪（后）（摄于 1969 年）

放映机买回来后，片子又成了问题。当时片子由电影公司统一管理，于是又去走后门搞片子。我从连里提上 20 斤大鲤鱼，背着就去了临河，找电影公司经理。经理是个女的，我跑去的时候，正是大年三十，人家一家人正准备吃年饭。我告诉她我登门拜访的原因，并把大鲤鱼一放，这下子，人家可高兴了。“行!”春节特批，片子租回来了。可是看完了电影，片子两周又得还回去。回去还的时候，我叫上哈斯，这样，我就可以让她和电影公司的人互相认识了，以后哈斯就可以负责去借，去还了，我就不用管了。我记得那会儿，我们去电影公司是坐火车去的，火车上根本没座位，我们就坐在车厢过道的地上。联系上以后，电影公司就开始把我们七连列为可以租片子的单位了，从那儿以后，我们就可以借电影片子看了。这在当时，应该算是我们当年的一大文化生活。

我为七连做的第四件事是：我们喝上了压水井的地下水。过去喝的水都是我们驻地西边一个开口井里的水，人们每天用水车把水从水井拉回食堂做饭。我在新安镇十二团团部试作制砖机的时候，壮着胆子找到他们团长，说我们是十九团的，希望弄一个井头，弄一根儿几米长的钢管，解决吃水问题，希望他们能支援我们一下，人家一听还真给了。从此我们连的食堂就有压水井了，但是，我记不清压水机连长是找谁装的了。

除了给七连做了那几件事以外，我跟大家一样，在兵团的时候也吃了不少苦。

记得有一次烧窑，下雨了，苇垛湿了，我们去拉苇子，我的手一下子被划了一个有一寸长的大口子，鲜血流个不止。到老裴医生那儿上点消炎粉，包上后就又回去干活儿了，根本没休息。一个星期以后，又去看医生，打开一看，绷带里面的伤口还在流血，手心儿里全是血块儿，口子的两头儿长住了，可中间没长住的地方，还在流血，而且消炎粉长在伤口里边了。没办法，老裴医生又用双氧水给我洗，拿镊子往外夹血块儿和消炎粉，好疼呀，又流了好多新血，后来，很长时间才慢慢长合起来，从那儿以后，我这只手就麻了。做制砖机螺旋木头模子的时候，这只手又让张仲用锯给锯了一下子，跑到十二团缝了七针，大拇指好多年都是麻木的。

还有，那时候割麦子要早上三点半起床，走到地头大概有几里地，四点多钟到地里开始割上一段时间天才亮。到了晚上，腰酸腿疼，左手全是被镰刀割伤的口子，加上天气热，蚊子咬的怎么也睡不着。

其实，吃苦没关系，连里有好事，像表扬、表彰什么的，从来也都没有我的份儿。其实，这些我也不是那么在乎，给我刺激最大的一次是1973年的时候。我和七连另外几个人被推荐到团部去参加大学升学考试，结果我考了96.8分。据说，在整个二师排第三，但是，最后上学没让我去。当时，我非常不理解，我去问领导，当时领导的解释是：“考试考得好的都是‘白专道路’，你们只知道复习功课，不好好干活儿。”当时就因为出来个轰动全国的“张铁生交白卷”（即 1972 年 7 月 19 日《辽宁日报》以“一份发人深省的答卷”为题刊登了辽宁省兴城县白塔公社下乡知识青年、生产队长张铁生的一封来信。称张在参加辽宁高等学校招生考试时在物理化学试卷上没有答题，交了“白卷”。“虽然在文化考试上交了‘白卷’，然而对整个大学招生路线却交了一份颇有见解、发人深省的答卷。”8 月 10 日，《人民日报》予以转载。此后，张铁生便成为风云一时的“反潮流”新闻人物），一时形成：家庭出身好，只要干活儿好，交白卷也应该上大学，考试成绩不是考虑能不能上大学的依据。当时我很生气，也很苦恼。我到兵团后一向好好干活儿、努力工作，从来吃苦在前，这次考试又考得那么好，领导有什么理由把我卡下来？可是他们就硬是把我卡下来！我想不通。当时我想，1966 年“文化大革命”开始后，我们学校同学的家长一个个挨斗，我也被打成“内人党”（即“文化大革命”当中内蒙古地区开展的所谓的揪“内蒙古人民革命党事件”。是康生、江青、谢富治等一手制造的一个大冤案，1979 年 3 月被党中央彻底平反），差点儿蹲了监狱。现在我一切条件都具备了，可就是不让我上大学。我怎么想也想不通。我认为中国社会出了问题，中国已经到了极其危险的地步，已经到了黑暗的地步，正义和老百姓没有出头之日了。我不知道，中国社会向何处去？中国的光明在哪里？

那年回家探亲，我从赤峰坐火车路过秦皇岛，我在秦皇岛待了三天，一个人跑到海边坐了三天。我看到大海无边无垠、海阔天高，觉得心胸顿时开阔；看着海水汹涌澎湃，后浪推前浪，不知不觉感到胸中产生一股浩然之气；倾听着海涛哗哗，不知疲倦、不分昼夜拍击岩石，觉得好像有什么东西在抚摸我兵团时积存在心的烦闷，突然有那么一瞬间，就在那一瞬间，我心灵深处似乎突然产生一种震撼，一种深深的震撼。是呀，我还年轻，毛主席说：“年轻人就像早晨八九点钟的太阳。”我们年轻人生命力强，前途无量。当时我站在岩石上，心中的烦闷顿时消失得无影无踪。

我面对大海发下誓言：国家的大学不让我上，我要自修学习，谁也管不着，谁也挡不住！我的命运，我要自己掌握，这个命运我可以自己掌握！

从秦皇岛回来后，我精神焕发，因为我的奋斗目标清楚了。马克思忍饥研究哲学、政治经济学，撰写出《资本论》；列宁被流放到西伯利亚还坚持理论研究，他的哲学笔记就是在西伯利亚写出来的。伟人的事迹激励着我，鞭策着我。1973 年我被调到团里以后，除了白天在后勤机运股管账外，我还抓紧晚上时间看书学习。1974 年大学又到兵团招生，领导把我推荐上去了。但是当时只能上“蒙专”。当时“蒙专”招生的老师问我：“你是高中毕业生，‘蒙专’是中专，你愿意上吗?”我回答说：“小学我也上，我不在乎学校的高低，只希望得到学习的时间和机会!”

上了“蒙专”后，很多东西我已经学过了，所以，学校安排的很多课，我只去参加考试，不去上课，我抓紧一切时间、机会自学。记得那时候英语挺提倡，我就开始学英语，也是自学。但是，只自学不行呀，得学读、写呀。我想了个办法，到我们学校南边，有个师范学校，去偷听课，教室是平房，坐在外头，拿到人家的课程表，通过认识人，问工宣队偷听你们的课行不行？他们同意了。我买了同样的教科书。有一次，我们班上蒙文作文课，老师布置完作文题走了。我挺高兴，跟班长请了个假，就去听英语课了。结果一会儿，老师又回来了，看见我不在，就问我哪儿去了，班长只好实话实说，说我到南院听英文课去了。老师一听大怒，好哇，我的课你不上，到南院去听英文课。他一下子就把我告到学校去了。教务处、工宣队、校领导、班主任全都被告了。学校让我写检查，检查要写三部分：第一事情经过，第二怎么认识，第三为什么出现这种情况。我解释说，为了学好外语，为了学更多的东西，为了不浪费时间等等，他们大概后来了解到管教学的副校长和亲先生是我的一个远亲，就这么着，他们说我的检查写得挺好、挺深刻，不给处分了，以后注意不要再旷课。其实，教务长本来就知道这事，我事先跟他讲过，他一直是睁一只眼，闭一只眼罢了。

1978 年，为了报考研究生院，我坐了两天的汽车，赶到临河去参加考试。内蒙古大学研究生院毕业后，又到东京外文大学，学了一年半日语。到土耳其待了两年。1984 年，当了内蒙古大学研究所副所长。30 人的研究所，从给大家发工资、收党费、过组织生活，到分菜、探望病号等吃、喝、拉、撒都管。那时我白天工作，晚上搞业务，睡眠严重不足，1986 年，我累垮了，得了带状疱疹。2001 年，“内大”又让我当内大副校长兼博士生导师。我主编出版的《阿尔泰学丛书》，共 10 本，该书为我们国家阿尔泰学的发展奠定了基础。

我之所以这么拼命，是因为我坚信：创造和奉献是人生的价值。我希望作更多的贡献，来回报我们曾经经历过的那段历史，弥补我在内蒙古兵团浪费的那段青春。

心中的祈盼和安慰

连明供稿

连明：北京人，原北京灯市口中学69届初中毕业生。1969年8月28日被分配到内蒙古生产建设兵团，曾是七连一排4班和炊事班的战士，后任班长。1976年4月困退回北京后，先在北京民用锅炉厂当工人，后到东城区百货公司凯波电讯商店工作并任主任，2005年退休。

采谈时间：2007年8月

采谈地点：北京亚运村汇园公寓（电话采谈）

人在停下脚步的时候，往往容易回溯往事。现在退休在家，闲暇的时间多了，往事在脑海里出现的也多了。每当轻轻推开记忆的闸门，我才发现，那飘飞流逝的岁月，已把日子推得很远很远，远得成了一个个模糊不清的影子。想起在曾经走过的路上，有过许多许多熟悉而又陌生的面容，在记忆的深处若隐若现。然而，有一张笑脸和笑声，却没有随着时间的流逝而变得模糊。

当年的讲述人（右）与战友在连队大礼堂门前留影（摄于1970年）

当年，伟大领袖站在高高的天安门城楼上，向着天空挥动他那双巨大的手，发出："知识青年到农村去，接受贫下中农再教育，很有必要。"

顷刻，我们这些年轻的中学生带着青春的憧憬和热情，身披着大红花，奔赴到全国各地农村去接受贫下中农再教育。我和我的同学——“她”也随着接受再教育的洪流，去了千里之外的内蒙古乌梁素海。

也许是缘分，在乌梁素海畔泛着盐碱的小村落里，我和她竟然被分在一个班——炊事班里，住在同一个院子里。每天，我们同在昏暗的灯光下切土豆、蒸窝头；早上，我们一起手持红宝书向毛主席“早请示”；晚上一起围坐在煤油灯下“晚汇报、斗私批修、批评与自我批评”。尽管我和她在一起的日子不长，可不知为什么，她却牢牢地留在了我的心里。

从那以后，无论是在乌梁素海上忍饥挨饿、顶风踏雪拉着垛得像小山一样的芦苇拖床，踽踽而行；还是在酷暑烈日下挥锹、抡镐挖渠、修路、脱大坯；不管日子多苦、多难，天气多冷、多寒，我多饿、多累，然而，她让我心里产生的那份祈盼和安慰，却一直伴随着我度过了当年所有的艰辛痛苦。

那些年，当清晨五点半，凄厉的起床号，把我们从睡梦中惊醒，人们迷迷糊糊、整装跑到操场上出操的时候，我总要先朝着女生住的那边，也就是太阳升起的那个方向张望张望，希盼着能看一眼阳光沐浴下的她，和她那张笑脸。每当全连集合开会，我也会左顾右盼，偷偷在人群中搜视那双熟悉的眼睛，哪怕只是看上一眼，我也会幸福得彻夜不眠。当我汗流浃背，累得精疲力竭，但是，还要拼死拼活完成脱坯定额的时候，最好的强心剂，不是那举目可见的大红标语，而是她在沟渠对岸瓜地里说话的声音。当我饿得前心贴后心、两眼发黑，但是，还得顶风冒雪推着大冰铲打芦苇的时候，我最希望的，不是吃下怀里揣着的、已经冻成冰坨的窝窝头，而是能在茂密的芦苇荡里意外地碰到她。当夕阳的余晖洒披在收工回家的人群中时，我最希望看到的，依然是她扛着铁锹的身影。

真的，那时候，我们正处在情窦初开、蠢蠢欲动的青春期，但是成长在革命时代的我们却不懂得，那就是爱情；铁的纪律以及泾渭分明的男女界限，使我不敢伸出自己灼热的手；百分之百的革命“左”气氛、人言可畏的生存环境使我不敢表白自己的心愿。在人为残酷的环境中，2200多天的苦苦思念，只能靠自己的心，偷偷地去品味。即便如此，其实，我已经相当满足了，因为毕竟是那份情、那份意，支持我度过了我生命中最艰难的日子。我至今都非常感谢她当年不经意的一句话，瞬间的一个眼神，和无意识的一个动作，因为这一切的一切，都使当时的我，觉得幸福无比，温暖无限。

那年，当冰湖即将解冻的春天，我们分手了。埋藏在心底已久，却到最后都没说出的话，就这样被残忍地扼杀在心里了。我没有理由怪罪任何人，更没有理由埋怨任何人，那时，我们不懂得爱情，不懂得如何表达爱情，那环境不允许我们拥有爱情！那是个革命的时代，革命的时代不允许任何人有任何个人感情。革命是不允许想自己的，革命是不允许有爱情的存在的，革命对我们来说只能是付出，付出，付出；奉献，奉献，奉献；克己，克己，克己。

当年的七连女战士与袁副连长在一起（摄于1969年）
从左至右前排：姚莉莉、曲兰迪、袁副连长、冯秋荣
后排：陈美珍、贲新华、刘淑清、贺谦

妈妈的来信

摘自乔松都《我的父亲母亲》

边疆的一切并不像在京城里想象的那么抒情浪漫，我们刚刚开垦出的驻地附近没有公路，周围都是盐碱滩；要到附近的（小镇）新安镇买点生活日用品什么的，必须走15里的田间小路；电灯、自来水根本就没有。连队的战士由来自几个城市的几批知青和当地职工子弟组成。我们69届的年龄都在16岁上下，我和我的同学被拆散编到了不同的班排，我不怕繁重的体力劳动和艰苦的生活，就是非常想家。

2008年乔松都（前左二）到山东青岛签售她的《我的父亲母亲》时，与青岛战友合影

就在我遥望北京思念亲人的时候，妈妈写的一封封密密麻麻的家信寄到了我的身边。由于交通不方便，通讯员常常同时取回积压了好几天的信件。每当通讯员骑着马，带着装满信函深绿色的大邮包从镇子上回来的时候，连部门口早已站满了家在远方的知识青年们，大家焦急地等着通讯员念出自己的名字。“乔松都的信，乔松都的信，又是乔松都的信！乔松都的信，乔松都的信，还是乔松都的信！”

我一下子收到了妈妈不同时间寄给我的五封信，每一封信都是沉甸甸的。惹得我的战友看的眼睛都直了，她眼巴巴地看着我打开家信，在一边羡慕地说：“松都，你真有个好妈妈！我们家孩子多，我妈一个月也想不起给我写一封信。”

此刻我早已顾不上和她说话，两手紧紧攥着妈妈的信，一口气奔到空无一人的旷野，然后小心翼翼地捧起一封封温暖的家书细细地端详。牛皮纸信封上是妈妈亲笔写的地址：内蒙古乌拉特前旗……乔松都同志收。那一个个熟悉的字迹是那么亲切，还没有看信，我的眼泪先下来了。望着一望无际的大草原，我放声哭着，爸爸、妈妈、我的家！此时我才体会到，这一切对于远在天涯的人是多么温馨和珍贵！

阅读妈妈亲笔信是一种精神上的享受，眼前的每一个字都像是妈妈熟悉的身影。我舍不得一次看完这些珍贵的家书，总是分几次看，晚上想家的时候，钻在被窝里打着手电看。不管窗外的秋风是多么萧瑟，那一夜我都会睡得格外温暖踏实。

兵团的组成比较复杂，知识青年下乡遇到许多新情况，也发生了不少问题。塞外边疆是一个天高皇帝远的地方，与北京城可大不一样。涉世不深的我把初来这里的种种困惑都告诉了妈妈：“人们都说解放军是一个大熔炉（当时兵团连以上的管理干部由现役军人构成），为什么还会发生这么多意想不到的（不好的）事情呢？这里和我想象得太不一样了。”

妈妈在信上写道：“我们的报纸都在宣传雷锋，为什么呢？因为社会上这样的人太少了，需要大家向他学习。如果每个人都具有雷锋那样的水平，那就不用这么大力宣传了。正因为实际情况有很大的差距，才需要我们努力去做工作，需要榜样的力量。”

我总是把自己的感受和困惑第一个讲给妈妈听。这样，在信里和妈妈说了我心里的话，心情就痛快多了。

到兵团几个月后，我被分配到了炊事班，可我不喜欢围着锅台和井台转，我想和大家一起在广阔的田野和一望无际的乌梁素海边劳动，觉得那才是广阔的天地呐！

我把自己的想法告诉了妈妈。妈妈在信中写道："如果你真的有这样的想法，你可以找连里一个比较熟悉的领导谈一谈。不过，在领导做出新的安排之前，你不妨体验一下新的工作，据我所知，到炊事班并没有那么可怕，很多当过兵的人都轮流去过炊事班。或许你还会发现很多意想不到的乐趣，交到新朋友呢！如果你不愿意多谈，也可以写一封信交给他们。他们就是不同意那又有什么呢！不要前怕狼，后怕虎，患得患失将会一事无成。"

那时，我刚刚走出校门，还不会与各种各样的人打交道，别看爸爸妈妈都是领导干部，可他们在我眼里不是。我还不会和真正的领导打交道。看了妈妈的信，我鼓足勇气轻轻敲开了连部的大门，把自己写的一份申请回排里劳动的信交给了副连长——一个年轻的现役军人。他打开我写的信看了几眼笑了，说："在连队劳动很辛苦啊，好多人想去炊事班还去不了呐！你先在那里待一段时间吧！"

尽管我的要求没有得到批准，可我觉得和领导打交道也没有多可怕。妈妈的话似乎有道理。我在给妈妈的回信里写道："妈妈，你是我最好的朋友！"妈妈在千里之外关注着我的每一封来信、每一句话、每一个字，那是母亲的心结。

到兵团不久，很快就是中秋节。我已搞不清哪一天是阴历八月十五了，可妈妈早早就念叨着这天了，她提前给我写信，说想通过邮局给我寄一些月饼。以前我很爱吃零食，可现在我最想吃的是一顿有滋有味的饭菜，我羡慕那些家在本地的兵团战士，她们从家里带来的小咸菜什么的。我在信里对妈妈说："寄月饼不如寄些咸菜来得实惠，还免得被人说特殊化。"

信寄走一段时间了，我差不多已经忘记自己在信上和妈妈说了什么。就在这时，通讯员从镇上取回一个我的大包裹，那是从我们家附近的东四邮局寄来的。包裹皮是用家里的旧床单做的，邮包上一针针大小不一的针线一看就知道一定是妈妈亲手缝的大针脚。打开邮包，里面呈现出一个四方形的花盒子，盒子里装的是云南出的精品大头菜和两块巧克力糖以及妈妈塞在里边的一张小条子："都儿，大头菜是我和阿姨到王府井稻香村买的，我们找了好几家商店，最后还是决定给你买质量好的寄去。需要什么随时来信。你爸爸和我都好，不要惦记家里。妈妈。"

望着妈妈寄来的邮包，我的眼睛模糊了，妈妈、月饼、大头菜，我猛地想起了中秋节，哪一天是中秋呢？旷野上的夜幕一望无际，远在天涯的月亮分外圆，今天就是我的中秋节！我不在家的日子里，妈妈爸爸过得怎么样呢？

妈妈每周按时写信给我和哥哥，除非是特殊情况由爸爸代笔。我下乡之后（妈妈生病前的几个月），妈妈详细打听了我们连队所在的地址，特别问了我下火车之后还要乘什么交通工具才能到达目的地。我以为妈妈是好奇，便写信告诉了她，下了火车还要坐几个小时的马车，我们那里很偏僻，也很闭塞，没有电，也没有自来水。没想到，妈妈看了信之后就对老阿姨说，她很想去看我，让老阿姨陪着一起去，她们拿着地图商量了具体的路线和行程。但是，后来因为妈妈的血压一直不稳定而没成行。

当年的七连部分女战士（摄于1969年）

大海航行靠舵手（日记摘抄）

吐古儒供稿

1970 年 8 月 4 日

今天，感觉到浑身不舒服，头晕、恶心、四肢无力，战友们都让自己休息。当在床上躺着休息时，突然，狂风大作，雷鸣闪电，眼看着暴风雨就要来了。这时，马上想到场院上还有很多割好晒干的草没有垛起，一旦干草被雨水浇湿，就有发霉的危险，这样大家辛辛苦苦劳动的果实就有葬送的可能。想到此，自己一骨碌爬起来，奔到了场院和他们一起干起来。刚开始还好，还能坚持扛，可越干越没劲儿，头发晕，腿发软，没有一点儿力气扛草了，真想就地躺下休息。

吐古儒近影（摄于 2008 年）

这时，一个浑厚而有力的声音响在耳边：我赞成这样的口号，叫做：一不怕苦，二不怕死。无数革命英雄的形象也出现在眼前。我想这正是锻炼自己的时刻了。于是一咬牙，接着干了起来。实在难受了，坐下歇一歇，感觉好点儿了接着干。就这样一直坚持到最后把草垛完。看到垛好的草再也不怕雨淋了，虽然感觉非常的累，但心里却感到无比的高兴。

通过今天的事，认识到只有当你在遇到了具体问题时，学习毛主席的教导，才能给自己指明方向，增加战胜困难的力量。

大海航行靠舵手，干革命靠毛泽东思想。

1970年8月22日

知识分子的改造，特别是他们的世界观的改变，要有一个长时期的过程。让自己的思想感情来一个变化，来一番改造，没有这个变化，没有这个改造，什么事情都是做不好的，都是格格不入的。

今天的劳动是在海子里割芦苇，在割完芦苇草的沼泽地里，蹚着没腿深的水捆草。在捆草的过程中，由于苇茬子太高，一捆就扎手，有时扎到手指甲盖里，钻心的疼。有时不小心脚踩在苇茬子上还能扎脚。每当被扎得生疼时，自己就想起革命先烈江姐。当敌人把竹签子一个个钉进（她的）指甲缝里时，她说："竹签子是用竹子做的，共产党员的意志是用钢铁铸成的。"她为了推翻黑暗的旧中国，建设新中国，在敌人的严刑拷打下，宁为真理死、不为个人生的英雄气概是何等地高尚呀。而我被苇茬子扎了手就觉得疼，受不了。

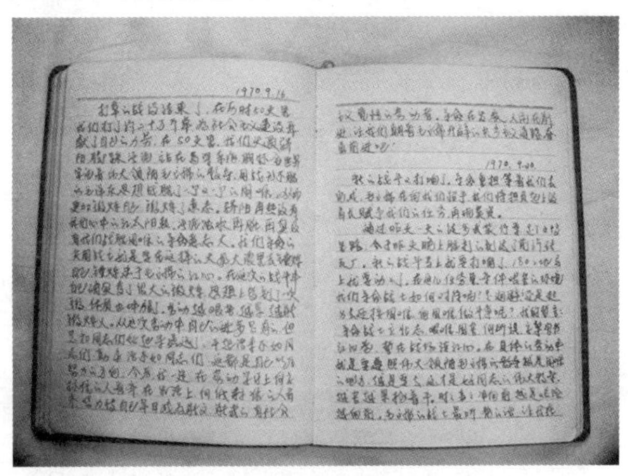

吐古儒当年的日记本

这和革命先烈比，又是何等地渺小呀。向革命英雄学习就是要落实在实际行动上。比英雄，学英雄，要让自己在平凡的岗位上做出不平凡的成绩来，要为早日实现共产主义贡献出自己的一份力量。

1970年9月24日

通过这几天"180电厂"的挖沟劳动，由于每天的劳动强度大，生活条件艰苦，身体有点吃不消了，疲劳，腰酸、胳膊疼，手上还打了六个大泡，连铁锹也握不住。每人每天的任务是要挖三米多长，一米五多宽，近两人深的沟，用于埋水泥管子，怎么完成任务呢？真是遇见了困难。困难是在现实劳动中存在的，如何克服它呢？俗话说，困难像弹簧，你强它就弱，你弱它就强。无数革命英雄是如何对待困难呢？困难客观存在着，但是通过自己的努力，困难是一定能克服的。毛主席说，中国人连死都不怕，难道还怕困难吗？现在正是和困难斗争的时候，只要闯过去，就一定能够取得最后的胜利。

当年的七连女战士。前排从左至右：柏威、曲兰迪、姚莉莉、陈立建、冯秋荣
后排：白玉玲、赵淑珍、刘援、郭进、贲新华、刘淑清（摄于1969年）

那时不让你有私心

李玉荣讲述

在兵团的时候，我们天天开班务会。在班务会上人们总结一天的工作，评比谁干得好，指出谁有什么问题；学毛主席著作，交流心得体会；开展“批评自我批评”；还要“斗私批修”，狠斗“私”字一闪念。狠斗“私”字一闪念，就是让你不但没有私心，而且连在脑子里闪一闪都不行，其实就是想让我们变得更纯洁一点儿。对人也好，对事也好，对工作也好，都不能把自己放在前头。如果你做事有一点儿私心，班务会上别人就会给你提出来。

我记得特别清楚，我这人特别喜爱小碗、小碟、筷子什么的。我们班北京的战友回北京探亲的时候，我就让她们从北京帮我买了几个特别漂亮的碗。我吃饭用的那个碗里边白白的，外边蓝蓝的，特漂亮，在全排最好。每次吃饭，我就想用我的那个碗，别人要是端走了，我心里就不舒服。有一次开班务会，我们班的小付就给我提出来了，她说：“石惠拿了你的碗，你就不痛快。”当时就是有这么一点私心表露出来，别人都会给你提出来。从那以后，我就放弃了一定要用我喜欢的那个“漂亮碗”的想法。后来大家吃饭把那个碗又丢了，我也就更放弃了。

第二年被评上了“五好战士”

魏禾讲述

我们班的小芸是高中生，比我大几岁。刚到兵团的时候我和她挺说得来，说得来自然就接触多。另外，她平时也老照顾我，所以，在我心里，她就像个姐姐似的。但是她家有海外关系，这在当时可是个不得了的大问题。于是，班长什么的，轮流找我谈话，做我的思想工作。意思是说：你怎么分不清是非呢？你不会跟家庭出身好的人多接触吗？你跟她不一样。意思是我的根儿（指家庭）比她好，我应该跟她划清界限，这样我才能进步云云等等。当时家庭出身特别重要，一个人家庭出身不好，干得再好、表现再好也没用。

当年的“五好战士”证书

虽然班长等多次给我做工作，但就是因为我跟她说得来，所以，该跟她接触，我照样跟她接触。结果，年底评“五好战士”，一个班十来个人，得有六七个人被评上了，但是我没被评上。发“五好战士”证书的那天，正好是个星期日，全连休息，不干活儿，又包饺子庆祝。可是，我和小芸，一个因家里有海外关系，而被当成“另类”；一个因跟“另类”接触多而被视为落后分子；不但都没被评上“五好战士”，而且还被派公差到海上去拉鱼，然后再把鱼给坝头团部送去。那年我 16 岁，还没满 17 岁，小芸 21 岁。全连的人，热热闹闹地在家里包饺子、吃饺子，欢天喜地地领取“五好战士”证书庆祝。我们两个，却拉着冰拖子，形影相吊，踽踽行走在一望无际、冰天雪地的乌梁素海冰面上，心里那种深深的失落感至今让我刻骨铭心。

到了海上，我俩装了四大鱼篓鱼，然后把鱼篓搬到冰拖子上，再往团部拉。原以为到了团部，人家怎么着也会管顿午饭吧，谁知，根本不是那么回事。卸了鱼，我俩就没人理了。就这样，卸下鱼，我们又往回赶，一去 20 里，回来又 20 里。乌梁素海的冬天冷啊，有零下 30 摄氏度吧，可我俩的心比乌梁素海的冬天还冷！拉着鱼来回跑 40 多里地，四条腿累得疼呀，可我们的心比腿更疼！一整天滴水没沾，我们渴望着吃上顿饱饭，可当时，我们那个年纪，在那种环境下，我们想当“五好战士”的迫切心情，比盼望着吃顿饱饭还强烈！

从那以后，我开始要求“进步”了。我开始跟出身好的像小菲、李明等人接触多了。结果，第二年，我被评上了“五好战士”，还当上了战斗小组长！

首先是家庭出身

李汀讲述

当年在兵团，一个人被不被领导重用，有好事轮得着轮不着，首先是看其家庭出身，第二就是看你听话不听话。所谓听不听话，还要看当时管事的现役军人，或者说第一把手喜欢什么。他喜欢什么，什么样的人就吃香。所以还得搞点儿人身依附，你要不搞人身依附，就算你根红苗正，你也没戏，人家顶多不整你罢了，但是他也不会“用”你，更不会“重用你”。当然，年龄也有一定的关系，岁数大的，还是比年龄小的会受到重用。因为你年纪大一点儿，你成熟一点儿，你就会察言观色，而年纪小的就不会。七连老高中的跟领导硬抗的几乎没有，真正傻的就是我们 69 届这一帮，当年就十五六岁。20 岁左右的人就是心里不满，也不会太表现出来，至少嘴上不说，他们就显得稍微成熟一点儿。所以，连里要选择谁当班长、排长，领导肯定不会先选择初中的，而是先要选择高中的。总之，你得占一条，你不能什么都不占。但是，首先还是看你的家庭出身。家庭出身不好或者有问题，你表现再怎么好，再怎么好好干都没用。

我真正明晰家里出问题了，还不是通过正常组织系统跟我谈话得知的，而是我哥哥给我写了一封信，他在信里说：“父亲已经被定为叛徒、特务、死不改悔的什么什么……你不要对家里抱有任何幻想了，要靠自己。”我现在还记得很清楚，我们乌梁素海那个地方特怪，春天的时候，有风的地方，冷得得穿棉袄，中午背风向阳的地方特暖和，太阳底下只穿单衣就行。记得那天，我坐在一个背风的墙角，看着哥哥的来信，虽然身上觉得非常非常温暖，可是内心却冰冷冰冷的像块大冰石头。那大概是 1971 年或者 1972 年春天的时候。

父亲是个纲，纲举目张

魏雅洁讲述

我在兵团期间，我父亲到七连看过我两次。第一次去看我的时候，是他被他们单位定成“走资派”的时候。何指导员见了我爸第一句话就问：“解放了吗?”我爸回答：“没有。”无产阶级立场鲜明的指导员手没跟我爸握，座儿没让，水也没给我爸喝。我爸当时感触深深，寒心离去。

第二年我爸官复原职，去乌海开会路过七连又去看我。亲不亲阶级分的指导员，这次得知我父亲“解放、官复原职”，态度转弯 180 度。握手、让座儿、递水自不在话下，还派了我们呼市的哈斯，特地为我爸做客饭招待。

从那儿以后，我也“时来运转”，当年年底入团，第二年 3 月入党，前后只差半年不到，不久我又被提升为七连副指导员。在此之前，我虽然干得也很出色，但团不能参，党不能入。老爸一“解放”，一切问题迎刃而解。

后排（右二）讲述人魏雅洁，（左一）哈斯（摄于 2008 年）

此事给我心里留下烙印极深：父亲有问题，我就有问题，我就跟着倒霉；父亲没问题，我不但没问题，而且，好事接踵。在政治极“左”的当年，真可谓：父亲是个纲，纲举目张！

第二持枪手

西木讲述

当年让人们着实感到非常庆幸的一件事就是：我们二师十九团七连被上级指定为武装连，我们一排是武装持枪排。上级给我们配备了过时的苏式 726 式步枪，还有冲锋枪。那时正好赶上林彪下达“一号”战备命令，所以备战气氛极浓。当时，一方面，上工带着枪，人们干活儿时，枪就支在地头上；另一方面，大挖战壕。七连的战壕就挖在宿舍的北边。当时我特奇怪，人们怎么断定苏修从北边来呢？因为按常规，苏修真的要来也应该是从前旗，然后新安镇，也就说是从能通火车或汽车的地方来。他们怎么会从北边跨过阴山山脉过来呢？现在想起来真是瞎扯。

当年的讲述人西木（左）与赵完茂（摄于 1970 年）

当年因为我父亲被隔离审查，连里没发给我枪，而只让我当第二持枪手（持枪替补队员）。此事直到 1978 年我父亲恢复工作，我也考上大学后才明白。当时，解放军总参谋部调查组的人告诉我：“你父亲的问题平反了。”而且他们要把一些资料从我档案中抽掉，那时候我才知道：原来我档案中有一份儿材料，材料上写得清清楚楚：“此人父亲有严重历史问题，正在审查中。该子女和父母划不清界限，限制使用。”材料上盖有中国人民解放军总参政治部大印。

说我划不清界限还源于我去内蒙古建设兵团前。北京 27 中工宣队的师傅找我谈话，他们告诉我："你家有问题了，你知道吗？"我说："没有哇！"他们说："你老实交代。"我说："没有哇，挺好的。"当年年纪太小，还以为家里的事儿工宣队不知道呢，跟人家装傻。其实，人家全国、全军党组织一脉相通，有关人们的各种家庭情况组织上掌握交换得跟现在的互联网一样快、一样灵。总参党组织有关我父亲的材料早就输入到北京27中党组织掌握的档案中去了。不久，我被开除出27中红卫兵。白纸黑字的开除告示在学校公开张贴出来了。后来我还听说，27中工宣队的师傅在我们出发奔赴内蒙古前，还特意派专人监视我和另外几个"父母有问题"人的行动。

七连发枪的时候，班长得的是手枪，副班长授的是冲锋枪，战士们一律都是726步枪。为什么这么发呢？班长持手枪是为领头冲在前头，副班长授冲锋枪为的是在最后督着班里的战士往前冲，谁要往后跑，副班长就用冲锋枪"嘟嘟"你。我们发的冲锋枪射程不远，它不是用来打敌人，而是用来督促自己的战士往前冲的。

青岛兵到七连后，我们1班分到一个叫赵完茂的，脖子有点儿向右歪，大家给他起了个外号叫"6点零5分"。当时班长把我跟赵分成"一帮一，一对红"，还跟我说："赵是个落后战士，你要多帮助、培养他。"青岛兵在新兵排的时候，我当过他们的班长。再说，我排在一排1班第一位，连里出操走队列，连长是按照我的步子喊号令，所以又叫连队的"基准兵"，所以发枪的时候，我觉得自己肯定是第一持枪手。但等到时候，班长找我谈话，说："赵完茂虽然是后进战士，但是他是工人子弟，所以要保护他的积极性。如果让他做第二持枪手呢，就会使他的积极性受到打击，因此你发扬风格做第二持枪手吧。"当时我想；他受什么打击，他比我到兵团晚，如果让我做第一持枪手，他做第二持枪手，他肯定乐得屁颠儿屁颠儿的。我弄不懂其中的奥秘，为此还闹了一段情绪。因为当时能不能发到枪，对我们年轻人来说是一种荣誉。结果赵完茂做了第一持枪手，我当了第二持枪手。

后来我才明白，让我当第二持枪手是连里的决定，除了我以外，当时连里其他一些家里有问题的也都没发给枪，实际上当时发不发枪是组织上对你信任不信任的一个标志。

岂有此理

苏红忠讲述

当年，刘正良是我们班长。他这个人，脏活儿累活儿抢着干，是个拼命三郎，前面就是刀山他也敢上，是火海他也敢跳。多亏没有战争，要是有战争的话，他和我们班的人准先死。

当年，我们班有 10 个人，有 3 个吐血的，班长、永生和我，都是累的。

那时候，我年龄小、虚荣心强。我记得我当时累得直发烧，但是别人一表扬我几句，我就去拼命干活儿了。那时有个副连长姓段，我发烧了，她带着罐头去看我，周末还表扬我。我真草鸡，就因为人家说了我两句好

当年的段副连长（左二）与战友在一起（摄于 1970 年）

话，本来我发烧39度，应该休息，可我还去干活儿了。拉着苇子，当时拉苇子的拖子装的跟座小山似的，都拉不回来了，我一头跌在大坝上，把班长吓坏了。他问："你怎么了?"我说："我累了，喘口气。"最后我累得直吐血，被送到师部医院住院，一住就是一个半月，也因为这个，后来我办病退回了青岛。

回想39年前的兵团生活，盐碱地上，夏季杂草齐腰，蚊虫叮咬，冬季冰天雪地、饥寒交迫，我一点也没夸张，我并不是在控诉，我说的都是事实，实实在在的，别给我扣帽子，成千上万有志气、有抱负的青年，就这样把自己的理想甚至青春，毫无价值地葬送在那片毫无开垦价值的土地上了。在那是非不明、生活艰苦的岁月里，我们心底里有一腔哀怨，但是口头上还要喊着忠诚，我总觉得那段生活，那时的兵团是个错误。

那时，我们出海打完苇子，饿得、累得连苇子都快拉不回来了。可是还要早请示、晚汇报。晚上点着煤油灯，还要总结一天的工作，互相批评、指责、互相提缺点，真是岂有此理！

当年的七连女战士在编苇草帘子（摄于1969年）

前边那个口儿是比着织的吗

费琦讲述

有一件事，现在想起来还觉得挺好笑。

有一次，我和连明还有启阳到乌拉特前旗去拉粮食。连明跟我说：他同班的战友罗岚的毛裤被火给烧了，小罗托他在乌拉特前旗帮着买一条毛裤。到了前旗，我们到前旗唯一的一家商店去看，可是，那儿没有毛裤，只卖毛线。连明就问我："干脆买点儿毛线，你帮着给小罗织一条怎么样?"我跟小罗在连里从来没说过话，但是，冲着跟连明在北京的时候，我们是同班同学的份儿上，又看天气确实冷了，就说："好吧。"

费琦（中）与战友张思宁（左）、于晨光（右）（摄于 2009 年）

当时，我们买了二斤毛线。织条毛裤对我来说不算什么，在家的时候，我给我妈、我爸都织过，所以毛裤很快我就给织好了。织好的毛裤由连明转给小罗，据说小罗穿上还挺合适，连明替小罗又当面谢了我，一切太平无事，大家皆大欢喜。

非常奇怪的是，没多久，我们下海打苇子，一排的一个战士问我："小罗毛裤前边的那个口儿，是你比着织的吧？"弄得我丈二的和尚——摸不着头脑。可他们却哈哈大笑，气得我鼓鼓的。据说，也有人问过小罗同样的话，可是，直到今天，我也没机会跟小罗说过此事，倒是连明告诉我："费琦，都怪我给你找麻烦，他们起哄、笑你，都是因为那条毛裤。"

罗岚（左）与战友翟红岩（右一）（摄于2009年）

对我在政治上的惩罚

王英讲述

到兵团一段时间后，我开始逐渐适应当地的生活了。不久又让我当上了排长。没多长时间，北京又来了几批知青，先是北京灯市口中学的，到了9月份，灯市口中学、27中的又到了。乔松都、刘宇都被分到了我们六排，而且跟我住在一个屋子里。那时，我并不知道乔松都是当年我们中国外交部长的女儿，就知道松都干活儿很能干、也很能吃苦，但是家务、洗衣服什么的不行。不管怎么说，连队来的人越来越多，生活也越来越走上正轨。记得慢慢地天冷了，就在这时候，连长龚德发的事出来了。龚的事爆发以后，何指导员开始找女生谈话，一时间，好像七连百分之五十的女孩子都跟龚连长发生了问题。何指导员也找我谈了话，重点谈话的人有大金、小田、小段和我。当时，虽然我比69届初中的大几岁，但也才是一个19岁的小姑娘。一个小姑娘听着一个大男人问你一大堆男女之间的事儿，自然觉得很别扭，而且我觉得，我是个清白人，凭什么要承受这种冤枉压力？再说，龚德发干了什么事，我们怎么知道？我们不知道，为什么非要让我们揭发？当时我心里挺不舒服的。

有一次，十九团党委在七连召开党委扩大会，我记得特别清楚，我们家来信了，信的反面印的是《红色娘子军》的图片，指导员就在信封上给我写了几句话：听说最近咱们连，又有女生去乌拉特前旗了，你知道这个人是谁吗？那个人是不是又去找龚德发了？我没理他，就把信封收起来了。其实，我知道他指的是常秀娟，可是人家常秀娟是到九连去看她妹妹了，跟龚德发根本没有任何关系。

后来岳政委（十九团政委、现役军人）到七连找我谈话的时候，我把那个信封给了岳政委看了。我说："你们不能怀疑一切，像我们这些'文化大革命'过来的孩子，脑子里政治这根弦绷得还是比较紧的，作为一个连队干部，不应该随便怀疑别人；再说龚德发干的那些事都不是在大庭广众之下，我们怎么会知道呢？连里让我们揭发，我们能揭发什么？”结果，不久，我被调离六排，安排到后勤去了。

当年的刘宇（左）和乔松都（摄于1970年）

我觉得把我调离六排不让我当排长，实际上是对我在政治上的惩罚。因为，岳政委第二天就找指导员，把我给他的信封给指导员看了。指导员那天从团里回来，连家都没回，就直接去找我，说：“你够厉害呀！”从那儿以后，我真是觉得心灰意冷，不像以前那样积极争取向上了，政治这个东西对我压抑得太厉害，我不再愿意介入任何事情。

还有一次，我去前旗看电影《多瑙河之波》，周日没请假就出去了。没想到，一下子遇见了黄毛风，一步开外什么都看不见，结果回来晚了。到晚上全连点名的时候，我们几个人都被批了一顿：没请假擅自外出。还让每个人写了一篇检查。

那时，我属于不正统、小自由派。后来，虽谈不上自暴自弃，但自己觉得没有太大追求了，不久也就开始想，以后怎么办，琢磨着怎么离开兵团回天津了。

自尊心降到了最低点

李鉴讲述

李鉴：北京人，原北京灯市口中学69届初中毕业生。1969年8月28日被分配到内蒙古生产建设兵团，曾是四排13班战士、七连出纳员，团中心学校小学老师。1977年病退回北京后，被分到北京无线电元件六厂，测试工人；后做统计、车间调度等。1994年企业转型内退后，到某杂志社做办公室编务工作，2006年退休。

采谈时间：2008年8月

采谈地点：北京亚运村汇园公寓

当年的讲述人（右）与战友贲新华在一起（摄于1969年）

上中学的时候，学校有时候安排我们到农村去参加夏收、秋收什么的。那时候我就感觉到自己的体力不如别人。我个子高高的，脸盘儿大大的，脸色红红的，看上去身体挺壮实。可一干需要力气的活儿就不行了，总是落在别人后边，为此常常觉得很苦恼。

1969年，毛主席发表了“知识青年上山下乡”的指示。因为我知道自己体力不如别人，所以当时我真不想下乡，可是没办法，69届的学生全盘端，所有的人都得上山下乡，不去不行，我当然也不例外。但是从离开北京的那天起，我这心里就有压力。

印象最深的是，当年连队建砖窑挑大筐。那时候两个人抬一个筐，我正赶上和我们排长一组。你看吧，一筐土装完，筐里的土高出筐边儿一大截，上面的土比下面的筐还要大出一大圈，那一大筐黄胶泥足足要有200多斤重。一条扁担，排长把筐绳放到离她只有三分之一、离我这边三分之二远的地方，但是就这样每一筐土抬下来，我还是觉得非常非常吃力。

第一天上午，窑刚开始建，抬着土往上走的路，比平地高出不多，所以虽然觉得吃力，但还能跌跌撞撞、咬着牙往前晃悠。到了下午，肩膀肿了，觉得很疼，为了减轻疼痛，我就在肩膀上垫上一块小方毛巾。抬筐的时候，照样我在前，排长在后。作为排长，她把两人抬筐的绳子不停地向她那边移，大筐的重量几乎全压到她肩上去了。即使如此，每次一抬起土筐，我的肩膀就钻心地疼。我咬着牙，双手用力在肩膀边托着扁担，以减轻肩膀的压力，可是腿直哆嗦，每迈一步都费好大的力气。不管怎么说，第一天总算坚持下来了。可到了晚上，我才发现，肩上流出的血，不但把垫在肩膀上的那块小方毛巾黏在肩膀上了，而且，连衣服也都黏住了！没办法只好和衣睡下，那疼痛，直搅得我一晚上没睡好。

第二天还得去干，照样我和排长抬一个筐。仍旧我在前、排长在后。因为，不但小方毛巾，而且衣服昨天都被血紧紧黏在肩膀上了，所以我只好在衣服外边再加上一块毛巾。尽管如此，火辣辣地疼的肩令我根本无法承受任何压力，我被搅得步履如拌蒜，而且头大身轻。到后来，排长在后面几乎是抱着土筐往前走了，同时，我还感到，上坡的时候，她还努力地向上推着筐，以减轻我的负担。每次从窑上下来的时候，她一个人又拿筐，又拿扁担，为的是让我空下手来稍稍歇息一下。看着眼前的一切，加上肩膀钻心的疼痛，我心里真是难受极了。走在比头一天又陡了许多的土道上，我的腿在不停地抖，眼睛一阵一阵地发黑，我紧咬着牙，不让眼泪掉下来，心里又怕又痛苦。我怕的是，不知道哪一会儿，顶不住了，我就得摔滚下去。痛苦的是，不是我不想干，不是我怕艰苦，我天生就是体力不如别人啊。

大概又挑了四五筐，不知怎么的，此景被正在窑上的连长看见了，他喊道："四排长，跟你挑筐的那个人，是谁呀？都晃得快摔倒了，给她换下来！"就这样我去装筐了。装筐的时候，因为肩膀疼，右手用锹使不上劲儿，铲起一铁锹土，怎么也扣不到筐上。当时急得我，恨不得咬自己的胳膊……

后来，去医院看病，医生说我多处肋软骨发炎。我爸妈知道了这个情况，千里之外也帮不了我什么忙，他们能做的，就是不停地给我寄包裹，所以，当时七连邮包多的人当中我是一个，平均两个月能收到三个。邮包不大，都是吃的东西，常常是一斤奶糖再加上点别的，比如：点心、油炒面什么的。每次收到邮包，一怕别人批评我邮包多，另外也出于与大家同甘共苦的想法，每次收到包裹，我都给班里的人每人分两块儿糖，剩下的放在口袋里留着自己吃。有时候，干活儿干到最累的时候，看看周围没人看见，就急忙塞嘴里一块儿，这样给自己加加劲儿，好干活儿的时候不落在别人后面。每个人都有自尊心，我原本是一个心气儿很高、不甘心落后的人，我不是不愿意干，也不是不能干的人，但是那些体力活儿让我的自尊心降到了最低点。

当年的七连女战士在砖窑前留影（摄于1970年）

就盼一件事

吴家翔讲述

到兵团以后，有一段时间，何指导员老给我们上政治课，讲中苏边界怎么怎么吃紧，中苏关系怎么怎么紧张，备战怎么怎么重要。那时给我的感觉是，中苏就要打起来了。所以，那时候我就盼着一件事：赶快打仗，中苏边境赶快开战。我愿意打仗，我觉得打完仗，我要是还能活下来，那是我的造化、我的运气。如果说死了，该我死，我也活不了。那时，我就这么想，我觉得打仗就跟地震一样，地震的时候我不跑，我觉得该你死，你活不了，该你活，你死不了。怎么说呢？有点听天由命。如果说中苏边境打仗，我死不了的话，那我还面临着什么呢？可能我以后还可以怎么发展呢，我绝不会就这么着就窝在这儿了，我也不相信我永远就待在塔布七连。

从左至右：陈京生、刘正良、何振岐（指导员现役军人）、呼格·吉勒图（摄于1969年）

轧死我正好

冯小芳讲述

刚到内蒙古的时候，正赶上中苏边界吃紧，连里备战特紧张，天天挖战壕、搞紧急集合什么的。

我们刚到内蒙古，都特别想家。有一天，有圆圆（阮宝玲）、（周）淑华等我们几个人，跑到我们住的房子后头，向着大山的反方向就哭起来了（我们以为家在那个方向）。我们几个人站在那儿哭哇哭，我们说："我们什么时候才能回家呀？"每个人都哭得特伤心。

过了几天，连里分派我们到驻地后面去挖战壕，一人一段儿地。当时我们几个人觉得特奇怪，说："怎么让我们在这儿挖战壕，不在我们房子前边苏联来的那个方向挖呀？"那时候我们都以为大山隔着对面是苏联，

1999 年张肖力（肖波）、霍铁英、侯宝娜与吕秀然在坝头合影（从左至右）

后来才问清楚，其实，我们根本就没分清楚哪儿是哪儿，原来前两天我们几个人是面对着跟家相反的方向在哭。

当年挖战壕，我个儿虽小，但我从来不愿落在别人后边，让人家说闲话。可是，有一天晚上开班务会的时候，我们班的小马说：“挖战壕，人家帮助你，是人情；不帮你，是本分。”这件事到现在，我都忘不了，对我的刺激特别大。听她这么说，我实在受不了了，伤心地哭了。在家的时候，我爸对我特好，后来我就跑去搂着我从北京带去的装衣服用的箱子，摸着我爸摸过的地方哭了个没完。

备战紧张，除了挖战壕，我们还经常搞紧急集合，连里搞完了，排里还要自己搞。有一次，我们六排自己搞紧急集合，全排集合完毕，排长小吕带着我们背着背包往家属区那边跑。正当全排人在路上跑着的时候，吕排长突然喊道：“天上有飞机，就地隐蔽。”那时候，我们天天干活儿，劳动强度特别大，晚上睡觉浑身疼，半夜再搞紧急集合，我感到体力根本就支撑不住，心里怨气也特别大。听排长那么一喊，我也不管地上有没有泥，有没有水，就地躺下，根本就没隐藏。紧急集合回来作总结的时候，排长说；“我们排有一个战士，不知道是谁，我让大家隐蔽，结果她就躺在路上，要是敌人飞机真来了，怎么办?”听她说完，我就说：“那个战士是我。”排长又说：“飞机来了炸不死你，你也得让过路的汽车轧死。”我当时就说：“我就是想死，不想活了，轧死我正好。”

当年七连女战士大雪后在雪地合影（摄于1969年）

再追我，我拍死你

费琦讲述

因为我爷爷的问题，我在兵团待了7年，力气没少卖，活儿没少干，该吃的苦也都吃了，可是连共青团也没入上。记得当时连队的徐副指导员找我谈话，说："你们家的问题太大，太严重，你认识得太肤浅。"其实，我还没出生，我爷爷就死了。至于他是什么"国民党四大代表"，什么"民族资产阶级"等，我一概不知道。为此，连领导认为我对组织不老实、不忠诚。结果，我未曾见过面的爷爷的历史问题，影响了我一辈子。那时，我自己告诉自己："什么好事你甭往前钻，没你的份儿。"所以，在兵团连里有什么好事，我都没争过。

但是有一件事，让我特别郁闷。那时我们班里有一个早到兵团一段时间的、岁数也比我们都大一点儿的"老兵团战士"，有一天，她为一点儿小事谩骂一个新来的浙江新兵。我在旁边看不过去，站出来主持公道。当年我瘦得跟麻秆儿一样，那天，我用尽了吃奶的劲儿把那个"老兵"按在炕上，抽了她一个大嘴巴。这下可不得了了，"老兵"向我猛扑过来。"老兵"比我年纪大，体格又比我粗壮，我见势，跑到宿舍外边，抄起一把大铁锹，对那个"老兵"说："你再追我，我就拍死你，白天我打不过你，晚上等你睡着了，小心你的脑袋。"后来班长、排长都来劝，班里跟我关系好的也来劝，此架才算平息。

事后，连里晚点名时连长点了我，连长说："费琦，你疯了，你要造反呀，啊?!"让我写检查，不叫我入团。从那天起我决心想办法离开七连，三年之后，我离开了兵团，也再没申请过入团。

打那儿以后，我变了

杨宝华讲述

那大概是1971年的冬天，连里派我驻守到“死人圪旦”（地名）去看苇子。所谓“看苇子”，就是到了冬天收割苇子的季节，各连队派自己的战士驻扎在乌梁素海四周的一些“据点”，扼守住通往海子的各个交通要道，目的是看护海子里的苇子，防止住在海子周围村子的老乡进海“打芦苇”。我不知道兵团成立前，乌梁素海渔场职工到冬天的时候，看不看苇子，反正兵团成立后，乌梁素海就属内蒙古生产建设兵团所有了，因而，海子里的一切，鱼呀、苇芦呀什么的，就都是兵团所有了。就是说，乌梁素海里的鱼，只能兵团的人去打捞；海子里长的芦苇，只能兵团的去收割。换句话说，兵团接管后，乌梁素海周围村子里的农民如果再进海打鱼、割苇，一律属“偷”。为了“保护国家财产，防范海子周围农民去偷”，驻守在乌梁素海周围的十九团各连队或遣人驻守诸“据点”，或派人绕海昼夜巡逻。

当年的讲述人杨宝华（摄于1969年）

“死人圪旦”本来是乌梁素海中间一个面积大概有500多平方米的小孤岛，无人无迹。据当地人说，人们之所以管那个孤岛叫“死人圪旦”，是因为先前有几个放牛的曾经在那里住过，结果一天晚上不幸失火，几个放牛汉活活都被大火烧死了，从此落得个“死人圪旦”的名字。

“死人圪旦”离七连大概十多里地远，面积虽然不大，却是一个连接着三条通道的枢纽。“圪旦”上只有一间屋子，屋子里有两个东西向的大炕，每个炕头有一个可供烧火做饭的灶台。连里向我交代了任务的当天，我背上行李，带了一些粮食：半袋白面、玉米面，几棵白菜，还有一些咸菜什么的，另外还带了个小油灯、两把蒙古刀、一支726步枪和三十多发子弹，由一辆驴车拉着，就奔了“死人圪旦”。

那天，气温大概在零下28摄氏度左右，而且当天还刮着白毛风。到了晚上，那个风，那个大呀，足有10级。我一个人躺在炕上，你就听吧，内蒙古冬天的西北风那么一吹呀，真是鬼哭狼嚎！刷拉刷拉的芦苇声，再加上惊天动地的咔啦咔啦起“浆河”的冰裂声，真可谓“风在吼，苇在啸，海在咆!”我当时心惊胆战，没有一丝睡意。嘿，你再看那年久失糊的破窗户，关不上的门，根本就挡不住海子上的风，刺骨的寒风无遮无拦、毫不客气地吹进屋子、钻进我被窝，说实话，那屋里、屋外的温度根本就差不太多。我身上穿着棉衣、棉裤，外边还套了一件羊皮袄，头上戴着狗皮帽子，再盖上两床被子，就那么着，仍然冻得浑身哆嗦，睡不着。

那时候，我也不会做饭，前一两天就吃从连里带去的干粮，等干粮吃完了，就饿着，就那么着待了两天。当时我想，这么冷的天，冰也还没冻结实，再说，那天黑得伸手不见五指，哪还会有人来偷苇子啊？你还别说，进驻“死人圪旦”的第三天晚上，我忽然听见由远而近有“哒哒哒”的马蹄声，我马上警觉起来，立刻子弹上膛，趴到冰面上，观察海上动静。没过多会儿，只见三辆马车，每辆车上都装了有五六米高的苇子；车后头还跟着十来个老乡。我仔细一看，他们装的全都是一级苇子。这下我急了，心说：这哪行呀，我不能让他们拉走。可是当时深更半夜，黑灯瞎火，我又就一个人，他们十来个人，我心里还真挺害怕。但是我有枪，我双手端着枪，让他们停下。

“你们哪儿的？这苇子不能拉。”他们大概是看见我手里拿着枪了，就走过来求我，让我放他们过去。我当时还特正统，心说：乌梁素海的苇子是国家财产，连里派我到这儿来看苇子，我说什么也不能让这些人把国家财产拉走。不管他们怎么说，我就是端着枪，冲着他们，不让他们通过。当时我守着的“死人圪旦”是唯一的通道，我不让他们过，他们一点儿办法也没有。就在双方僵持的时候，我发现第二辆车的人想赶着车就跑，我一看急了，冲着天开了一枪，大声对他们说：“看见没有，这是真家伙，谁要敢走，我就冲谁开枪!”这些人看我动真的了，乖乖地把马卸下来，把车和苇子留下，拉着马要离开。我一看，这也不行呀，他们人和马走了，苇子还在他们车上，什么时候趁我不注意，他们回来套上马，不就把苇子拉走了，这不是跟我耍花招吗，不行！我当时年轻气盛，一气之下，拿着火柴就把第一辆车给点着了。干苇子遇烈火，顿时大火冲天，把半个天照得通亮，没多长时间，一车的苇子连同马车全给烧完了。老乡一看傻眼了，他们赶快把第二、第三辆车的苇子全卸下来，拉着空车走了。

现在回想起来，当时我怎么那么大胆子?就我一个人，才 18 岁，深更半夜，他们十几个人，还都是壮汉，那些人要是齐动手把我打死，或者把我捆起来塞进冰窟窿里，我是一点儿法子没有。可当时，我硬是不怕他们，还烧人家的车，真是吃了豹子胆了。

等那些人走了，我又饿又困，回到屋里和衣上炕躺下，迷迷糊糊地也不知过了多久。忽然，我闻见一股炖肉味，我当时以为自己在做梦。等我使劲儿睁开眼睛一看，怎么回事儿?我住的屋子里有好几个人，有男还有女，肉味儿是从锅里冒出来的。没等我开口，其中一个人先说话了:“这位是我们公社书记。”“公社书记?”我更糊涂了，脑子里努力搜索着眼前到底发生了什么。

“俺是俺们公社的公社书记，俺们公社有上百户人家。其实呢，你们兵团没来以前，我们全公社的人一直就指着乌梁素海，尤其是冬天的时候，社员们到海子里打点苇子，这样一年就有柴火烧了……”听着那个自称公社书记的人跟我说着话，我又见一个 30 来岁的大嫂蹲在灶前烧火炖着肉。不一会儿，馒头、炖肉还有小酒，就全上桌了。以后好几天，没见有人进海打苇，但是天天有人到我那儿去给我做饭，而且还天天做好吃的。后来还有送麻油的，送猪肉的，送鸡蛋、小米的。我记得那时候，老乡送的麻油顺着我睡觉的炕头摆了一溜儿，有二三十瓶子。日子一长，我看人家老乡对我那么好，我的口松了。我对他们说:“你们打点儿就打点儿，就是别打那些又粗又高的一级苇子。”

乌梁素海里生长的苇子，被分为三级，一级苇、二级苇和三级苇。一级苇是指那些长得有三四米高，每根都有手指头那么粗的。这些苇子收下后，都将被送到呼和浩特造纸厂去做造纸原料。

为让老乡进海打苇子的事儿，我跟团里警卫班的小李子，还差点儿打起来了。有一天，小李子开着吉普车转到我驻守的“死人圪旦”，他看见我放老乡进海子打苇子，就开着吉普车追人家老乡；回来还找到我，质问我为什么不管？扬言要到团里去举报我，两人说着说着就大吵起来了。

现在回想起来，我从坚决不让老乡进海子里打苇子，到后来放他们进去，这个思想转变，除了前边我说的，老乡天天去给我做饭，送吃的东西以外，还发生过这么一件事。

有一天晚上，我截着一个拉着一车苇子的毛驴车。赶车的人看上去大约50多岁的样子，头上一顶狗皮帽子，白的；身上一件半长的旧老羊皮袄；脚上一双毡靴子。衣服虽然老旧寒碜，但是人显得倍儿精神。他人站在那儿腰挺得直直的，特别引起我注意的是他腿上绑着一副绑腿。总之，那个人身上透着一股特别的气质。再看他身边，还有一个看上去十一二岁的孩子。那孩子一身棉袄、棉裤，脚上一双毡靴，头上一顶毡帽子，帽子上黏满了苇毛。仔细看那孩子，脸被冻得青一块、紫一块的，有些地方好像都已经还冻得化脓了，寒风里，那孩子冷得直哆嗦。看着眼前的一切，我心里觉得那么一揪，于是我就把爷儿俩让进屋里。

进了屋，等那孩子摘下帽子，我一看，哎哟，原来是个女孩子，而且是一个长得非常秀气的女孩子。天啊，这是干什么呢？三更半夜的，为了几把苇子，人家不就是割点苇子回家烧火做饭吗？而且我们兵团没来以前，人家就是靠着乌梁素海的苇子活着，我们干吗非要这么为难人家啊?!等我让那位老乡坐下，他才告诉我：他原来是傅作义部队的一个少校军官，随傅作义起义投诚后，就留在当地务了农，后来娶了当地一个媳妇，从此就变成了乌梁素海畔的农民。跟他来的女孩子是他的女儿，因为把苇子捆到车上，需要有人在车的另一边帮着拉绳子，那两天正好赶上老婆生病卧床不起，只好带上女儿……听着这位当年想必神气无比的少校的自我介绍，看着眼前这个秀气、脸被冻得青一块、紫一块的小姑娘，也许是同情，也许是怜悯，也许是良心上的自责，也许是同病相怜，反正当时有一股很难用语言表达出来的东西，深深地触动了我。打那儿以后，我变了，我不再像以前那么不折不扣地按上级的指示限制老乡进海打苇子了。

送父女俩出门的时候，我对“少校”说：“你们以后不用夜里来，白天来吧，有我在，你们就拉吧。”

人要善于调整自己

康永希讲述

当年，内蒙古歌舞团有几个演员被下放到兵团七连“劳动锻炼”，其中有个吹笛子的演员叫孙玉衡，他被分配到一排，并与排长和我住在一个屋里。我跟他聊过几次天儿，有一天他对我说：“你这个人，比你同年龄的人想问题想得多，想得深刻。但是我劝你一句话，你应该小心，你将来，坏就坏在你这张嘴上。你看我，现在是现行反革命，都是嘴惹的祸。”后来何指导员找过我，说：“你得注意啦，跟你住在一个屋子里的那个人是现行反革命，你得警惕，不要受他的影响。”指导员的意思是说，他到七连是接受“再教育”来了，你别让他，把你“教育”了。另外，在这以前，一个跟我关系比较近当七连党支部委员的也“提醒”过我，他说：“在七连党支部的印象中，你思想有些右倾。”老孙的善意劝告，指导员的警告，朋友的提醒，使我明白了：我不能再像以前那样子了，我得表现得好点儿了。从那以后，我转变了，我开始表现好了，而且表现得特别好。

那时候，我们一排脱坯。有一天，别人都去踢球了，我没敢去，一个人留在那里继续脱坯。没想到，正好让连长过来看见了，连长说：“怎么就你一个人在这干活儿呢？他们都哪儿去了？”那时候，领导开始觉得我表现不错了。

还有一次，路副指导员到卫生所去，他看见我穿着个白大褂，一会儿给病人听诊，一会儿给病人拿药，一副认真负责的样子，心说：“他还真是那么回事儿，像个医生的样儿。”从此，领导对我的看法转变了。由此，我总结出一条：人要善于调整自己。

我还记得，有一天，很多人在稻田里干活儿，当时一块儿干活儿的有二排、三排的男生，还有五排、四排的女生。我这个人嘴欠，记不清是为什么了，我突然心血来潮，拿着一块儿干活儿的两个人开起心来。我说一句，在场干活儿的人哈哈地笑一阵；我说一句，大家哈哈哈地笑一阵。能逗得那么多人哈哈大笑，我心中不由得沾沾自喜。于是，玩笑一个接着一个，越说越来劲，而且越说越尖刻。

当年连长与战士一起割草开荒造田（摄于1969年）

突然，老孟站出来说话了，他说："你看你把人家损得那么厉害，你自己又怎么样呢?"他的意思是说，你比别人又能好到哪儿去呢?！当着全连那么多人，又在我兴头上，他那么说我，我一下子下不来台了，心说，当着这么多人，你怎么这么不给我留点儿面子，不平之下，我还跟他争辩了几句。但是，等晚上回到宿舍，躺在炕上我就想：老孟说的话是有道理的，每个人，不管那个人是谁，都应该受到尊重。

从那儿以后，在我一生中，我无论说话，还是做事，我再也不去刺伤别人，再也不去不尊重别人了。包括我工作这么多年，单位的人也好，上学的同学也好，不管在什么情况下，这人再怎么坏，这人再怎么犯了什么错误，让他人不可容忍，再怎么混得不好，我都绝不去轻视那个人或者去伤害那个人的自尊心。也正是这样，后来发生的很多事都让我受益匪浅。

女孩子的贞节是很重要的

吴水刚讲述

吴水刚： 余姚人，原浙江余姚彭桥中学71届初中毕业生。1971年9月23日被分配到内蒙古生产建设兵团。1978年病退回余姚，分配到供销社，企业转制后，在商都小商品市场做个体。

采谈时间： 2007年9月10日

采谈地点： 余姚市委党校招待所宾馆

当时我个子高高的，身材也好一点，相貌嘛，也不难看。所以有不少女孩子对我感兴趣。这些女孩子，有我们七连的，也有别的连的；有北京的，也有我们浙江的。她们有的用请我吃饭跟我接近；有的让别人请我吃饭，跟我接近；有的还请我到她父母家做客，跟我接近；有的干脆直接跟我说出来她们的心思；有的写信向我表示她们的爱慕心理；还有的，直接就想拉我手，在大庭广众之下亲我的也有；甚至还有……

吴水刚近影（摄于2007年）

但是，我手没让人家拉，嘴也没让人家亲。那时候，女孩子好像比男孩子成熟，她们比较主动，但是，我那时候太年轻，对这些事不太懂，加上我很腼腆，我让人家不少女孩子流过泪、伤过心，甚至恨过我。但是，我没欺负过任何人，没跟任何女孩子做过那种事，没占过人家的便宜，我知道女孩子的贞节是很重要的。

我现在生活很好，自己开百货批发店，当个小老板，生活很不错。

没有粮票，在城里根本无法生存

戴秀兰讲述

戴秀兰：青岛人，原青岛第28中学69届初中毕业生。1970年9月8日被分配到内蒙古生产建设兵团，曾是四排15班战士。1979年病退回青岛后，被分配到青岛自来水公司看水泵，2004年退休。

采谈时间：2008年8月31日

采谈地点：青岛市原七连战士柳永华家

从左至右前排：刘淑清、贲新华、袁副连长、郭进、赵淑珍；中排：陈美珍、贺谦、曲兰迪、陈立建、柏威；后排：姚莉莉、白玉玲、戴秀兰（讲述人）、冯秋荣（摄于1970年）

到兵团后第二年的春天，我觉得身上的皮肤瘙痒得厉害，后来脸也开始瘙痒起来，而且脸除了瘙痒之外还起了好多疙瘩。到连队卫生所去看，卫生员说我是皮肤过敏，给了我一些药，吃了一个星期，不见好。后来越来越厉害，疙瘩开始流黄水了。经连里同意，我到二师医院去看。二师医院把我留下住院治疗，给我吃了很多脱敏药、还打针什么的。治疗了差不多一个月吧，病情略有好转。可是我回到七连的第二天，就又瘙痒起来，而且疙瘩也又开始流黄水了。没办法，只好又回二师医院，医生这次用一种偏方给我治疗。他们让我把一种黑药水涂在脸上。黑药水往脸上一抹，一天到晚不能出门。不出门，脸还凑合，一出门就变厉害。当时那心情就别提多难受了，天天自己抹眼泪。心想：这么活着有什么意思啊，还不如死了的好。我给一个跟我特别要好的同学写信，在信里我告诉她："17 岁以前自己水灵灵的，看看现在，满脸大黄疙瘩，连镜子都不敢照，也不敢出门，我真不想活在这个世界上了，死了算了。"她回信劝我，说："别犯傻，好青春年华还在后面呢，一定要好好地活着，好好珍惜自己。"

在二师医院住了一段时间，二师医院诊断我水土不服。在这种情况下，连里同意把我退回青岛。可是"青岛知青安置办公室"没批准，因为，我一回青岛皮肤就变正常，什么问题都没有了。不过，我还是在青岛住了一年零十个月，在那段时间，脸上一个儿疙瘩也没有。问题是，在那段时间，连里不给我发粮票、油票什么的。当时，当工人的父亲退休在家，一家六口人全靠母亲做临时工的一点微薄收入，家里生活实在太困难。再说我在青岛没有户口，没有户口就意味着没有粮票，没有粮票在城里根本无法生存，所以最后我只好又回了七连。

戴秀兰（左）与战友柳永华（摄于 2007 年）

一回七连，皮肤问题就又出来了，于是又得住院。就这样反反复复了三四次，最后，还是因生活所迫，咬牙在兵团忍到 1979 年，连里的兵团战士基本都走光了，我才最后办回到青岛。

那就是我的青春年华

张珊讲述

记得当年连里经常搞紧急集合。每次紧急集合，我们排有的战士就紧张得哆嗦。有一次，有个战士紧张得披着个床单儿就跑出来了。行军的时候过沟，一个战士紧张得腿直哆嗦，她说："我过不去，我过不去。"我得拉着她的手，她才爬过了那个沟。

当年回城后的讲述人张珊在工厂当工人（摄于1976年）

还有的时候，战士们跑到我那儿去找我哭，说她们想家。当时我是副排长，虽说我年纪比她们大，可我也才18岁。不管谁找我，我都得哄她们，自己不能哭。可等我自己心里不高兴，在排里被人家误解、受批评的时候，我却没有诉苦，没有说知心话的地方，只能一个人跑到远远的苇垛后边去偷偷地哭。一边哭，一边对自己说："我真想家啊，天天干活儿，除了干活儿就是干活儿，一点儿愉快的事也没有，难道这世界上真的没有开心的时候吗？"

记得那时候冬天出海打苇子，冰还没冻结实，连长就让我们下海了，人掉进冰窟窿里的事时常发生。我掉下去过一次，等我从冰里爬出来，棉裤都湿了，一路走回驻地，20 多里地，零下一二十摄氏度，棉裤被冻得像套在腿上的两个大冰坨，等我一步一步地挪回连里，两条腿都磨破了。回到连里，没别的衣服可换，就在炉子上烤，第二天就那么再穿上还没干的棉衣棉裤接着出海打苇子，直到把棉裤、棉袄都沤干了。因为干活儿路远，那时早晨出海都带着饭，到中午，带的饭都冻成冰了，一咬一个白牙印。渴了用冰镩子把冻成冰的湖面镩开个洞，喝冰底下的湖水，或者吃凿下来的碎冰块。整个冬天，天天如此。现在想想，多少人的胃就是这样给吃坏了呀！我也一样，胃炎、胃酸，直到现在，还是老吐酸水。还有关节炎，一着凉就痛，骨髓里都觉得凉，这都是在兵团的时候，来例假的时候，跳到冷水里干活儿落下的病。

有一次，该吃饭了，可是吃饭号就是不吹。大家饿得受不了了，心说司号员小翟呢？后来才知道，他去钓鱼了，忘了吹号了，他那时也才 16 岁呀。当时大家都没手表，所有的行动全指着小翟吹号，通知大家。

还记得，有一次我们家给我寄去一条围脖儿，收到围脖儿我特别高兴，加上我的帽子找不着了，所以出海的时候就围上了。谁知道连长看见我戴着围脖儿，就问："你怎么围围脖儿没戴帽子呀？"那时候，我们不许美，男女不分，一律穿肥大不合身的清一色白菜叶黄的兵团序列服，一个人一顶大棉帽子，往头上一扣，就去干活儿了。说难听的，我们那时候跟劳改犯有什么区别啊？劳改犯不就是那样吗，流放到边疆，睡一个大通铺，天天下地干活儿。真的，我们那时候，没有任何个人理想、追求、享受、娱乐，根本不懂得浪漫，根本不知道男女交往为何物。

记得，我调到团卫生队以后，有一次，老光去找我，吞吞吐吐地说来说去，到最后他说："费阳打听你呢，他挺惦记你的。"听了老光的话，我心里一哆嗦，说："费阳惦记我干吗呀？"现在回想起来，人家老光作为费阳的朋友去找我，实际上是替费阳"柳毅传书"去了。可当时，我们被革命教育熏陶得没有任何个人欲望、奢求、感情；被解放军纪律约束得不但没有任何行动自由，同时也没有任何感情自由，哪里懂得男女交朋友为何物啊？

是啊，那就是我们的青春年华！

第六章

奶头涂上凡士林

西瓜熟了

康永希/西木讲述

康永希：七连在驻地西北不远的地方种了一片西瓜。七八月份的时候，眼看着一天天长大的西瓜，馋得这帮哥们儿垂涎三尺；我怎么也打消不掉晚上去摘几个瓜回来，跟哥儿几个解解馋的念头。

这一天，我决心行动一下子。白天我侦察好了地形：东南边儿百米处是驻地营房；瓜地里搭了个瓜棚，看瓜的是五排女生，她们待在瓜棚里，随时从里边向外四面张望；连长时不时端着大枪在瓜地四周转来转去；瓜地的西瓜达到能吃的地步还有日以待；但是瓜上刻了“种”字、准备明年当种瓜的已经成熟可吃了。必须及早行动，否则别人就赶到前边去了。

这天晚上，趁着夜幕，我悄悄从南边接近瓜地，绕开连长重防，避开五排看瓜人视线，悄悄进入瓜地。当时虽然天色黑暗，但凭着白天侦察的记忆，我还是没费多大劲儿，就摸到了刻着“种”字的瓜。一个，两个，三个，四个，五个，我一一摘下，一切顺利。周围一片静悄悄，把五个摘下的“种瓜”放到旁边不远的草垛里，回宿舍睡觉。第二天，天还没亮，我爬起来去取瓜，结果被看瓜人看见了，她们立即报告给了连长。

当天下午，连长找我。我得知连长在找我，我就逃。听说连长到老区去找我了，我就躲到新区（战士们的新驻地）；又听说连长到新区找我去了，我就跑到老区去。可是，跑了和尚跑不了庙，最后通讯员找到了我，传我去连部，我只好硬着头皮去见连长。

“晚上我要开全连大会，你得在大会上作检查。”连长开门见山，语气中当然毫无讨价还价余地。

“我不检查，您在大会上，爱怎么批就怎么批，但是，我不能作这个检查。在您这儿检查什么都行，当着全连的人不行。”我坚持着。

“那不行，我要杀一儆百，用你教育大家。”连长语气很坚定。

“您爱怎么说，您就怎么说，您把我说成什么都可以，您一说，就教育大伙儿了，用不着我说。”我仍然坚持。

晚上全连紧急集合，会上路指导员训话：“……瓜地里的瓜是全连的瓜，瓜是七连集体劳动的成果。就有人去摘，还夜里去，这样做第一，行为不好，第二，现在瓜还没熟……”

说到这儿，路指导员把我摘下来的五个瓜中的一个拿过来，“啪”，用手一拍，嘿，黑子儿红瓤，熟了！队伍里一阵哄笑。路指导员一看第一个熟了，顺手又拿过来第二个，“啪”，一拍，嘿，又是一个黑子儿红瓤，也熟了！队伍中又是一阵笑声。

本来大家不知道七连的西瓜熟了，这下子可好，大伙儿全明白了：七连的西瓜熟了！从此，西瓜地结束了它的平静，造访者开始络绎不绝。

西木：考虑到安排男生看瓜，监守自盗的可能性比较大，连里决定把看瓜的重任交给可信任的女生排，而且怕她们害怕，安排三个人一组，轮流值班。

我和另外俩哥们儿也馋西瓜馋得不行了，决心付诸行动。一天晚上，外边黑咕隆咚，我们悄悄接近瓜地，但是没有贸然进入。哥儿几个趴在地上，捡起一个土坷垃，往瓜地里一扔。“谁呀?”看瓜女生颤颤巍巍地叫道，站在瓜棚口，用手电四处搜照。我们低头不动不语。“呼”，一阵风吹过，看瓜人照了几下没看见人，关掉手电退回瓜棚。

我们趴在地上忍了片刻，“哐哐”，哥儿几个又扔了俩土坷垃。“谁呀?”这回几个看瓜人走出瓜棚，拿着手电，在瓜地四周东瞧瞧西看看、侧耳细听，但是除了风声，瓜地周围一片黑乎乎，整个一个静悄悄。几个女看瓜人关闭手电，可能吓得够呛，低声商量了些什么，干脆收兵回宿舍了。

我们一看机会到了，赶快悄悄摸进瓜地，速战速决，摘上几个瓜马上打道回宿舍。兴奋之余，切瓜解馋。不过说实话，我们偷的瓜，没熟，瓜子儿还没变黑，瓜瓤儿还是白的，凑合着吃吧，总还是比黄瓜甜点儿。

把驴扎得直流血

杨宝华讲述

当年，因为兵团战士经常到乌梁素海周围老乡的村子里去偷鸡摸狗，平时又看着老乡不让人家下海打苇子、打鱼什么的。很快兵团战士与老乡之间形成了一条很深的隔阂，就连狗也形成两派。兵团战士们养的狗见了穿白茬子羊皮袄的老乡，就会集体出动、奋力追咬；而老乡养的狗，只要见了穿草绿色兵团序列服的兵团战士出现在它们村子里，也会倾巢出动，追着兵团战士玩命扑，一直到把兵团战士咬出村子为止。

有一次，我差点儿没折在一个村里。当时朱新荣、李汀还有我，逮着一辆那个村子进海打苇子的马车。逮着他们以后，我们就训他们，他们跟我们争辩，争着争着双方动手打起来了。当时他们人多势众，又都是一帮成年老爷们儿，我们眼看要吃亏，于是三十六计，走为上计。

当年战士骑骡子撒欢（摄于 1969 年）

我们从村子里跑出来，顺手牵了一辆驴车赶着就跑。为了让驴跑得更快，一路上，我们一个劲儿地用割苇子用的刮刀扎驴屁股，那头驴的屁股，让我们扎得直流血。大概是因为驴太疼了，或许是驴通人性，总之，驴拉着我们，在冰上玩儿命地跑。那驴真棒，我记得，跑着跑着，我们遇到一条“浆河”，只见那驴拉着我们一下子掉进“浆河”里了，没想到，那驴一个猛劲儿，又拉着我们从“浆河”里冲上来了，一直到把我们拉回连里。

前前后后不到一年

杨宝华讲述

大概是在 1971 或 1972 年的时候，七连养了一头荷兰种奶牛，取名大花。连里派我和陈太宝负责饲养兼挤奶。

按常规，一天挤一次奶，挤完后给该喝奶的人送去。可那时候，我们觉得我们也该喝牛奶，于是我们就自动加了一次，改成早上挤一次，下午挤一次。早上挤的交公，下午挤的滋己。

很快问题就出来了，周围几个哥们儿看我俩喝牛奶不干了，他们也吵着需要补养。于是我们挤奶次数从两次增加到三次，有时候还去挤四次。除了早上那次是公派，中间加的都是为我们自个儿，所以去挤的时候，得一个人挤，一个人放风，怕被领导发现。开始的时候，我挤了奶陈太宝先喝，我后喝。后来我学精了，挤完了我先喝，然后再给太宝，等太宝喝完了，再端去给其他哥儿几个分。

大概因为每天挤得次数太多，每次又挤得太急、太狠，大花的奶头让我们挤出问题了。我一看，“哟”，这么下去可不行，等后来再去挤的时候，我就给大花的奶头上抹上点凡士林油。可就那样也不行，有一天我正挤着挤着，可能大花觉得太疼了，一抬腿把我踹出去好几米远。太宝看见了在旁边说：“没事儿，接着上。”我说：“你要上你上吧，我不挤了。”牛跟马不一样，牛踹人的时候，它横着踹。就这么着，大花的奶头从此发炎，后来患上奶头疮，不久就死了。从我们接受挤奶任务到大花辞世，前前后后不到一年。

全身满嘴都是血

杨宝华讲述

1971年春天的时候，我们天天吃煮白薯干儿，后来白薯面儿窝头就山葱。那窝头不知道为什么，用手攥都攥不到一块儿，拿到手里就散了。那山葱是从山上挖的野山葱，当时油又少，挖回来的野山葱就在大锅里那么煮煮，给我们吃。白薯面儿窝头发黑，煮野山葱又黑又绿，这两样东西的颜色，不但让人看上去没胃口，而且吃下肚之后，会让肚子咕咕响个没完。

那时候，我们常常三更半夜就给饿醒了。有一次，凌晨两三点钟，我、小中等几个人都给饿醒了。怎么办呀？不吃点儿东西怎么也睡不着哇。商量后，我们决定到老乡的地里去挖点儿什么东西吃。就那么着，黑灯瞎火的，我们跑到老乡地里，挖了一些土豆，也没洗，生着就都给吃了。后来我们又发现，离七连北边不远有个村子。那个村子后边有个场院，场院旁边有个鸡窝。我、小袁还有文奇，我们决定到场院鸡窝去弄几只鸡吃吃。

主意打定，一天晚上，我们几个人穿上当时兵团发的黑色工作服，又从食堂偷了一条麻袋，我们是“身穿夜行衣，腰扎背力锁”。快到场院附近，我们改匍匐前进。一个人先到看场院老头儿睡觉的地方去侦察侦察，看老头儿睡了没有，其他的人趴在离鸡窝不远的地方等着。第一次，侦察老头儿的人回来报告：“老头儿点着灯，抽烟呢。”又等了会儿，侦察人又回来报告说：“老头儿屋里的灯灭了。”我们断定老头儿睡了。于是，我们跑到鸡窝那儿，仔细一看，鸡窝进出口太小，手倒是伸得进去，但是怎么摸，也够不着鸡，而且，我那么一摸，鸡在窝里咯咯咯直叫。怎么办？我急中生智，扩大鸡窝门！我把鸡窝门四周的泥扒掉了一圈儿，这样，我半个身子就能钻进去了。进了鸡窝，再摸鸡就容易多了。

我摸着一只，左手抓住鸡身，右手攥住鸡头，然后，像拧衣服似的，把鸡脖子一拧好几圈儿。心想这么几拧，那鸡怎么着，也让我给拧死了。谁知道，等我一松手，那鸡脖子转了好几圈儿，又转回来了，而且鸡还有气儿，还能扑腾、还喔喔叫。我一看不行，如此下去，这鸡拧不死，再把老头给吵醒了，就坏了。一不做二不休，上嘴咬吧。我对准鸡气管儿，一口咬下去。还真行，鸡气管儿还真断了，这下儿，鸡不再扑腾，也不再叫唤了。就这么着，我们弄了六七只以后，我想，此地不可久留，赶快撤吧。回到宿舍一看，我那身上、脸上、嘴上全是鸡血。

鸡血就鸡血吧，安抚肚子要紧。我们快速弄了一锅水，等水烧开了，把鸡放在锅里一烫，拔了毛，煮上，连夜就把几只鸡都存到肚子里去了，等别人闻味跑来了，招待各位的就剩鸡骨头了。

当年七连部分战士宿舍如今仍有人居住（摄于 2008 年）

偷老乡的鸡

朱鑫荣讲述

朱鑫荣：天津人，原天津 69 届初中毕业生。1979 年回天津，顶替父亲在照相馆工作，几年后当了经理，以后到总店去干照相器材批发、零售。之后转到车间，粘相册、裱画、镶镜框，给顾客送相片到家，直到现在。

采谈时间：2008 年 8 月 21 日

采谈地点：天津富记缘酒楼

我在七连跑运输，帮着小卖部拉货。有时候，我们把那些吃的东西成心往船帮上一磕，“啪”，罐头就碎了，有桃罐头、苹果罐头、肉罐头等，然后我们就在船上把这些东西吃了。现在想起来还总觉得有点对不起人家小卖部的。

我还记得那阵儿巡海，我们住在麦场面上。那麦场面呢，就是人家收了麦子以后，打了麦子，把麦子堆在场院上，有个老人看场，我们巡海也住在那儿。从老人嘴里我们知道那儿养了好些鸡。于是我们就动了偷他们鸡的念头。经过侦察，我们发现那些鸡都装在鸡窝里，鸡窝的口虽然很小，可是手还是能伸进去。

朱鑫荣近影（摄于 2009 年）

到了晚上，鸡进了鸡窝后，都站在鸡窝里的架子上，我把手伸进鸡窝往架子上摸，摸到一个鸡脑袋就把那只鸡拽出来，然后用两只手像拧湿衣服里的水一样，把鸡脖子那么一拧，再装进事先准备好的裤子里。那裤子不是我们平时穿的裤子，而是把平时穿的裤子，用绳子把两个裤口扎上，于是裤子就变成了口袋。我抓一只一拧，拧一只扔进裤子里一只。再抓一只，再一拧，再扔进裤子里。最后，鸡窝里的鸡没有了，我们把裤子的上头也就是裤腰的地方用绳子系上，往脖子上一挎，打道回我们住的地方去。

回去以后，爬到房上，把房上的蒲草铺开，把鸡都扔上去冻上。以后什么时候想吃了，就从房上扔下来两只，烧锅水，把鸡一烫，毛一拔，膛一开，炖炖就吃了。像这样的事儿，大概每年都得弄两回吧。每回十几只、二十几只没准儿，前后一共吃多长时间，也没准儿。我们一般是晚上睡觉的时间，才干这些事。在屋里的炉子上炖，没有佐料，有点盐，鸡还没完全煮熟，几个人就把鸡给抢着吃完了。

我们巡海，住在外边，所以班里其他的人都不知道，那时我们就像土匪。后来老乡为了防我们，他们杀了猪，刚开始放在凉棚里，后来人家把地上挖个坑，把猪肉搁在坑里，猪肉上撒上一层土，泼上一层水冻上，再撒上一层土，再泼上一层水，你想刨都刨不开。到春节的时候，人家刨出来过年，因为兵团战士偷人家的东西，人家不得不防。不过这些东西不是我们七连人偷的，而是附近的十二团、十一团的，人家老乡肯定是被偷怕了。

记得冬天我们巡海的时候，有的老乡常常把油、肉什么的扔到我们住的房顶上。那时我们两三个人住一个小屋，在海边看苇子。老乡赶着马车来了，我们问："干吗的？"他们答："看你们来了。"说完就把油、面、肉，有时候还有猪后腿，一块一块的，扔到我们房顶上去。他们为什么给我们送东西呢？就是因为海里的芦苇被我们兵团打完了，他们想让我们放他们进海里去打点苇子当柴火。他们送东西其实就是贿赂我们。我们也为难过他们，不让这个人进，让那个人进。为什么呢？因为要看哪个人给我们送的东西多。比方说，这个人给我拿来一个猪后腿来，送来一壶油，就让他进。那个人呢，到这儿来，就送两只鸡，我们觉得东西太少，就不让他进去。其实，那拿两只鸡的人，开始不让进，最后也让他进去了。现在想起来，那时我们偷老乡的鸡，收老乡吃的东西，就是觉得好玩儿。

咳嗽好点儿了

杨宝华讲述

有一段时间，不知哪根神经出了问题，哥儿几个突然堕入想吃西红柿鸡蛋打卤面的情网。当年如果能吃上一顿西红柿鸡蛋打卤面，极为不易不说，而且绝对是一种超级享受。可是，吃西红柿鸡蛋打卤面，不但得有西红柿，而且还得有鸡蛋。西红柿好弄，到老乡地里去偷就行了，可鸡蛋不好搞哇，怎么办？我们开始动脑子了。我们注意到，连里的卫生所，兵团定期定量给各连队的卫生所发放药品，比如，治头痛脑热、咳嗽、感冒发烧的药啦，治肚子痛、消炎的药啦等等。同时我们还发现，周围的老乡因附近没有医院，没有类似我们七连的卫生所，所以有病求医非常困难。一般情况下，得了小病他们就扛着；兵团成立以后，他们便常常登门到我们那里求助。

于是，我们有几个聪明的卫生员从中得到启示。他们找到我，问我认识不认识周围村子里的老乡，能不能拿点儿药去换点儿鸡蛋？我说："没问题，咱认识一个寡妇，那寡妇认识人多，门道儿广，有事咱通过她办就行。"后来他们让我去寡妇家，求寡妇帮着打听打听谁想用鸡蛋换药，然后再告诉他们。隔了一天，我探听到老乡那边儿没问题，并且告诉他们：老乡指名道姓要"氨茶碱"，我让卫生员们查查卫生所有没有"氨茶碱"。卫生员们一查，卫生所还真有此药，而且还查到"氨茶碱"治哮喘、咳嗽。当时，我跟老乡商定三片儿"氨茶碱"换一个鸡蛋。当年我们都年轻，患咳嗽、哮喘的不多，所以上级分配来的"氨茶碱"大量积压。

一天，我拿了一小包"氨茶碱"直奔村里寡妇家。那个村离七连挺近，也就一里多地吧。然后寡妇把欲换药者叫来，我记得那个人是个牛倌儿，叫黄二儿。我对他说："我跟寡妇说好了，三片儿药换一个鸡蛋。"可他不干，非要五片儿换一个。五片儿就五片儿吧，连里的哥们儿都等着我的鸡蛋下锅呢。我把药片儿数好倒给他，他把鸡蛋递给我，我们是一手交药，一手交蛋，谁也不欠谁的。拿起鸡蛋我刚要走，这时就见那黄二儿，急不可待地从烟盒里抽出一张锡纸，然后把一片儿药片儿用手一碾，放在锡纸上，再点着一盏煤油灯，用煤油灯在锡纸底下烧。不一小会儿，那药面儿就变成了一股白烟儿，那白烟儿缭绕着，打着转儿，徐徐往上升。再看那黄二儿，嘴里叼着一小截空心苇子，追着那股白烟儿使劲儿地往嘴里吸。等他把白烟儿都吸完了，我再跟他说话，他不理我了。他靠在被垛上闭着眼一言不发。当时我想：哎哟，这人病得还真够厉害的。大概过了那么五六分钟的光景，他缓过来了。“你咳嗽、哮喘好点儿了？”我问他。他说：“好点儿了。”于是我拿上鸡蛋就走了。

记得那次我换了六个也不是七个鸡蛋。等我回到连里一看，包日华的油都下锅了，火点了一回，撤了，又点了一回，又撤了。等他们见了我回来，一个劲儿地直埋怨，“你怎么这么慢呀？”我说：“我在那儿看人家老乡吃药呢。”

直到上个世纪（指 20 世纪）90 年代我才知道，“氨茶碱”里含有“海洛因”。那个叫黄二儿的吸完“氨茶碱里的海洛因”之后，他实际上已经非常享受了，他当时的感觉跟上了天堂没什么区别。现在回头看，其实在 1971 年、1972 年的时候，我们就开始“贩毒”了。

真他妈的作孽

杨宝华讲述

我们排的陈小光，爱看书，喜书文，被大家誉为七连的“秀才”，也有人叫他“反动文人”。小光两眼高度近视，因为他这个近视闹出不少笑话。

有一回，我们往地里推大水泥管子。那管子直径有一米多，三四个人站在管子后头，四人八只手，协力同推一管。不知道怎么的，推着推着，陈大秀才愣从那管子上头滚过去了。哎哟，那本事！不是谁都能练出来的。也正是因为他高度近视，我也爱跟他“逗”。

当年我们年轻，青春躁动，即使超强度、超负荷的体力劳动，有时候仍然耗不尽我们体内的能量，耗不尽，就喜欢搞点儿恶作剧。

当年，洗衣服是一大难事。那时候，洗衣服不像现在。那时没有洗衣机，没有自来水。洗衣服得用两只手拧、用搓板搓。另外，还得跑上半里多地到井里去挑水。两桶水挑回来，一桶水用来泡洗衣粉洗衣服，另一桶水用来投。加上刚从井里挑回来的水，扎手的凉，所以说洗衣服是一件极大难事。

陈小光高度近视眼。星期天休息，他吭哧吭哧从井里挑回两桶水来，把自己的衣服泡在放了洗衣粉的盆里，然后哼哼唧唧，念着小曲儿回屋看书去了。我一看，好机会来了，我赶快跑回屋，把自己的脏衣服泡在他洗衣盆里脏衣服的上边。

过了会儿，小光觉得衣服泡得差不多了，从屋里出来，拿个搓板吭哧吭哧地，把泡在盆里上边的衣服搓完了，然后再用另一个盆里的清水投。投得差不多了，拧去衣服里的水，又抖，又抻角儿，等都弄平了，把衣服挂在绳子上晾上。回过头来，正准备倒水收兵回营，可等他端起盆一倒水，发现那盆里还有一件衣服。心想：他妈的，这肯定是哪个坏小子扔到我这儿的。不管他，于是他把剩在盆里的衣服从洗衣粉水里拎出来挂到铁丝上，泼水回屋，星期天洗衣服一大事，算是完成。等衣服晒干了，我哼着歌，去把那件洗干净了的、其实是我的衣服收走。小光在旁边看见了，心想：咳，怎么我的衣服让他收走了?！他赶紧把还挂在铁丝上的那件拿下来一看，是他自己的！无奈，只好又去挑水，重洗自己的衣服。

还有一次，我跟他玩儿“狭路相逢，勇者胜”。

一天，我从大堤这边走过去，看见陈大秀才从对面走过来。当时我让秀才让开，让我先过去；秀才让我让开，他要先过去。我说：“干脆咱俩狭路相逢，勇者胜，谁劲儿大，谁能顶得过谁，谁就过去。”他同意。我俩各自放力，攥着拳头从两个不同方向全速冲向对方。当陈大秀才刚要接近我，我突然忽发奇想，猛地往旁边一闪身，只见秀才“扑通”一声，头朝下就冲进了身旁的水渠里去了，现在想起来真他妈的作孽！

当年年轻的我们，青春躁动，老觉得身体里有一种什么东西，那个东西常常鼓动着你去干一些邪事儿。

照着敏感部位猛抠搜

西木讲述

七连副连长习真伟，在当年七连最轰动的、深夜“捉奸”事件中扮演了极为重要的角色。

一天晚上，不知习副连长怎的得知：有对男女兵团战士正在连部卫生所内幽会，于是习副火速上报七连最高领导。就在一号领导前往卫生所敲门，以“职工家属处有急诊”为由，把也住在卫生所内的一位女卫生员调虎离山，并将卫生所前门锁上的同时，习副带上数名男战士，不顾夜深更晚，坚蹲在卫生所后窗外墙根儿下。直等到那位男战士拂晓时分破窗跳出，习副便将“幽会者”当场擒拿。至此，习副一夜之间成了“捉奸功臣”。此事当时在七连闹得沸沸扬扬，传得邪邪乎乎。之后，那对知青被整得凄凄惨惨。但说实话，人们内心还是非常同情那对有情人的。不久“捉奸功臣”要结婚，这下子可好，机不可失，失不再来，人们借闹洞房的机会，着实发泄了一通。

习副连长结婚，我记得新房就是原来职工住的小土坯房。按中国农村风俗习惯，婚礼后当晚，要闹洞房。所谓闹洞房，就是亲朋好友相聚洞房，不论辈分、不分老少，随心所欲、无拘无束，嬉笑打闹。不管闹洞房的人当时有什么过火或不轨举动，新郎、新娘都不得动怒、起急、翻脸、发脾气。

刚开始，前去闹洞房的人都站在洞房的地上，谈扯嬉笑。慢慢地那帮家伙就上了炕，而且谁也不脱鞋，大脏鞋就往新褥子上踩。新娘子坐在炕头儿背靠着被垛，那帮家伙围着新娘子坐一圈儿，并让新娘子给他们点烟。新娘子划着一根火柴，他们吹灭一根；新娘子再划着一根，他们就再吹灭一根。新娘子就这么不停地点，他们不停地吹。而且，那帮家伙还边吹边往新娘子身边凑。凑到后来，便开始动手动脚了。

“你们这是干什么呀，啊？你们不能这么动手动脚地摸人家新娘子……啊!”不知道什么时候，连领导夫人——袁姨进屋了。袁姨边说边上了炕，并试着用自己的身体挡护新娘子。突然，不知谁把灯吹灭了，屋里顿时一片漆黑。我一见这架势不对，就溜出去了。我刚走到门外，就听见袁姨在屋里一通高喊：“你们这帮王八蛋，你他妈的往哪儿伸手哇，啊!?”待了一会儿，屋里那帮人嘻嘻哈哈、呼啦呼啦地都出来了。再一看袁姨，坏了，我知道出事了。只见袁姨一边用手拽着被扯破的上衣大襟，一边破口大骂：“这是哪个小子干的？混蛋！我都老太婆了（当年约三十七八岁），还吃我豆腐!”大概是因为屋里太黑，那帮家伙分不清谁是谁，结果，鱼目混珠连袁姨带新娘一块儿都给揉搓了。

这还不算，趁着天黑，那帮家伙把别人送给新郎新娘，还有新郎新娘自己买的新暖瓶、杯子、碗什么的，凡是面上摆着的统统都给拿走了，窗户纸也全都给捅破了。

更有甚者，在闹洞房之前，有人事先在习副连长新房屋里墙上打了个洞通到外边。等那帮家伙从里边跑出来以后，他们就把老习的新房从外面给反锁上了，然后搬来蒲叶，从外边点火往屋里熏烟。熏了一阵子，人们听见新婚夫妇被呛得直咳嗽。可是，那帮家伙还觉得不过瘾，又在蒲叶上撒上辣椒面儿，依旧是大把大把地添柴火。最后老习夫妇被熏得实在受不了了，只好踢开窗户，越窗逃出。

老习呢，还真行，人们就这么折腾，他始终没急、没恼。这大概是他从小接受的那个文化传统习俗，让他觉得，这一天，不管别人怎么折腾、怎么闹都是亲近的表示，都是是可忍，孰也可忍也。

那是我一辈子见过的、最野蛮的一次闹洞房。那帮家伙真是过足了瘾。趁屋里黑，三四个老爷们，扑在人家新娘子身上，连帮着新娘子解围的领导夫人袁姨也给压在底下，若干双粗手在人家新媳妇和袁姨身上敏感部位一通猛抠搜。

总算实弹演习了一下子

西木讲述

1970年的时候，有一段时间中苏边境吃紧，兵团发枪给兵团战士。可那些枪从发到我们手里再到最后收回，根本就没打过“苏修”，真动家伙、动子弹倒是跟老乡练过两次。

有一次我们巡海逮着一个进海偷打芦苇的老乡。我们把他的车给扣了，把车上的苇子卸到苇场上去，然后把他的车、驴都带回连里，拴在连部前边，就去睡觉了。

半夜，我们班的赵完茂起来出去撒尿，一看驴车没了，他马上跑回班里，大声疾呼：“驴车让人偷走了！”这帮哥们儿一听，“哗”地都起来了，穿着裤衩披着棉大衣就出去了。估计那个老乡也就刚解开绳子，赶着驴车离开。但是黑灯瞎火，我们根本什么都看不见，于是一边追一边喊：“站住，再不站住我们就开枪了！”不知道是谁，说着还“嘣”地，真朝天放了一枪。随着枪响，只听“哎哟”，“咕咚”一声有人一下子就倒下了。大家一想：坏了，真打着了。追上一看，那哥们儿倒在路上。“起来，打着你哪儿了？”那人哼哼叽叽，哆哆嗦嗦地站起来，再一闻一股臭味儿，原来子弹没打着他，他被吓得拉了、尿了一裤子。一看那样，大伙儿都乐了，说：“去去去，赶紧滚吧。”就那么着，把那老乡放了。

就这么着，兵团发的枪、子弹，那次总算是实弹演习了一下子。

“裴多菲”俱乐部

西木讲述

20世纪50年代初期，匈牙利一些持不同政见者组织了一个“裴多菲俱乐部”，以后发展成一场旨在推翻社会主义政权的全国性暴动。后来，苏联派兵介入，最终平息了叛乱。很长一段时间，在社会主义国家只要提到“裴多菲”俱乐部，往往意味着“谋反”或者更直接地说是“反革命”的代名词。

当年七连女战士表演节目（摄于1969年）

谁曾想，20 世纪 70 年代，我们连也经历了一场“裴多菲”俱乐部事件。

当年我们年轻，城市长大，上过几年学，身上大都有点儿“小资调儿”。面对荒凉的原野，恶劣的生存环境和每天脸朝黄土背朝天，单调的体力劳动，极其渴望寻找机会抒发一下自己被压抑的情感。

大概是 1972 年的时候，利用回家探亲的机会，我们几个从家里把吉他、手风琴、小提琴等乐器带到了内蒙古。下工后，便凑在一起吹拉弹唱，自娱自乐。刚开始，大家不敢放肆，只弹唱一些当时社会上容许唱的革命歌曲，后来觉得不够味儿，觉得那些歌曲不能抒发我们内心的真实情感，于是外国民歌、圆舞曲、爱情歌曲什么的开始纷纷登场，甚至当时流行的一些革命歌曲也被我们改编成充满强烈节奏感的西方流行音乐来演奏。演奏的时候，大家摇头晃脑，沉醉其中，那爽劲儿使我们忘了一天的疲劳和积压在心底的郁闷。

塞外的傍晚，天空布满晚霞，远山近水，虫鸣蛙叫，一派原始静谧之美，令人陶醉。在一排的青砖红瓦房中，悠扬地传出了久违的音乐声。渐渐地，连里其他人开始打开窗子欣赏我们演奏；渐渐地，我们几个人从在屋里演奏改在到宿舍门前的空地上演奏；渐渐地，除了附近的男生欣赏我们，远处的女生排也有人走出房间坐在门外欣赏；又渐渐地，每演奏完一曲有了喝彩声；再渐渐地，越来越多的人开始随声附和，低声吟唱，情至深处甚至泪流满面。……塞外荒野上，一群蓬头垢面、身着破衣烂衫的年轻人，沉浸在天堂般的美妙音乐之中，那情景，着实浪漫，令人陶醉。

但是，正是这个“渐渐地”，使我们忘记了自己是谁，忘记了当时所处的环境；正是那个爽劲儿使我们忘记了自己犯了当时的大忌。终于，消息不胫而走，传到了隔海相望的团部。

一天，连长从团部开会回来，神情严肃，指令全连紧急集合。在全连大会上，连长声色俱厉地说：“近来，我们连发生了一个很严重的事件！团里已经定性是一个政治事件！有人组织小集团，搞‘裴多菲俱乐部’，用西方腐朽糜烂的靡靡之音拉拢腐蚀我们革命青年，不少人还随声附和！这是阶级斗争的新动向！我们一定要彻底追查，严肃处理。”

连长是河北人，把黄色念成黄色（shǎi），结果原来的话变成了：“现在连里有人听靡靡之音，唱黄色（shǎi）歌曲。”之后，这句河北方言成了我们在背后调侃连长的口头禅。

恐怖降临了。连长首先搜集去了所有弹拉乐器的人名单，然后进一步分析：这帮人里头怎么有那么多人父母有问题？另外，这些人又不是一个排的，他们怎么搞到一块儿去的？每天晚上把连队搞得喧喧嚷嚷、沸沸扬扬，操场上还聚集了那么多人去听？弹奏的据说都是西方音乐，黄色音乐。什么“走过来，坐在我身旁，印度姑娘我爱你……”这都是什么呀?!这还了得，他们要干什么？必须抓住领头的，参加演奏的一律写检查。

一看出事了，哥儿几个全傻了。如果事实确凿，很可能被定为“反革命”，成为“阶级敌人”，那么一来就完蛋了。因为谁也顶不起“阶级敌人”的帽子。大伙儿一合计，决定来个顽固抵赖，死不认账。写检查时，哥儿几个不约而同地写道：没人领头儿，是自愿凑在一起玩儿的，所弹曲子也没事先商量，只是一人起头儿，大家就顺杆儿爬，云里雾里跟着弹，弹的都是抒情歌曲，没有“黄色（shǎi)”的，更没想“谋反”。当时，也许事儿太大没人敢承认；也许是哥儿几个和全连的兄弟姐妹们都够仗义，没人揭发；也许是连长压根儿分不出抒情、黄色（shǎi）和反动歌曲的区别；也许当时的连长从心里也觉得小青年怪可怜的，揪出来会毁了他们一生，从而心慈手软，没较真儿查；反正最后没人被真揪出来，此事后来就不了了之了，我们几个“小资”算是躲过了一劫。但被称作“裴多菲俱乐部”的广场音乐会从此“消失”了，私下的抒情弹奏也不得不改在了远离连队的小河旁。

现在回想起来，虽然后来一生总有音乐相伴，但无论什么样的高级演奏，总觉得那时的音乐最美、最动听。

比味精还鲜

西木讲述

七连营房驻地有两个厕所，一个是三个男生排宿舍西边的男厕所，一个是三个女生排宿舍东边的女厕所。两个厕所结构大体相同，都由两部分组成。一部分是有顶、有窗户、有茅坑的厕所主体；一部分是暴露在露天、底部与茅坑相连的大粪坑。两个厕所，里边都有 12 个蹲坑，一字排开。坑与坑之间咫尺相隔，中间无遮无挡。蹲坑底下砌了一条斜坡与粪坑相连，人们大小便后，粪便便顺着斜坡滑进大粪坑。两个厕所内部不同的是，男厕所里边多砌了个小便池。

四十年前的厕所（摄于 2008 年）

全连 300 多人，一百四五十号人使用一个厕所，因此，淘厕所是每星期必不可少的事。这淘厕所春、夏、秋问题不大，冬天可就成了个事儿。

内蒙古冬天奇冷，气温经常在零下 20 多摄氏度，有时还会低到零下 30 摄氏度。在那么低的温度下，人们的大、小便不再顺着斜坡滑进粪坑，而是随着从人体排出即刻就冻成了冰，所以粪便冒出便坑的速度特别快。粪便一冒尖，人们也就无法再蹲着上厕所了，因此过一段时间，就得清理一次厕所。如果有爱为大家做好事的淘厕所志愿者便罢，否则，连领导就得派人去“清理”。

所谓“清理厕所”，就是把粪坑中的冻粪便先用冰镩和镐头刨出来运走；再有就是把蹲坑中冒出的部分用冰镩镩下来，然后把镩下的粪便碎冰块儿装进小车拉走。这是一个既费力气又让人恶心的活儿。有一次，连里派我们一班去镩女厕所。

说实话，镩女厕所比镩男厕所更让人难受，因为在那甚为敏感的年纪，只要沾异性的边儿，就让人浑身不自在，何况又是厕所。再说冻成冰的粪便里时不时还会出现夹着鲜红鲜红的例假纸一类……可我们是兵团战士，是不戴领章帽徽的军人，我们一切行动得听指挥，我们干的一切都是革命工作。

那天，我们 1 班的人正在女厕所粪坑中“吭哧，吭哧”地用劲儿镩，那声音之响，举动之大，不用特别留心，谁都会知道那儿有人，而且有十来个人在清理粪坑。忽听“哗”的一声，一股热流从茅坑上边流下来，而且还热气腾腾。大伙儿定睛向上一看，呦！硕大的一个女臀正蹲在便坑上，热流正从那里喷涌而出！嗨，你说你要憋不住了，你倒找一个边儿上的坑上，并且稍微遮掩一点儿呀。那位女士可好，偏找了个中间的坑，正对着我们干活儿的人！没有衣服遮掩之部分暴露无遗，我们在外边看得个一清二楚。哎哟，我们互扮鬼脸这个乐呦，可谁也没敢出声。

嘿，就这么一乐还乐出问题来了。本来大伙干活儿都绷着脸，闭着嘴，可这么一乐，人们的嘴张开了，结果有“蚕豆”那么大的一块冻粪，“噌”的一下子蹦进了连明嘴里。冻粪进嘴，遇热融化，而且还是女厕所的！嗨，给连明恶心的，一个劲儿地往外吐唾沫，我在旁边看着也直反胃。等连明跑回宿舍漱了嘴再赶回来，我们急切地问他：“哥们儿，什么味儿?”连明犹豫半晌，喃喃地说：“比味精还鲜，骗你是孙子!”那语气、那神态无可置疑。明白，原来人的大粪味道不凡，难怪老乡的狗都吃屎！

皮肤特白净

西木讲述

我当上士的时候，有时候得到蒙族人居住的地方去买肉、买菜什么的。因为路途远常常当天回不来，在那种情况下就得住在人家蒙古人的蒙古包里。

住过蒙古包后我才知道：蒙族人全家人都睡在同一蒙古包里。蒙古包地上铺的是羊毛毡，人就睡在毡上。白天他们把被子叠起来，堆在一边儿，晚上睡觉的时候拉开，自己睡自己的。全家老小都睡在同一个蒙古包里，客人也不例外。

那天晚上我被安排在一个蒙古包里跟一家蒙古人住。晚上睡觉的时候，我拉开他们给我的被子，一看，哎哟，我敢断定：那被子从缝上到我盖的那天，没洗过一次。因为整个被里已经看不出布的颜色了，被头那地方也跟蒙古人穿的蒙古袍大襟一样锃黑瓦亮。我用手指再一抠，愣抠出一道白印儿来，而且还黏糊糊的。那被子盖在身上，被头就那么支棱着，勉不上，因为被头是硬的，冷风随便往里钻。我一看那情况，心想：这觉怎么睡呀？弄不好还会招上一身虱子。我四处环视，发现帐篷里挺黑。干脆一不做二不休，把衣服脱光了睡吧。脱下的衣服，我卷个卷儿，用皮带勒好，吊到帐篷顶上，然后，硬着头皮钻回被窝，好一阵子才勉强睡去。

第二天早晨起床的时候，惨了，人家女主人已经起来了，而且在屋里上上下下忙活着做早饭。这下可好，我从被窝里没法出来了。可是别人都已经起来了，我一个人总这么躺着也不合适啊，没法子，等着吧。等女主人出去抱柴火了，我“刺棱”地就坐起来，没想到女主人“刺棱”又回来了，我只好“刺棱”又缩回被窝。就这么折腾了好几回，终于有一次，女主人出去时间长了点儿，我这才有机会把衣服从帐篷顶上摘下来，钻回被窝，在被窝里把衣服穿上。

蒙古包里光线暗，被头又黑，相映之下我的皮肤显得特白净，白净得像只褪了毛的小羊羔。

当年七连的足球队员（摄于 1969 年）

与司令员比肩同蹲一厕

西木讲述

中国人民解放军内蒙古军区副司令员兼内蒙古生产建设兵团司令员——何凤山，1932年参加中国工农红军，1934年加入中国共产党，参加过第四、五次“反围剿”，走过两万里长征。

解放战争时期，曾率部两战涟水（位于江苏省），给号称国民党五大主力之一的“王牌军”——整编74师以沉重打击；孟良崮战役中，亲自带领指战员攻占孟良崮，击毙敌军74师师长张灵甫……

四十年前的厕所（摄于2008年）

抗美援朝战争中，创立过步机枪击落美军战机伟绩；曾荣获二级独立自由勋章、二级解放勋章、三级八一勋章……

就这样一个老革命，老党员，兵团战士心目中传奇式英雄，有一次亲临七连视察。司令带头遵守“三大纪律八项注意”，“不拿群众一针一线”，不但自带警卫员，而且自带饮用水。司令员认真查访了我七连生产建设、政治思想教育情况；当然也没有忘记给年轻的我们讲讲那时的大好形势，兵团的美好前景，扎根边疆的重要意义以及党和领导对我们年轻人的殷切希望等等。我记得当时思想纯洁的我们，坐在地上，以前对首长模糊的、远远的、抽象的崇敬终于变成了近近的、具体的、清晰的更崇拜。

司令员训话后，队伍解散休息。抓紧时间，我跑步厕所，期望把积存于肚中二十四小时的费物迅速排出，然后快速返回以再瞻仰司令员之尊容，聆听其教诲。

正当我蹲在厕所茅坑上低头攥拳憋气暗使劲儿，猛地觉得有一个人匆匆跑进厕所，快速扒下裤子，毫不犹豫地蹲在紧挨着我的一个茅坑上。我歪头一看，呦，我心中的偶像、英雄，我的首长——司令员！再抬头一看，几个站在便池边撒尿的战士都转过头来向蹲在我旁边的司令施礼打招呼；司令员蹲在茅坑上也频频向各位尿者点头还礼。我蹲在他旁边，心想我该怎么办？我是不是也应该转过身去跟司令员行军礼？正在我犹豫不知所措时，忽听“哗”一阵子水响，我目不敢斜视，把自己呼吸的声音压到最低，我知道首长在小便。紧接着又听见几声“苦嗤，扑通”，不用问，司令员开始大便，而且首长可能在闹肚子，因为那声音响似喷涌。说也奇怪，一般人大、小便出声是出声，但都没出得这么惊心动魄。不知道是因为英雄到底与我们小人物不一样呢，还是因为我离得太近听得太专心，总之，司令员制造出的效果让我觉得格外非凡。

异常奇怪的是，几声“哗哗、噗噗”之后，我心里突然产生了一个落差，一个非常大的落差，一个莫名其妙的落差。在此之前，我觉得司令员是爬过雪山过过草地的二万五千里长征红小鬼；战争中屡建奇功，名不虚传的英雄。在我心目里他头上有一个非常美丽绚烂耀眼的光环。不幸的是，几分钟之后，当他与我同入一厕，比肩齐蹲，咫尺之遥，他我之间无挡无遮，然后又“哗哗”，又“噗噗”，而且那么大一坨就那么下去了，声响那么急促且不凡。不知怎的，我心里的英雄、我司令员头上美丽光环，一下子消失了，而且消失得无影无踪！我满耳朵是“哗哗”和“噗噗”声，满脑子是厕所粪坑里的一大坨。真的，我蹲在茅坑上，当时脑子完全瘫痪了！

事后，为了避免今后再遇尴尬，我特意就此请示过连长和指导员，“像在厕所这一类公共场所，遇到首长，军人礼仪是什么?”之后不久，指导员在全连大会上宣布有关就定：“凡在如厕所一类公共场所，战士不必向首长行军礼或打招呼。”

现今进入七连（塔布）的路（摄于 2008 年）

那帮“灰个泡”

康永希讲述

乌梁素海地区的老乡有个风俗：一对夫妇，老头儿或者老太太先死了，人们为死者办完丧事后，并不把先死者下葬，而要等另一半去世后，才将两人一块儿安葬。

离七连不远的地方，有一个小土坯房，小房没窗户没门。平时我们干活儿干累了，老靠在小房墙根儿坐着休息、抽烟什么的。后来，有个老乡告诉我们，那小房子里停放的是一口棺材，棺材里躺着一个去世的老头儿，老乡还劝我们没事的时候别老在那儿待着。再后来，不知道是谁从哪儿听说，棺材里的老头儿活着的时候挺有钱，现在在棺材里还带着一块“欧米茄”手表。

不说“欧米茄”便罢，这一说“欧米茄”，这帮家伙睡不着觉了。人们先是打赌，看谁能把老头儿的尸体背回宿舍，然后赢什么什么；后来，这帮鸡乌素的“灰个泡”（当地粗话）干脆拿着大铁锹，把那个小土坯房的墙刨了一个洞，爬进去，把棺材撬开，又掀开棺材里人家老头儿身上盖的一块蓝布，扒拉扒拉看人家老头儿手上戴没戴“欧米茄”。

就在当天晚上，人家老头儿家里来了人，在屋里点了一夜的长明灯，第二天一大早，把棺材拉走了。

屎跟着屁一块儿出来了

西木讲述

到兵团后不久，正赶上中苏边界频传吃紧，于是从兵团到连队加强战备思想教育，抓紧战备训练。当时连里给我们造成的气氛是：苏修在我们的北边，而且就要打过来了。当时连指导员教育我们："苏修就要打进中国了，他们来了，就要走二连浩特（中蒙边境口岸），到了二连浩特，再去北京，这样他们就得路过咱们这儿。"既然如此这般紧急危迫，连里一是组织全连在驻地北边挖了一条战壕；二是大搞拉练和紧急集合，而且接二连三地搞。我记得当年紧急集合的时候乐子挺多。

七连西北边有一个独立小房，有一次紧急集合，连领导给我们的敌情是：那个小房里有苏联派来的特务。等战士们跑到那儿，连长对着小屋喊："你们哪儿来的?"屋里的人（其实是事先安排好的连里文书崔嘉）说："我们苏联来的。"现在回想起来实为幼稚可笑。苏修特务得学多少年汉语，才能如此对答如流呀；再说了，苏修就是来了，不屠杀中国人躲在小屋里干什么呀?!

还有一回，连长布置当特务的人（当时大家并不知道特务是假的），还真被一个战士咬了一口。

当然，因为连里要求我们：紧急集合号一吹，不许点灯，三分钟穿好衣服、打好背包，跑到宿舍外边排好队，就此人们出了不少洋相。

一次紧急集合，我们班的佟亦康，大冬天的，没来得及穿棉裤，只穿了一条秋裤就跑出去了，而且被子也没打好，只好夹着被子跑。后来又发现，他毛衣也穿反了，鸡心领儿穿到后边儿去了。咳，就那么着勒着脖子、抱着被子、穿着秋裤跟着大伙儿跑了好几个钟头。

还有一次，不知是谁急行军的时候站在路边撒尿，连长上去从后边照着屁股踹了一脚，那人顿时把尿憋回去了。

炊事班的人把裤子穿乱了，严季找不到自己的裤子，穿着短裤就出去了，连长一看，喊道："那是谁呀？怎么光着屁股，啊？"

紧急集合，把被子打反了，面儿打到里头的；打不好，干脆夹着被子就跑出来的；把衣服穿反了，或者把腿伸进单裤和棉裤中间去的；还有人一边跑一边放屁；也有人憋不住尿就往裤子里撒的……总之，洋相百出。

被紧急集合搅得，当时有很多人紧张得不敢睡觉。还有人，像康永希那种机灵主儿，干脆事先把大衣当被子捆好了放在旁边儿，什么时候紧急集合，什么时候拎起来就跑。还有人干脆就穿着衣服、袜子睡觉……弄得好不紧张。

当年搞这搞那，其实就是哪天连里的头儿心血来潮，或者兴奋得睡不着觉，就来个全连紧急集合。他们那儿一兴奋，全连二三百号人，号声一响，"咵"就得从梦里醒过来，"腾"就得从炕上蹦起来，打好背包、背着行李绕着乌梁素海满世界跑。说实话，那时候什么目标都没有，有时候就是找个老乡的房子，围着人家的房子，喊"苏修"来了，把人家老乡吓得够呛。折腾完了人家，又"哗"地跑回连队。还有时候，根本就是连长有活儿想让大伙儿干，搞个紧急集合，把人们折腾起来，跑上几里、十几里地，把苇子、海草一类的东西背回来，也就算完事儿了。

当年，白天辛苦劳累了一天，晚上还要搞紧急集合，深感体力跟不上。以前我看书上写着：人累极了，走着路睡觉。到兵团后轮到我自己了，才发现人真的走着路就能睡着。我记得我跟着大伙儿走，走着走着睡着了，可睡着还在走。真的，脑子还在做梦呢，可脚还在走呢。

当然，每次紧急集合跑完一大圈儿回来，人们还得站在连部前头听连长训话。有一次，我也记不清是谁了，跑着跑着被子散了，那个人就用背包带捆上被子搁在肩膀上扛着。连长说："你们看看，就他这模样儿，还打苏修呐，啊？"

有些战士借连长训话的机会常搞点闹剧。连长讲着讲着话，有人故意放个响屁，引得大家一阵哄笑，连长一阵面红耳赤，又不好说什么。再讲着讲着，那人又放个屁，引得人们又一阵哄笑。有一次我记得特别清楚：大家听着听着，只听"噗"一声，大家哈哈一阵；过一会儿那个人又"噗"一声，大家又哈哈一阵；接着又"扑通"一声，我一听这次声儿不对，当时我想，这哥们儿可能把屎给挤出来了。果然，集合解散，他回宿舍换裤子。因为该人用力挤屁，想逗大家乐，结果用力太大，屎跟着屁一块儿出来了。

那年我十五

朱三讲述

1969年，头一年到兵团，冬天出海打苇子，每天先得走上二三十里地才能到打苇子的地方。推苇子绕来绕去还得走上十里五里的。另外，当时推苇子有定量：一个人1000斤。1000斤，捆30捆。三个人一个拖子，一共3000斤，90捆。

四十年后的窦双庆（左）与战友秦朝选（中）赵宏（右）（摄于2009年）

中午，三个二两一个的馒头或者窝头，有时候因为早饭没吃够，很多人出海前就已经把要带着出海的三个小窝头或者馒头提前放进肚子了。所以干了半天的活儿，两个二两的小馒头根本就安慰不住肚子。等到把3000斤苇子推倒，捆好90捆，再装到拖子上，人们常常已经累得两腿发软，饿得头昏眼花了。

有一天，打完苇子，我饿得头晕目眩，迈步艰难。去他妈的，爷干不了了。想到此，我把我那“一米九二”（指身高）的身子干脆往冰上一撂，然后，对跟我一块儿干活儿的赵宏说：“你俩拉着拖子走吧，爷今儿就躺在这儿不回去了，爷实在走不动了。”赵宏说：“哥们儿，别啊，躺这儿你合适了，可我俩咋拉得回去啊？来来，先抽根儿烟。”我接过烟，刚抽，头有点儿晕，但过了一会儿，身体还真感觉着缓上点儿劲儿来了。于是，我又把我那“一米九二”的身子戳起来，拉上拖子回连了。

从那以后，每次刚走到那个地方，不等我把我那“一米九二”的身子放倒冰上，赵宏就先递过来一支烟。没出一个星期，我开始自己买烟了。我这个来到此世，从来没抽过烟的纯洁少男，从此变成了吸烟者。那年我15岁。

四十年后的赵宏（左）与当年的齐呈伟副连长（前右）（摄于2009年）

七连有个“人咬狗”

西木讲述

十九团七连有不畏严寒、不怕困难，在内蒙古盐碱荒地上试种出水稻的三等功英雄人物杨仁宇；也有克服重重困难，经过上千次试验，终于节煤成功而荣获三等功的模范人物塞西·亚拉图；还有刻苦学习毛主席著作带病工作、拼命干活、表现突出的各种各样的先进、优秀人物。其实，七连还有一个鲜为人知的“咬狗”猛士——崔贤。

崔贤，北京某中学69届初中毕业生，到兵团后被分到我们一排当战士。一天，崔贤到我们屋串门儿，进门遇到别人养的一只大狗。那狗足有60斤重，平时很温顺，从不跟兵团战士过不去。不知道那天，那狗眼出了什么问题，它一见崔，就“呼”的一下子猛扑了上去。毫无防备的崔贤一下子被那狗扑倒在地，所有在场的人，包括崔本人，还没来得及反应过来是怎么回事，崔的衣服已被撕烂，脸被咬伤、胳膊被咬得鲜血直流。崔一边奋力与狗拼搏，一边试图站起来摆脱掉狗的袭击。但是只见那条狗踩在崔贤身上，就像恶狼抓住了绵羊，疯狂地张着血盆大口在崔身上、头上胡咬乱撕。

“赶快找棍子，赶快找棍子！”不知道谁喊了一声。人们慌忙四处寻棍子以打狗救崔。正在人们慌手忙脚找棍子，只见崔贤躺在地上猛地抬起头，用两腿紧紧夹住狗身子，流着血的左手狠狠地抓住狗的下巴，右手死死地抓住狗的上牙，使得那狗只能张着嘴却无力闭上。然后又见崔玩了命地张着嘴向狗脖子咬去，顿时那狗被崔咬得嗷嗷直叫。结果人们的棍子还没找来，狗却被崔咬得凄惨号叫着夹着尾巴仓皇逃走了。

等人们把衣衫褴褛，浑身是血，遍体鳞伤的“咬狗猛士”——崔贤从地上扶起来。“呸！”只听崔大吼一声，从嘴里吐出一口狗毛。斗志未消地环视了一下四周，骂了一句：“妈的，敢咬我！”然后大义凛然地走回屋去。

从那儿以后，我明白了一个道理：人要被逼急了，其实比狗还厉害。

久而久之，他烦了

李仲夷讲述

李仲夷：北京人，原北京第27中学69届初中毕业生。1969年9月5日被分到内蒙古生产建设兵团，后去河北，从河北回到北京后，从办事处被分到北京急救站，又到汽车电器厂医务室。一边当医生，一边兼厂里行政科长。

采谈时间：2008年7月

采谈地点：北京李仲夷家

1969年底，连队搬进新房子里以后，一个排四个班，四十来号人都

当年的讲述人（后排左一）与战友合影（摄于1969年）

住在一排房子里；一个班十来个人睡在一间大屋子里的一个大炕上。

刚到兵团，大概是因为年轻，每天总觉得有股使不完的劲儿。所以没事，我就到各班去串，碰上哪个宿舍有人发烧、生病什么的，需要去叫医生，跑腿儿一类的事，我就去。当时连里的军医叫王艳芬，我这么着，一来二去的，她就让我当了三排的排卫生员。

当排里的卫生员，平时也要去劳动，晚上收工回来，业余时间去卫生所帮忙。遇上病人去看病，需要拿药，医生就让我们卫生员去药房拿。我自己呢，常常等卫生所没人了，医生也休息了，就在那儿看看书，学习学习。晚上十点以后就没电了，只能点油灯，第二天早上，鼻子都被熏得黑黑的。

当时一个排有一个卫生员，六个排六个卫生员。我们六个卫生员排班，白天轮流值班，轮到某个卫生员值班的时候，那个卫生员就不下地干活儿了，而且，有权给病人开一天的病假条儿。有的卫生员儿对病假条儿卡得特紧。我觉得大家都挺不容易的，谁要开个病假条，想歇半天，就歇半天吧，想吃顿病号饭，就给他开一顿吧，不就是一碗热汤儿面吗，何必跟大伙儿过不去呢？结果，还真有人给反映到康副指导员那儿去了，说我开病号饭、病假条儿不符合规定，太宽松。当时，康副指导员找我谈话，他说："以后这个假条儿你不用批了，由我来批。"我心想：你批就你批。后来我找了几个人，夜里一两点钟，趁康副指睡得正香的时候，去敲他家的窗户，说："谁谁发烧了，卫生所开了病号饭，得让你给签个字。"结果，一两次还行，久而久之，老半夜去敲他的门，他烦了。到后来，他也不坚持假条儿非得由他签字了。

就这样一点点地熬，熬到 1974 年、1975 年，连里没医生了，连卫生员也不知哪儿去了，从此，我便成了连队卫生所的大拿（主事的）。

弄得老顾一头雾水

朱三讲述

苇子打下来以后，需要有人看着。连里派我、三彪还有得立，三个人住在庙圪堵看苇子。我们一住就是三个星期，平常除了回连去取粮食之外，每天就是神侃，日子过得倒也悠哉惬意。其实呢，每天我们干什么，根本就没有人知道，于是，我动了回北京去看看的念头。

当年的复员军人鹿志福（左）、顾育彬（中）、白培昌（右）（摄于 1999 年）

这一天，我去乌拉特前旗火车站，买了张回北京的火车票，可是一转身，碰上了一排排长李尚顺回家探亲。他看见我，问我到前旗来做什么，我说："不干什么，到车站来接人。"以其当时的阶级觉悟和革命警惕性，他马上察觉到我想逃跑回家。所以他立刻把我的事，先打电话到十九团团部，再由团部转到七连，（把电话直接打到连里，这在当时是非常困难的）向连里报告，说我可能要逃跑。连里得到李尚顺的报告，下午六点吃完饭就派老顾和曾军骑着车赶到前旗去逮我。他们想：兰州路过前旗的火车，夜里1点或者12点半到，所以，只要在夜里火车到前旗之前，赶到火车站，他们就一定能抓到我。

话说两头，再说遇上李尚顺以后，我就想：碰见连里人了，他肯定回去汇报。再者，我要走，也是跟他一趟车，在车上碰上他，这事就讨厌了，这回，我不能走了，所以我装着没事儿人儿似的，又赶回了庙圪堵。结果，待老顾和曾军赶到前旗的时候，根本就没见到我朱三的人影儿，然而，却一头撞上了三彪。

当年，三彪、老顾和我一起在外巡海，三彪见我去了前旗，便赶去前旗，去看看我是否能走成，但他并没想逃跑。没想到，让前去前旗逮我的老顾和曾军一头撞上。老顾看见三彪在火车站的院子里转来转去的，就问他："到底是朱三想跑嘛，还是你三彪想跑？"三彪挥舞着手中的鞭子说："你才想跑呐。"老顾又问："不想跑，你到这里来干甚了？"三彪回道："你不想跑，你到这儿来干甚了？"老顾干生气，没辙，对三彪说："回连后再跟你算账。"

第二天早晨，老顾辛辛苦苦赶回庙圪堵，看见我正在那儿做片儿汤呐，便问："是你要逃跑嘛，还是三彪要逃跑了？"我说："你说呢？想喝片儿汤不想？"弄得老顾一头雾水。

现在想起来，区区小事，李尚顺竟然在通讯那么不方便的情况下，用在前旗火车站等火车的那么一会儿工夫，先给团部打电话，再由团部转到七连，弄得沸沸扬扬，可见，当年共产党员革命性之强矣！

我俩都反应过来了

王苏林供稿

1969年冬天，我从后勤搞到一管炸药，炸药用蜡纸包装呈管状、灰色，估摸着有二两来重。听人说那东西威力很大，必须用雷管才能引爆，用火点不着。这一切都增添了我对那玩意儿的神秘感，无论如何，我要试爆一下。于是我找来一个雷管和一尺多长的导火索，准备找个地方引爆。

由于是第一次玩儿这种危险的东西，一方面好奇，一方面也有些犯憷，另一方面也希望找个人一起来分享我试爆的愉悦。于是找了我的好友刘兆华，约他与我一起去冒险。

内蒙古的冬天寒冷异常，地上积了厚厚的一层雪。我们深一脚浅一脚地踏雪来到离旧连部不远的战壕，寻找适合放置炸药的地方。最后，我俩决定把炸药放置在战壕的掩体里。我们将雷管塞到炸药中，然后将导火索插进雷管，接下来就是点燃导火索，但划了几根火柴，死活就是点不着。因为怕戴了手套儿，手就不灵活了，所以我没戴手套。零下二三十摄氏度的低温，手在寒冷的空气中，暴露的时间越长就越僵，越僵就越抖，越抖就越点不着。此时兆华突然想起，以前听人说过，将火柴头儿抵在导火索上，然后用火柴盒在火柴头儿上面划动，火柴头儿上的火药就比较容易被引燃。于是我照着做了，果然，导火索发出了“吱吱”的响声。因为是第一次玩儿这玩意儿，不知道导火索能燃烧多长时间，看到导火线被点着了，我一个健步从战壕里蹿了出来，生怕自己还没跳出战壕，导火索就引爆了炸药。兆华看我从下面蹿上来了，知道导火索已经点燃，也迅速撤离，趴在地上，隐蔽起来。

那是个伸手不见五指的夜晚，四周漆黑一片。凭直觉我感觉后面不远是一个土堆，于是我就招呼着兆华跟我一块儿趴在土堆旁边，期待着听那“轰隆”一声巨响。冬夜，北风呼呼地刮着，尽管穿着棉袄、棉裤，但时间长了加上一直没活动，仍有一种要被冻僵的感觉。时间一分一秒地过去，我们屏住呼吸，期待着那声音快快到来。我俩谁都不敢站起来，也不敢向前探个究竟。渐渐地，我们发觉情况有些不对，从我们卧倒的土推里，不断地冒出来一种异样的气味。突然，我俩都反应过来了，我们趴着的，根本不是土堆而是粪堆！因为是冬天，大粪都冻了，再加上上面蒙了一层积雪，所以气味不是那么强烈。但是，土堆儿被我俩焐了这一阵子，上边的积雪化了，真味儿也就冒出来了。此时，我更增加了希望尽快结束“爆炸”的念头。但是，我们不敢离开这个不该趴的地方，甚至不敢站起来，因为我俩都没有鼓捣那玩意儿的经验，不知道，到底它有多大的威力。寒冷、臭气、恐惧交织在一起，时间显得格外的长、慢。好像大约有五六分钟的样子，终于听到了“轰”的、闷闷的一响，那声音的确不算大，因为当时并没有引起连队任何人的注意。

我迅速跑回战壕，观察爆炸后的“成果”。借着点燃的火柴发现，掩体的冻土被炸下来半尺多，比我们最初预想的威力小多了。当然，幸亏没有将掩体完全炸坏，否则弄不好要背上破坏备战设施的罪名也说不定了。

脚不许着地

朱三讲述

在七连，我跟别人打过两次赌。

一次，我们看了一个什么电影，电影里有一个女护士，背着伤员走了多少多少里的路。对此，人们意见分歧，有人说，这不可能；也有人说，那当然可能。结果人们打起赌来，赌条是：人们叫我背小殿林，从驻地背到航道口，再回来。来回六里地，中间，小殿林的脚不许沾地，做到了，我赢，一斤水果糖块儿。如果小殿林的脚沾地了，我就输了，我要给别人买一斤水果糖。结果，我赢了一斤水果糖。

还有一次，为了赢半斤水果糖打赌。条件是：吞下去两勺洗衣粉。我接受了赌条，但是当两勺洗衣粉放到嘴里以后，却怎么也咽不下去。正当我不知如何是好的时候，我突然看见窗台上放着一碗“水”，于是端起来就喝了。“水”喝下去以后我才意识到：碗里装的不是“水”，而是柴油或者是煤油之类的东西。估计是什么人放在那儿，准备用来点灯的，当时没来得及闻味儿，就喝下去了。等反应过来，煤油“咕咚”一声，已经被我咽下肚了。不管怎么说，半斤水果糖到手了。

当时我们就是处在那种生命力极旺，能茹毛饮血的年纪。

连长气得拍桌子打板子

常秀媛讲述

刚到兵团的时候，我是二师的通信员。还没有开始探亲的时候，连里派我回了趟天津，到《天津日报》社投稿。我写了三小段，他们在很明显的位置上登了那方方正正的三篇文章。我记得我写了三个人，贺春玲一段，赵振海一段。我记得有关贺春玲那段写的是：贺是独生女，吃苦耐劳，脸被冻伤了，包着纱布，还坚持干活儿。我们这个年纪的人，家里只有一个孩子的很少，所以独生女还能吃苦是很特殊的。报社把报纸还寄到咱七连那里去了，现在怎么找，也找不着了。后来与《天津日报》也断了联系。

从左至右前排：常秀媛（讲述人）、石惠、付敦诚、袁荷仙、王月坤、杨二俊
后排：李玉荣、王北生、刘宇、贺谦、杨金婷、陈秀芬、廖淑萍（摄于 1969 年）

还有一件事，我记得也很清楚：那时在排里，我是排长。有一次，我从食堂里偷了一书包馒头，又在航道里偷了一条船，带着几个班长就出海玩儿去了。后来天黑了，刮起了大风，船晃得厉害，我们几个人坐一溜儿，压着船，以防船翻了。当时风很大，船说翻就翻。晚上连里点名时，找不着我们了。连长给团里打电话，岸边点火，派人到海边去找。找到我们后，连长气得拍桌子打板子，说："你是排长，你不遵守纪律就不遵守纪律，你还带着班长们出海，人要死了怎么办？"当时年轻，虽然挨了批，可是自己能撑船出海，几个人在船上唱样板戏，在海里游泳，还是觉得很开心。

再有就是我在鸡乌素小学校当过老师。与学生打交道，能学习，能提高，教书育人，自觉工作很有意义，觉得人生多了点价值，同时，也好像有一种归宿感。特别是学生中有一部分是少数民族的孩子，这让我觉得很有意思。记得那时候班上有的孩子叫"48"，有的叫"52"。我问他们的名字是怎么起的，他们说：生他们的时候，他们爷爷的岁数就是他们的名字。那些孩子特朴实，不很聪明，但是知道尊重人，这些都给我的印象很深。

从左至右：当年在七连小学校当教师的姚莉莉、李凤义、陈劲松、乌云塔娜与连长（中）合影（摄于1969年）

第七章

为回家，猪往前拱，鸡往后刨

还得靠"乌梁素海"

李汀讲述

当年，离开兵团回城有这么几条路：去当兵是一条路；上学去是一条；被招工、当老师走是一条；"转插"到他地也是一条路。除了这些，就是困退和病退了。所谓"困退"，就是家长有困难、身边无子女照顾，可以办一个同性子女回身边。比方说，当爹的可以办一个儿子回城；做娘的可以办一个女儿回到身边。但是一家不能办俩孩子，只能办一个。办困退的条件必须是父亲或母亲所在工作单位给你出证明，还要有北京市的证明寄到兵团，兵团才会放人。而"病退"，则是指兵团战士本人的身体健康状况不适合在边疆生产劳动了，走这条路，必须持有师部以上，或内蒙古自治区医院的疾病诊断证明才行。

当时我父亲还在被审查，其所在单位当然不会给他开证明，我只能"磕""病退"证明。我当时还真的算有病。

1972 年夏天，我第一次到我妈所在的"团中央五七干校"去探亲的时候，老妈发现我虽然胃口很好，但是精神头儿不佳。每天显得特别容易疲劳，经常白天看一会儿书就睡着了。那会儿，亚非学生疗养院（现在香山附近的"整形医院"）是干校的医院，每月有一次例行的肝功能检查。正好在我准备离开干校，返回内蒙古兵团的前一天，赶上了例行检查，为了叫老母亲放心，就有一搭无一搭地去查了查。谁承想，第二天，干校医院的电话打到我母亲那个连，说我的"转氨酶六百多"，并要求马上将我隔离起来，以防传染给他人。当时六百是个天文数字，创造了医院当月的肝功最高纪录。我这才知道自己得了肝炎。估计是种水稻最艰苦、劳累的时候得的。我记得那时候小便都是酱油、浓茶色的。但是，等到几年后想要"病退"，其时已经查不出来有什么问题了。

记得当年是灯市口中学的难友卢世清（这位仁兄当年路子很"野"）

帮的忙，他到师部医院送了礼什么的，才得以换得一张证明。当时“磕”医院证明的硬通货，就是送“大鲤鱼”。黄河大鲤鱼绝对是送到哪儿都通得过。那时烟、酒已经很寻常，“大鲤鱼”才绝对是稀罕物，最后很多人还是靠“乌梁素海”回的城。

为了回城，听说，还有人把线的一头拴到牙上边，然后把线的另一头儿拴上一块牙膏皮，再把牙膏皮吞到肚子里去，一照 X 光，胃里有阴影，医院疾病诊断证明到手。还有往尿里面掺鸡蛋清和血，冒充肾炎的。当然还不能掺大发了。我认识的一哥们儿用的工具是缝被子的针，在没人的地方先用针在手指头上扎一下，挤出点儿血来，涮到尿瓶子里去，再用针头蘸点儿生鸡蛋清放到尿里，还不能立马儿涮到尿里去，要迎着风，等若干秒钟，等鸡蛋清稍微凝固一下再涮，以防尿蛋白的数值忒高了……当年各人有各人的办法。“病退”必须是当地的医院开证明，然后打报告，打到北京的街道办事处，街道办事处同意了，由“知青安置办公室”再寄回来才行。其实，到最后，医生们也都睁一只眼，闭一只眼了。

“病退”给了平民百姓一条返城的路

李秀芝忆石京生

石京生的好朋友双庆身体一向极好，可是，他挨了一针止痛针以后，换得了一张患病诊断证书。1974 年，壮得跟牛似的双庆，因此成功地办病退回了北京！此事让石京生特别震惊，从此，他产生了通过办病退回北京的念头，并下定决心，一年之内办成，还向我发誓，只要他能回北京，一定将我也办回去。

李秀芝（前排左三），石京生（二排右一）
与七连部分战友合影（摄于 2000 年）

双庆的病历材料中有一张富余的“病退诊断书”，他临回北京前，留给了石京生。“病退诊断证明”上写着病患：“十二指肠球部溃疡”。那是一张印有“内蒙古生产建设兵团二师医院”字样、盖有“二师医院”大红公章的病历诊断证明。病人的名字是双庆。双庆对石京生说：“你可以用我的这张证明书，把它改成你的。”从此，石京生开始琢磨，怎样利用双庆留给他的那张病历诊断证明？主意终于想出来了：他决定先找一张空白的医生诊断证明书，填上自己的名字，作为“诊断书”的上半张；然后利用双庆的诊断证明书，作为下半张；两个半张拼在一起，就成了一张完整的“石京生患有十二指肠溃疡”诊断证明书。

怎样才能得到一张空白诊断证明书呢？一天，石京生找我，让我跟他去一趟前旗二师医院。我们到那儿的时候正是中午，很多科的大夫都停诊去休息了。石京生去找了个还在门诊的医生，他对医生说他胃疼，并做出一副疼痛难忍的样子。当时我对他说：“你这样装病，怎么能行呢?”他对我说：“你放心，你说你那儿疼，大夫都不能说你不疼，没有仪器能测出来你真疼还是假疼。”门诊医生看他疼成那个样子，就说：“赶快，我先给你打一针止疼针。”趁着医生出去拿针、取药的机会，石京生神速地把医生放在桌子上的空白诊断书撕下来两张，揣起来。等医生回来给他打了止疼针，又拿了些药，我们就离开了二师医院。离开二师医院后，我对他说：“打那针止疼针对你身体可没好处。”可他说：“没办法，一针止疼针换一张空白诊断书，值!”

回到连里，石京生那家伙“哼”，把从二师医院得来的诊断书一撕，留下上半张写上石京生的名字，又把双庆留给他的“双庆患有十二指肠球部溃疡的诊断书”一撕，留下下半张。一张“石京生患十二指肠球部溃疡”的带有大夫签字、盖有二师医院的图章的诊断书出来了！诊断书寄回北京后不久，北京回信：要求他提供半年之内的其他病史证明。于是他二去二师医院，跟医生说：“我以前在北京就查出来患十二指肠球部溃疡。”二师医院大夫听他这么一说，就说：“那你在这儿再查查吧。”于是，给了他一些白面粉子之类的东西，让他喝了，然后让他去看造影。可是造影医生怎么看也看不出来他有问题。人家就问他：“怎么看不出来呀？你什么时候在北京查的?”造影医生觉得人家北京的大医院，医术那么高明都看出来问题来了，我要是看不出来，我不就成了笨蛋了吗。可是，他又确实看不出问题来，于是就在诊断书上写上了“疑似十二指肠球部溃疡”。造影大夫把诊断书送到诊断大夫那儿，石京生理直气壮地对医生说：“我患十二指肠球部溃疡，患就患，不是就不是，凭什么给我来个怀疑是十二指肠溃疡呀?”诊断大夫说：“别着急，别着急，造影大夫是帮我诊断的，最后的诊断还是我，我认为是就是，不是就不是。现在，我认为你就是十二指肠球部溃疡。”结果，诊断医生用石京生的话证明了石京生患有“十二指肠球部溃疡”。这下子行了，复查他半年内患过“十二指肠球部溃疡”的诊断书也有了。前后真是不到一年，他的病退证明办成了。办完他自己的，正如他以前许的愿，他又帮我也办成了。

那时候，想回北京，家长没路子、没关系上大学、参军的，“病退”是条路，“病退”等于给了这些平民百姓家庭出生的孩子一条返城的路。只是，要走“病退”这条路，你得自己去琢磨，怎么去蒙大夫，怎么去骗取一张疾病诊断证明，有时候还得把自己的身体搭上。

非常可惜，石京生2003年因肝硬化不幸去世了。

当年的七连女战士（摄于1969年）

得想办法“克”出病来

苏红忠讲述

当年，被内蒙古生产建设兵团派到青岛去招收兵团战士的人对我们青岛知青说：“兵团现在建设得很好，三天吃一顿羊肉，一个礼拜吃一顿牛肉……”听他们这么一宣传，我报了名，1970 年 9 月 8 号到了内蒙古兵团。到那儿一看，四周一片荒凉，全是盐碱地，别说羊肉牛肉，每天连窝头都不管饱。

冬天出海打苇子，三个人划一个冰拖子，二十多里路滑着冰去，不会滑一路上怎么也得跌它个十几、二十几个跟头，跌得浑身疼。就那么着，中午就两个小窝头，累得、饿得我们直嗑血。打完苇子，晚上都拖不回来了，累得实在受不了了，很快我就不想在那儿待了，心里开始盘算怎么回青岛。

回青岛你得有理由，病退是一个办法。要病退你就得想办法“克”出病来。我突然想到，我小时候得过支气管扩张，不能感冒，一感冒就会引起病发，一病发就会吐血。我打定主意让自己感冒。

内蒙古的大冬天，屋子外头零下 30 多摄氏度，屋子里头也得零下十几摄氏度吧，为了让自己感冒，晚上睡觉我故意不盖被子，不盖大衣，这一下子我冻得感冒了。这一感冒不要紧，我发烧发到四十多度，鼻子蹿血，眼睛出血，于是支气管炎并发，我开始咳血。没话说，我被送进乌拉特前旗二师师部医院，在医院住了二三十天，医院医生看我病成那个样子，给我开了证明（1971 年 5 月 21 日）把我退回了青岛。我在内蒙古只待了 8 个月。

当时我差点儿没给她跪下

杨宝华讲述

内蒙古生产建设兵团，1969年组建。四五年之后，到了1974年、1975年的时候，一拨又一拨所谓“出身好”的，或者父母有关系的，上大学的上大学了，参军的参军了。后来又有一部分人利用“困退”也离开了内蒙古。

我们这些所谓“家庭出身有问题”的人，到后来，想离开内蒙古回城就只剩下一条路了——“病退”。那真是一场生与死的较量，特别是兵团转交地方之后，能办成“病退”回城，“生”路一条；办不成，继续待在内蒙古那就是死路一程。

当时兵团有关“病退”的规定是：患有两种慢性病，丧失体力劳动者方可病退。如果真有病，没话说，早晚能办成；或者，如果有路子，认识医院的医生什么的，迟早也能开出“病历证明”。像我这样，没有病，又不认识人的，就必须得想办法硬杀出一条“生路”来。

记得那些日子，我和我几个同病相怜的难友，整天琢磨怎么“弄到一张病历证明”。我从小喜欢画画儿，没事儿的时候，爱画个画、描个素描什么的。我也会刻图章，这下子这些本事可都派上用场了。记得，当时我买了好些一毛钱一块的橡皮，甭管谁，只要他能找来空白病历，找来医生给其他病人开的药方，我都能模仿着那个医生的笔记，写出新的“诊断证明”，而且我模仿出来的“诊断证明”，让医院管盖章的护士都无法辨真假。要是有谁找来某个医院盖着图章的病历诊断书，我也能照着诊断书上的图章，刻出只有如来佛才能辨认出真伪的假图章。我当时帮人们刻的图章有大的、小的、方的、圆的。

记得有一次，薛四儿需要一张内蒙古自治区医院的“诊断证明”，为了弄到一张内蒙古自治区附属医院带有蒙古文的“诊断证明”图章图样，我和薛四儿还特意跑了一趟呼和浩特市。当时没钱买火车票，我俩偷偷上了火车，到了呼市火车站，下车撒腿就跑，结果一头撞上了警察，让人家给抓住了。当警察得知我们是知青后，就把我们放了。回来，我照着寻到的图章上的蒙文，照刻不误，你别说，医院的人还真认假为真了。

当年办病退，“北京知青安置办公室”不但要求“病者”提供当时兵团师级或内蒙古自治区区级医院的证明，同时，还要求人们提供半年前，或者一年前，医生给你开的病史诊断书。为了帮着哥们儿得到病史证明，我当时还研究了怎么用锅熏的办法把现有的“诊断证明”变黄、变旧，让新诊断书看上去是一年前开的样子。

当年，我和薛四儿商量着，扮“高血压和肾炎”回城。我们翻了一些医书研究后得出结论：吃麻黄素会引起心跳过速，心跳过快会导致血压高。另外，扮“肾炎”，尿里得含蛋白，尿里要含蛋白，我们就得在尿里放一定量的鸡蛋清，以造成尿中蛋白含有“十”号。

琢磨好了，那天薛四儿就到二师师部医院去了。到医院，他挂了个号，看门诊，人家医院给了他一个小玻璃瓶，让他去接尿。没想到等你去接尿的时候，人家二师医院派人跟着。当然被派去跟着的人没跟到厕所里头，人家就站在门口等着。薛四儿进了厕所，把尿尿到瓶子里，然后把事先在街上小商贩那儿买的鸡蛋上扎了个小眼儿，再把蛋清甩到尿里。但是蛋清不像水，它不是一点儿一点儿地往外流，而是一咕嘟一咕嘟地从鸡蛋壳里掉出来，结果“扑哧”一股掉进尿里去了。薛四儿一看，太多了，又赶紧往外挑，但是即使如此，大概留在尿里的蛋清还是太多了。四儿心里觉得不踏实，他把尿瓶子和化验单放在化验室后，就站在化验室门外扒着门缝儿往里看。他从门缝儿里，看见人家二师医院的大夫，把他的尿放在显微镜底下，突然大夫显出大吃一惊的样子，在显微镜前站了一会儿，便找来个酒精灯，用镊子夹着他的尿瓶子，放在酒精灯上烧。好家伙，这一烧不要紧，尿瓶里顿时漂起来一层蛋清，他的尿成了尿煮蛋花汤了！只见那个大夫把瓶子往桌子上一搁，推门出来大声喊：“薛四儿！”后来才知道，因为四儿的尿里掺的蛋清过量，尿里的蛋白含量已达到了“死亡指数”，至此引起人家医生怀疑。又因为，人体内的蛋白质加热不凝聚，而鸡蛋清加热后蛋白质会凝聚，所以人家二师医院的医生才以其人之道，还治其人之身，真假猴王要放在火上烧一烧，薛四儿没通过。

轮到我的时候，我吸取薛四儿的经验，我在往我的尿里加鸡蛋白的时候，我用一根针，在鸡蛋清里就沾了一点点，结果造成三个“＋”号。有三个“＋”号就够了，我通过了。“肾炎”检查通过了，还有血压高呢。去医院检查前，我吃了麻黄素，让自己心率加快，造成血压高，此项也轻易过了关。除了吃麻黄素、让自己心率加快、造成血压高外，为了保险，我又给自己造了一个病——脑震荡后遗症。病状是：头疼、头晕和脑子混乱。医书上说：患者做脑电图之前不能喝酒，不能……去医院前一天，我呢，来他个反其道而行之，医书上不让做的事，我全做了。我买了一大瓶白酒，喝呀，一杯接一杯，直喝得酩酊大醉。第二天到医院一照脑电图：我还真不正常。医生问我：“你有什么感觉？”我把医书上写的病症一一背来：头疼、头晕、大脑混乱。医生一听，当场断定我绝对患有“脑震荡后遗症”。于是医生签字，盖章，我通过。

记得这当中还发生过这么一个小插曲：兵团战士自刻图章的事儿，不知怎么的传到了团长耳朵里，因此团长有一次在连队大会上讲话，说：“有人自刻公章，你们知道吧，自刻公章是犯法行为。”我一听，心想，惨了，这回要倒霉了。没想到团长又说：“你们要刻，就得刻得像一点儿，不要让‘北京知青安置办公室’看出来，不然，还得让人家打回来。”

当年，光有了内蒙古当地的医生开的“诊断证明”还不行，病者还得得到“北京知识青年安置办公室”的批准，内蒙古兵团才放人。而病者要得到“北京安置办”的批准，还必须到“北京安置办”指定的医院去复查。我听说，过了内蒙古医生那一关，没过“北京安置办”一关，而被打回内蒙古的大有人在。

当年“北京安置办”在北京东城区煤渣胡同。我回北京后，有一天，“北京安置办”突然通知我到隆福医院复查。给我复查的是一个内科大夫，老太太，她查完了，说：“小伙子，你没病。”我一听，当时脑子“嗡”的一下子，就晕了。心想：这下子可全完了，怪不得这个礼拜我天天做梦，梦见自己背着一个大磨盘在大沙漠里走呢，我今儿肯定要被这个老太太判死刑了。“不过呢，我儿子也在农村插队，我能理解，我还是让你通过。”一听那位医生说这话，我当时差点儿没给她跪下。

就那么着，我终于从内蒙古“病退”回了北京。

绑得脚面跟面包一样

李仲夷讲述

1975年年底1976年年初，已经有知识青年可以返城的消息了，但是兵团那边当时仍然卡得很紧。我的好朋友小明给我出了个主意：让我自己扮个“坐骨神经炎”，并送给我一副绑腿的带子。

李仲夷（中）与战友杨宝华（左）刘兆华（右）（摄于2008年）

为了扮成“坐骨神经炎”，我查阅了一些书籍，了解到“患这种病”的人，如果去看医生，医生让你做那种动作时，你得喊疼；让你做那种动作时，你不用喊疼。另外还了解到，“坐骨神经炎”不光是疼，下肢还有萎缩的症状。要使得下肢变得萎缩，我就得绑腿。

我记得，我用小明送给我的绑腿带子，把腿捆得紧紧的，就这样我把我的腿绑了三四天，结果，我的小腿，也就是从脚脖子到膝盖底下那一段瘦了一点五公分到两公分左右，而且脚面也肿得跟面包一样。用手指头往脚面上一按，按下去的地方就会出现一个大坑。实验好这种办法，还得算好时间，比方说人家医生约你30日去做检查，你就得从25日到28、29号把腿绑起来，然后放开一半天，因为你还不能让医生看出来你腿上绑过的带子印儿。

我当时好像是到宣武医院去查的。到了医生那儿我还使了点钱，大概三五十元，相当于现在的1000来块钱吧。医生给我检查的时候，我的小腿还真细了，肌肉萎缩了，脚面也是肿的，所以医生当时确诊：该人患有"坐骨神经炎"。病是真的了，于是，医生给我出了诊断证明。如果当时不给钱，他可能会找些理由不给我出这个证明，给了钱呢，又"扮"了病，双管齐下，就比较有把握了。

拿到医生诊断证书后，再把我从河北省开的所有证明，都交给北京东华门知青办。后来，知青办又安排我去另一家医院复查，我又如法炮制，于是一一过关，就这样回到了北京。其实，没过几个月就开始大批返城了，可当时谁知道啊！

当年的李仲夷（右）与战友合影（摄于1969年）

捏着鼻子，喝吧

汪澎讲述

汪澎： 北京人，原北京灯市口中学69届初中毕业生，1969年8月28日被分配到内蒙古生产建设兵团，曾是七连三排9班战士，塔布小学教师，1977年病退回北京。

采谈时间： 2007年8月7日

采谈地点： 呼和浩特巴彦塔拉饭店

当年的汪澎（摄于1969年）

1969年内蒙古生产建设兵团成立；1970年兵团度过了其鼎盛时期；1971年甚至早在1970年的时候，一些后门硬的兵团战士通过"父母关系"参军离开了兵团；后来，又有极少的一部分人被"推荐"上了大学；没有后门，父母没有"关系"、自己又不能被推荐上大学的人，从1972年、1973年、1974年开始，人们就试图寻找各种途径，如转插、困退、病退等陆续离开兵团；1975年兵团撤销并转交地方，现役军人撤离后，知青返城形成热潮。

我是到1979年才回到北京的，方式：病退。当年想回北京，"病退"是条路。如果你真有病，当然没问题。如果你不是真有病，就得找医生帮忙、研究出某种病。我小时候得过肾炎，因而我给自己设想出来的一种病：肾性高血压。这种病，尿有蛋白加上血压高。我之所以给自己设想出来这种病，是因为这种病表面上没有一看就能看出来的症状，因此比较容易应付过关。

当时，我找的医生，是我们七连一位战友的哥哥。当我去找他的时候，那位哥哥特热心，他帮我研究了那种病的症状，并给我开了疾病诊断书。本来这样我就可以顺利过关回北京了，可是，“咣叽”！有人给“北京知青安置办公室”捅了一封信，说我病情有诈，所以“北京安置办公室”决定严格“重审”我的“病情”，并限定日期，重新指定了复查医院和医生。

当时，给我指定的医院是协和医院。怎么办？赶紧想对策吧。于是就又找我认识的那位战友的哥哥医生商量：怎么做，能引起头晕，怎么做，血压会高，怎么做能做到尿蛋白？同时，我自己也看书琢磨。去医院前又进行了一系列的身体试验。特别是因为有人背后“捅”我，所以我更得小心才是，到协和医院检查的时候，一定不能出任何纰漏。

当年的汪澎（摄于1969年）

我记得，为了试验尿蛋白，我曾一口气喝过一斤多生鸡蛋。那时鸡蛋很难买，北京控制定量供应。一家一个月只供应一斤。一斤鸡蛋，一顿喝下去，身体哪儿吸收得了哇，吸收不了，肯定就造成尿蛋白。还有，那生鸡蛋多难喝呀！又腥又臭。刚开始，我打开一个喝一个，因为不能一下子把一斤鸡蛋都打在碗里或者盘子里。要是都打在碗里或者盘子里就喝不了了，因为你一看那一大盘子生鸡蛋，你就够了。刚开始试喝的时候难喝，心想放点白糖吧，后来又一考虑，不行，因为我患的是“尿蛋白”，没有血糖的问题，千万别弄巧成拙，捏着鼻子喝吧。就这样，我先后大概实验了有五六次。少的时候，一次喝过五六个生鸡蛋；多的时候一次喝过十几个，甚至二十个。最后掌握了一个度数，喝一斤，这样正好造成“尿蛋白”。

我的病里还有一个症状，就是血压高。好好的一个人，让自己血压高也不容易，可不容易你也得造成这个症状啊，头也得晕啊，血压也得高啊。所以我就吃氨茶碱或者安乃静，我忘了这两种，到底具体是哪一种了。开始的时候先吃半片儿，因为我身体没病呀，吃了半片儿就受不了，心慌、心跳加速、头晕，一量血压倒是真高了，但是又太高了，不行。因为你血压高也高得有度数哇，不能乱高哇。所以药量又往下减，一边减一边量，遭老罪了。就这样，大概实验了七八次吧，最后结果，吃四分之一片比较合适。当然了，“喝生鸡蛋跟吃药”这两个实验，还得分先后进行，但又不能拉得时间太长，因为人家“知青办”不等你呀。前前后后大概半个来月的时间吧。等试得差不多了，按医院指定期限，再去体检。所有这些实验都是在北京秘密进行的，不敢在连里做。

到医院去检查的那天，有人又教了我一招：量血压时暗使劲儿，但还不能让人家大夫看出来。

那天，到了协和医院，人家先给我量血压，后验尿。验尿的时候，人家怕你造假就派人跟着你。我记得好像是头天晚上（记不准了），我喝了一斤生鸡蛋，因为人体还需要有个吸收排泄过程。药也不能早吃，早了，药过劲儿了；晚了，药还没起作用，都不行。好像是，得在临检查前一个小时吃比较合适。再有，你也不能当着人家的面儿吃药。总之，最后检查结果血压确实高，符合病况。尿蛋白不足两个加号，只是红血球满视野，吓了我一大跳。说到这儿，还有一个小插曲。虽然我自己做了那么多次试验，但是心里仍然没底。临体检前两天，一个朋友向我推荐了另一招：他说：“如果想万无一失的话，你的尿蛋白里最好再有点儿红血球，那就完美了。”可这红血球怎么弄呢？他告诉我：“验尿的时候，你把手扎破，挤点血放进尿里就行了。”那天，我偷偷地带了一根针，趁看着我的人不注意，我往手上一扎，可能是挤血的时候，一下子挤多了，结果，红血球满视野！幸亏医生没太计较，要不然，我就全完了。最后“疾病诊断书”到手，这我心里才真的松了一口气！

当我提着行李，离开七连，赶往乌拉特前旗火车站的时候，哎哟！我那心情那好呦，我终于能离开内蒙古兵团回北京了！也就在那个时候，我才猛然注意到：乌梁素海的天真蓝！

顾不得男生女生了

柳永华/陈兰英/丛振思讲述

柳永华：1974 年以前，虽然不停地有人离蒙返城，但还没形成返城风。到 1975 年以后，特别是兵团转交给地方后，返城就成风了。当时回城的路子有病退、转插等。因为我身体挺好的，不可能办病退。我就写信，告诉家里帮我办转插，我们家人看别人家的孩子都办回去了，就也开始帮我办。就在那时候，团里批了七连的一批转插的人，但是没有我。

记得当时十九团开兵团战士代表大会，不知道怎么的，我们班推荐我到团部去开会。所以，当时批转插名单的时候，我正在团部开会。（但是，我对团里批了谁没批谁的事一无所知）那时，我和陈兰英都在五排，我俩关系挺好。她得知自己被批准转插，但我没被批准后，她就从七连打电话把这个消息告诉了我，还说，她想和大丛做伴儿，一块到团部去帮我问问，团里怎么没批我。

当年的陈兰英（摄于 1969 年）

丛振思：1975 年，兵团转交地方后，年轻人人心惶惶，都想离开兵团。有本事、有关系的都上学、当兵走了，剩下的人觉得，转插到离家近的农村也是一条不错的路。我申请了转插，也被批下来了。

陈兰英：在七连的时候，我，柳永华还有大丛，三个人关系很不错。我比他俩都大，就像他俩的大姐。

1975 年年底的时候，大概是 12 月份，我的“转插”报告批下来了，大丛调动工作的报告也批下来了，只有永华的没批。当天，我和大丛商量，一块儿到团部去一趟，帮永华打听打听，为什么没批，看看能不能帮她，走走路子。我们先给正在团部开会的永华打了个电话，告诉她，我们要到团部去，又买了三节电池，带上手电，大概下午四点多钟，高高兴兴地就离开了七连，一路上，一边聊，一边朝团部坝头走去。

柳永华：为了赶时间，放下电话，他俩拿上手电就从七连出发了，当时大概是下午四五点钟，天还没黑。从冰上走，连队到团部二十多里地，一两个小时就能到。所以，我估摸着，天黑之前，他们怎么也能到团部了。

我就在团部等着，但是左等右等，结果等了一个晚上，他们也没到，这可把我急坏了。开会的时候，我住在团部招待所，一宿也没睡，老听见门响，以为是他们到了，可是到了第二天早上开会的时候，他们还没到。那时我想给七连打个电话问问怎么回事，谁知道七连的电话出了问题，电话机只能往外打，不能接收。这怎么办？开会的时候，我就坐在靠窗户的地方，望着团部的大门，心想：要是他们来了，肯定要从大门经过，这样我就能看见了。

后来从别人嘴里再一次证实，昨天晚上陈兰英和大丛四五点钟给我打完电话，确实拿着手电筒就离开七连了。听人们这么一说，我更着急了，心想：坏了，出问题了！这可怎么办，要是陈兰英家里人来兵团找人，我跟她家的人怎么说？我说：“她为了帮我问我转插的事冻伤了，或者冻死了？”我怎么张得开这个口。于是，我就去找以前我们七连的张连长，当时他在团里当生产科科长。连长帮我给每个连队都打了电话，同时也将此事报告给了团长，希望大家帮着我找人。就在这时，有个六连的，还是一个十连的战友来报信说，七连有两个战士掉到冰窟窿里了，让他们的职工给救了。

陈兰英：去坝头，得经过一个航道，那航道是唯一一条通向团部的通道。我和大丛快到那个航道的时候天已经快黑了，一眼看去，中间光溜溜的，亮光光的，两边是苇子。大丛对我说：“咱们靠边踩着苇子走。你别过去，我先过去试试，看能不能过去。”他那么一试，结果“啪”一声，冰碎了，大丛一下子掉进冰窟窿里去了，水有齐脖子深。

陈兰英近影（摄于 2009 年）

丛振恩：当时气温在零下 20 多摄氏度，我穿着棉袄棉裤，水一下子还不能把棉衣都浸透了，所以一下子倒没沉到水底，人还浮着。但是掉下去的地方四周冰很薄，我用手一按，冰就塌下去了，再一按，又塌了。

陈兰英：我赶快去拉他，结果我也掉下去了。我俩拼命地往上爬，手按冰面，结果按一下，塌一块，按一下，塌一块。大丛不停地对我说："赶紧抓住苇子，赶紧抓住苇子！"最后我好不容易抓到一把芦苇，手都割出血来了，那也顾不得那些了，最后，总算从冰窟窿里爬上来了，当时大概是晚上八点多钟了。

上来以后，我们继续往前走，大丛走在前边，我走在他后边，但是，那会儿，我们已经辨不清东南西北了。当时是想回七连回不去，想去坝头也不知道怎么走。大丛说："咱们找陆地吧，找到陆地就找到人家儿了，找到人家儿咱们就得救了。"可是天黑，什么也看不见，根本辨不清方向了，上哪儿去找人家儿呀。人心里恐惧，脑子就糊涂，我们只能漫无边际地走。

柳永华近影（摄于 2009 年）

当时，天特冷，我俩的棉衣棉裤都冻得跟冰盔甲一样，大腿也磨出了血，每走一步都生疼生疼的。就这样走了大约有三个来钟头，我们又遇到了一条“浆河”。因为大丛在前面走，我在后面跟着，结果他又掉进冰窟窿里去了，可是我没掉进去。大丛掉下去以后，大声地喊：“你别过来，你别过来！”后来，我找了一个自己觉得安全的地方站住脚，才把大丛拉上来。

丛振思：我第二次掉进冰窟窿里，再从冰窟窿里爬上来以后，很快我的棉裤冻得更硬，更跟铁桶一样了，鞋也成冰坨子了。除了冷，再加上饿，我身体受不了了，感觉着腿不听使唤了，迈不开步，走不动路了。

陈兰英：大丛第二次掉进冰窟窿里以后，他已经冻得腿脚都不听使唤了。为了安慰他，我就说：“人一定要动，不动就完了。我们不能就这么停下，停下来，我俩就得活活儿被冻死，活动就能生存。”我掉下去一次，冻得程度没有大丛那么重，手脚还能动，那时也不顾男生女生了，我用手用力拉着大丛的手，倒退着走，让大丛跟着我。说实在的，每走一步，冻成像冰桶似的棉裤，把腿刺得疼得钻心。但是，不知道是幻觉，还是怎么回事，我们突然看见了灯光，但是奇怪的是，不管我们怎么走，就是走不到那个有灯光的地方。

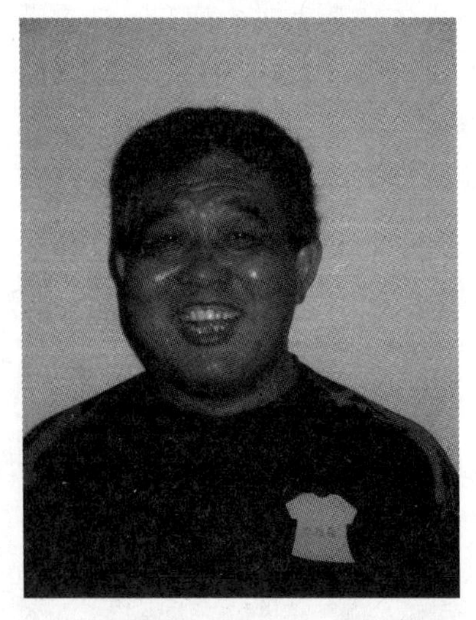

丛振思近影（摄于2009年）

丛振思：我们迷路了。那天晚上说来也巧，巧在哪儿呢？本来当时正值冬天，当天，天高气爽，还有月亮。要是有月亮，就可以看见乌拉山，看得见乌拉山就能辨清方向。可偏偏到了半夜，天上改多云，月亮不见了，所以，方向掌握不住了。现在知道了，人右腿长，左腿短，走路的时候，要是看不清方向，自觉不自觉地就会转圈。正是这个原因，转圈加走偏，我们走来走去，其实就在原地打转转。

陈兰英：大概将近凌晨四点的时候，我们突然看见一条土路，又隐隐约约看见一座房子，这时，我们求生的欲望突然好像特别强烈，心情也有些激动。劳累、寒冷、饥饿、疼痛也全不顾了。我俩加快了步伐，结果到那儿一看，那个房子只是个有门框，没窗户、没门的空房子。一看这情景我俩就像泄了气的皮球，但是，我俩还是进去了。这时大丛已经感到完全不行了，他躺在地上一动也不能动了。我坐在大丛旁边，过一会儿，推一下他，过一会儿，叫一声大丛，只要他答应，我就知道他还活着。后来，我又用自己也已经冻僵了的手不停地给大丛捏胳膊、捏腿，我就那样，给他捏呀捏，生怕他睡过去，我知道，他要一睡过去，就完了。

后来大丛强打精神对我说："明天早上，你就冲着有太阳的方向回连队吧。"我问他："那你怎么办呢?"大丛说："天太冷了，我坚持不了多长时间了，最多能挺到天明，我就不行了。听人说呀，人要死，都是在凌晨四五点钟的时候。"听他这么说，我觉得心上的痛，比身上的痛，还疼。

大概到了凌晨六点钟的时候，天有那么一点点蒙蒙亮了，我突然听见自行车的铃声响。迈出门槛一看，看见两个老乡骑着一辆自行车。我就想：哎呀，救命的来了！我截住人家，把我俩的遭遇跟人家讲述了一遍，我还告诉他们："我们是七连的。"其中一个人说："七连离这儿很远，以前我去过七连，我在那儿烧过窑。这样吧，前边不远有个看箔旋的老职工，我把你们送到他那儿去。"当时大丛的腿脚已经完全不能打弯了，骑车的老乡先用自行车把大丛送到看箔旋的职工那儿，然后又回头来接我。这时我才发现，原来我俩一直就在离坝头不远的"红毛兔"转悠。

到了"红毛兔"，看箔旋的老职工摸了摸大丛的腿说："嗯，还有救，屋里有热炕，上炕吧。"那个老职工给我们煮了一锅疙瘩汤，打了两盆水让我们把脚泡在水里。当时我们的脚和鞋已经冻在一起了，等到化了冻，我们的脚才从鞋里脱出来。老职工又给我们盖上被子，给我们烤棉裤、棉袄。到了下午，我问老职工："师傅，您能不能给我们连送个信，我俩离开七连已经一天一夜了，连里的人肯定都很担心。"就这样，他们正好有人到团部去，就告诉团里的人说，七连有两个人在他们那儿。后来团部派人拿着大棉袄、棉裤，把我俩接走，又送到了团部医院。

丛振思：团部条件就好多了，人家帮我把衣服换了，又擦又洗，又换上干衣服，当天下午两点多，我就可以走路了。

柳永华：经历了这件事以后，我们三个人的友谊就变成了生死之交。

没有喜悦，也没有悲伤

周庆华讲述

1978年年底，1979年年初的时候，青岛传来的消息，内蒙古兵团的人可以办回青岛了。我得到这个消息后，就想赶紧把病退的资料送到团部（坝头）去。早上我到职工家借了一辆自行车，和连里另外几个熟悉去坝头路的人一起从冰上骑车到坝头去了。这样走比走陆地——新安镇（15里）——前旗（40里）——坝头（50里）距离近得多。当天去，当天就可以回来。虽然是第一次在冰上骑车，但是因为是递交申请回青岛的材料，所以，内蒙古的刺骨寒风，冰上骑车的危险就全然不顾了。总算一路顺风，经过一个多小时的奋斗就到了坝头，用最快的速度赶到劳资科交了病退报告后，中午饭也没吃，就又急急忙忙一个人单枪匹马地往七连返。当时大约中午十一点多，我想两个小时怎么也回到七连了。但是，那时我才发现，乌梁素海真大，一大片一大片的芦苇把个海子分割成了无数片苇林，而且，岔道之错综复杂，完全出乎我意料之外。

开始还好，但是很快我就找不到回连队的路了。我像失去了方向的小舟行驶在汪洋大海之中，我只能凭着我去坝头时的记忆，寻找回七连的路，然而，每一条路都像是可以返回七连的，但是又都不像是能返回七连的。我一个人在冰上骑着车，东一头，西一头地在芦苇丛中乱闯。望着远去的团部和眼前的一片连一片的芦苇荡，以及条条不知通向何处的岔道，我心里越来越紧张。突然，眼前一条长长的“浆河”挡住了我的去路。被隆起的冰，有一人高，矮的有脚面高，而且冰产生冰裂后，裂开缝里的水，就暴露在外，“哗哗”地流，稍不小心就有掉下去的危险，而且没有人知道。

这时太阳从头顶已慢慢西斜，此时此刻我真正感受到了饥寒交迫的滋味。我知道我必须先跨过“浆河”，才能回七连。于是我用自行车前轮试着往冰上砸了砸，看能不能撑住我，如果能撑住我，我就跨过去，结果选了几处都感到不保险。我焦急万分，望天祈祷：老天爷呀，保佑我顺利通过这“浆河”吧！就这样我试呀试，又走了好长一段路，才最后选了一段我认为比较保险的地方，用自行车又使劲儿砸了几下，觉得那一段比较结实，不至于把我掉下去，于是下决心从那儿过去。跨“浆河”的时候，我使尽了全身的劲儿，谢天谢地，我还真跨过去了。等跨过去之后，我推着自行车一口气跑出去有20多米才敢停下来，当时就好像后面有只老虎追我似的，那叫个紧张害怕，觉得如果我跑慢了，后面的冰很可能就塌下去了，我就会掉到冰窟窿里去。

2007年周庆华（左）与战友又回到自己当年住过的宿舍前，感慨万端

那道险总算过了，我骑上车继续往前奔，又在另一片芦苇丛中转来转去，让人们踩出来的路四通八达，还是不知道哪条路是通往七连的。我仔细地判断了一下方向，自认为是对的，继续往前骑，这时已经是下午了，午饭也没吃，骑在车上，寒冷、饥饿、疲劳，恐惧一齐向我袭来。这可怎么办？我想，我今天晚上要冻死在这个冰面上了。那时候，特别希望有个好老乡走来，指给我去七连的路，可是，又怕碰上坏人。走着走着，当时还真看见了一个人，但是由于害怕，我就远远地躲着，不敢上前问路。那会儿天已经要黑下来了，我还没找到通往七连的路，孤独的我，冷、饿、累、急、怕，一起折磨着我，没有别的办法，只好继续往前骑，边骑边想，如果再碰到人，不管是一个人还是几个人，都要问路了。又骑了一段路以后，远远的看见有三四个人，我拼命往前追，边追边喊："哎，老乡，往七连怎么走?"还不错，老乡听到后，回答我："不知道，只知道去二连怎么走。"这时，我的心一下子凉到底了，我用尽全力，猛骑自行车，生怕失去那几个陌生人。

也就在这时，从另一方向，我看到了有一个拉苇子的冰拖子，慢慢地走过来。苇拖子，这意味着兵团战士！此时此刻，我多希望他们就是七连的人呀。我心里特别激动，等到拉苇拖子的人走近了，我才惊喜地发现，竟然是我们青岛的戴秀玲和李晨两位战友！天哪，怎么会是你们俩?！这下可好了，我有救了，死不了了！当时那种感觉，简直是无法用语言表达。他们看到我当时的惨相，非让我坐到冰拖子上去不行，而且还要我把自行车也放上去。我执意不肯，因为他们也劳累一天了，每走一步也都艰难得很。在两位战友的指点下，我骑着车总算回到了连队。到连队时已经是晚上七八点了。我把炉子捅开，自己焖了点米饭，吃完饭，就上炕睡了。

后来就盼呀盼，盼了大概有两个月吧，大约是1979年的2月，我爸写信说："巴盟来人了，他们带着你的材料到青岛了。"我马上回信，让我爸在青岛查查有没有我的名字。当他查到有我的名字的时候，我一颗心才算落了地。心想我终于可以回青岛了。等到我的关系都办好了，我真的可以回青岛了，那时我没有喜悦，也不激动，整个人都麻木了，好像别人都走了，也该轮到我走了。

落叶归根

方新桥讲述

方新桥： 浙江余姚人，原余姚临山中学71届初中毕业生，1971年9月23日被分配到内蒙古生产建设兵团，曾是二排8班战士。是七连378名兵团战士中，唯一一位来自城市，但却留在当地的知青。

采谈时间： 2008年8月26日

采谈地点： 内蒙古乌梁素海鸡乌素

七连的战友们都走了，只有我一个城市知识青年留在了内蒙古，直到今天。原因有几个：

一、我身体没病，没法办病退。

二、我能转插到我家的附近农村，但是，我怕户口以后办不回城市，所以，就没去办转插。

三、1980年的时候，有人给我介绍了一个对象，后来我们结婚了，就这样，我就留下来了。留下来以后，还是有外乡人的感觉。加上这里的情况一年不如一年，人越来越少，越来越冷清，所以，继续待下去，已经没有多大意思了。我有两个女儿，大女儿在浙江余姚，结婚生了孩子，生活得很好，再过几年，我也就搬回余姚去了。落叶归根，我还是要回到浙江

方新桥近影（摄于2008年）

余姚去的。

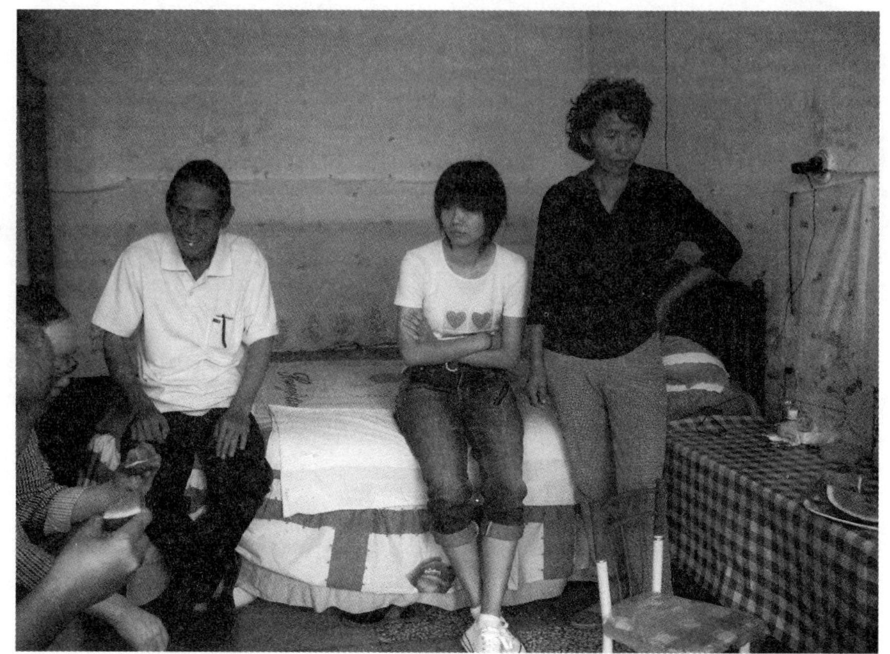

方新桥（左）和女儿（中）妻子（右）（摄于2008年）

第八章

四十年了,还烙印

别无选择

乔松都电话讲述

我在兵团待的时间虽然不长，但是很多事情都还是记得很清楚的。

记得，刚到七连后不久，有人——记不清是谁了——通知我到炊事班工作。当时我不愿意去，好像都要哭了。原因有两个：一个是我想到地里去干活儿。当时特傻，觉得那才是“广阔天地”，到农村不就是得到地里干活儿吗?!到炊事班做饭，在哪儿不能做饭呀，干吗非跑到这儿来做饭呀？再一个原因就是，当时的连长跟连里的几个女战士之间发生了问题，其中有的当事人就在炊事班。那时我就想，我到广阔天地来，是来接受再教育的，让我跟这样的人住在一个屋檐下，那我成了什么人了？当时我把我的想法告诉了晓静，她笑我，她说：“你傻蛋，我们想去炊事班还去不了呐，在那儿至少能多吃点儿，少干点儿活儿呐。”但是我没法理解。后来我又去找炊事班的朱班长谈，他也乐我，说：“连里很多人想进炊事班

乔松都（前排中）在签售书现场与七连战友合影（摄于2008年）

都进不来。”听人们这么一说，给我的感觉是，好像让我进炊事班，还是照顾我似的！我心说：我就是不想在炊事班，我就是一定要离开那儿。

其实，我后来离开兵团跟这事很有关系。从那儿以后，我就不停地给家里写信，说：“我实在不想在那个地方待着了。不是说解放军是一个大熔炉吗，怎么大熔炉里还出这种事（连长跟女兵团战士的事）呢?”我当时无论如何没法理解，可能是我的家庭太单纯了。其实，吃苦倒没事儿，记得那时候在六排干活儿，表扬的时候我每次都是第一名。那时候是小孩，没什么想法，就是拼命干活儿，有多大力气卖多大力气。但是，就是觉得那时候各种情况太乱，对当时连里发生的事没法理解，无法接受。

还有，那时候我特别想家，就想回家，想回北京。真的，那时候我心想，回北京让我扫大街、打扫厕所我都干，只要回到爸爸妈妈身边就行。

还记得 12 月份，连里搞紧急集合，说是有苏修特务。半夜三四点集合，起床后连里让我们一人先喝一碗红辣椒面儿水，说是喝了辣椒水就不冷了。还记得冬天晚上我洗完头，头发还没擦干就从老区往新区跑，来回那么一趟，头发都结冰了，当时还觉得挺好玩儿的，结果受寒冻出了个鼻窦炎。

几个月后，我参军离开了兵团。4 个多月的时间，对我来说是个很好的锻炼，那一段时间，对我来说，是一种深入社会、了解社会的好机会。

但也觉得非常遗憾，因为上山下乡，实际上断送了我们这一代人的学业。我觉得把我们弄到内蒙古去是个错误，我们这些中学生不是说不能下乡，而是这些人，第一，没有受完整的教育，还没有受完教育就去修理地球，这不是断送我们的前途吗?!第二，那时候我们还未成年，只有十五六岁，有一些人去内蒙古的时候甚至还未满 15 岁。14 岁、15 岁、16 岁就让我们作为一种劳力去乡下，去干那么多、那么繁重的体力劳动，那不仅对我们是一种摧残，而且是货真价实的使用童工！这还有什么可说的吗?!

我的书——《我的父亲母亲》出版后，有一次我给读者签书，一个 20 多岁的年轻人问我：“你们那时候为什么要下乡啊？你们是不是根本不顾家，一心就向往着外面的世界啊?”我回答他说：“下乡，哪是我们个人的意愿，当时，不是我个人想去、不想去的问题，那是当时的社会潮流，政府的规定，我们别无选择。”

上山下乡毁了这一代人的青春，我不愿意想过去，也不愿意说，我是非常非常幸运的，只在兵团受难 4 个月就离开了，但是整个那一代人实际上都是为共和国“殉难”了。

兵团给我留下了两个纪念

刘立翔讲述

刘立翔： 北京人，原北京第27中学69届初中毕业生。1969年9月5日被分配到内蒙古生产建设兵团，曾是三排11班战士。1977年病退回北京，后被分配到王府井百草中药店当营业员、调剂员，直到2008年退休。

采谈时间： 2007年8月27日

采谈地点： 北京一小饭馆

内蒙古兵团的七八年，给我留下了两个纪念：一个是我左脚从脚面到脚底透心穿的一个三角形的“疤”；一个是我现在剩下的四分之一的“胃”。

当年的刘立翔（前）与战友
（摄于1969年）

那应该是第一年到兵团的时候，冬天出海打苇子，我和陈京生，右安门中学的，划一个冰拖子干活儿。冰拖子划起来之前，得一个人站在冰拖子上撑，另一个人先站在拖子后边，推着拖子跑一小段路，等拖子动起来了，后边推冰拖子的人再上到拖子上去，然后，两个人一起撑着冰拖子继续往前走。当时，陈京生站在拖子上撑，我站在冰上，在冰拖子后边推。谁也没想到，当他站在冰拖子上把冰撑子往冰面上使劲儿那么一插，撑子上的铁尖没扎到冰面上，却扎进了我的脚里。当时，我的黑棉胶鞋就全是血了。可是那时候天气冷啊，至少有零下20多摄氏度吧，所以，虽被扎伤，但脚却没觉出疼来。

赶紧回连队吧，回到连队，卫生员王友祥给我消了炎，包上纱布。当时，人家卫生员还给我开了假条，可是我没用。班长也让我在家歇两天，可我也没歇。那时候人们都一不怕苦，二不怕死，轻伤不下火线，所以，我第二天，就又出海干活儿了。当时我想，两个人一个拖子，一个人歇了，剩下一个人，那哪儿行啊。就这样，我左脚留下了一个透心儿疤。至今，那个三角形的疤在脚面上一直透到脚底下还能看得清清楚楚。

说到我的胃，参加兵团前，它就比较弱，大概是因为胃脆弱，所以我人显得很单薄。不知道是不是因为这个原因，连长特意照顾我，还是什么其他的原因，反正1975、1976两年，冬天打苇子的时候，连里都没让我下海打苇子，而派我和一个浙江兵，叫吴水江的去看“网地”。

当年的刘立翔与探望他的母亲在七连合影（摄于1969年）

所谓看“网地”就是，冬天人们拉网打鱼的时候，等下午人们拉完网收工回家了，把一些拉网打鱼用的工具，比如冰镩呀、渔网呀什么的，还有当天拉网打上来的鱼，但是还没拉走的就都留在冰上。这些东西留在冰上需要有人去看着，所以连里领导就在打鱼拉网的地方，安放了一个大破船，派上两个人，晚上睡在船里，看着那些东西，这就是看“网地”。这活儿以前都是职工去干，兵团以后，就派兵团战士去看“网地”了。我和吴水江晚上就睡在船上，需要回连办事什么的，就一个人回去，一个人留守。到晚上，两个人轮流值班，一个人睡觉，一个人守夜。值班的主要任务就是看着：一、别让人把东西偷走了；二、别让水鸟把已经打上来的鱼吃了。

我俩吃的饭，全靠白天来上班的人，给我俩带。内蒙古乌梁素海的冬天，温度至少在零下 20 多摄氏度，有时候还会降到零下 30 多摄氏度，所以带来的饭很快就变成冰疙瘩了。就这样我们每天吃就吃冻成冰疙瘩的窝头、馒头；喝就喝用冰镩子在冰面上镩个洞里的湖水；睡就睡在没有火和任何取暖设备的大破船上，大概是太凉了，1975 年，我的胃出现溃疡，开始泛酸水，从此胃病做下。

一直到 1980 年，我回北京，4 月 22 日到 7 月 17 日，胃三次大出血，喷射状的，每次一喷就是小半盆的血。到第三次大出血的时候，我的血色素降到 3.7 克，人已经不行了，非做手术不可了，不做，我人就完蛋了。结果，胃切除了四分之三，十二指肠整个儿拿掉。手术从早上 9 点开始，12 点 10 分，我人出来，三个多小时。等手术做完，护士托着满满一瓷盘东西给我看，我知道那全是从我肚子里切出来的。就这么着，我的胃就剩下了四分之一了。也好，我不用花钱减肥，就生得一副排骨瘦身架儿；另外，饭钱花得也比别人都少，因为，我吃不了多少东西就饱了，有时候就是不吃东西也不饿。

刘立翔（右一）与战友王淑梅、赵金华、李汀、赵小红、徐进（摄于 2009 年）

当时承受的不是我们那个年龄应该承受的

于晨光讲述

于晨光： 北京人，原北京第27中学69届初中毕业生。1969年9月5日被分配到内蒙古生产建设兵团，曾是六排21班战士。1975年困退回北京，在新华书店东单课本书店工作，后又到新华书店东城崇文书店，当过政工人员、团总支书记、党支部副书记等。后自己考上夜大，1990年调到亮马河大厦饭店，任人事部主任至今。

采谈时间： 2008年9月12日

采谈地点： 北京“茶瀚茶缘”茶馆

兵团那段生活现在回想起来，总让人觉得，那一段经历在人的一生当中不是挺美好，而是让人感到挺沉重的。我想，原因就是我们付出的代价太大了，我们当时承受的那些事情，不是我们当时那个年龄应该承受的。这，无论从心灵上，还是身体上。这么说吧，如果说当时我们经历的一切对我们是一种摧残，这样说有点过分的话，那么，我们至少可以说，我们当时所处的，是一个对我们有摧残性的环境，当时所经历的一系列，都是对我们有摧残性的事情；我们所干的，都是对我们身体有摧残性的活儿。实话说，对于那一段时间和那一段时间发生的事，我真的不愿意去回想，不愿意去提及。

当时我们离开北京去内蒙古的时候，我们还都是15岁、16岁的孩子，有一些甚至还没过15岁的生日；还都是长身体的时候，我们还应当是生活在父母身边、享受家庭幸福温暖、快乐时光的时候，应该是吮吸父关母爱的时候，但是我们都没有。我们在我们心理和身体都还没完全发育成熟的时候，我们就被迫去了生活艰难、环境恶劣、体力劳动超强、远离

当年的于晨光（后）与战友刘小惠在七连的航道边合影（摄于 1969 年）

父母的边疆。

记得 1969 年离开北京的那天，到了火车站，一直等到我上了火车，我都没看到我爸爸。后来我才听我妈妈告诉我（极悲痛、且泣不成声地说贺谦，你知道吗？我真的不愿意回忆，真的不愿意说这些），其实我爸爸就在火车站，只是他太伤心了，一直躲在一根柱子后面，没有出来和我告别。就这样，一直到火车离开车站，我都没见到他。当时，我心里真是难受极了，我哭，我流泪，我心痛如绞，但是我无法无奈。

现在回想起来，作为父亲，当然，作为一个革命干部，在当时那种社会形势下，他当然会支持自己的孩子上山下乡；但是作为父亲，对于还不满 16 岁的我，他心爱的女儿，从出生那天起，就一天也没离开过他，现在，就要这么着，要远离家门，去内蒙古了。出于父爱，他为我担心，他亲情难舍，他心如刀割，他能做的，就只能是躲在女儿看不见的柱子后面捶柱跺地、热泪湿襟！只有到现在，我为人父母了，才真正理解了，当时是多大的悲痛，在折磨着父亲的心呀！

到了七连后，第一天出工，连里派我们去挖土豆。一人发一把铁锹，当时，那把铁锹我觉得沉得拿不动，用脚蹬在铁锹背儿上使劲儿往下踩，可是，怎么踩也踩不下去。这一下子，刚到兵团的那股兴奋劲儿就全没了。当时，我脑子里就想：哎哟，以后就干这活儿，而且干一辈子，这可怎么着呀？

于晨光（左二）耿丽敏（左一）罗良军（右二）
赵金梅（右一）（摄于2009年）

后来我们又建窑、烧窑、背砖、盖房、打苇子、种水稻……各种各样的繁重、超强度的体力劳动，使我们这些女孩子都变得不是正常人了。比如说，女孩子一般来说都喜欢美，可那会儿，哪有那样的事儿啊？每个人都戴着同样的大棉帽子，皮肤晒得又黑又粗糙。像我这样，个子比较高，老被人当成男生。当然，这些都是那个时代的产物，但是现在回想起来，确实觉得挺悲哀的。我一般不爱跟别人讲这些事，包括家里人，因为我觉得，我不应该让周围的人也跟我一样承受这些痛苦，不过那个时代就是那样，那是那个时代的产物。

那时候烧窑，白天晚上得去给窑烧火，晚上看不见，经常被扎得到处是伤，脸上被火烤得通红。晚上往窑上挑水，给窑里浇水。从下边上到窑上边一路没灯，路又滑又陡，我眼睛1000多度的高度近视，结果水洒桶翻，我也从窑上滚下来了。坐在黑洞洞、湿乎乎的地上，当时，我心里别提多难过了。为此我还受到一次口头嘉奖。那时领导教育我们“一不怕苦，二不怕死”，提倡“干活儿不要命”，鼓励“带病坚持劳动”、“轻伤不下火线”。

记得那时候背砖，我们的行李绳儿就是我们的背砖工具。路不好走，再背上20多块砖，哪背得动、走得了路啊，就是强努着。砖背在背上，我那脖子使劲儿向前伸着，就像乌龟爬行的时候，把脖子伸出去老远老远的，腰从臀部向前倾着，如船夫拉纤，两脚交替迈步，超不过15厘米，两腿支撑全身重量，不停地直打颤，只要踩上手指头肚儿那么大的东西，一准儿摔倒。背下一天砖来，再看那前胸背后，全一色紫黑。有一次，走到半截，我背的砖散了，砖头摔了一地。当时我那眼泪就流下来了，这算怎么着呀，怎么觉得这么难啊？

还记得有一个星期天，连里派我们出公差去拉菜。那时候是夏天，天特热，我们走到半路，渴得没办法，我们就跑到旁边的水沟里去找水喝。那河沟里的水是黄的，上面还漂着脏东西，但是我们渴得没办法，就那么着，我们还是喝了水沟里的水。因为这一系列的超负荷的体力劳动，1975年，我困退回北京后，腰痛得躺在床上，根本就起不来，活生生地在床上躺了半个多月，吃了好些药，才好起来。

当然，这些事都过去了，那时候发生的那些不幸的事，谁都不能怪，那是历史的产物、时代的产物，整个国家的形势当时就都是极“左”。

当年的姚莉莉（左）郭进（右）在砖窑前合影（摄于1970年）

青春都耽误在兵团了

张姗讲述

1971年的一天，连里的军医裴医生问我："团里要组建卫生队，你到那儿当卫生员去，怎么样?"当时我说："我可不去，我愿意在连里过战士生活。"他又说："你再考虑考虑。"后来有一天，因为排里发生的一些错怪于我、对我不公的事儿，让我心里觉得很郁闷。晚上头疼，睡不着觉，到卫生所去要"安定"药片。可能是裴医生看出来我头疼跟心情不好有关系，就又跟我提起到团部当卫生员一事，在那种情况下，我答应了裴医生，决定离开七连，到团部卫生队去当卫生员。

被调到团卫生队以后，我被派到师里去学习了三个月，后来，又让我到包头建筑医院去学习了一年内科，那时候，我一边学习，一边临床。当时，我特别珍惜那个学习机会，学习很刻苦，工作也很努力，因此很受病人喜欢。在团里当医生的时候，我也在好多人的回城病历证明上签过名。可万万没想到，后来我自己也因病回了北京。

事情是这样的，有一次我去乌拉特前旗，搭乘了一辆到乌拉特前旗拉粮食的大卡车。当时从团部到乌拉特前旗没有公共汽车，来往乌拉特前旗和团部之间人们都靠搭车。所以，那天那辆车上装了好多好多的粮食，还坐了好多搭车的人。我和一个女孩儿（坝头人）最后上的车，她爬到了卡车的前边，我坐到了卡车的后边。那辆卡车的司机是个北京男兵团战士，当时，他好像正和一个女孩儿交朋友。不知道他开车的时候，两个人之间发生了什么事，结果一下子他把车开到沟里去了。这下可好，车上坐着的人和粮食全都从卡车上翻到沟里去了。跟我一块儿上车、坐到卡车前边去的那个女孩子，从车上摔下来当场就死了。我坐在卡车后边，倒是没摔死，但是，当时也被摔得晕过去不省人事了。待我醒过来以后，经医生检查，说我是脑震荡。后来留下了后遗症，直到现在，脑子老是觉得昏昏沉沉的。就因为这个，我病退回了北京。回北京后，我先到纺织厂干了三年，后来被调到医务室，然后，带职上了三年学。带职上学的时候，我结婚有孩子了。天天下了班，买个馒头，夹上块儿酱豆腐就上课去，直到晚上十点多才回家。就这样坚持了两年，终于考过了主治医生。以后又坚持去学外语，到西城卫校学中医，又考下了一个中西医结合的医师证书。

张姗（中）与战友刘援（左一）孙培源（左二）仲小兰（右二）贺谦（右一）（摄于2009年）

虽然如此，我总觉得没能上正规大学是我一生的遗憾。真的，我们的青春都“耽误”在兵团了。那时候，我们都是男女不分的一色大衣服，大棉帽子一戴就下地干活儿去了，七八年一晃，宝贵的青春就这样过去了。

代价太大了

陈小妹讲述

我到1980年才离开内蒙古回到余姚。10年，整整10年啊！回来以后，我把什么都看得很淡了，对什么也不计较了，因为，我们能安全地回来，而且还能相对健康地活着，就已经很不错了。只是觉得我们付出的代价太大了！因为把身体搞坏了，如果没把身体搞坏，锻炼个两三年，那还挺好的。但是10年，没有任何文化知识学习，干的又都是些没用、没有任何意义的事情。我们付出了那么大的代价，却对社会没有创造任何财富，对人类、对他人没有什么帮助、用处，而且，我们拼了半天命还给国家增加了负担（指兵团亏损）。

另外，当年我们没有文化精神生活，每天除了“干活儿”，就是“干活儿”。记得那时，我每天干完活儿回到宿舍，常常累得连脚、脸都洗不动了，倒头就睡。有一次，累得晚上睡觉的时候，老鼠把我的手咬出血来了，我都不知道。对这些事情没法去深想，深想的话，那10年，我们的年纪正在16岁到26岁之间，是人的一生最宝贵的一段时间，正是学习知识的10年，但是我们什么都没有。回到城市以后什么还都要从头学起，因为社会已经发展了，而我们知识不够，我们什么都不懂。

再有，我们的身体被损坏了。在内蒙古的时候，我的胃吃坏了，一个是胃溃疡，一个是胃痉挛，而且经常痉挛，每次痉挛都痛得出汗。现在回想起来，是打芦苇的时候落下的毛病。

那时候，每天早上很早就出工，晚上很晚才回来。干活儿累，吃饭不按时，带着去干活儿的“午饭”，等吃的时候，都已经冻成冰的了。干活儿那么累，干活儿的时候出那么多汗，可是没水喝，要喝水，只能在被冻成冰的乌梁素海湖面上砸点冰吃，久而久之，胃坏了。40年过去了，直到现在我还不能喝凉的，不能吃凉的、酸的、辣的，否则，胃就痛，就痉挛。

把人们“教育”得心理都不正常了

刘小惠讲述

回想起当年内蒙古生产建设兵团的生活真是挺苦的。生活苦、干活儿苦、心里也苦。细想想这些苦，其实分两类：非人为的和人为的。

所谓非人为的（当然也是人为的，但是，不是七连的人为的）：生活条件差，住小土坯房、没电，洗澡、喝水得到井里去打水等等；生存环境恶劣，如：夏天蚊子小咬成群，冬天零下二三十摄氏度；还有劳动强度超大，比如：脱坯、建窑、烧窑、冬天出海打苇子、到乌拉特前旗挖“180 电厂”大渠等等；再有就是吃不饱，所有这些都是很难人为控制的。我的意思不是说这些是应该的，而是说要下乡，当然会受苦、受累、受罪。但是更可怕的是，我们不但吃了很多这样的苦，而且还吃尽了很多人为造成的苦，或者说是自找的苦。比如说种水稻，比如说紧急集合。

你说人家农业连的，春夏忙，可到冬天歇着；人家副业连也不种地，就咱们连自己给自己找事儿，弄得我们是冬天忙完了，夏天忙。虽说我们是副业连，可比谁都忙，比谁都累，比谁都苦，这是让我最反感的。我们自己生出来很多正常干活儿以外的事儿，冬天打苇就别说了，夏天老老实实地种麦子也行，非要排水种水稻，让我们站在没化冻的泥水里干活儿，结果让好多人，特别是女生，落下一身病。

还有就是紧急集合，那时候，只要过年过节，劳累到极限的我们好不容易能喘口气儿，嘿，你看吧，连里一定半夜给你搞紧急集合。弄得你筋疲力尽，尤其是紧急集合号一响，吓得你那心脏都快出来了。那时候，我们班有个“大胖儿”，紧张得天天睡觉不脱袜子。

大年初一搞紧急集合，还让我们往回背苇子，一走就是好几十里。当然，当时极“左”，不单单是咱们连的事儿，是全国。

记得有一回，不知哪个排的人扣了老乡的苇子，扣苇子的地儿离七连有 20 里地。那次，凌晨四五点钟，连里搞紧急集合。全连人一路小跑赶到那儿，要求一人背一捆苇子回连，回来后天亮了。

更可怕的是，当时“战备教育”把人们“教育”得心理上都有点不正常了。记得有一次，收完麦子，我和马龙被排在一个班儿看场院。我们俩坐在场院的小屋子里聊天儿。夜里，五排值班巡逻的人转到我们那儿，我们问她们几点了，她们听见有人说话，马上回排报告：说她们发现了“阶级敌人”。五排长接到这两个战士的报告，火速跑到武装一排去叫 1 班的人。1 班的战士扛着枪就冲过来了。我和马龙听见有人踢门，赶快大声喊：“我是马龙，我是马龙。”一场“阶级斗争”才算结束。

讲述人（前排右二）与战友合影（摄于 2009 年）

我觉得自己的命不好

李玉荣讲述

我们是 1969 年 5 月 26 日到的塔布七连。当时来得早的再加上我们那批人全连只有 70 来人。那时候挺好的，饭吃得好，活儿也干得比较轻松。那时候活儿不多，白天就到地里锄锄草什么的。8 月底 9 月初的时候，北京去了四批、天津一批，他们到了以后，一切就开始正规了。生活上，原来人少时，伙食也可以，吃鱼，吃不完就倒了喂猪。人多了，就开始拿大盆儿打饭了，伙食也开始变差了。到了 300 多人的时候，那就更差了。

1999 年李玉荣（中）与战友袁荷仙（左）金便芬（右）在坝头留影

冬天出海打苇子的时候，一去要走 20 多里，一回还要走 20 多里。到了那儿还得铲苇子，走来走去又得六七里。另外，吃得也不好，早上带在身上的两个小窝头，到了中午早就冻成冰窝头了。

因为干活儿累，后来我落下好多病。先是我的腿，夏天割麦子的时候，天热，找不到凉快的地方。我正好挨着墙睡，我就老把左腿贴在墙上。墙凉，时间长了就坐下病了。等割完麦子就疼得走不动路了。当时我也不懂，到卫生所扎了一段时间针灸，稍稍好一点儿。现在还常犯，腿软得没劲儿，走不了路，整条腿好像没知觉似的。

后来种水稻，内蒙古的5月，一大早，下稻田，当时水多凉呀，水底下的地没解冻，水面上也还结着一层薄薄的冰呐。水凉得谁也不愿意下去，可是不下没办法。当时我在班里是骨干，我不下谁下？带头下吧，不几天，腿肚子齐水面的那一圈儿，被风吹得裂的全是小口子。疼啊，火辣辣地生疼！到卫生所要了些凡士林油，抹上后，站在炉子旁边烤，烤了以后，还稍微好受点儿。但是，第二天一下水，风再一吹，口子更多，疼得更厉害。

因为太寒、太劳累，还有营养不良，吃得太差，后来例假也出了问题，有两年工夫没来例假。当年连里规定：女生来例假可以休息三天，我从来没休息过。那时候年轻不懂事，不来例假，也不好意思到医院去看，心想不来更好，我还高兴呐。

我在兵团还得过阑尾炎，在团卫生所做的手术。给我做手术的于大夫是个新手。人家都缝3针，他给我缝了5针。做完手术回来本应该休息，可是我没休息。当时六排被分配搞编织，我心想，编织坐着干活儿也不累，就别休息了，结果得了肠粘连。大概是因为干活儿的时候身体老窝着坐着或者蹲着，结果就肠粘连了，打了一个月的针，肠子才算松开了。

我还得过肝炎。我到医院问大夫："我为什么会得肝炎，别人不得？"医生说："一是累，二是营养不良，再一个就是缺糖。"

我在兵团待了8年，1976年才回呼和浩特。我能回呼市是因为我的肝炎和阑尾炎。回呼市后被分到一毛织厂，当挡车工，可能太累，肝炎又犯了。又回家休息，误了两次提级。1996年，我45岁，厂子倒闭了，给了我一个最低工资，都按45岁退休，当时一个月只给二三十块钱。

我觉得自己特可怜，去兵团得了那么多病，骨性关节炎，现在腿已经变形了，疼得下不了楼，去医院看大夫说缺钙。测骨密度比正常的人少了快一半，比最低的限度还低（最低是52点多，我才29点多）。

真的，我觉得自己命不好。

多换个角度

刘正良讲述

现在回头看我们上山下乡，我感觉应该多角度地去分析它。

说实话，我们的损失确实挺大的。第一，那时候我们十几岁，正是学知识的年纪，可是我们什么也不能学，也没学。第二，就我个人的情况来讲，身体的损坏就更大了。到现在我虽然还没有器质性的病变，但是功能性病变可不少。鼻炎跟了我三四十年了，而且一年比一年严重。每年到8月底、9月初就犯病。包括前几天我还在闹病，往床上一躺头就疼，喷嚏一个接一个地打，眼睛也磨、嗓子也疼，看医生也不见好转。我的这个过敏性鼻炎，下乡就是诱因。第三，我的肺纹理重，估计我这个人最后玩儿完就完在肺上。幸亏我不抽烟不喝酒，否则，早到马克思那儿去报到了。第四，就是我的腰。1969年冬天，我们排巡海，排长李尚顺带着我们班巡海，夜里就睡在乌梁素海的冰上。身子底下就铺一床褥子和几捆芦苇，第二天早上起来，整个鼻孔都是白冰渣滓！他把我们叫起来后，还让我们站在冰天雪地里念毛主席语录。因为腰痛我住了两次医院，干活儿的时候，腰痛得根本就起不来炕。现在查出来，是第四、第五节腰椎功能性退化，这个问题比腰椎间盘突出还可怕。腰椎间盘突出能影响到大腿，从屁股、膝盖、脚，都会觉得软而无力。腰出了这种问题，原因就是在乌拉特前旗挖“二黄河”渠的时候，我干活儿太玩儿命了，我这腰的毛病就是从那时候落下的。

现在可以说，上山下乡是对知识的践踏，对我们身体的摧残，这是不可否认的。这些对我们来说都是巨大的损失、伤害。

但是，如果从另外一个角度去看，下乡这些年，我也有很大的收获。有这么几点：第一点就是，辩证地看当时年轻人的信念和追求。用现在人的话来讲，就是人的社会价值感、生活目标。

当时，在全国极“左”的政治形势下，人们把毛主席当成神，但是当时人们毕竟有理想、有追求，从这个意义上讲，还是应该肯定的。当时，我到延安插队，到内蒙古兵团，从追求理想这个方面来看还是没错的。

刘正良（右）与战友何万友（左）靳连奎（中）（摄于2009年）

具体地讲，就是当时人们有“为人民服务”的思想，用我们心理咨询师的解释就是要利他，要关注社会，关注你周围的人。人活着不能光为自己，这点，在什么时候都不会错。从这个意义上讲，我青春无悔。

另一个就是，我受到了锻炼，磨炼了我吃苦耐劳的精神，这种精神一直延续到现在。我记得特清楚，我考心理咨询师的时候，一般二三十岁的青年人都得学半年才能去考。我都这个年纪了，每天还得上班，就那样，我一边上班，一边看书，每天都是看到半夜。三个月我就把所有要求看的书都看了，而且看了三遍。考试前我就睡了两三个小时，第二天照样进考场，而且一次通过。若是没有上山下乡这杯苦酒垫底儿的话，没有当年练出来的吃苦耐劳的精神的话，这是不可能做到的。

还有一点，参加工作以来，我一直习惯为群众着想，这种信念是怎么来的？说心里话，就是，一是我在延安插队，二是在兵团多年磨炼的结果。群众利益是最大的利益，这种观念在我身上根深蒂固，并时时指导着我现在的行动。我去过的地方很多，退休的时候按副司级干部待遇。我工作的时候，从来不看领导的眼色，眼睛总是朝下。现在看来这也得益于我当初上山下乡受到的磨炼。

那是一种悲哀，但也是一种幸运

黄玉强讲述

黄玉强：原浙江余姚彭桥中学71届初中毕业生，1971年9月23日被分配到内蒙古生产建设兵团。1979年病退回余姚后，被分配到中国农业银行余姚分行。现在自己开公司当老板。

采谈时间：2007年9月12日

采谈地点：余姚市委党校招待所宾馆

人一生真正的生命其实只有30年，甚至不到30年。我在内蒙古兵团待了8年，而且这8年正是我青春年华的最好时光。

当时我们中学毕业，毕业以后应该上高中，然后考大学，同时也正是玩耍的时候，但是我们却去了远离家乡的内蒙古受苦受难。小小的年纪，筋骨未坚，我们每天却得去挖渠、打苇子、背砖、种水稻。内蒙古那么荒凉，生活条件那么差，干的活儿那么苦、那么繁重，回家探亲的时候还不敢跟父母说。现在回想起来，应该说那实在是一种悲哀。

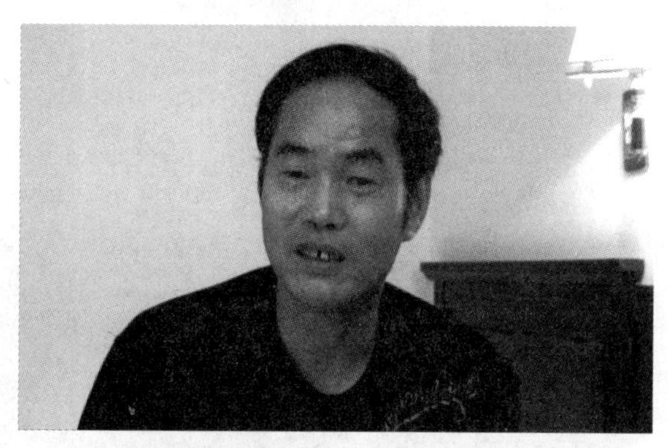

黄玉强近影（摄于2009年）

但我同时又觉得那也是一种幸运，因为上山下乡给了我认识大城市人的机会。这对我来说，这是一个极好的增长知识、开阔眼界的机会。大城市的人，思维方式跟我们不同，判断事物的逻辑跟我们也不一样，他们当中很多人比我们经事多、见识广。说实话，这几年，我跟他们接触，特别是北京人，让我受益很大。从内蒙古回到余姚后，我能到农业银行工作，还能帮助银行分析国家的发展趋势，这与我跟北京人的接触是很有关系的。有时候，我去北京找栗明、王诚等人聊天，每次都觉得受益匪浅。如果我没去内蒙古，我跟他们不曾是战友，我就不会有机会认识他们，不认识他们，我也就没有机会跟他们聊天儿，当然也就谈不上从他们那里学东西，你贺大姐也不会来我们这小城市采访我们。我们今天之所以能一起坐到这里，就是因为我们都去过内蒙古。所以，从这个意义上说，去内蒙古那也是一种幸运。我这个人好动，不喜欢安于现状，社会现在又给了我们选择的机会，前几年我辞去银行工作，自己当老板搞公司，这其中的勇气和胆量也不能说与北京人的接触没有关系。

当年七连种植的水稻（摄于1971年）

那个东西还真有用

周元山讲述

周元山：浙江余姚人，原余姚第 4 中学 67 届初中毕业生。1970 年 9 月 17 日参加内蒙古生产建设兵团，曾是三排 12 班战士，七连文艺宣传队队员。1976 年困退回余姚后，当了两年泥瓦匠，后被分配到余姚税务局工作，至今。

采谈时间：2007 年 9 月 12 日

采谈地点：余姚市委党校招待所宾馆

我在内蒙古兵团待了 6 年，1976 年因为奶奶去世，爷爷 70 多岁无人照管，我就办困退回了浙江老家。在老家当了一年多的泥瓦匠，不久有招工机会，就又被招工回城了。据招工的人后来透露，是他们见我的字写得秀丽，于是将我招进余姚税务所。

当年周元山（左四）与七连宣传队员合影（摄于 1971 年）

税务所的主要工作是到余姚四周的集镇上去征收商品工商税，现在叫增值税。增值税是一个国外引进词。1994年财政、税务局分开，我所在的单位又被划到慈溪，这样我就成了慈溪国税局的公务员。

我的工作是为政府收税，所以，我打交道的人不是当老板的，就是当官的。因为我是国税局的，所以我见到厂长，就跟厂长平起平坐；见到老板，就跟老板平起平坐；见到书记，我就跟书记平起平坐。总之，我打交道的人，或者是有钱的，或者是有权的。而且我找他们是向他们征税，他们找我是想让我给他们减税。所以，他们有求于我，而我无求于他们。因此，干我们这个工作受腐蚀的机会特别多，因而变腐败的可能性时时存在。平时送钱的、送东西的、给你找小姐的等等，什么都有，很容易上贼船、犯错误。2006年，我们单位有五个人被抓起来了。一个判了三年；两个判了两年；一个判了一年半。年纪40岁左右的有，50岁的也有。

我在国税局干了30年了，30年我没当官也没犯错误。我没犯错误，原因不是我这个人好不好的问题，是我们以前受到过的教育。我们以前受的都是正统教育，上中学的时候上政治课，特正统；去了兵团，也老是一套正统的无产阶级教育。觉得，做人要正直，东西是你的就是你的，不是你的就不是你的，公私要分得清。你别说，那些东西还真的有用！那些东西就像一条无形的绳子，绑着我的手脚，捆着我的思想，约束着我的行为。我不像人家似的乱来，有人送钱就收，给好处就要。我有我的原则：现钱，我绝对不要，这里有个界限。如果人家给我点儿土特产什么的，我吃；请我洗洗脚什么的，我去；过年过节，送我两条烟、两瓶酒，这样礼节性的东西我收。但是，礼品也不能太多，一两条烟可以，多了就不行了，要有个界限。这个界限就是：一个是收买性的，一个是礼节性的。因为你收了人家的东西，你要给人家办事的，你不给人家办事，人家会投诉你的，但是，为两条烟，他就没办法投诉你。他说出来，别人还会说他不像话。但是，如果他送你两箱烟，就不行了。熊猫牌香烟一包100多块钱，一条10包，一箱50条就是500包，这就要5万多块钱，两箱烟就有10万块钱了，这就成收买了。因为我们那时受的都是正统教育，这个教育对我来说是根深蒂固的，所以，我不会去做那种傻事。腐败的成本太高了，没意思，既毁了自己，也毁了国家，同时还毁了家庭，毁了自己的子女。我的想法是：既然国家给了我这个工作，每年还给我那么高的工资，我就不应该去干那种傻事、蠢事。

农村比兵团苦多了

董善君讲述

董善君：浙江余姚人，原71届初中毕业生。1971年到内蒙古生产建设兵团，1976年转插回乡务农。后又自己下海经商至今。

董善君近影（摄于2008年）

兵团生活，生活艰苦，居住条件差，劳动强度大。但是那些苦对我来说无所谓的，因为我在家也苦。其实下农村比去兵团苦多了。1976年周总理去世后，七连一批一批的人都走了，我就想，我也该回家了。当时我每天拿扑克牌算命，看有没有小人捣乱。我当时办的是病退，但是病退证明报上去以后，就没有了，估计是别人把我的拿去，改个名字就去用了。其他人也有类似的情况。

后来只好办转插到农村外婆家。100多斤的担子一天要挑七八趟，一趟要走六里路；每天干完活儿回去，还要自己做饭等等。我们南方一年种两季稻，忙完了夏季，忙冬季，一年没有歇的。真的，农村比兵团累多了，苦多了。

没有人能击倒我

林晓民讲述

林晓民：北京人，原北京灯市口中学68届初中毕业生。1969年8月28日被分配到内蒙古生产建设兵团，曾是一排3班战士。1974年离开兵团，回北京学习乐器，1977年正式离开兵团，到广州乐团。以后到广东艺术中心夜总会担任经理、中央驻香港机构进行文化交流，2005年又回到广东省文化厅，从事文化交流工作至今。

采谈时间：2008年8月

采谈地点：北京亚运村老北京饭馆

1970年的时候，我们一排3班建立了一个“小金库”。每个月发的五块钱津贴费，除去买牙膏、肥皂等生活日用品外，大家把剩下的一部分钱存放到“小金库”里，以备后患，好救急互助。我在“小金库”里也存了19块钱。

林晓民近影（摄于2008年）

记得那是1970年7月20日，负责管理“小金库”的人说“小金库”的钱丢了27块，查来查去，未查出何人所为。不过，几天之后，我突然发现全连300多双眼睛都用鄙视的眼光看着我。从那以后，一直到1974年，我离开七连的整段时间里，全连没人愿意跟我说话，没人愿意跟我接近，没人愿意跟我交朋友。所到之处，都可以看到人们在指手画脚地议论我。整整三年半的时间，我真正体会到了什么叫做“孤独”。

我无法解释，因为人家并未公开说我拿了钱。我没跟家里人讲过此事，因为当时我老爸被关在湖南。我即使在兵团求助无门，也不能告诉他们此事，再增加他们的负担，我只是让我妈妈把我的中学课本都给我寄到连里。在那种情况下，我唯一能做的就是做好自己的事，等待机会。当然，那件事，对我之后一生的性格都产生了巨大的影响，因为它使我真正看到了人性的丑恶。

当年林晓民（后排举拳者）与七连宣传队战友合影（摄于1970年）

我开始有意识地磨炼自己。那时候砖出窑，人家背30块，我吭哧吭哧地从窑上背45块。一块砖五斤半，加起来就是250斤！冬天打苇子，零下二三十摄氏度，我玩儿了命地搓，身上只穿一件单衣还热得满头大汗。我图什么？什么也不图。我就是想用这些事情来锻炼自己的意志。那时候我是3班第一号的亡命徒。同样，以后脱坯、挖渠，我永远是拼命地干，玩儿命地干，但是我永远不出声儿。就这样，艰苦的劳动、险恶的环境磨炼出来了我的“坚毅”。

当时我就想：我才不管别人说什么呢，我走我的路，我干我的事，让别人说去吧。直到现在，我仍然如此。很多的事情，只要我认准了，我就拼命干下去，别人怎么说，我一概不理。

我从小就极崇拜保尔·柯察金和牛虻这两个人，我喜欢他们身上的那种坚韧不屈的顽强性格。特别是保尔·柯察金那种能控制自己、主宰自己、不被任何诱惑左右的品质，让我着迷。我出生于知识分子干部家庭，我觉得我骨子里有中国传统文人的那种清高，也有干部子弟那种傲气。所以，出了问题，我懒得跟别人去争，跟别人去辩，我要走我的路，我干我的事。

后来也有跟我关系不错的人问我“小金库”丢钱的事儿是怎么回事。我说，就三句话：第一，一个人做错了事不承认，这是不好的。第二，一个人没做错事，但迫于某种压力去认错，这也是不好的。第三，至于我是什么样的人，让历史去证明吧。

当年发生的这么两件事，我至今仍然记得特清楚。

有一次，我跟一个浙江兵分到一个班儿烧窑。不知道怎么回事儿，窑口通道外边的进口处着起火来了，火从外边往里燃烧，一会儿，就把大概有 10 米长的整个通道全封住了。那个浙江兵吓得直哭。我当时脑子非常冷静，我把兵团序列服上衣一脱，盖在那个浙江兵头上，抓着他的手，说：“跟我冲！”等到我们从最里边跑过那段火墙冲到外边的时候，我的头发、眉毛全都被烧焦了，但是，我绝对临危没惧。

还有一次，我们出海打苇子，我的冰拖子一下子撞到“浆河”上了。结果，冰拖子没冲过去。因为冰拖子有惯性，借着惯性，我一下子从冰窟窿口直接冲到冰层底下去了。在冰层底下，我头脑也极清醒。我努力思索着我是从哪个方向、哪个位置掉进去的，然后双手摸着头顶上的冰底面，倒着摸，一点儿一点儿地挪，一直挪到我掉进去的冰窟窿口儿，然后爬上来，跑回驻地，当时的棉裤棉袄都被冻成冰甲了。

我两次面临水与火的死亡考验，都能完好地活下来，全靠的是我多日多年磨炼出来的冷静和坚韧。

那时候没人理我，连里把我派到“死人圪旦”去看苇子，每天就是一个收音机伴随着我，看书，学英语。就这样，我利用那三年半的时间把高中的数理化课程全自学完了。在逆境中我锤炼了意志，在孤独中我赢得了内心的充实。这为我今后的人生理想，包括为我后来报考大学和广州歌舞团都打下了良好的坚实基础。

总之，5 年的兵团生活对我来说是值得的，因为它锤炼、教给了我坚韧、不屈。它使我领悟到：这世界上没有人能击倒我，只有我自己可以击倒我。

当年我 17 岁。

熄了灯，躲在被窝里

麦燕燕讲述

我在兵团一共待了4年，4年里，家里父母经常给我写信，信上都是鼓励我的话。我家教很严，来信从不问我苦不苦，而都是要我好好干活儿，好好锻炼，遵守纪律，积极向上，不要想家。所以我就没觉得兵团生活太痛苦。回想起兵团生活，也有好的一面。

第一个是让我开拓了眼界，因为我是小地方的人，到兵团接触了很多像北京、天津、青岛、呼和浩特这些大城市的知青；还有老三届的高中生、初中生；高干子弟、少数民族的。在大家庭中，我跟大家学到了不少好东西。

麦燕燕近影（摄于2009年）

第二个是锻炼了我的组织能力，到兵团后，很快我就当了班长，不久又当排长，这使我的组织能力受到锻炼。

第三个是锻炼了吃苦耐劳精神。我虽然是小地方人，但是我在家排行老小，在家除了洗洗碗、扫扫地，其他活儿都是妈妈干。但是到了内蒙古以后，在那干活儿的环境中，大家好像都挺卖力气的，自然我也就很卖力气。那时候，就是有时候生病了，远离父母，有时想想家，但是，旁边战友都挺不错的，谁不舒服了，大家都挺关心的。那时候女同志来例假休息三天，休息的人在家就会挑水、烧水、帮别人洗衣服什么的，让我觉得挺温暖的。

第四个是学会了理解别人。在家的时候，我哥哥、姐姐都比我大，最大的姐姐大我 20 岁，最小的哥哥也大我 5 岁，从小我在家娇生惯养，吃东西挑剔。在兵团那个大家庭，我是干部，又是党员，就得学会替别人着想。这些对我一生都是很宝贵的精神财富。一直到现在，我的一些工作方法、接人待物应该说都还保持着原来在兵团时候的心态和作风。不管走到哪里、与多难合作的人合作，我都能与其合作得很好。曾经有个与我合作过的党委书记就说过："谁要是跟你莫（麦）燕燕合作不好，那个人就实在太难合作了。"因为，我往往会替别人着想、能换位思考。所以不论从事技术工作，还是做党务工作都能与别人相处得特别好。

在兵团让我感觉最不好的是：当时纯粹把我们当劳动力使唤。干活儿的时候，根本不考虑我们身体正处在生长发育时期，就是让你一味地干活儿，你没的价钱可讲的。还有就是当时我们正值学习的年龄，可是，非常遗憾的是，我们什么也不能学，没有上学的机会，什么书也不让看。那时候只允许看马列主义、毛主席的书。只是到了后期，兵团要转交地方了，各方面的管理开始松动了，我才敢求北京战友回家探亲的时候帮我买些书。每天干完活儿，等熄了灯，躲在被窝里打着手电看；或者自己用个小糨糊瓶，把不穿的旧衣服撕成条子做灯捻，自制个小煤油灯看书。小煤油灯的亮光昏暗得很，等到第二天，鼻子里全熏成黑的了。那时候，哪还顾得上那些呀，能看上书，就已经觉得很不错了。

现在想想，那时候的生活简直没法过！可是，我们没有别的选择。不管怎么说，在那儿，除了一份小版的《兵团战友报》外，别的什么书、报、杂志都也没有，什么娱乐活动、精神生活也没有。所以能看上书，在当时就算是我的一大乐事了。那时候，我躲在被窝里偷偷看过《红楼梦》、《水浒传》、《叶尔绍夫兄弟》，还有《安娜·卡列尼娜》什么的。

就有那么一种认同感

杨志梅讲述

杨志梅：内蒙古自治区和林县人，原69届初中毕业生。1969年5月参加内蒙古生产建设兵团，在兵团期间曾任四排16班副班长。1972年1月调到内蒙古革委会当打字员。1975年被单位推荐天津财经学院学习金融专业，1979年毕业后被分配到内蒙古银行信贷处，以后到内蒙古工商银行任副处长，现已退休。

采谈时间：2008年8月30日

采谈地点：呼和浩特巴彦塔拉饭店

1969年，我中学毕业的时候，我爸是内蒙古自治区和林县武装部主任兼革命委员会主任。毛主席发出“知识青年到农村去，接受贫下中农再教育”的指示后，我爸作为县领导，坚决带头把子女送到乡下去。可是我在家什么活儿也没干过，要是下农村，一切生活琐事都得我自己做，细想起来对我难度太大。正好我爸有个同事，是位老红军，当时是内蒙古生产建设兵团司令部的政委。我爸爸把我的情况跟他说了一下，这样我就去了内蒙古兵团，并把我分到了十九团七连。其实我当时要留在呼和浩特市司令部也行，但是呼市离家太近，我爸不愿意让人家说他把自己的姑娘弄到

当年的杨志梅（摄于1969年）

呼市去了，这样影响不好，所以他的同事就把我放到了十九团。我到七连那天，正好是7月1日，党的生日。

到1972年1月份的时候，内蒙古自治区革命委员会要从兵团抽调20个人，到革委会下层各组当打字员，当时，把我放到兵团去的我爸的那个同事，就又名正言顺地把我调回呼市，从此我也就当上了商业厅的打字员。1975年，赶上我们厅有个上大学的名额，厅里其他人年纪都已大，只有我的年龄符合条件，这样我就又上大学了。

大学毕业后，我被分配到工商银行呼市分行工作。在多年的工作当中，单位里，周围一块儿工作的同事，都觉得我能吃苦。不管做什么事，无论是大事，还是小事，从来不说我不去干，或者说我有什么困难，或者说某件事情应该我去干，或者说我不愿意干，就躲开了的。我不会偷懒，有十分劲儿，肯定不使九分，我觉得这一切都是在兵团磨炼的结果。

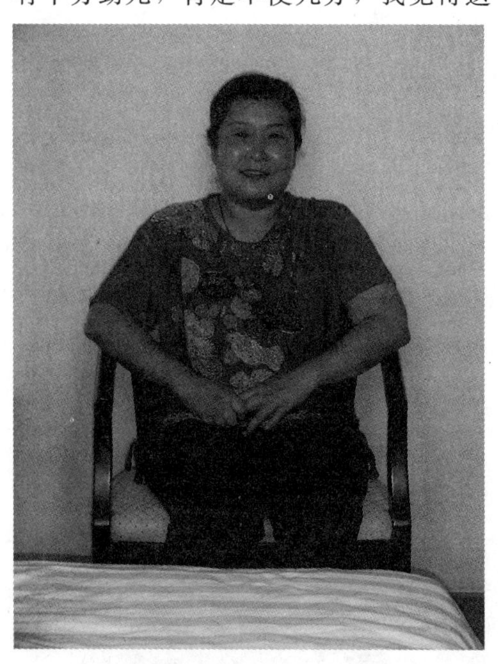

杨志梅近影（摄于2008年）

记得有一次，我妈到七连去看我。她走的时候，我到乌拉特前旗火车站去送她。我们班长让我回连的时候，把从北京探亲回来的王乃峰接上。到了前旗，距我妈乘坐的火车离站时间还有很长一段时间，可是乃峰已经到了。我妈说："天还早，趁着天亮，你们先走吧，我没事。"于是我和乃峰两个人提上她的帆布提包就上路了。一路上，我俩也没拦上车，走了好一阵子，记得离新安镇不太远了，乃峰拦住一辆小吉普。哎呀，我俩那个高兴啊。车上坐的是一个现役军人，司机也是个现役军人。他们问我们去哪儿，我们说去新安镇，人家客气地让我们上了车。车开了一阵子我们发现，原来那两个人是去五原的。他们从来没去过新安镇，结果车没经过新安镇镇里头，而是擦着新安镇的边儿，从镇后头的一条路就奔了五原。直到快到五原了，我们才突然觉得不对劲儿，停下车来问路人，人家说："新安镇早过了。"

一场欢喜一场愁，下车吧。此时天又突然下起蒙蒙小雨，扛着大包，冒着细雨又往回返，返回到新安镇的时候，天已经黑黑的了。从乃峰两三点钟下火车，到我俩又回到新安镇，整整大半天，我俩什么也没吃，两个人早已饥肠辘辘。等回到连里已经是夜里 12 点多了，肚子咕咕叫不说，浑身上下被淋得湿湿透。那个时候就是那样，整整十多个小时，没吃没喝，没休息，当时的想法就是：今天一定要赶回连里，所以即使到了新安镇都没停、没吃、没住。

还记得 1971 年，大概是七八月份的时候，我们班被派到坝头团部去盖房子。我和李德淑坐船回连，参加入团仪式，入团仪式完了以后，第二天应该赶回团部。可是不巧，第二天连里没有去团部的船，可我俩觉得那天无论如何要回到坝头，所以就决定绕旱路，截车回去。我俩先走到新安镇，然后截车到了乌拉特前旗。当时我俩身上就有八毛钱，亏得住在二师师部转运站没花钱，剩下的钱只够吃窝头，好像还买了点辣椒酱。

第二天一早，继续赶路。老天爷真讨厌，那天从前旗到坝头，一路上不知道为什么气温特别高。头一天晚上一个人只吃了一个小窝头，第二天早上又什么也没吃，眼看着就快到团部了，德淑不行了，大概是又饿又中暑，我见她脸色煞白、虚汗满面、两眼微闭、腿软难行。我急忙四处张望，看见不远处，停着一辆马车，赶车的人把牲口卸下，把车支在路边休息。我于是搀着德淑，将她拖扶到马车底下，让她躺在荫凉处歇息、小躺一会儿，她稍觉好点儿，我又发现附近不远处，有一处老乡的房子，我又搀着她缓步走到那个老乡家，本想跟老乡讨口水喝。可是老乡一看德淑那个样子，急忙舀了两碗酸米汤让我们喝。她也喝，我也喝，喝完了，又歇了一会儿，德淑缓过点儿来了。就那样，我俩又上路了。大中午 1 点钟，我们赶到了坝头。当时我们熊班长赶快给我俩打来饭菜，现在想起来，哎哟，那顿饭才香呢！

那时候就是那样，做什么事，要做就去做，不管多难，都得去做，而且还要把它做完、做好。上山下乡，可能在我们的一生中失去了好多，耽误了也不少。可是，我觉得，同时也使我得到了很多。

对我来说，一是现在不管碰到多难的事，我都会去想办法、去琢磨怎么解决。我绝不会先去想这件事有多难、有多苦，然后就不去做了，或者去让别人做，自己不做，而是一定会自己想办法去做，而且把它做好。我之所以这样，都跟那时候的经历，跟磨炼很有关系。兵团的生活、经历给我起了个好头。

还有一个就是学会了怎么与人相处。七连北京知青特别多，北京人见识多、知识广。还有他们豁达、直率、坦荡。怎么想就怎么说，直来直去，不拐弯抹角。他们这些品质对我影响很大。当时大家十几个人在一起生活、工作，朝夕相处，每天跟这些人生活在一起，会让人的心地变得比较开阔，能多体谅对方，特别是体谅对方的难处。

我爸在祁县的时候，工作经常调动，每到一个地方，他就是天皇老子，我就是公主小姐，周围的老百姓，甚至学校的同学老师都捧着我。到了兵团，大家平等，有什么事我做得不对，特别是每天晚上的“斗私批修会”互相提意见，别人对我有意见，立马就向我提出来，这对我影响特深。“斗私批修”的时候，其实心里还是挺害怕的，挺怕别人批评的。可是，人人平等，大家开诚布公，该提的就提，该说的就说，慢慢地，我开始觉得，我有什么事做得不对的，下次我就不那样了。真的，那种环境对我影响特好。那时候，我真的就像一张白纸，第一滴墨滴在上面，印子很深很深。

兵团、兵团生活、兵团经历似乎有一种巨大极强的凝聚力。无论是上大学的时候，还是后来在工作单位，只要那个人说他曾经在兵团待过，我就会自然地对他有一种亲切感，愿意跟他接触，说起话来也投机，不知道为什么，我就有那么一种很强烈的认同感。

老职工居住的当年七连战士的宿舍依然完好（摄于 2008 年）

想起他们，我会微笑

毕兰菊讲述

毕兰菊： 北京人，原北京灯市口中学69届初中毕业生。1969年9月28日被分到内蒙古生产建设兵团，曾当过17班副班长，七连宣传队队员。1976年病退回北京。曾在历史博物馆和美术馆当过讲解员。1978年被分到东华门街道办事处工作。1993年调到《人民日报》社下属的文化公司做业务工作，1997年调到中央电视台做制片人工作，直到现在。

采谈时间： 2008年7月18日

采谈地点： 新闻电影制片厂主楼一办公室

一生相识来自天意，一段友情来自回忆。每每回忆起兵团的那段生活我总是想起一首歌儿："我们这一辈，有父母老小和兄弟姐妹，我们这一辈上山练过腿，下乡练过背，学会了忍耐，理解了后悔；酸、甜、苦、辣酿的酒，不知道喝了多少杯？我们这一辈熬尽了苦心，交足了学费，真正尝到了做人的滋味。"每每想到这首歌，我就会庆幸自己曾经有过的上山下乡那段人生不寻常的经历，因为她，即使我经历了很多事儿，也使我长了很多智慧，同时又让我结识了很多兵团战友。直到有一天，我们都变老了，我还会珍藏着这份回忆，因为，我清清楚楚地知道，每当我想起他们，我都会微笑。

1970年春节，那是我们到内蒙古过的第一个年。连队为了让初次离家的知青们能过上一个愉快的春节，发放到各个班的食物里每人都加了一只小沙鸡。当时我们都是16岁、17岁的孩子，在家，没有用灶烧火做饭的经验，做饭的时候，只知道使劲儿地往灶里填苇子，等人们烧完水、炖完鸡、煮完饺子，吃完年饭睡了觉。半夜三更，人们突然被一股浓烟呛醒了。这时，人们发现在与灶间有一墙之隔的炕头上，也就是我们班长睡觉的地方，被褥着火了。人们被呛得咳嗽不止。见此状，忽听有人喊："快把门窗打开把烟放出去，透透气。"但是，当时，我马上意识到：如果打开门、窗，里外空气一旦对流，原来只是冒烟有火星儿的被褥得到充足氧气，必然会燃烧起来。如果被褥燃烧起来，一定能将炕上铺的苇叶点燃，而炕上铺的苇叶一旦被点燃，那由草把子铺盖成的屋顶，就有被烧着的危险，这样一烧起来后果就不堪设想了。想到此，我大声地说："别开窗户，先把被褥的火扑灭。"当时我们班长回家探亲，我是副班长，听我这么一喊，大家没开窗户，借着手电筒的光亮，用存放在洗脸盆里的水，把冒着火星的被子、褥子、毡子、毯子、床单等等迅速用水浇灭，用备用的洗脸水，将燃烧着的被子、褥子、毡子、毯子、床单等等一点儿一点儿地浇灭了。

毕兰菊近影（摄于 2009 年）

第二天，全连集合，开现场会。全连到我们 17 班参观被烧焦的被褥。因为班长不在，自然是我站在 300 多人面前检讨。我强忍眼泪，觉得很委屈，我想不通，心想，要不是我懂得一点科学常识，进而避免了一场特大火灾的发生，说不定我们五排整排的房子都会烧着了呐！连长不但不表扬我，还让我当众丢脸。那就是我远离家人的第一个春节，那年我 16 岁。

还记得有一年，全连上下，开展了轰轰烈烈的活学活用毛主席著作的高潮。人人都争做毛主席教导的那“五种人”（《纪念白求恩》中：高尚的人，纯粹的人，有道德的人，脱离了低级趣味的人和有益于人民的人）。并以自己的实际行动为大家做好事，在那样的形势下，我想出了一个创意。我就和班长李小雪商量，我们与二排 5 班（男生班）结为友好同盟班，我们把每天节省出的一个馒头，或者窝头给他们送去。另外，我们还要利用星期日休息时间，帮助男生洗床单、衣服什么的。自从我们那么做了以后，我们的行动带动了全连，后来很多女生班都像我们一样，跟一个男生班结成同盟班，把省吃下的窝头给男生送去。后来我们班长还因此被评为“活学活用毛主席著作积极分子”，并光荣地加入了中国共产党。如今我回想起当年自己的所作所为，虽然我没被评为“学习毛主席著作积极

当年的毕兰菊（左）与战友柴习芹（中）
王新红（右）（摄于 1969 年）

分子”，也没被吸收为中国共产党党员，但是为他人做了一件善事，每每想起，心里也总是觉得格外幸福。真如有句话说的：“授人香草，手自留香；送人玫瑰，心自芬芳；善以待人，人自善良；平和处事，幸福安康！”

还记得1974年夏天，我发现大部分女生腰疼、腿疼、痛经。我觉得所有这些问题都是长时间睡凉炕的结果。于是，我就带着全班，借来大铁锤，利用收工后晚上的时间，悄悄地把我们班的土炕给拆了，然后把拆炕的渣土顺着后窗户扔出去。晚上我们又乘着月色，偷偷扛来连里当时用来打鱼的竹筒子，并请来木工刘兆娃和电工小殿林当我们的老师，让他们教我们如何锯竹子，如何在竹板上打钻钉钉子等。最后我们自制成了一个个竹子的单人床，然后再按两个床一对儿排列好，这样一来，一举两得，既美化了班务，又保健了身体。但是，万万没想到，很快连长就发现了我们班窗户外的两大堆土，当连长到我们宿舍查看实情时，接受上次着火的教训，我早已逃之夭夭，到了团部医院做阑尾手术去了。

当年的毕兰菊（左）与战友王秀桥（摄于1969年）

很快，其他班、排的人也纷纷效仿，把他们的凉炕也拆除了，不久大家就都改睡竹床、木床了。

“臀部”文化

西木讲述

兵团的生活与其说是让我们到乡下去接受贫下中农再教育，倒不如说是接受军人的再教育。因为在那里，我们除了偶尔能接触到原乌梁素海渔场的职工外，基本上没有机会接触“贫下中农”，倒是被那些“北京军区工程兵”派到内蒙古生产建设兵团担任兵团、师、团和连队领导的现役军人，以及担任班、排长的退伍复员军人们天天教育着。他们把军队那一整套管理思想、制度、作风、组织形式等统统带到了兵团，对我们实行了将近若干年的严格的军事化“管理、教育”。

当年的指导员路传递（中）与战士高兴茂（左）翟红岩（右）（摄于1969年）

先说“臀部文化”吧。军人的文化和城市青年学生的文化差异很大，时常会碰撞出令人难忘的火花。那时的军人，大多文化水平不高，初中毕业已是高学历了。不知道他们是因为文化教育不高而念了白字，还是因为上级都这么说，所以下级也就约定俗成。反正我们接触到的上至兵团司令下至“老兵班长”，齐刷刷地一律把“臀部”的“臀”，响亮地说成“殿”。

记得有一次，七连副指导员（据说当年在北京军区全军大比武中，任排长的他带领全排荣获全军区“刺杀标兵排”）对全连进行军事训练：先齐步，后正步。“一二一、一二一”，副指导员一丝不苟，七连战士严肃认真。

“卧倒！”副指导员发出指令，全连男女立刻就地趴下。

“匍匐前进！”副指导员发出第二道指令，男女知青趴在地上往前爬行。

“殿部下去！”副指导员发出第三道指令，什么？“殿部”？哪儿是“殿部”？所有人愕然，大家一头雾水，不知副指说的“殿部”指的是什么地方？也不知道是不是副指导员的河南口音让我们的听力产生了差误？

“殿部下去！”副指导员提高音量重复着他的第三道指令，人们依旧不解，梗着脖子趴在地上，上百双眼睛直勾勾地看着副指导员，以求明示。只见副指迈着全军刺杀标兵排长特有的军人步伐，“噔、噔、噔”走到一个屁股撅得最高的男战士身后，一脚踏在他的屁股上，往下一踩，大声说：“我说殿部下去！”全连哗然，什么？此乃“臀部”，非“殿部也”！河南话里那个字也发臀，不发殿！怪不得我们听不懂。

“听见了没有，殿部下去！”副指导员忠于职守，再一次重复他的指令，城市的学生们终于明白，“我们的领导者——兵团解放军现役军人”，把臀念成殿，于是撅着屁股的人将自己的“殿”部前面乖乖地贴在地面上。“殿部”就是臀部，不容置疑，我们得接受。

“殿部文化”就这样管理、领导着我们这些城市知识青年。七连现役军人的连长，到兵团前后共生过三个女儿。

第一个女儿，1963年出生，是在连长到兵团前，名叫“大学”。这大概跟当时“全国人民要学解放军”和“农业学大寨”有关系。

第二个女儿叫“文革”，生于1966年，显而易见与“文化大革命”有关。

第三个女儿生于1969年，名叫“海英”，名字有了些浪漫的气息，可能是与乌梁素海有关，那时连长已从北京军区工程兵驻京部队调防到内蒙古乌梁素海。

之后，大批城市知青也到了兵团。知青们仰望领导，视连长、连长夫人为父母，很多人有事没事都往连长家跑。回城探亲，也总想着给连长带点洋玩意儿。听说连长夫人又怀孕了，大家忙不迭地为孩子起名字献计献策。

终于，第四个女儿1972年出生了，取名“张薇”，一听就是城里人的名字，名字渗透着“洋气”和文化素养，好听!

第五个女儿叫张颖，一看便知，与老四的名字同样有着文化滋养。“殿部文化”和“知青文化”融合了。除此以外，连长家的生活起居也在很大程度上受到“知青文化”的影响：家里开始出现一些城里很时髦的东西，连长夫人的穿戴也向城市夫人迈进。

历史没有如果

许志绮供稿

当年冬天，我被连队派去查堵周围农村的老乡进海偷打冬苇，住在十二团五连的一个小站点儿。看点儿的是两个十二团五连的呼和浩特市的兵团战士。

乌梁素海渔场被兵团接管后，海子里的蒲草、芦苇和水产品等理所当然地归兵团所有了，周围老乡无权获取。我查堵冬苇的任务就是不让老乡进海子打冬苇，发现有打者就截住。

乌梁素海的芦苇可编炕席、制苇箔盖房子，是当地人生活中不可少的东西。我们今天用的苇草帘子大部分来自白洋淀，还有一部分则来自乌梁素海。芦苇的另一个重要用途就是造纸，而且是造高级书版纸的最佳材料，现在的字典纸就是芦苇造的。芦苇纸薄、有韧性，且两面用不透印。因为芦苇有限，所以生产的纸也有限，故此，价格很高。“文化大革命”中，《毛泽东选集》四卷合订本的原料都用的是芦苇，所以乌梁素海的芦苇被控制得很严。我们当年打回的芦苇一小部分由战士们编成苇席当副业上交出售作为连队收入，大部分则上缴国家造纸或派别的用场。

记得，那是一个大雪漫天的夜晚，风挟着雪片呼啸旋转，别说隔着窗户看雪景，就是围着火炉光听声音也让你胆战心惊。小屋是临时盖的，四处透风。两个呼市籍战士住正屋，正屋狭小，摆两只木板床，加上灶台几乎就没有转身的地方了。我是临时被派去的，所以只能住隔壁的“柴房”。所谓“柴房”，本是存放柴火的，无窗、无门、三面儿半墙，加一个屋顶，只比马厩多了半堵墙，其实根本没法住人。那时自己仗着年轻，心想，连里让我单独出外执行任务，对我是多大的信任啊，“一不怕苦，二不怕死”的精神是什么？不就是吃苦嘛，天寒，能奈我何？

白天，我把晚间截获的高大一些的芦苇一捆捆地竖起来，挤实了，这样就把柴房隔出一处能容一人睡觉的地方，地上再垫上厚厚的芦苇，白天推开一捆芦苇从里面钻出来，晚上再挪动那捆芦苇钻进去，只是不能点灯起火，要照明只能靠手电。看什么都看个大概齐，当然也不存在什么内务整洁不整洁的问题。旁人听了似乎觉得挺浪漫。以前曾听人们说过：针鼻儿大的眼儿，能进斗大的风。这次执行任务，让我有了切肤的体验。芦苇把子之间的空隙，任由内蒙古冬天强劲的刺骨寒风如入无人之境，使人根本无法合眼，跟睡在露天相差无几，而且不能脱衣服。柴房里没灶没火，除单薄的被褥外没有更多的御寒之物，就那样，夜间还要侧耳凝听外面有没有老乡偷拉苇子的车辆通过。

塞外冬天之冷，冷彻肌肤，钻进骨缝，抓住老鼠往石头上一摔，老鼠血肉马上凝固粘在石头上，那是我第一次亲眼看见。现在说起来离奇，其实一点也没夸张。整晚听着北风狂吼和下大雪的刷刷声，根本睡不踏实。翻来覆去，辗转反侧。把人熬得白天靠着苇子垛，借着阳光的热能就能昏昏睡去。那仿佛是我一个人的世界，漫天皆白，万籁俱寂，一夜的疲劳、寒冷随着鼾声化成梦境。

有时，大雪过后，我和呼市战友仨人儿会天真地扒开积雪，撒些玉米糙，支上马料筛子，学着年画中儿童捕鸟的方法也能捕上几只，可当我们伸手去抓时，麻雀却顺着筛子缝，瞬间跑得无影无踪，弄得我们仨人儿只剩开怀大笑。

两位十二团战友养着一匹马，屋外有一极简陋的马棚。他们说如果不是我住了柴房，马应该拴在那里边。我和两位呼市战友相处得极好，他们非常照顾我。我是从连里带口粮入伙的，没什么好吃的东西，因此他们做什么可口的好吃的都让我吃，至今想起来都很感激。

我学会骑马就是他们教的。更不能忘记的是，当年我离开内蒙古返京也是在他们的帮助下办成的。他们俩一个是蒙族人，一个是汉族人，都比我年龄大，思想比我活跃，他们连队对他们管理得没有我们那么紧。七连宣传队去他们连演过节目，聊起那个演胡传魁的就是我，彼此更有了好感。他们普通话说得不太标准，唱京剧就更差一点儿，但他们心地善良，让我至今不忘，我们之间大有生死情谊之感。

现在再回过头来说那个风雪之夜截苇子的事。一挂大骡车拉了满满一车苇子从冰海上往陆地上走，车重碾压冻雪的嘎嘎声，车把式扬鞭吆喝牲口声惊醒了我，我一骨碌爬起来，几步跑到路当中，挡住大车去路。这时，远处又有一辆小驴车走过来，赶车的是一位老汉，车上拉了一车毛苇子，一看就是烧柴做饭用的。结果一样，统统让我拦住。大家站在寒风中，口冒白气争个不休。再看那位老汉，身穿一件破棉袄，脚下一双破毡靴，破皮帽子上满是白雪，眉毛胡子被雪粒糊得只露出两只眼睛，鼻子呼出的热气变成两条冰柱，样子实在凄惨。老汉站在一旁不敢说话，明显有些害怕。天太冷了，大雪瞬间把我们几个人都变成了雪人。

这时，两位呼市战士从热屋里出来，招呼着大家进屋暖和暖和消消气。可那时已是后半夜了，再耽误，天亮了被其他巡海人发现了，事情就更被动了。正在这时只见那位老汉解开自己驴车上的绳子，卸下毛苇，说："让那挂大车过去吧，这大风大雪天，装一车苇子不容易。"而那几位赶大车的壮汉也开口了，说："得，要扣就扣我们这车，让这位老汉走吧，谁家没有父母老人，你看他冻得多可怜呀。"不知何故，就在那一瞬间，我的态度由坚决变得有些犹豫了。我觉得自己对农民兄弟的同情心在起作用。又听了两位战友的劝说：得饶人处且饶人。于是我对几个打苇子的人说："仅此一次，下不为例。"最后，我还是让他们都过去了。

再到后来，海子里的芦苇，优质的都被连队收割得差不多了，海里不够等级的毛苇子也让农民打了，我的任务也就完成了。

正是看冬苇那件事，让我在与当地农民有了冲突和接触后，我有机会走进这些农民家，了解他们的生活。老乡真穷、真苦、也真朴实。土炕上，苇席（炕席）被岁月磨蹭得乌黑发亮，大窟窿小眼睛露着下面的黄土炕泥。可听说北京知青到家里做客，又是那位让大伙儿拉苇子的知青，不管生活多苦多难，他们立刻凑钱打酒，猪肉炖酸菜粉，满满一柴锅，锅边上还贴了一圈白面饼，让我坐在热炕头，拉家常，问有没有对象，家里父母做什么工作。不喝酒不让走，直到酒喝没了，喝凉水就咸菜还是不让走。夜深了……直到第二天，才派人把我送回看苇点儿。每每想起这些，至今仍让我感动。

当时，我看他们烧的柴火不是芦苇而是秸秆，就问他们是怎么回事。他们告诉我：冬天偷着打点儿海边的毛苇子，夏天都交给队里换手纸了。我这才知道，农民的生活原是如此艰难。打那儿之后，我又有机会看老乡用毛苇子、破布头儿捣烂了化浆做手纸，典型的中国式自给自足的小农经济，一切都自己动手，一切生活所需都从大自然中获取。这让我这个城里的孩子对农村、对农民有了更多的了解。如果不离开七连，我相信我会与这些农民兄弟结下更深的友谊。可惜，历史没有如果。

大礼堂，我们的精神圣殿

许志绮供稿

塔布变了，七连也变了，变得恍如隔世。30 年之后的 1999 年，酷暑当头，人们还齐聚在大礼堂舞台上的苇垛上谈笑回忆当年演出文艺节目时的欢悦情景。现如今，（2008 年七连的大礼堂已被拆毁成平地）却只剩下一圈拆卸后的废土，变成了见证当年辉煌的遗迹。大家的心情跌到了谷底。当询问缘由时，渔场职工只是淡淡地说：“留着也没用。”真是轻松之极。

大礼堂是我们七连三百几十号人用心血、汗珠和泥盖起来的。那座大礼堂，是我们七连全体干部战士的纪念堂，是我们聪明才智的标志物。我们当年夜以继日地拉沙、和泥、脱坯、上窑、点火、担水，一把苇、一把柴地把青砖烧出来，又一块儿一块儿地用它们砌成礼堂。

那时也是盛夏，每当出窑时，为了赶工期，战士们背上的砖还释放着灼热，加上天气闷热，一趟一趟地背，一背一背的汗，连裤子都湿透了。记不清烧了多少窑，背了多少砖，在那种高压政策和“革命加拼命，拼命干革命”以及想受到表扬的心理驱使下，每个战士都经受了考验，身心备受煎熬。尤其是女战士，本来年龄就小，又处在长身体的时期，个子不高，加上一天的劳累，收工回来，再背十块、二十几块，甚至几十块刚出窑的热砖，行进在坑坑洼洼的土道上，远远望去，如同电影中所表现的欧洲中世纪被驱使的奴隶，佝偻着背，艰难挪步，景况不堪回首。如果战士们的父母在场，该是怎样的揪心啊。

就是在那样的生活环境中，吃的却是几乎不能称之为粮食的东西：发了霉的白薯干儿、白薯面儿蒸的黑窝头，黏得干在嘴里打转，无法下咽。南瓜菜几乎顿顿是。玉米面、白面定量供给，成为生活中的圣餐。即使这样，大家心里有苦有怨也不敢表露。劳累一天，晚上还要开班务会进行讲评，班长会旁敲侧击地点评张三的劳动态度如何如何，李四的说笑不严肃如何如何，总之，这些人的政治升迁会在战士们身上找齐，捞取资本。鼓励表现好的战士明天劳动更上一层楼，批评差的战士明天奋起赶上。大家就是在这种体力加精神双重压力下度过一天天、一月月、一年年，建起了大礼堂，有了我们自己心里崇拜、骄傲的精神圣殿，可如今迎接我们的却是“圣殿”的废墟遗址，这让我们怎么接受得了呢？

当年七连的砖窑如今已成土丘（摄于2008年）

我有些怅然。也许我们太在意物质的存在了。

聊可欣慰的是，七连的地面上还有我们当年盖起的几幢土坯房伫立在盐碱地上，让我们心中的家园尚有安顿的一隅。我真想不出如果再没了这几栋土坯房，我们盼望回塔布追寻精神的寄托还有什么实际意义呢？“皮之不存，毛将焉附。”多亏它们还挺立着，虽说有坍塌，有斑驳，四处透风，却仍能为我们提供可资寻找那个时代“建筑风采”的范本和载体。

现实为我们打开另一扇思绪的大门。离开塔布40年后的今天，我们要做的只是细细品味曾经为我们遮风避雨、伴随我们成长的物件儿就足矣了，而由它生发演绎出的一出出、一幕幕生活中的点滴才是值得我们回味和珍惜的。在物质生活极其匮乏的年代，大家的精神生活并不枯燥，而仔细回想却是细腻的、多愁善感的。一个人的生活轨迹可以折射出那个时代的某些信息，对一个人来说是不能忘记的，但对一个时代来讲，又是微不足道的。“一滴水可以反映出太阳的光辉”，但它不是太阳，水就是水，太阳永远是太阳。

1999 年七连部分战友在当年的大礼堂前留影

第九章

编著人的记忆

一本小册子改变了我的命运

贺谦讲述

1971年，大概是秋天的时候，团党委遵照上级指示，要在全团进行一次“党内两条路线斗争史”的政治教育，于是决定先由人们公认的十九团“政治理论家”——徐副政委在分团部——乌拉特主办为期一天的“骨干学习班”，要求各连派一名副指导员和一名战士参加。我被七连领导指派为战士代表跟随康副指导员前往。

记忆里，举办学习班的地方不大，一大间坐北朝南的屋子，炕占了一半。学习班那天，徐副政委盘腿坐在屋中炕上，从举办学习班的意义讲到历次党内两条路线斗争。副政委讲得有理有据，有声有色，有主有次。屋里大炕、屋外长凳，人坐得满满当当；炕上炕下，人们洗耳恭听；屋里屋外，大家专心致志。

当年的贺谦（摄于1969年）

记得第一次有机会聆听徐副政委讲话，是他到七连给我们作政治报告。一张讲桌摆在全连战士队伍前面，副政委高高在上，一身国防绿军装，一条酱紫色长围巾，寒风中，阳光下，不紧不慢，引经据典、深入浅出。全连300来位战士大冬天地坐在地上抬头仰视，敬慕、佩服、惊叹行伍中竟有如此口才兼博学并有风度者，以至忘了被冻僵了的双脚，被冰麻木了的屁股。这次参加学习班又有机会聆听他讲课，更加深了以前的印象，又增添了几分敬意。

学习班上，除了徐副政委训话，团党委还为前来参加学习班的代表们准备了大量的辅导材料。受当时条件所限，学习班规定：所有材料，只能手抄，不得带走。因为学习班结束后，每个人回连队后都有宣讲之责，所以代表们除了想拼命记下徐副政委的“箴言”外，还尽力搜寻各自认为对自己有价值的材料。

跟大家一样，我屋里屋外地翻报纸，炕上炕下地找资料。突然，在一炕的材料堆里我发现一本油印小册子，《党内两条路线斗争大事记》。我眼睛一亮，心中不禁大喜，此乃宝也！我乃幸也！有了此册，何所惧也?!但待我转身寻地儿来抄写时方才发现，能坐人的条凳、板凳都坐着人；能抄材料的桌子、炕上都趴着人。总不能站着抄吧？环视里外，觉得只有屋子的门槛儿可以利用。门槛儿就门槛儿吧，只要回连队有的侃，坐窗台也无妨。于是，我一屁股坐将上去，闷头抄起来。

贺谦（左二）在美国宾西法尼亚大学任教时，工作午餐后与该校教授、学生合影（摄于1987年）

回连后，我照本宣科，换得一片掌声，算是没负使命。事后不过两个月，我突然接旨，上调十九团政治处。其中之惑，直到一年后回北京上学，方从别人嘴里听说：就是那本《党内两条路线斗争大事记》的小册子，以及我坐在门槛儿上抄写小册子时的神情，被当时主持学习班的徐副政委看在眼里，他认定：抄写小册子的那个女孩子是所有前去参加学习班人中最有头脑的。所以学习班一结束，他便差人查出我姓甚名何，系属连队，然后指示政治处将我调去。

人常言，人生路上处处有惊奇，谁承想到，一本油印小册子竟改变了我一生的命运。

“流白”了没有？

贺谦讲述

到兵团大概一个月有余，我被任命当了班长。

一天，我们班的金芷琳肚子疼，疼得在炕上打滚，这下可吓坏了我这刚上任的班长。于是，赶紧派一名战士跑步前往连卫生所请军医。不过五分钟，被派去的战士返回禀报：军医裴正在忙，不能前来。我只好安慰小金稍忍片刻，但看她在炕上左翻右滚、泪流满面，于是再次差人跑步前往卫生所，二请裴大军医。结果如第一次，医生说他忙，不能来诊。怎么办？小金的肚子还在疼，人还在滚，眼泪还在流，我这当班长的责任还没尽到，还得派人再跑一趟。让谁去呢，全班一共六七个人，除去病人、我和已经被派过的两人，只剩下两三个了。一转身我看见蒋荭，“蒋荭，你再跑一趟吧。”“好。”蒋荭答应着推门出去。

当年的贺谦（摄于1969年）

看着蒋荭出门的背影，我突然想起，两个礼拜前，全连百十来号人站在连部前边的四合院儿，欢迎刚刚到达的北京灯市口中学新战士的情景。“你看，那双水灵灵的大眼睛，像两汪秋水，真漂亮。”我转过身去，看见说此话的，正是连里5名现役军人之一的裴医生。裴医生一边跟身边的人说，一边用手，指着刚刚到达的人群。我顺着他的眼神和手指的方向看去，果然在晃动的人群中有一位高高瘦瘦的女孩子，长了一双明亮、动人的大眼睛。而这位被裴医生慧眼识出、眼睛亮丽如秋水的姑娘就是我现在班上的蒋荭。“裴医生说她……”我正遐想，蒋荭已返回。不用问，脸上写着呢，第三次驾请依然白费。无奈，我们只好背上小金，登门求医。在卫生所裴大军医给小金打了针吃了药，稍后，小金疼止泪停，安然睡去。

不久，哨吹两遍，全连熄灯睡觉，但是来自北京城里年轻气傲的姑娘们肚子里的气可没消。全班七八个姑娘躺在炕上七嘴八舌矛头直指裴医生。什么他根本就不忙，你看那卫生所哪里有病人，明明是不把兵团战士的疾苦放在眼里，纯属老爷作风等等。加上班上晓静的父母又正好与裴医生供职同一部队医院，气愤之下晓静又宣布了一些裴医生的“内部参考消息”。不管我这个班长怎么劝，无论我这个班长怎么说，被白天的事儿激怒了的北京姑娘们根本就不把我这刚上任不到一个星期的班长放在眼里，说骂交替，直到气消力尽，才陆续睡去。

第二天，一整天的大田劳动后，如常规，晚饭后，全连集合，连领导“点名总结、评讲一天工作、表扬好人好事、批评不良之风”。通讯员集合哨子一吹，全连兵团战士快速先以班，后以排集合，跑步前往。不到两分钟，全连 200 多人马均已站到四合院的连部前。稍息、立正、排长报告各排人数、革命歌曲大家唱……之后，全连静下来等待连领导的训话。

贺谦（右三）在美国马里兰大学工作时与暑期班的学员合影（摄于 1991 年）

“今天……连长、指导员都到团部开党委扩大会议去了，七连的工作，这个……由我主持。”裴大医生个子不高，但也不算矮，白白嫩嫩的皮肤，富富态态的身体，如果没有军装修饰，没人会想到他是军人。人群中安静无声，有人盼受表扬，有人忧被批评。

“我今天要讲的是……啊……嗯……这个……”不知道裴医生是不常在大庭广众之下讲话，所以话语中虚词、叹词多，以掩其不足，还是他故弄玄虚，以示其威严不可轻。总之，正题之前，过门儿比连长、指导员都长得多。下边仍然安静一片，战士们等待着他的下文。

“14 班班长，贺谦……啊，带头……”

当年只要全连集合，班长都要站在自己一班人的最前头，副班长站在一班人的最后边，战士们则依照高矮顺序，加在班长与副班长之间，高者在前，矮者在后。

我是班长，自然站在一班的第一个，所以裴的话听得格外清楚。一听裴医生点我的名字，不知怎的全身觉得像触电一样，呼地灼热起来。

“带头在背后议论连领导，说什么……我入党犯过错误，被开除过党籍……还说解放军千千万，怎么多套军装给我穿？告诉你们，我裴永林，啊……出生于贫苦家庭，从来就没入过党……”队伍中发出一阵哄笑。“另外，她施美人计，腐蚀现役军人……”听到这儿，我觉得脚底下的那块地在晃动，耳朵嗡嗡作响，后边他讲的话，我什么都听不见了。

当年贺谦（右）与战友仲小兰合影（摄于1969年）

全连人的目光"唰"都转向了我。我顿时觉得自己像被这位"连领导"当众扒光衣服，裸露在全连200多男女战士面前。我震惊、我羞辱、我委屈、我愤怒、我无助，我全身热血奔腾，但我不知所措；我浑身是嘴，但不知张哪一个。

我站的地方离裴医生只有两大步之遥，我真想跨上前两步，转过身来，面向全连把昨晚我们班发生的事向大家讲个清楚，但是，从小"尊长爱幼"、"委曲求全"中国传统文化熏陶；成长过程"听大人的话、听老师的话、听党的话、听毛主席的话、做乖孩子、当好学生"社会主义道德品质的教育；"文化大革命"中"出身论"、"血统论"的重压；加入内蒙古兵团后"一切行动听指挥，下级服从上级"的思想、纪律约束，如几条粗粗的绳子将我上上下下、里里外外捆得结结实实，使我一肚子的事实真相、满脑子的正义理由，全胸膛的对"临时连领导、现役军人"裴医生，置兵团战士之疾苦而不顾的工作态度，以及"以小人之心度君子之腹"的胸怀，还有颠倒黑白、嫁祸于人的做法义愤填膺，但是，我既没有向前迈出那两步的胆量，也没有向他提出反驳的勇气，更没有从以往所受教育中找到如何为自己、为正义辩护的方法。

贺谦（右前四）在华盛顿与美国朋友 Lisa 小姐全家人欢度感恩节（摄于 1988 年）

"现在各班回去讨论。"还没待我从震惊、义愤中缓过来，那天的全连的晚点名宣告结束。

当时，在那大部分人还没有自己独立判断是非好坏能力的时候，在那成人、长辈、上级的思想行为还左右着大家的思维、看法、是非标准，以及行为准则的年纪，虽然很多人可能还不完全懂得“施美人计”为何物，但他们从“领导”的态度上以及“美人再加上个‘计’”，年轻的孩子们已经认定：此脏事也，“施”者，心不洁也。从人群中产生的骚动、哄笑还有人们离去时那不屑的眼神，我知道，从那儿以后，我跟“林冲”被刺面一样，从此我将顶着裴领导给我脑门儿上贴的“施美人计者”的标签生活在七连年轻的战士中。

人家小蒋莛到卫生所去叫医生，本是帮人，本是执行班长指令，无辜无奈，到头来却落得个“被施者”。“施者”不洁，“被施者”也因此被沾脏。更何况按“裴现役”之说辞，此事乃“施者”之“阴谋”也！这等于说，蒋莛在这场“阴谋”中不但无缘无故被染脏，而且不知不觉被利用。刚刚离开父母，刚刚走上社会，刚刚来到兵团，年仅 16 岁，就受到如此委屈冤枉，陷入那么复杂的是非颠倒，在众人面前如此失颜，现在回头想想，当时真够难为她的。

贺谦（右一）与全美学生交流协会老板探讨中美高中生交流意向（摄于 1994 年）

后来听说，此事第二天便漂流过湖，传到了正在团里开党委扩大会的连长、指导员耳朵里，同时还震动了团里的几位领导人。所以当连长、指导员开完会赶回七连后不久，专门负责干部“纪律监察”的周副政委带着一位政治处的金大干事，趁到七连办理其他公务时，特意提出要见识一下我这个竟敢向现役军人“施美人计”的女战士，看看我到底长了几个脑袋。

记得那一天，我被通讯员传讯，周副政委和金干事（当时我并不认识人家）要召见。我不敢怠慢，立即步随通讯员跑步到连部。

“你就是那个在七连大会上被点名‘施美人计’的女班长吗?”

面对着眼前这位身材高大，表情严肃的周副政委，我强忍着不让眼泪掉下来，紧咬着嘴唇，点了点头，准备着迎接更大的不测。

“看不出你有施美人计的本事，坐下吧。”周副政委跟身边的金干事交换了一下眼神，指了指旁边的一把椅子，我有点困惑，他们似乎不像要在我脸上刺更多的字。

“我们有个任务，想交给你”，周副政委接着说。完全出乎意料，我感到周副政委和陪他同来的金干事似乎无意纠缠“施美人计”一事。“我们准备找你们连的几个女战士谈谈话，谈话的时候需要一个人坐在旁边陪听，我看就是你吧。但是要记住全部谈话内容必须向所有人保密。”

用不着弄清楚眼前发生了什么和这一切到底是怎么回事，副政委的话就是决定，就是命令。服从命令乃兵团战士之天职，我点头称是，然后转身离开连部。

第二天，我按指定时间准时到达连部，周副政委、政治处金干事找来要谈话的女战士已经到达。4人坐定，没有开场白，谈话开门见山。

“每次你跟你们连长见面，怎么联系?”周副政委问，金干事做记录。从问话的内容看，他们在此之前已经谈过话了。

“我生病。”女战士回答。

“生病?! 什么意思?”还是周副政委问。

“每次要见连长，我就生病。”

“接着说。”金干事开口了。

“快要去下地干活儿的时候，我就大哭大闹，说自己肚子痛，班长先来劝，我不听；然后排长来劝，我还哭；等到龚连长来了，连长就说：‘某某某，你怎么搞的，又哭又闹的。’我不管，继续哭。这时候，龚连长就会对班里其他的战士说：‘该干活儿了，你们都去干活儿吧，我看看她到底怎么回事，又哭又闹的不像话。’班里的战士都下地走了，屋里只剩下我和连长。”

“你们在什么地方?”金干事问。

“就在我们班的宿舍。”

“谁主动?”还是金干事问。

“我。”

“你怎么待着?”金干事继续问。

“我一只脚站在地上，另一条腿弯着斜坐在炕沿上，连长站在我对面。”被问的女战士边说边向金干事和周副政委比示着。

当年的贺谦在七连伙房前留影（摄于1969年）

“你先做什么?”仍然是金干事问。

“我先解开连长裤子前边的裤扣。”

“你解开他的裤扣后，做什么?”金干事紧逼不放。

“我用手摸他那个东西。”我觉得我的胃在翻。

“接着说。”还是金干事。

“然后我把他那个放进我这儿。”我当时完全不明白女战士在说什么，但是谈话的双方好像都懂。

“放进去了没有?”金干事穷追不舍。

“放进去了。”女战士脸上并无羞涩，眼睛一翻一翻地，一幅回忆平常往事的表情。

“流白了没有?”金干事一步也不放松。

“流了。”

听到这儿，我懵了。流白？什么流白？流什么白？怎么还流白？天底下还有流白?!流白是什么东西？来到这个世界上已经20年的我，还真的是第一次听到这个词！但不管怎么说，从他们的对话里，我还是听懂了；这一切的一切都发生在男人女人之间，而且发生在七连龚连长与女战士之间。难道说：我们的连长，虽然我连一句话也没跟他说过，但是在我印象中精明、干练、举手投足间帅气十足、如果蹬上一双马靴、戴上一双白手套、顶上一顶大檐帽、骑在马上，绝对可以和电影里英俊、威武、潇洒的国民党少将军官比魅的龚连长，“生活作风”上出了问题？平时威严可畏的连长与眼前这位被周副政委找来谈话的女战士之间的流白，以及日程表里，即将要谈话的其他女战士的流白是不是将继续证实这一点?

“小金，通知七连何指导员，让他派人送这个女战士回北京，在家休息一段时间，顺便到医院检查检查。”周副政委站起来对金干事说。

“小贺，你可以走了。”周副政委转身对我说。我站起来，懵头懵恼走出连部。

那天，一整天我都没吃饭，一直到晚上睡觉的时候，“流白了吗?”“流了”的声音，在我耳边响个没完没了。

贺谦在去七连采访的路上（摄于2008年）

招魂儿来了

贺谦讲述

每每回想起在兵团两年多的生活，曾几次与死神握手又告别的经历，我都会想到曾与我同闯鬼门关的几位兵团战友，刘淑珍是其中之一。

刘淑珍，原北京西城区第 32 中学 69 届初中毕业生。1969 年 8 月 28 日随灯市口中学的知青一起被分配到内蒙古生产建设兵团，曾是四排 13 班战士，后当过副班长。1976 年困退回北京，回京后，到北京市政机械公司当工人，2001 年退休。

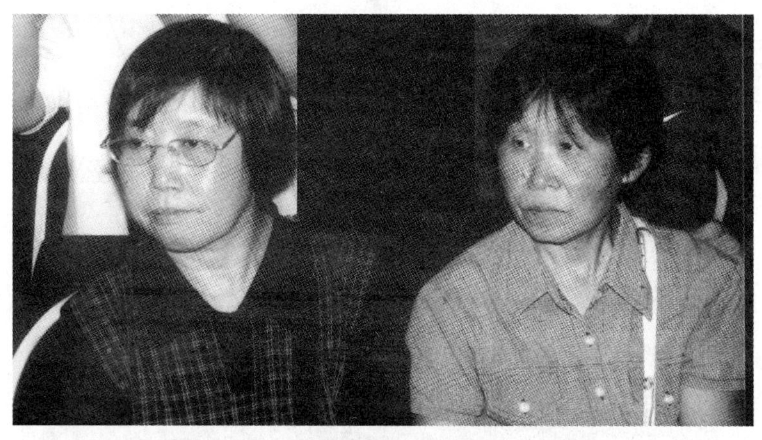

刘淑珍（右）与战友陈美珍（摄于 2009 年）

那是 1971 年夏天，男战士都被派到乌拉特前旗挖“180 电厂”电缆大渠去了，连里把驻守庙圪堵的任务转交给了我们女生四排的 16 班。

庙圪堵是一个四面环水，只有一条由人工堆成、只能容得一人通过的土埂连接着陆地的“孤岛”。岛上所需柴米油盐全靠连队供应。回连之路，水上靠船，陆上则靠那条羊肠小道儿。

连续几天的瓢泼大雨，一直没见16班的人回连来领取粮油，我这当排长的，担心旱路已被大雨冲毁；而水路岛上没船，再说16班也没人会划船，一班人的粮油恐怕成了问题。更让我彻夜难眠的是她们睡觉的小草房，房顶就是那么一层薄薄的苇子，经过这么几天的大雨冲刷，恐怕房顶早已漏雨如茦了。

大雨之间，我曾两次试着骑马只身前往庙圪堵送些苫布之类。第一次，我刚跃身上马，尚未坐定，那匹马就先是俩前蹄腾空抬起，然后俩后腿一块儿高尥，结果让我一个前滚翻从马头上边270度仰身摔翻在地。待我睁开眼想看个究竟，那匹马早已从我身上腾空跃过，而后跑得无影无踪。第二次，马车班的人给我换了一匹据说是七连最老实的马，结果那马倒是真老实，待我骑上它背，无论是我用手揪其鬃，还是用双腿夹其肚，或者用鞭子抽其腚，它是岿然不动，贵贱不往前走。无奈，我只好下马，放弃走旱路之念。

后来，去请示当时留在连里主持工作的袁杰袁副连长，袁副连长同意我走水路，并派了九班长，人称外号“老九”的为我划船，见此情，我决定带上刘淑珍。

刘淑珍：我接受任务的时候已是下午四五点钟了，排长（贺谦）通知我和她还有一个叫“老九”的老兵去庙圪堵送东西。我快速把要带的给养和一捆塑料苫布装上船，不出十几分钟，我和排长跳上船，“老九”撑着，我们就行驶在航道里了。当我们的船在航道里往外走的时候，我们遇到几个从海上干活儿回来的老职工。人家老职工见我们仨划着船往外走，就劝我们：“暴风雨马上就要来了，不要往海里划了。”我看看排长，她好像什么也没听见似的，我也就没吱声儿。后来又遇上几个收工回来的男战士，那几个男生看见“老九”划着船，带着我和排长，大声地问：“老九，你这是上哪儿去呀？啊?！哈哈!!”并一起唱起了：“一个老头儿老太太，他们两人上北海，老头儿划着老太太……哈哈哈!”

“老九”听见岸上男生哄他，脸涨得通红，犹豫了一下儿，扔下竹篙、跳上岸、追上那帮男生回连去了，丢下坐在船里大眼儿瞪小眼儿的我和排长。

“排长，怎么办？我不会使棹。”我问贺谦。

贺谦：“我会划，我在北海公园划过船。”我对小刘说。脑海中闪过我初次到北海划船的情景。那大概是我上初一的时候，我带着弟弟和表姐到北海公园去玩儿，我知道自己不会划船，但是为了不让从外地来访的表姐扫兴，我还是排队租了船。待三个人上去，小船在原地地转了足有20多分钟，但是最后我还是把船划到了湖中心，而且很快小船就走我让它走的路线了。虽说北海的船没有现在的大，而且北海也不同于现在这300平方公里的乌梁素海，但是我这个人从小擅长体育，不管什么运动看看就明白、学学就会。平时见过职工和男生撑船，所以自己确信：此次撑船必跟我初次在北海公园划船一样，出不了半个钟头，船肯定会顺着我的意志走。

当年贺谦、刘淑珍与班里战友合影。从左至右前排：李键、贺谦（采谈人）、张杰英、江红；中排：张芳、朱兰、王淑梅；后排：耿丽敏、刘淑珍（摄于1969年）

另外，我这个人有个毛病，认准了的事不撞南墙不回头，有时候就是撞了南墙也不回头。16班班长是我的中学同学，她年龄比四排其他三个班长都大几岁，正是这个原因我才派她带上16班单独在外。现在她有难，我不前去相助，情理不容。几天大雨，她们肯定粮缺油欠，而且睡觉无干地儿。今天我无论如何也得把苫布、粮油送去。正如我的信念一样，不到半个小时，小船开始听话了。小刘蹲在船头帮我掌握着方向，我站在船尾用竹篙撑，小船扭扭捏捏、摇摇摆摆驶出了航道。我和小刘心中不禁大喜，心想照这样下去，天黑之前我们怎么也扭到庙圪堵了。

忽然，一阵凉风吹来，我抬头看，只见天边乌云滚滚。这时我突然想起，船出航道前，几个老职工曾预言傍晚有暴风雨。“小刘，把好方向，赶快划进芦苇荡……”但是晚了，来不及了，我话还没说完，我们的船已经被风吹得离开芦苇地边儿了。

刘淑珍：其实要是没风，其实如果我们的撑船技术好，只要插上一篙，船就进了芦苇荡了，我们也就安全了。

贺谦：但是，起风了；但是，我撑船的技术根本控制不住风中的船向；但是，我的力气敌不过风力。我们的船离芦苇荡越来越远，1 米、2 米、3 米、5 米，无论我俩怎么同心协力，无论我俩怎么奋力拼搏，我们的船还是被风刮得离开芦苇荡有 20 多米了。

贺谦在法国巴黎度假（摄于 1998 年）

刘淑珍：风刮了一阵子，我突然感觉风似乎变小了，“排长，你看风好像小点儿了”。

贺谦：听小刘这么一喊，我也注意到风确实小下来了。“快，小刘，掌好舵，我们赶快把船划进芦苇荡！”20 米、10 米、5 米、1 米，小刘她的手就差 10 厘米、5 厘米……就抓到芦苇了。真的，至今我都记得非常非常清楚，她左手的指尖已经碰着芦苇了，我只要再用力撑一篙，她就抓着芦苇了。

刘淑珍：真的，我手指头尖儿已经碰到芦苇了，“排长，再使点儿劲儿，我就能抓着芦苇了”。我大声地喊。

贺谦：可是还没等我那一篙插下去，风又起来了，而且这回还伴着雨。

刘淑珍：我觉得自己的手又突然离开芦苇了，10 厘米、20 厘米、1 米、2 米……这次的风好像比上一次来势猛，雨也跟着稀里哗啦地下起来。因为风大，湖面开始起浪，我们的船被浪打得直打转儿，船身也被浪掀得左右摇晃，船舱开始进水。贺谦命令我蹲到船舱里去，我只好蹲在水已经没了脚脖子的船舱里，两只手紧紧抓着船帮。

我蹲在船舱里，看着已经被淋得像落汤鸡的排长，站在船尾，像疯了似的两手紧握撑篙，竭尽全力撑篙，但风太大，船左右摇晃得让她根本无法站稳。雨大得像洗澡堂子里的喷头被拧到最大，浇得睁不开眼。这时候，排长问我怕不怕？其实哪能不怕呢？但是我不敢说，也不能说。我回应了她一句："不怕！"我竭力咧着嘴，做出一副笑脸。

当年的七连宿舍之一（摄于 2008 年）

贺谦：看着蹲在船舱的水里、被雨浇得身无干处的小刘，看着她那煞白的脸，我心里非常清楚她害怕的程度，但又见她那一张不该笑可又笑着的脸，我明白她想安慰我的用心。人都说穷人的孩子早当家，这个出生在一个普通工人家庭，父亲曾因参加解放军野战部队，在攻围北京时受过重伤，而后早早离开人世，留下她母亲带着当年只有 12 岁的她和一个 5 岁的妹妹、1 岁多一点儿的弟弟。艰难的生活经历、过早替母分忧的磨难，使她不但早熟、吃苦耐劳，而且善于替他人着想、遇事有主意，她是四排众多我喜欢的女孩儿之一。看着眼前的一切，对她爱怜中又加上了几分敬意。她才 17 岁，就……想到这儿，我开始后悔这次出海带上了她，万一有个三长两短，我怎么对得起人家小刘的母亲……

刘淑珍：“排长，风又小了，雨也停了，咱们赶快往芦苇荡里划吧。”

贺谦：听小刘喊，我也发现风势弱多了，雨也小多了。只因为我们从头到脚被淋得透透湿，头上的雨水不停地往下滴，雨小了一下子觉不出来。

夏天的天气真怪，像小娃娃一样，刚才还又哭又叫，现在又突然戛然止住。

“小刘，你看远处那隐约可见的小亮点，那就是 16 班住的地方，其实不远，顶多半个小时我们就能划到，这回咱俩一块使劲儿，趁风小了，咱们赶快把船先划进芦苇荡，然后就在芦苇荡里边往前划。”看着影影绰绰的亮点，想着我们就要见到盼着粮油的 16 班战友，我俩身上似乎都增添了力量。于是，齐心协力向芦苇荡撑去。

也就是走了有 20 米的样子，大概老天爷看它竟然没有制伏住两个小毛丫头，心里不平衡，于是重抖威风，风又起，雨又下。这次，雨虽然不大，但风势却比前两次都凶。“小刘，进芦苇荡已经不可能了，你帮我把竹篙插深一点。”我站在船尾，玩儿命地把竹篙插向水底，希望能把撑篙插得牢一点儿，我们俩紧紧抓住竹篙，从而减小船左右摇晃的程度，减慢船向海中心漂去的速度。

刘淑珍：我们四臂合力，我俩还真行，竹篙一下子被我俩深深地插进泥里去了，但怎么也没想到，一个浪头打过来，竹篙倒是牢牢地插进湖底去了，可是我们的船却被浪打得离竹篙而去。

贺谦：我挣扎着从船舱里爬

贺谦（左）参加女儿大学毕业典礼后与女儿合影（摄于 2000 年）

起来，站到船上，抄起两棹，这时我发现自己已经根本无力划动比北海公园的桨大得多的“棹”了。怎么办呢？划不动也得划，等下去只有死路一条。我冲刘淑珍大声地喊：“小刘，你站起来，帮我使劲儿。你看我要是用左手使棹，你就双手握着我的左手帮我使劲儿；你要看我用右手使棹，你就双手握着我的右手，帮我用力。”就这样，我们三手合力，全力拼搏几棹之后，我们终于发现，经过两次与暴风雨拼搏之后，我俩都已精疲力竭。尽管我们三手使一棹，也根本无法划动那棹了。我们两个人，两个女孩子，在大自然面前实在是太微弱了，此时此刻，我们不得不承认我们根本就不是老天爷的对手。

风疯狂地、毫无理智地刮着；老天爷像一下子要把存了一年的雨水一下子都倒进乌梁素海似的；海神也像训练飞行员似的，把我们的船身左右摇晃得跟湖面几乎成了直角；我和小刘只好放弃划棹，蹲在已经进了半舱水的船舱里，两手死死抓住船帮，随风吹，任雨浇。

“小刘，上小学的时候，我是北京市先农坛业余体校少年游泳队主力队员，参加过全市少年游泳比赛，得过名次，水性极好。我下水去扒着船，可能船就晃不了这么厉害了。”

刘淑珍：听贺谦说她要下水，我坚决反对。我当时其实倒不是为保护她，我是为我自己着想。我觉得，我们俩绝不能分开，离开她，我就没主心骨了；离开她，我就完了。要活，俩人一块儿活，要死我们俩就死在一起。

贺谦：小刘反对我下水，我对她说：“好吧，我不下，但是要是你被浪打到水里，千万记住，一定不要离开船；万一船翻了，也别慌，抓住船帮，我一定有办法救你。就是我救不了你，也一定会有人来救你。”船在风浪中像一片树叶，摇晃着、颠簸着、打着转儿向海中心漂去。突然，我看到大概还有百十来米远的地方，水的颜色几乎变成了黑色，沟隘！一股寒流通过我骨髓。听当地职工说，再好的水手，遇到暴风雨也会在此船翻身亡。我知道，我俩的末日到了。

刘淑珍：我看贺谦刚才还又喊又叫，又淘水，又使棹的，这会儿突然一言不发，两眼发呆，我知道大事不好，她要没办法，我们就完了。风还在刮，雨还在下，我们的船还在颠、还在摇，我们可能得死了。我双手扒住船帮，蹲在船舱的水里，最后看了一眼贺谦，就把眼睛紧紧地闭上，只等船翻了。

想到死，我突然想到两天前收到母亲从北京寄给我的信，我还没回呐。都怪自己手懒，这下可好，恐怕连个遗书都没留下……事已至此，后悔也没用了。不知是闭着眼觉得时间过得慢，还是老天想多折腾我们一会儿，我觉得过了好一阵子，怎么船还没翻呢？当时我就觉得，这死关反正是逃不过了，快点儿翻了就得了，省得让我们担惊受怕活受罪。

贺谦：蹲在已经快灌满水的船舱里，望着越来越近的沟隘，我心里琢磨着，明天一早，两具女尸，在坝头海边被发现，经查明，一个叫贺谦，一个叫刘淑珍，均为七连战士，系北京人，于是通知家长。爸爸妈妈悲痛欲绝赶到乌梁素海，看着他们心爱的、唯一的女儿，痛不欲生。本来眼睛就不好的妈，这下眼睛一定会更坏了……

“贺谦，贺谦……”我突然隐隐约约地听见在很远很远的地方好像有人呼唤我的名字。小时候听老人讲：“人快死的时候，阎王爷会派小鬼儿去呼唤人们的名字。”我心想，阎王爷派小鬼儿来招魂了。想到这儿，我心里不知道为什么突然显得异常平静，只是可怜我妈，可怜我妈的眼。

“贺谦，贺谦。”呼唤声似乎又起，我心里重复着我即将被阎王爷招去的想法。

“贺谦，贺谦。”呼唤还在继续，而且似乎越来越清晰了。

“小刘，你听，好像有人喊我的名字，是错觉吗？”

刘淑珍：听贺谦叫我，我睁开眼睛，发现我们的船还没翻，又仔细听了听，风浪似乎没刚才那么大了，加上顺风，还确实听到从连队那个方向飘来叫贺谦的声音。“是有人叫你名字。”

贺谦：经小刘证实那呼唤声不是幻觉，我知道我们得救了，连里派人来救我俩了。果然，袁副连长亲自带着人来了。

原来“老九”回到连队，不久碰上袁副连长，副连长问他：“贺谦呢？”老九说：“她们自己划船走了。”袁副连长知道大事不妙，马上找来连里船技最好、原是当地职工子弟的四名男战士，撑上一条大船随后追来。

看到副连长，看到前来搭救我们的四位战友，我和小刘全心感谢激动，满眼流着重生幸福泪。待四位战友中的两位趁着夜幕，把我、小刘及给养送上小岛，见到几乎油尽粮绝，守着满屋子被淋得透透湿的衣服、被褥的16班战友时，十几个年轻的姑娘抱在一起，又哭又笑、又喊又叫、又蹦又跳，那声势一点儿也不亚于一小时前乌梁素海上的那场暴风雨。

遇上几个爷们儿，咱就全完了

贺谦讲述

贺谦： 不知是什么人把我们连的船偷走了，据说那条船是七连最新最好的一条小船。因为船是我们排给丢的，所以连长要求我们把船找回来。那时我们排正住在庙圪堵捋蒲黄，从一个老乡嘴里打听到，船可能是当地的盲流偷的。那个老乡还告诉我们：那些盲流每天夜里都到乌梁素海去偷鱼。老乡还自称知道盲流偷鱼的必经之路——海口。得到这个消息，作为排长，我决定晚上到海上去堵人夺船。

我从全排 30 多人里选了 5 个人，我还记得当时选人标准有三：第一，勇敢；第二，伶俐；第三，身强。至于选了谁我已经记不清了，但是我记得有周庆华，这么多年了，每每想到此事我总想到周庆华，为了回忆这段经历我找到了周。

周庆华： 还有傅海燕、汪六一、周树花和坝头的杨金亭。

贺谦： 因为要在海上待一夜，我们提前烙了很多大饼带上；船上装了很多白灰，并一包包用纸包好，我还记得船上还装了小半舱的碎砖坯块儿。

周庆华： 我们准备用这些东西在海上自卫。

贺谦： 我当时要求每个跟我出海的人不能穿兵团序列服，而要穿蓝色或黑色便服，并要求各位把头发都塞进帽子里。目的有二：一防蚊子咬；二不让对方认出我们是女儿兵。记得我还规定了：离开驻地以后谁也不许说话，什么事儿都由我与对方交涉，不管发生了什么事儿，谁也不许先动手，但是如果我说：你们怎么动手打人？这就是我向大家发出行动指令，就是说，大家听到我这么说，就可以将白灰和砖头拽向对方。但是无论如何不能出声儿，不能暴露我们是女的。再有，即使我们与他们打起来，各位只能站在船舱里，谁也不准站到船帮上，以防万一有谁被打倒，那个人不至于跌进水里。只有我一个人可以站在船头跟他们交涉。万一我倒下了，不要管我，只管奋力与他们拼杀。

一切就绪，全副武装，上船出发。我们好像要去干一件什么了不起的、神圣的大事，人人正经，个个严肃。黑夜暮暮，借着月光，前边由一条老乡的船带路，我们6人一条船，由杨金亭划着，紧紧地跟在后边，悄悄划向海口。

贺谦在首次登陆美国的中国人民解放军海军军舰前留影（摄于2002年）

周庆华：当时跟演电影一样。

贺谦：整个海上除了风吹芦苇发出的“刷刷”声，以及桨拨湖水发出的“哗哗”声，四周一片静悄悄。月光下，湖面上，芦苇荡中，两条小船快速前进。我们5人坐在船上，杨金亭划着，就像电影里的侦察兵，深色素裹、威武庄严。带路老乡把我们带到目的地便打道回府，留下我们守海待船。

我们先用绳子把船的四角跟芦苇拴在一起，以减少船的晃动和避免被风刮走。然后每人脸上、手上涂满避蚊剂，再吃过大饼，最后我一个人留坐船头，观察、聆听周围动静。其他5人都在船舱里静静地躺着待命。半夜里，海风吹得成片的芦苇叶发出尖厉的哨声，凄凉而恐怖；小船被湖水掀得摇摇晃晃，惊心而动魄；成千上万只蚊子疯狂地向我们轮番进攻，心寒而胆战。不知道是因害怕而沉默，还是因疲劳而昏睡，大家蹲缩在船舱里，没有一点儿声音。就这样，我们在海子里整整守了一夜，结果连个人影也没看见，一条船也没发现。第二天天一亮，我们便打道回岛了。

周庆华：那天晚上确实是挺紧张的，我们确实做好了打起来的准备。现在想想那会儿真够胆大、够愣的。其实，当时要是真的遇上几个爷们儿，我们就全完了。

我们是十一团十连的

贺谦讲述

我和我们六排的5个女战士在海上漂流了一整夜，没有找到被偷走的船。争强好胜、不服输的年纪激励着我不找到“国家财产”绝不罢休。从庙圪堵捋蒲黄回到连队后不几天，我又带上刘小宇，利用星期天休息时间，从旱路顺着乌梁素海逆时针方向赶往“盲流”经常出没的地方去找船。

乌梁素海一隅（摄于2008年）

从七连出来，沿着乌梁素海海岸向南，我俩一路走一路找，大概走了一个多小时，连个船影子也没看见。后来我俩琢磨：偷船的人晚上划船出海偷鱼，白天很可能把船藏在芦苇丛中。对，要找到我们连的船，得到芦苇丛里去寻。而要到芦苇丛中去，就必须有另一条船，到哪儿去弄条船呢？

世界上的事儿，就是这么有意思，有时候你想要一样东西，可你踏破铁鞋无觅处；可也有时候呢，又得来全不费工夫。我俩正盘算着，上哪儿去弄条船，突然抬头看见不远的湖边停着一条小船。我们赶快跑过去一看，小船虽然很旧，但是小巧玲珑，划着它进芦苇荡找我们丢的船实在是物尽其用。船主呢？我们看到在离小船大概200多米的陆地上有一间小草房。我俩估计：船主大概就住在那小房子里。于是，我俩就冲着小房子扯着嗓子喊："这是谁的船?""老乡，屋里有人吗？借船用用行吗？老乡……"

7月天，大中午，烈日当头，脚底下的盐碱沙地被晒得烫脚，我俩喉咙里的唾液，待我们刚一张嘴就被内蒙古超干燥空气蒸发得一干二净。本来嗓门儿就不大的小宇和我，这下子音量显得更小了。加上乌梁素海"哗哗"的波浪声和"刷刷"的苇叶响，估计我俩那喊声连50米也没传出去。算了，大中午的，说不定人家正在睡午觉呢，用完了反正我们会物归原主，一不做二不休，还是先斩后奏吧。主意打定，我俩高兴地跳上船，快速将船划进芦苇荡中。

就像小时候看电影，人到森林寻宝一样，我俩划着船在芦苇荡中，一处处地看，一片片地搜。正当我俩找得带劲儿呢，突然不知道何时，从何处突然冒出来另外一只船，而且船上还有两个壮汉。只见那船径直划向我们，当两船接近，那俩壮汉不由分说，以极快的速度将我们的船头用绳子牢牢地拴在他们的船尾上，然后划出芦苇荡，直奔湖中间。这一切发生的是那么神速，那么出人意料，那么不容思索。还没等我和刘小宇从惊恐中明白过来眼前发生的一切究竟是怎么回事，我们已经连人带船被人家拖到离岸边足有500米的湖中去了。

"你们干甚（shèng，发"胜"音）偷我们的船了?"其中的一汉子这时候开口了，话中略带山东口音。

"我们没偷，我们只是借用，等用完了就还回去。"我虽然惊恐，但思路还没乱。

"你们就是偷。"那个人固执地坚持，同时用力划着桨。

"我们真的没想偷，我们喊了，问是谁的船，可是没人答应，我们就借用了。"

"还犟嘴，看俺怎么收拾你们!"

听他说"要收拾我们"，我和刘小宇同时都感到了危难。两个汉子还在用力地划着船，我的脑子极力地搜索着对策。跳水逃走？不行，已经离岸边太远了，游不到岸上就得淹死，再说刘小宇不会水。求饶说好话？也许还能感化他们，放我们一把？……正当我搜肠刮肚地盘算对策时，突然，两个壮汉把船在水中一停，说："你们下水吧，从这儿下去！"什么?! 他们这不是要淹死我俩吗?! 难道这就是他们说的"收拾我们"？刘小宇平时眼睛就大，这时候两只眼睛睁得更大了。从她看我的眼神里，我看得出她在向我求助。"小宇，千万别下去，我来想办法。"我小声地安慰她，其实我自己也颇感六神无主。

"下去，别磨蹭！"其中一个男人，一边说一边从他们的船上走到我们的船上，并试图用船桨把我们捅进水里。刘小宇在那个男人的威逼下，开始顺着船帮往水里溜。看着小宇煞白的脸和已经进到水里的双腿，我用眼睛紧紧地盯着她的眼睛，小声说："小宇，除非他们把我们俩打下水去，死也不能自己跳进水里，这里离岸边太远，水又深，下了水，我俩就完了，拖时间，让我想办法。"

贺谦生活工作的圣地亚哥是一个美丽、四季如春的海边城市
（摄于 2009 年 11 月）

"你们下不下？再不下，就把你们拉到那边去！"

"那边是哪儿?"我咬着牙问，不让自己吓掉了魂儿。

"到了地方你就知道了。"随着他的话音，我脑海里出现了《林海雪原》里土匪窝的情景。天哪！十来个壮年盲流，我们两个女孩子……我不敢往下想。但是我立刻意识到，他们似乎不再逼我们下水了，这让我惊恐之心稍稍得到一点儿缓解。

“那个地方离这儿多远?”我希望从与他们的对话中寻求脱险的可能。

“少废话，在沟隘那边。不下水就拉你们去那里。”

怎么办？此时下水，必死无疑，此路不通；跟他们去，等于入虎穴，凶多吉少，也不行。我觉得自己全身在抖，手脚冰凉，但是我还是拼命地双手紧抓住船帮，不让自己掉到水里，也不让自己抖得说不出话来。不对，他说得不对！听当地职工说：大风天，再好的水手到了沟隘也得翻船。今天虽然风不算太大，但是也不能算小，他们怎么会拿自己的生命开玩笑？再说，他们说的沟隘那边，正是我们十九团团部，根本不可能有他们的什么地盘儿，这里有诈！想到这儿，我心里似乎略感轻松，脑子也变得略微好使。

“老乡，你们就放了我俩吧！我们真的没想偷你们的船。我们连丢了一头牛，连长派我们俩出来找牛。我们在陆地上找了半天没找到，又怕回去挨连长骂，就想找一条船到芦苇荡里去找找。我们看见岸边这条小船，喊了半天没人答应，就借来先划划，等用完了我们肯定还回去……”不知道怎么的，我那么快就编出来那么一个故事，只是把找船说成了找牛。

“你们是哪个团的?”他们的态度似乎有所松动。

“十一团的。”至今我也不明白，当时我为什么没说自己是十九团的，而说是十一团的，大概是因为我知道十一团就在附近。

“哪个连的?”

“十连。”因为我也知道十一团十连就在旁边。

“你们真是你们连长派你们出来找牛的?”

“我们真是我们连长派我们出来找牛的。”

“……好吧，是十一团的就放了你们，要是十九团的，今天我非把你俩扔到水里喂鱼不可！十九团的没一个好东西！听着，以后不许乱动我们的船。”他们说着，调转船头，拖着我们的船划向岸边。

阿弥陀佛，到如今我也弄不明白，当时是哪路神仙保佑，让我把找船说成了找牛？又是什么大仙托福让我把十九团说成了十一团，以致使我俩免去一劫?!

我要跟你……

贺谦讲述

大概是团里的调令已经正式下到七连，因为连长已经通知我：完成了带“浙江新兵排”任务之后，我就可以到乌梁素海东岸一坝头“团部政治处”去了。

一天，一位平时跟我说话不多，但因工作关系还曾有过一点儿来往的男生找我，“听说你就要调到团政治处去了？”他问我，脸上挂着微笑，语气中流露着友善。

“是。”我回答。

当年贺谦（二排右五）与浙江战友合影（摄于 1971 年）

“什么时候走?”他又问。

“训练新兵的事儿一完就走。”

“找个地方，想跟你聊聊。”

“行。”虽然连里有明文规定：男生、女生不能单独接触，但是我马上就要走了，再说人家是来告别的，态度又那么友善，所以我没犹豫，还是答应了。

印象里，他带我走进一个小屋子，至于那个小屋子位于七连的什么位置，当年是用来做什么的，我已经完全记不清楚了。只记得小屋子里好像挂着很多塑料薄膜，地上堆着好多东西，里边没有能坐的地方，能站的空间也不大。屋外不太远的地方有人在干活儿，在小屋里能听见那些干活儿的人在说话，但是听不清人们在说什么。

“找我聊什么?”我先开的口，对方没吭声。“有事儿快说吧。”我催促着，看到小屋里又小又乱，心里有一种不舒服的感觉。另外，因为屋子太小，两人不得不站得很近，那也让我觉得不自在。

突然，他猛地一步上前把我抱住，嘴里喃喃地说：“我喜欢你，我喜欢你。”

什么?! 我被他那突如其来的举动弄懵了。虽然我与约谈者认识，但是平时说话并不多，也没有过什么特别来往，他怎么会喜欢我呢? 就算是他喜欢我，他干吗要这样呢? 再说，人们不是都说他一直在向小姗示好吗?

“你别这样，有话好好说。”我心慌得不知如何是好，一心想赶快摆脱。

但是，我越挣脱，他将我搂得越紧，嘴里还是不停地说：“你就要走了，我喜欢你。”

“求你了，别这样，让别人看见这像什么?”我挣扎着。

兵团的政治思想教育使我脑子里除了干活儿、革命，从来就没闪过喜欢不喜欢谁的想法；长期兵团的组织纪律约束，使我变得循规蹈矩；多年传统道德伦理熏陶，让我觉得眼前发生的事儿属于不轨。不知道是因为我有生以来第一次遇到这样的事而不知道该怎么办才好呢，还是因为心里太害怕，总之，当时我说话的口气里带着很大的恳求成分。潜意识里，我不愿意撕破脸皮闹得大家都不痛快，或者惹出什么是非。但是不管我说什么，不管我怎么恳求，对方好像都没听进去。我只感觉他呼吸越来越急，越来越粗。忽然，我感觉有一只手从我兵团序列服下边伸进我棉衣里，然后那只手顺着我的肚子急不可待地往上抓。我还没来得及反应到底怎么回事，那只手已经死死地抓到了我胸上。我完全傻了！晕了！脑子变成一片空白！他这是干什么？大白天，光天化日之下，外边还有人，他竟对一个生来没有跟任何异性有过身体接触的女孩子，对一个从生下来只是在年幼时被母亲抱过的身体，如此去搂?!对女孩子最最敏感、最最感到害羞的部位之一——胸部，竟敢如此肆无忌惮地去触摸?!当时我真想喊，但是我喊不出来，因为我嗓子眼儿是干的；我想叫，但是我不敢，因为我害怕，一旦来人看见我跟他这样搂在一起，那我一定会跳进黄河洗不净，浑身是嘴也说不清。但是我又不想让他如此对待我，可我无术、无援、无助、无奈。不知对方是看透了我的心思，还是他已经利令智昏，只记得“他”当时一只手将我牢牢搂住，另一只手死死按在我的胸上，气喘吁吁地说：“我想性交，我想跟你性交。”他一边说，一边喘着粗气，一边转过头去扫视四周。

贺谦与圣诞树（摄于2008年）

“什么？天哪，性交?!”

如果我说我当时不知道“性交”为何物，现在的人一定不理解，不相信，更何况那时我已经20岁，但是当年的我真的是第一次听到那个词，也真的不知道那是个什么东西！

怎么办？我怎么办？我怎么办呐？我不停地问自己。但是当时我脑子是空的，怎么也不听使唤，我感到自己就像被人家用一条绳子拴着然后推到悬崖边儿上，人家可以把我轻而易举地推下深渊，如果我不答应对方提出的要求。人家也可以拉我一把，使我化险为夷，如果我遂其所愿……

“你别这样，放开我吧。”我真的是在求他了。

“我想性交，我想跟你性交，你就要走了，我想跟你性交。”

他根本不听我说什么，固执地重复着他的要求。我知道我再怎么哀求也没有用了，我只觉得我像是被人按在水底下，10秒、20秒、30秒、1分钟……如果再不钻出水面吸口空气，我就完蛋了！我决定不顾一切，我决定大声呼喊。只要外边干活儿的人听见我的叫声，他们一定会赶来……于是，我使劲儿闭上嘴，希望能攒点儿唾液润润嗓子，好使自己能发出声音；我开始捯气，希望能多吸进点儿氧气，好有力气呼喊。我刚要张嘴，突然，门外远处传来脚步声，而且是朝着小屋走来的。“他”猛地将我松开，我也好像“忽”的一下子从水底冒出了水面。就在这一瞬间，我不顾一切冲出小屋，没命地奔向无人的旷野，大口大口地、一吸全身一颤地吭吸着内蒙古深秋的寒气，然后躲到一个没人能看见的地方，全身抖成一团，将泪水成串成串地洒进乌梁素海畔的盐碱地。

2008年贺谦（前排左六）再次与浙江战友相聚

男的女的，我让女的先走

贺谦讲述

1971年年底，我被调到团政治处。报到后，政治处的领导并没有明确指明我的工作职责是什么，于是我被暂时当做“报道员”放在那里，对此我心里一直不踏实。原因有几个：

第一，论家庭，当年兵团战士入党、提干或被重用，“家庭出身”是被考虑、审查的首要甚至几乎是唯一条件。我出身于非“红五类家庭”，所以，我首条不备。

当年的贺谦（前排左二）与十九团首批回京上大学的
10位兵团战友合影（摄于1972年）

第二，论表现，全团近 4000 知识青年，学“毛著”积极分子、立功受奖者大有人在，就是挑上 100 个出类拔萃者到政治处工作，无论如何也不会轮到我。

第三，论才华，十九团 4000 知青中，能写、会画、口才好、有领导能力的不乏其人，所以不管怎么数也数不到我头上。

第四，论关系，除了七连的人，十九团团部我谁也不认识。

第五，论政治面貌，我不但不是共产党员（在团政治处工作的人都是清一色共产党员），而且因为爷爷的成分，我心里非常清楚：虽然当时领导一再强调：“党有成分论，但是不唯成分，重在表现。”但是实际上，当年如果不是出身于“红五类家庭”，就是表现再好，也没有入党的可能。这就是说，基本上我连入党的可能性都没有。如果入不了党，什么提干、升级、调机关工作自然一律免谈。所以从被调到政治处的那天起，我仍然天天下连队出海打苇。我认为总有那么一天，哪位团领导突然发现他们弄错了姓名，调错了人，然后让我哪儿来哪儿去（当时我并不知道，自己是因为那次参加“党内路线斗争”学习班后，被团政治处徐副政委提名调到政治处的）。

可是不久政治处发生了一件事，幸运之神又一次牵上了我的手。

到政治处后，我和原十九团团宣传队主力，当时政治处电影放映员小栗住在同一屋檐下。一天，小栗到分团部乌拉特去放电影，演完电影离开乌拉特，但到很晚还没回到坝头。当时正值隆冬，大雪之后，乌梁素海上白茫茫天地一片，零下 30 来摄氏度，加上北风呼号，政治处的人担心小栗的安全。于是全体出动，打电话的打电话，到海边点火的点火。我被指派守在政治处主任办公室接听电话。

记得当时主任办公室一进门的右边装着一个火炉子，我搬了一个小凳子，坐在火炉旁边烤火，眼睛盯着电话机。屋内，桌子上闹钟滴答滴答地响；屋外，西北风刮得鬼哭狼嚎。

不一会儿，主任从外边进来了。我们的主任，姓薛，是刚从十八团调过来、走马上任没多长时间的新主任。薛主任在他的办公桌前坐下，因为他刚调来，我也才调去，平时主任忙，我又天天下连队干活，所以彼此基本上没说过话。主任进来，没说话，我也没吭声儿，仍然烤我的火，大家心里都惦记着小栗。

突然，主任打开办公桌抽屉，从里边抽出来一沓卷宗放在桌子上，说：“这是你的外调材料。”听到“外调材料”几个字，我觉得自己的唾液腺顿时停止供液，“怦怦”的心跳声盖过了桌子上闹钟的滴答声。当年的“外调材料”或者说“档案”，不但记录着每个人一生的种种经历，而且存放着有关父母、父母双方家庭、社会关系，双方祖父母的历史以及祖父母社会关系等等材料。人走到哪儿，“档案”就跟到哪儿，问题也就随到哪儿。

“文化大革命”中，“档案”像重型炮弹摧毁过无数人，所以“家庭有问题的人”最怕“组织”跟他们提“外调材料”或者“档案”，因为这常常意味着大难临头。我也一样，虽然我不知道我们家到底有什么问题，但是每次从领导谈话的口气中我都感到，“我的档案”里边装着我不能跟“红五类家庭出身”的人平起平坐的纸张。所以，我也特别不愿意别人、特别是领导跟我提及“我的档案”。这次薛主任跟我谈“我的外调材料”，大概是这位新来的薛主任要通知我回七连或者去什么连了。因为心里有所准备，所以事到临头竟有死猪不怕开水烫的壮怀，我心平气和地等待着主任的宣判。

“听说你想申请上大学?”主任首先开口问我。

1972年年初，北京的一些大专院校，从1966年“文化大革命”停课闹革命之后，这是第一次到全国各地的农村、生产建设兵团去招收大学生，即工农兵学员。十九团11个连队，加上团部机关的司令部、政治处和后勤处三个部门，共15个单位，近4000名兵团战士，听说只有11个上学名额。除了七连等三个连队外，其他各单位，其中包括团政治处都只分配到一个上学名额。我听到此消息，虽然心里明白，这次上大学比入党还难。因为4000兵团战士，11个上学名额，这就意味着，差不多是400人里挑一个。而且，听政治处负责招生工作的孙干事说，很多有后门、有关系的兵团战士早已通过父母、父母的老战友、老部下或者老上级找到兵团首长、师团部领导等以求相助。来自兵团、师部等各级领导、首长的亲笔信、推荐信、便条早已堆满了他的办公桌。所以像我这样一没有关系，二不出身于“红五类”家庭，三不是共产党员，四不是什么十九团的杰出人物，上大学的可能性不就是零吗?!但是，人就是这样，没有希望是没有希望，没有可能是没有可能，但这仍然扑不灭我想上大学的渴望之火。那些日子我被想上学的愿望搅得饭不香觉不眠。

“我只是想”，既然主任问我，我还是说了。虽然我知道自己走不了，但是我想想，想必还是可以的吧。不过我敢肯定，我当时说话的声音一定小得没盖过桌子上闹钟的响声和屋外的风声。

“我们发函调查了你的家庭问题，”薛主任说到这儿，停顿了一下。此时，我觉得自己的心一下子跳到了嗓子眼儿，响声如鼓，而且手脚有些凉。

贺谦（右一）在美国与她的助教们做饭庆祝新年（摄于1997年）

“结果呢……”主任说到这儿，又停住了，不停地用手翻弄着摊在桌子上的卷宗。我闭上眼，恨不得把耳朵堵上，我感觉到了自己的懦弱和害怕面对可怕现实的心理上的恐惧。

“你家的历史基本清楚。”什么？“主任，您是说我们家历史清楚？”

“对，调查结果，你家的历史基本清楚。”主任重复了一遍。听主任这么一说，我突然觉得我的呼吸不太缺氧、唾液腺也开始供液了。

“那你是想上大学呢，还是想入党？”

“主任，您说什么？”我想大概是我想上学想出了毛病，盼入党盼出了问题，所以连听觉也出了问题。昏暗的灯光下，我突然怀疑自己是不是在做梦。直到主任把问话又重复了一遍，我才肯定了自己的听力、思维都正常。

“您要我说真话吗？”

“当然说真话。”我坐在地上的小板凳上，主任坐在办公室的椅子上，其实我差不多是在仰望着主任。我至今还记得，屋里虽然灯光暗，但是我还是很清楚地看到薛主任其实长了一张显得非常豁达的脸。

“那我两个都要。”我想我当时一定是疯了，本来两件事都与我毫无关系，但我竟敢狮子大开口跟大主任要两个！到现在，40 年后的今天，我也想不明白，我当时怎么会那样胆大包天，口出狂言！

“那你要是只能要一个，你要哪个？”天呐，我还有资格要一个，而且还有选择权！

当年的贺谦（右）与战友仲小兰在砖窑前留影（摄于 1970 年）

“您还让我说真话吗？”我斗胆反问主任一句。现在回想起来，我估计我当时可能觉得自己就像监狱里的死囚被问到最后的晚餐想吃什么一样，死到临头，索性就把真心所爱端出来吧。

“说真话。”主任笑起来脸上的皱纹比不笑多多了。

“那我想上大学。”无需犹豫，我斩钉截铁。

“好吧，我们考虑考虑。”说到这儿，主任把“档案调查材料”收好重新放回原处，锁上抽屉。

不久，小栗安全返回，大家皆大欢喜，这是后话。

很快我被政治处正式推荐给到内蒙古生产建设兵团招生的北京大学工

宣队的工人师傅。

一天，政治处的几个人凑在一起吃午饭，薛主任对大家说："你们这些城市来的孩子，这里不是你们应该待的地方，不过呢，要回去也得分个先后。我呢，男孩子女孩子，我让女孩子先走；大的小的我让大的先走。"听主任那么一说，我似乎明白了我为什么能被推荐上去。

但是，什么事都不是那么一帆风顺，不知道什么缘故，11 个人被推荐上去的人中要有一人被刷下来。当我从左政委的警卫员小四儿那儿听到这个消息时，我对小四儿说："如果说在此之前政治处推荐我上学，算是我走运，因为遇到了像薛主任那样开明豁达、思想超前的领导，那么这次刷人，我将被刷无疑。因为除了我以外，被推荐上去的人全部是共产党员不说，而且个个都是 19 团出了名的优秀人物。"善良的小四儿，百般安慰我，他借进会议室给北京大学前来招生的工人师傅沏茶倒水之便，把听到的有关谈到我的消息及时转告于我。据他说，11 个人当中，从文字材料上看，招生的人认为我确实最弱，最应该被刷下来。但是小四儿又告诉我，政治处组织处小吴干事和干部处小沈干事，不知道怎么听到了贺谦"上学告危"的消息，于是二人不请自至，轮番进入会场，跟北大工人师傅大讲特讲贺谦好话。据小四儿讲，小吴干事甚至对北京招生人员说："你们留一个人就应该留我们政治处小贺，这孩子……"大概是众神保佑，最后被刷下来的那个人竟然不是我！从那儿以后，我又下连队干了一个多月的活儿，1972 年 5 月，我坐上了回北京上大学的火车！

现在回想起来，我觉得自己真的是一个非常非常幸运的人。我没有令人羡慕且又能帮我如愿的父母；我也没有当年走到哪儿都吃香的"党票"，但我却得到了这两个当年最有"价值"的、带给年轻人最想要的东西。到兵团只有两年半，我回北京了，上了大学，而且上的是北京大学！

这么这么多年过去了，每每想到我的幸运，我总是想到给我带来幸运的那些人。我曾多次试着寻找呵护我的幸运之神们，但是由于我常年在国外，所以至今仍未遂愿。我这里深深地希望：有一天，我的幸运呵护神们看到我的故事，他们应该知道即使事隔 40 年，即使我远在异国他乡，但是我从来没有忘记过他们，从来没有忘记过他们为我做的一切！当然，从那儿以后，我也学会了，只要看到身边的人遇到了难题，我都会在该拔刀的时候，毫不犹豫地为他人拔刀；需要送炭的时候，我肯定会不惜代价地为他人送炭；需要添花的时候，我也会欢天喜地地为他人献花！

迟来的“道歉”

贺谦讲述

张晓建： 北京人，原北京灯市口中学69届初中毕业生，1969年8月28日被分配到内蒙古生产建设兵团，1970年11月离开兵团参了军。1978年复员后被分配到机械科学研究院，现为机械工程师。

张晓建近影（摄于2008年）

当年的兵团管理有明文规定：男女授受不亲，说话也算违反纪律。因此，如果不是工作上的需要，男、女生不得有任何交往。大概是这个原因，在七连两年多的时间，跟我说过话的男生不过10个，张晓建不在10人名单里。

我对张晓建有印象，是因为有一次我们四排在连队驻地航道的南边儿干活儿，中午收工要回航道北边宿舍。回宿舍得过航道，但是航道上没有桥，所以过航道需要用船摆渡。那天被派去为我们撑船摆渡的是张晓建。

看到眼前这位身材高挑、消瘦、英俊的张晓建，四排女生队伍中开始躁动。张并未注意到四排人的反应，加上又是第一次撑船，只见他双手紧握撑篙、全神贯注，希望让船尽量靠岸靠得牢一点儿。第一船人过去了，平安无事。当船回过头来接第二船人的时候，不知道谁眼尖，突然发现张晓建罩在兵团发的棉裤外边的黑色劳动布裤子，前边的扣子没扣好。这下子可好，本来张晓建的英俊就已经搅乱了四排女战士们的心，现在她们的英俊小生又发生了“情况”，女战士们开始窃窃私语。一传二，二传四，船上的女战士们兴奋得左摇右晃、人们高兴得东倒西歪。船随着女生们的摇摆也左右摇晃起来。以前大概撑船次数不多的张晓建再也控制不住船上十来个被激情燃烧着、忘了自己站在什么地方的女生了。“救命啊，救命!”我站在航道南岸正指挥着一班一班的人上船过河，突然听到呼救声，顺声音望去，只见13 班的朱兰从晃晃悠悠的船上落入水中。

当年的张晓建（右）与战友陈小芳（摄于 1969 年）

我是排长，看到战士落水，生命有危，不容多想，救人要紧！说时迟那时快，我纵身跳进水里，就在入水的那一刹那，我觉得自己整个身体在内蒙古冬天的冰水里一下子凝聚成了一个小点儿，就跟黄豆那么大的一个小点儿，我的呼吸、血液似乎一下子也全凝固了。求生的本能使我把头拼命地伸出水面。好在航道不宽，用不着划水就到了朱兰身边。当我拖着她爬出水面时才发现，她落水之处还没有齐腰深。一场虚惊！赶快回屋，热水、厚被子、红糖姜水……大家安然无恙。从那个时候起，我就对这位搅乱了四排女生的心、害得我险些当了女“罗盛教”（即 1951 年参加中国人民志愿军战士。1952 年 1 月 2 日，在朝鲜平安南道成川郡石田里，冒着零下 20 摄氏度严寒，三次跳入冰窟，救出滑冰落水的朝鲜少年崔莹，自己光荣牺牲）的张晓建有了印象，只是从来没有机会说过话。

38 年后，因为要采访各位，偶然机会联系上了张。那天是 8 月 1 日，头天夜里北京一场大雨之后，虽然当时气温还很高，但比起雨前的昨天还是让人好受多了。按几天前约定好的，张晓建开车到我住的亚运村接我，然后一起去看望与他从小一块儿长大的、七连第二任文书——谢兵（2009 年故去），我们还在电话上约定：以他的绿色富康汽车为信物。我早上 8 点到达约定地点的时候，绿色富康车已停在那里了。不用问，站在车旁边的人就应该是张晓建了。一件藏蓝色短袖上衣，深蓝色裤子，一双凉鞋，整个装束随便中透着潇洒。在路人的眼里，他绝对是一位研究航天技术资深学厚的工程技术人员。

我们握手问好，届时我才注意到，除了岁月给张留在眼角四周的细小皱纹和头发变得花白以外，当年高挑、消瘦、英俊的张晓建，38 年之后，魅力依存。

上车，直奔谢兵家——古城首都钢铁厂职工宿舍。我抓紧机会采访，张也打开了话匣子。

贺：张晓建，你什么时候离开兵团的？

张：1970 年底。

贺：你在七连待了多长时间？

张：一年多。

贺：你怎么离开兵团的？

张：当兵走的。

贺：你怎么能那么早就走了，而且是当兵走了呢？跟家里有关系吗？

张：应该有关系吧！

贺：没有你的家庭背景，没有你当大使的爸爸，你走得了吗？

张：大概走不了吧。

贺：对你来说，当年最难的是什么？

张：饿、吃不饱。记得朱红宇（原三排 9 班战士）当兵要走，我们几个人凑了 10 块钱，买了一些猪肉。在那个我们每人每月只发 5 元钱的时代，10 块钱是很奢侈的。我们把肉炖了炖，把当天省下来的馒头放在炖肉里，大家饱饱地吃了一顿，那也算是给他送行了。

贺：你觉得那一年多对你后来的生活有影响吗？

张：很有影响。那一年多对我是一个很好的磨炼。

贺：怎么理解？

张：知道吃苦是怎么回事了。

贺：能举个例子吗？

张：1970年“卫星”上天，“五一”节的时候，我们在黄河边儿挖“二黄河”。当时连里定下一人一天挖一立方土的指标，挖出的泥土得挑到沟上去，从早上挑到晚上，肩膀都磨破了。当时我们班长呼格·吉勒图挺好的，他看我体弱，就让我铲土装筐，给全班人装。我得不停地铲，一会儿也不敢停，一天下来，累得要死。当时又累又饿又渴，送的水很快就被抢喝光了，我们只好喝地上坑里的积水。我看见水里有小虫子都不管了，躲着喝吧，渴得不行，有什么就喝什么吧。

贺：当时那么艰苦，你想什么？

张：不能想，也不让你想，想多了要倒霉。

贺：当年挖“二黄河”的时候，你们住在什么地方？

张：住在一个大礼堂里，全排都住在那儿，就睡在地上。地上铺上草，把行李放在草上就那么睡。

贺：你没觉得自己不应该去受那份苦吗？

张：没有，受一些苦挺好的，通过受苦让我懂得了很多东西，而且，一年多也还好，吃了一些苦，刚要受不了了，就离开了。

拜访过张晓建，他要求我给他照了这张双手合十的照片，他说：“这就算是我对当年落水女士迟来的‘道歉’吧。”

第十章

他人眼里的我们

待遇差了

职工排长讲述

兵团成立前，“文化大革命”的时候，这里两派武斗得很厉害。兵团来了，两派就松下来了，干活儿也松了。以前干活儿有定额，兵团来了，干活儿也没有定额了。

女生四排我没去过，五排我去过，跟她们一起掰过蒲棒，五排的人都挺好，干活儿都挺好。

职工排长近影（摄于 2008 年）

你们到这儿支边来了，对我们来说，没有兵团比有兵团好。兵团在的时候，没什么不好，但现在来看，兵团走了以后，对我们没有好处。兵团以前，我们属于水产局管，等兵团走了，我们就属于农管局了，这样，我们的工资每月就 900 元了，要是属于水产局，我们每月的工资就是 2000 多元，工资要翻两番。

兵团撤走以后，对于周围住的老乡有好处，兵团撤走了，需要劳力，上面就把原来不是渔场职工的人都变成了职工了。

俺们没落下啥好处

复员军人刘春阳讲述

刘春阳近影（摄于 2008 年）

因为我们已经是国家职工了，所以，外面来招工就不招我们的子女，周围农村农民的子弟都被招走了。

学生们不懂得咋干了

职工 A 讲述

我是 1958 年从山西工厂下马后来到塔布的。兵团战士在的时候人多，可红火了。还记得你贺谦在大礼堂讲话讲得可好了。那时候学生都可能干了，但是有时候不知道咋干了。

老职工 A 近影（摄于 2008 年）

有一回，水渠决口子了，去了一个连的学生，都跳到水里去了，也没堵上，后来去了三个职工几下子就堵上了，学生们不知道咋干了。

当年可红火了

职工 B 讲述

当年你们兵团战士在的时候，这里可红火了，现在这里就清静了，现在出去看看连个人都没有。那会儿盖大礼堂，张连长说这里头能装 1000 人，现在连人也看不见。礼堂也倒塌了，看屋子破旧成什么样子了？兵团刚来建建这儿、建建那儿的，破房子也修一修，现在就是凑合着，修也不修了，留下的职工也快全走完了。

兵团战士在的时候，这里达到过 700 多人，现在有 200 人吗？也就是 200 人吧，就剩 40 多户人家了。

看了你们那么干，挺心痛

职工C讲述

城里的学生刚到鸡乌素来的时候种水稻，那是1970年，那时候，正是热闹的时候，也是人最多的时候。那时候，你们还挖渠、种地，水稻你们也都弄过。

老职工C近影（摄于2008年）

你是四排排长对吗？看着你们这些城里的学生什么都干，什么都能干，看着那些女生们真能干，男生还有偷懒的，女生没有，真实干，不管是力气大，还是力气小，天气冷，还是热，去了还真干，有的时候，看了你们那么干，挺心痛的。

原来咱们多好哇

杨金婷讲述

杨金婷： 内蒙古乌梁素海坝头人，坝头渔场职工子弟，1969年兵团组建后，随之成为兵团战士，被编在六排23班。

采谈时间： 2008年8月30日

采谈地点： 内蒙古乌拉特前旗饭店

我很留恋兵团的时候，留恋那时候的热闹。大伙儿在一起，干活儿不觉得累，干完活儿回到宿舍觉得特高兴。

1999年杨金婷（右一）和连长（前排左二）与七连部分战友在乌拉特前旗火车站站台上合影

知识青年没来以前，我们这些人就知道玩儿，给家干点儿活儿，每天打苇箔，玩儿一玩儿，觉得没什么意思。兵团成立了，知识青年来了，参加兵团后，我觉得特别好，每天走正步、热闹，又能学文化，谈心呐，哪儿做错了，还有人找你谈心，挺好，又唱歌。

那时候，每天晚上睡觉前有一个小时的“天天读”，北京知青刘小惠、于晨光每天都教我识字。我有一本《红色娘子军》，是杨世异临离开兵团时送给我的，希望我好好学习。那时候，我天天学，学会了不少字，她们走了，我也不会了，把会的那点字儿，又都忘光了。

知青走了以后，我们又跟兵团以前一样了，一天到晚无所事事。现在可无组织无纪律了，家里人都管不了。

现在，你要让我回到那个时代，我还愿意去，这是说真的。我们（包括坝头其他的人）现在都留恋原来，说原来咱们多好哇。

2007 年杨金婷（二排右二）路指导员（二排左二）等
张连长（二排左三）部分坝头战友与青岛部分战友在乌梁素海渔场场部合影

知识青年是这个策略的牺牲品

刘松高讲述

刘松高： 坝湾渔场职工子弟。原内蒙古乌拉特前旗一中68届初中毕业生，1969年参加内蒙古生产建设兵团，曾在七连马车班赶马车。

1972年入党后，1975年兵团体制改革后担任过三分厂（原七连）主任，相当于兵团时期的连长，后到机关当生产科科长，4年后，当了十九团副场长（相当于兵团时期的副团长），1992年到农管局纤维厂当副场长兼场长，6年后，被调到十一团任场长（相当于兵团时期的团长）至今。

采谈时间： 2008年8月30日

采谈地点： 内蒙古乌拉特前旗饭店

毛主席让知识青年到边疆兵团来，本质是想干什么呢，其实谁也不知道。但是我想，毛主席本质的想法不是让这些人在这里抵抗苏联。在当时那么多中学生积压在学校里，他就是为了安置这批人，他使用了一个响亮的口号，让人们觉得上山下乡是一个很光荣、很神圣的事情。当时我们每个人的思想都禁锢在这里，当时都觉得毛是百分之百地正确，上山下乡百分之百地正确、无上地光荣。当时有谁怀疑这个？没有人！其实，城市知青上山下乡，到内蒙古兵团来，我认为就是毛主席当时是为了安置学生采取的一个策略，而知青是这个策略的牺牲品。

城市知青刚到兵团的时候，兵团实行的是供给制。解放军序列的名字也挺好听，所以到兵团的知青觉得比下乡好，后来就不是那么回事了。

兵团开始定位定在一个生产企业，但它生产不出东西来，不能自给自足，而且好多以前的好东西交到兵团以后，也都被兵团破坏了。比如：兵团以前的乌梁素海渔场，人们丰衣足食，挺好的，各方面的情况远远高于周围农村，很让周围的农民羡慕。后来一说毛主席派人来了（指兵团），内蒙古把地方上最好的企业、最好的工厂都给了兵团。最后兵团把这些都毁了。其实，兵团到后来走到了破产的地步，根本办不下去了。首先是经济崩溃，然后是政治，兵团失败就失败于此。

刘松高（戴眼镜者）接受贺谦采访（摄于2008年）

再说，兵团当时四不像，说是军队序列，但是兵团不打仗，可不打仗却整天扒拉着“烧火棍”（指“枪”）在那里操练。说是当农民，可又不会种地，而且也不以种地为主。还有一点，当时很多人用各种方式、在各种场合，有人甚至写血书来表示自己要在边疆扎根一辈子。但结果呢，结果好多人又通过不正当的途径走了。当时已经在兵团里成了最尖端、最成功的人都动摇了，你说，哪有一个不动摇的？当时我觉得那些人都在说假话，都在编造谎言，都在骗人、骗自己。后来我变得成熟点儿了，才醒悟到：知青有什么必要一定要待在这儿？我们这儿，又能靠他们做成什么呢？七连只有一个浙江余姚的方新桥留下来了，是什么力量让他没动摇，留下来了？让人们听听他自己说什么吧。

七连的人真能干

当年现役军人、七连连长张明胜讲述

到兵团以前，我是北京军区工程兵的现役军人。1969 年 2 月 28 日，接到命令，到北京军区工程兵部集合，会上宣布："文化大革命"后，大量学生闲散在社会上，太乱。现在成立了内蒙古生产建设兵团，兵部决定派你们前往兵团二师十九团担任各级领导，带领知青"屯垦戍边"。当年我 32 岁。

连长近影（摄于 2008 年）

3 月 3 日我们离开北京，出发前往十九团团部——坝头。在团部期间，十九团领导一再指示我们："你们来到内蒙古，要扎根内蒙古，死在内蒙古，埋在内蒙古。"

4 月份我被十九团领导派到七连——鸡乌素当副连长，10 月份又被任命为七连连长，直到 1975 年 10 月兵团撤离，转交地方。1976 年所有的现役军人返回原部队，我选择留在内蒙古转业地方。

讲到当年七连的那些事儿，应该说我这个在七连当了 10 年连长、在其中扮演了很重要的角色，很多情况下，我起的是决策人的作用。

40 年过去了，回想起当年，作为一个现役军人，作为一个连长，我有这么几点想说：我所做的所有的决定，我所做的所有的事，我始终遵循着两个原则。

第一，坚决执行上级的指示，遵照上级的路线办事。

我们接受到内蒙古兵团带知识青年任务的时候，上级下达的精神是：我们跟知青都要“扎根边疆，死在边疆，埋在边疆”。当时我就想：要是这样的话，首先我们得有房子住，到内蒙古的知青越来越多，原来当地职工给腾的房子一是太旧太小，二是面积不够住，所以我们先是雇人干，后来让兵团战士自己建窑、脱坯、烧窑、盖房。其实这就是为落实上级领导“扎根边疆，死在边疆，埋在边疆”的指示精神。

第二，在执行上级指示，上级政策、路线的前提下，根据当时的具体情况，我想有所创造，有所建树。

当年七连为什么种水稻呢？就是因为这个原因。我觉着不能只守着摊子呀，不能只守着上边发给的那点粮食啊，我得改变那个状况啊，这样的话，咱不干出一番事业行吗？我不有所创建行吗？我干好了，不是七连的人受益吗！这就是我当时的想法。

当年，我种水稻的想法是得到了职工的积极响应和支持的。当年种水稻，没有抽水机，为了平整一边高一边低的土地，我亲自带着战士每人一个洗脸盆，自己淘水。100盆谁也不许直腰，就那么着“哇哇”地淘，一天多就把水淘干了，这样就可以平整土地了。

就是说呢，当时团领导有个总方针，具体怎么弄，只有各连干各连的。所以，七连有点儿苦，有点儿累，都是自己找的，是我自己要那么做的，人家团里并没有非让你那么做。那时候，种水稻，到底种得出来、种不出来谁知道哇，谁心里也没底。可到最后，秧长出来了，水稻也种出来了。领导下来一看，水稻长得不错，二师师长、政委都说：“你明年多种500亩，必须是500亩！”从80亩到500亩，这怎么弄呀？但是我是军人，上级的话就是命令，我得照办，我得执行，以后我也是那么去做了。

另外，讲到七连的兵团战士，我也有两点要说。

第一，要说起来，七连的人那是真能干，你说干什么吧，只要一个招呼，什么都能干。七连有一个手扶拖拉机，拖拉机能拉东西，可是没有车斗，那没车斗就不能拉东西。结果刘兆华、刘殿林跟我说：“不行咱们自己打一个斗。”我说：“那能行吗？”他俩说：“行，您只要给我们一套大车轱辘就行。”我说：“行，给你们一套大车轱辘。”结果，时间不长，他俩还真鼓捣出来一个拖拉机车斗，当时我就想，这七连的战士真能干。你说七连的人什么不能干吧，种水稻、节煤改灶、小电影机、发电机、盖房子、盖大礼堂……

第二，七连的兵团战士很肯干。当时这些知青远离父母，离开多年生长的大城市，来到气候寒冷、土地荒凉、生活艰苦的内蒙古边疆搞生产建设，脱坯、烧砖、背砖、下海打苇、盖房、种水稻……你说干什么吧，背砖、烧窑，人人都抢着多背，很多人背 40 多块儿，我不让背那么多，可怎么也拦不住哇。

种水稻的时候拉耙，10 个人一盘耙，半个多月，成天价连喊带叫，始终就那么嗷嗷叫，就那么天天干。七连战士们永远是那么朝气蓬勃，干劲十足。这不仅感动了我，连周边的老百姓也都称赞说："七连的知识青年怎么那么大干劲儿呀?！连我们长期在农村的老百姓都比不上他们，真让人佩服。"

那时候，十几个人睡一个大炕，那炕哪儿烧得热呀，冬天早上起来，脚底下都冻成冰了；有时候，有的人身体有点儿小毛病，也没什么可照顾的，就是吃点儿面条儿，就算高级的了，我看了心里真是挺心疼的，可又有什么办法呢，当时只有一个心思：要想尽办法，带领大家，靠自己的双手艰苦奋斗，尽快扭转、尽快改变当时的生活条件。

1999 年连长与七连部分战友在坝头家中合影

后　记

《那年我们十六》，是我利用 2007 年和 2008 年两个暑假，跑了北京、天津、山东青岛、浙江杭州和余姚、内蒙古呼和浩特、包头、乌拉特前旗、乌梁素海塔布等地，拜会了当年我在内蒙古生产建设兵团二师十九团七连的 170 余名兵团战友，采谈了 105 人后，整理出的 80 多位原七连战士的 180 余篇对当年兵团生活经历的回忆片段汇集。

书中收集的回忆片段，是我先用录音机或电话（包括国际长途），将被采访人的口述回忆录下来，然后将这些录音抄写成字，然后整理成文，最后根据回忆内容分门别类，编辑成书。

为绝对尊重被采访人的原意，竭力保证其语言的原汁原味，我只在文法、表达逻辑和先后顺序上对被采访人的回忆作了适当的修改与调整，而为保护被采访者隐私，在征求本人意见后，书中很多姓名用的是化名。

由于事隔已久，加上个人观察事物角度不同，记忆有异，再加上政治观点、家庭背景以及后来所受教育之差别，书中所述之事与他人的记忆难免有偏差之处，甚至与事实有某些出入，这里敬请读者理解体谅。至于有些回忆片段不得不提及其他的一些当事人，我相信采访人和被采访人都只是为了把当时的事情讲述清楚，绝无与任何人为难之意。

另外，因篇幅限制，我不得不忍痛删减掉一些人的讲述；加上我长年生活海外，受时间和空间限制一定遗漏了不少更感人肺腑的当年七连往事，这里也只好盼望今后能有机会再以其他方式补此憾。

《那年我们十六》，从采访到成书，受到各方人士特别是原七连战友们的大力支持和热情帮助，借此机会我谨向：

无私奉献出自己不凡经历和珍藏了三四十年珍贵老照片的原七连战

友们。

为成书帮我做了大量具体工作的原七连战友熊仲兰、王淑梅、耿丽敏、李鉴、周庆华、于晓光、栗明、朱三、李汀、呼格·吉勒图、刘凤高……

为本书写序的著名作家，我的大学同学徐刚。

向我面授宝贵修改建议的著名旅美作家陈燕妮。

从始至终支持、鼓励我的朋友王德之、杨雪野、秦立彦，美国朋友Mrss. Lisa Spivey、Dr. Bruce Spivey，以及我女儿陈扬扬。

捐赞了600元赞助费的原七连战友张芳。

捐赠过一张飞机票的原七连战友黄玉强。

两次开车送我重返乌梁素海采访的司机鞠师傅。

还有慧眼识我书的中国社会科学出版社编审中心主任兼本书责任编辑黄燕生；为早日成书辛苦工作的特约编辑、原七连战友许志绮；中国社会科学出版社的社领导、校对、封面设计等。

以及所有帮助、关怀过本书的朋友们、战友们。

致以崇高的敬意和深深的感谢！没有各位的真诚支持、协助与合作，就不会有今天的《那年我们十六》。

贺谦

2010年5月于美国